Curso de DIREITO PROCESSUAL CIVIL

Marcus Vinicius Rios Gonçalves

21ª EDIÇÃO
2025

Curso de DIREITO PROCESSUAL CIVIL

2

PROCESSO DE CONHECIMENTO E PROCEDIMENTOS ESPECIAIS

- Data do fechamento do livro: 07/11/2024

- **Atendimento ao cliente: https://www.editoradodireito.com.br/contato**

- Capa: Tiago Dela Rosa

DADOS INTERNACIONAIS DE CATALOGAÇÃO NA PUBLICAÇÃO (CIP)
DE ACORDO COM ISBD
ELABORADO POR VAGNER RODOLFO DA SILVA – CRB-8/9410

G635c Gonçalves, Marcus Vinicius Rios

Curso de direito processual civil – v. 2 – processo de conhecimento e procedimentos especiais / Marcus Vinicius Rios Gonçalves. – 21. ed. – [2. Reimp.] – São Paulo: Saraiva Jur, 2025.

512 p. (Curso de direito processual civil)
Inclui bibliografia.
ISBN: 978-85-5362-656-4 (Impresso)

1. Direito. 2. Direito processual civil. I. Título.

CDD 341.46
2024-4078 CDU 347.9

Índice para catálogo sistemático:
1. Direito processual civil 341.46
2. Direito processual civil 347.9

NOTA DO AUTOR

Esta nova edição do *Curso de Direito Processual Civil* é a décima que vem à luz após a entrada em vigor do novo Código de Processo Civil (CPC), em 18 de março de 2016.

Decorridos mais de oito anos, a ideia foi promover uma atualização da jurisprudência citada e apresentar as decisões mais recentes dos Tribunais, em especial dos Superiores.

Nesta nova edição, foram acrescentadas decisões recentes, em especial do STJ, como a referente aos honorários advocatícios recursais, que constitui precedente vinculante.

Além disso, foram incorporadas as inovações trazidas pelas Leis n. 14.833/2024, n. 14.879/2024 e n. 14.979/2024.

Em síntese, procurou-se, nesta edição, incorporar a experiência proveniente do período decorrido desde que o novo CPC entrou em vigor e apresentar as alterações legislativas do último ano. A aplicação prática de uma nova lei, sobretudo de um novo Código de Processo Civil, é riquíssima fonte de subsídios, pois permite verificar em concreto os benefícios que ela traz e as dificuldades que acarreta. O tempo que transcorreu desde a edição anterior também foi útil para afastar alguma obscuridade que havia surgido nos primeiros momentos de interpretação da nova legislação, tão vasta e minuciosa. Algumas questões continuam controvertidas; outras, aos poucos, vão sendo solucionadas, pela doutrina e pela jurisprudência.

O *Curso* continua dividido em três volumes. Contudo, foi necessário alterar o conteúdo de cada um deles, para adaptá-los à nova disposição do CPC de 2015.

O primeiro volume – Teoria Geral e Processo de Conhecimento – contém o exame dos temas tratados na Parte Geral do Código. São abordados os princípios e os institutos fundamentais, o tema das partes e seus procuradores, dos sujeitos do processo e os relativos aos atos processuais. Nas últimas edições, a obra também foi enriquecida com um extenso capítulo sobre a tutela provisória.

Importante alteração de conteúdo foi feita com a unificação, em volume único, do Processo de Conhecimento e Procedimentos Especiais, temas integrantes do volume dois, que se inicia com o estudo da fase processual postulatória e da ordinatória.

Ainda no segundo volume, conclui-se o exame do procedimento comum, com a fase instrutória e a decisória, e são abordados os procedimentos especiais, de jurisdição contenciosa e voluntária.

Por fim, o terceiro volume é dedicado à execução civil, que abrange tanto o processo de execução por título extrajudicial quanto o cumprimento de sentença, e aos processos nos tribunais e meios de impugnação das decisões judiciais.

As significativas alterações estruturais e de conteúdo não modificaram, porém, a filosofia desta obra, de fazer uso de linguagem acessível e singela, que permita ao estudante e ao leitor, sem perda de conteúdo, alcançar o máximo de compreensão sobre a ciência do Processo Civil.

Espera-se que a nova edição alcance esse objetivo e que seja recebida com a mesma benevolência que os leitores dedicaram às edições anteriores e para a qual manifesto perene gratidão. Ela terá alcançado sua finalidade se, de alguma forma, despertar o interesse do leitor para os mecanismos do Processo Civil ou facilitar o seu acesso à nova legislação.

ÍNDICE

Livro VIII
DOS PROCEDIMENTOS ESPECIAIS

Livro VII
DO PROCESSO E DO PROCEDIMENTO

Capítulo I
PROCEDIMENTO

É o modo pelo qual os atos processuais encadeiam-se no tempo para atingir a sua finalidade. É preciso que os atos processuais sejam ordenados de uma maneira, e com uma lógica interna, que permita ao juiz emitir o provimento final. Todo procedimento começa com uma pretensão formulada por meio de uma petição inicial. É obrigatório que o réu seja chamado a integrar a relação processual, o que se faz por intermédio da citação, e que lhe seja dada oportunidade de oferecer resposta.

Depois, se necessário, será aberta a possibilidade de as partes produzirem as provas pertinentes para demostrar os fatos que sustentam as suas pretensões, e, ao final, o juiz, sopesando as alegações e provas por elas trazidas, deverá emitir o provimento jurisdicional.

Essa é, *grosso modo*, a estrutura fundamental do procedimento nos processos de conhecimento. Há, no entanto, possíveis variações sobre o modo pelo qual esses diversos atos vão-se sucedendo no tempo, conforme o tipo de procedimento observado. Como o processo é instrumento, há casos em que ele precisa amoldar-se ao tipo de pretensão formulada.

O CPC previu dois tipos fundamentais de procedimento: o comum e os especiais.

O procedimento comum vem tratado no CPC, arts. 318 a 512. Os especiais de jurisdição contenciosa, nos arts. 539 a 718, e os de jurisdição voluntária, nos arts. 719 a 770.

O procedimento comum é supletivo em relação ao especial. A lei trata especificamente apenas daquelas ações que têm procedimento especial: a consignação em pagamento, ação de exigir contas, os inventários, as possessórias de força nova etc. As que não são expressamente tratadas como de procedimento especial seguem o comum. Por exemplo, a lei não cuida das ações de investigação de paternidade, nem das paulianas ou das imissões de posse. Mas isso porque tais demandas não têm procedimento especial, mas comum.

Portanto, a primeira coisa que se deve analisar para apurar qual o procedimento adequado é se há previsão, para aquele tipo de processo, de um procedimento especial. Em caso afirmativo, dever-se-á observar o que determina a lei, respeitando-se as peculiaridades por ela impostas àquele procedimento; se não for especial, então ele será comum.

O procedimento constitui matéria de ordem pública, não havendo opção das partes ou do juiz, que deve, de ofício, determinar a conversão de um a outro, procedendo-se às emendas necessárias à inicial quando tiver havido equívoco do autor. Todavia, se o erro passar despercebido pelo juiz, só haverá nulidade se dele tiver advindo prejuízo. Se as partes tiveram ampla possibilidade de manifestar-se e de produzir as provas necessárias para a demonstração de suas alegações, não se declarará a nulidade, sempre levando-se em consideração o princípio da instrumentalidade do processo.

Embora haja numerosas distinções entre os vários tipos de procedimento, há muitos pontos em comum entre todos eles. Os atos processuais estruturais, fundamentais em todos os tipos de procedimento – petição inicial, contestação do réu, fase instrutória e sentença –, são comuns a todas as espécies e vêm tratados no CPC, no título referente ao procedimento comum. No referente aos especiais, o legislador só cuidou daquelas peculiaridades que os distinguem do comum.

Por isso, a aplicação das regras do procedimento comum é supletiva à dos demais: naquilo que não houver regras próprias, que constituam as particularidades dos procedimentos especiais, aplicar-se-ão supletivamente as do procedimento comum.

Capítulo II
PROCEDIMENTO COMUM (FASE POSTULATÓRIA)

O CPC, a partir do art. 319, trata do procedimento comum, que está dividido em quatro fases: a postulatória, em que o autor apresenta a petição inicial e o réu, a sua contestação; a ordinatória, em que o juiz saneia o processo e aprecia os requerimentos de provas formulados pelas partes; a instrutória, em que são produzidas as provas; e a decisória.

Essa divisão é feita levando em conta o tipo de ato predominante em cada fase. Na postulatória prevalecem os de requerimento das partes. Mas isso não significa que já não sejam produzidas provas (em regra documentais), e que o juiz não profira decisões. O mesmo ocorre nas outras fases, em que há um tipo de ato predominante, embora não necessariamente único.

Nos itens seguintes serão estudados os principais atos do procedimento comum. Não se pode esquecer, porém, que as regras a ele aplicáveis são válidas também para os procedimentos especiais, em caráter supletivo, desde que não exista disposição específica em contrário e não se contrarie as suas peculiaridades. Vejamos primeiramente a fase postulatória.

1. PETIÇÃO INICIAL

1.1. Propositura da demanda

É o ato que dá início ao processo. A petição inicial é a peça por meio da qual se faz a propositura da ação. É por seu intermédio que se fixam os contornos da pretensão, pois nela são indicados os pedidos do autor e os fundamentos nos quais eles estão baseados. É também ela que indica quem ocupará os polos ativo e passivo da ação, contendo os seus elementos identificadores. É pelo seu exame que se verificará quais são os limites e os contornos do pedido e de seus fundamentos. Por causa disso, o exame da inicial tem enorme repercussão sobre a distinção ou identidade entre duas ações e para a questão da conexão ou continência.

Também tem repercussão sobre o procedimento a ser observado, já que a matéria implicará a adoção de um ou outro.

1.2. Requisitos da petição inicial

Estão enumerados no CPC, arts. 319 e 320. No primeiro estão elencados os requisitos intrínsecos, isto é, aqueles que devem ser observados na própria peça que a veicula. No segundo estão os extrínsecos, relacionados a documentos que devem, necessariamente, vir acompanhando a peça.

Além deles, é também requisito que a petição inicial seja escrita em vernáculo e esteja assinada pelo advogado do autor, ou pelo próprio, se estiver advogando em causa própria.

Determina o art. 319 que a inicial indique:

1.2.1. O juízo a que é dirigida: a petição inicial contém um requerimento e deve indicar a quem ele é dirigido.

Se houver erro na indicação, e a demanda for proposta perante juízo incompetente, nem por isso a inicial deverá ser indeferida, mas apenas remetida ao competente.

1.2.2. Os nomes, os prenomes, o estado civil, a existência de união estável, a profissão, o número de inscrição no Cadastro de Pessoas Físicas ou no Cadastro Nacional de Pessoa Jurídica, o endereço eletrônico, o domicílio e a residência do autor e do réu: as partes constituem um dos elementos identificadores da ação. Por isso, a inicial deve designar os seus nomes e qualificação, que permitam a sua identificação.

Em relação aos nomes e à qualificação dos autores, a exigência não pode ser afastada, pois, sendo eles que propõem a demanda, não terão como não se identificar. Mas pode haver dificuldade para nomear ou qualificar os réus. Admite-se até mesmo a propositura de demandas em face de réus desconhecidos ou incertos (CPC, art. 256, I), como nas grandes invasões de terra, em que não é possível identificar os esbulhadores. Nesse caso, admite-se que a inicial faça referência genérica a todos eles, sem nomear e identificar cada um.

Quando houver um número muito grande de autores, a jurisprudência tem admitido que os nomes e qualificações de todos constem de uma lista anexa (STJ, 1ª Turma, RMS 2.741-7-SP, rel. Min. Cesar Rocha).

Pequenos equívocos na indicação do nome ou da qualificação das partes são considerados meros erros materiais, não implicando nulidade, desde que não tragam prejuízo.

Quando a parte for pessoa jurídica, a inicial deve conter os elementos necessários para a sua identificação.

1.2.3. O fato e os fundamentos jurídicos do pedido: esse é um dos requisitos de maior importância da petição inicial. A indicação da causa de pedir próxima e remota é de grande relevância, porque constitui um dos elementos identificadores da ação que, em conjunto com o pedido, dá os limites objetivos dentro dos quais será dado o provimento jurisdicional.

O que efetivamente vincula o juiz é a descrição dos fatos, e não os fundamentos jurídicos, pois ele conhece o direito e deve aplicá-lo corretamente, ainda que tenha havido equívoco na sua indicação.

A narração dos fatos deve ser feita de forma inteligível, e manter estreita correlação lógica com a pretensão inicial. Não basta ao autor narrar a violação de seu direito, mas é preciso que ele descreva também os fatos em que ele está fundado (teoria da substanciação). Em uma ação reivindicatória, por exemplo, é necessário que o autor não só descreva a violação ao seu direito de propriedade, mas indique os fatos em que esse direito está fundado.

1.2.4. O pedido e suas especificações: com a causa de pedir e a indicação das partes, o pedido forma o núcleo essencial da petição inicial. Ao formulá-lo, o autor deve indicar ao juiz o provimento jurisdicional postulado (pedido imediato) e o bem da vida que se quer obter (pedido mediato). O pedido deve ser redigido com clareza e ser especificado, pois será ele, somado à causa de pedir, que dará o contorno dos limites objetivos da lide. O juiz, ao proferir a sentença, não pode dele desbordar. Será *extra petita* a sentença em que o juiz apreciar pedido diverso ou fundamento distinto daqueles formulados na inicial; e será *ultra petita* aquela em que ele conceder o que foi pedido, mas em quantia maior. Também devem ser apreciados todos os pedidos, sob pena de a sentença ser considerada *citra petita*.

A inicial deve esclarecer se a pretensão do autor é condenatória, constitutiva ou declaratória e individualizar o bem da vida pretendido. A importância do pedido é tal que a lei processual consagrou-lhe uma seção própria (Seção II do Capítulo II do Livro I da Parte Especial, na qual são abordados vários aspectos a ele referentes, como a possibilidade de formulação de pedido genérico, em hipóteses excepcionais, os pedidos implícitos e a cumulação).

1.2.5. O valor da causa: estabelece o CPC, art. 291, que a toda causa será atribuído um valor certo, ainda que não tenha conteúdo econômico imediatamente aferível. Ele pode influir, entre outras coisas:

a) na competência, pois o valor da causa é um dos critérios de sua fixação, em relação ao juízo;

b) no procedimento: é utilizado para delimitar o âmbito de atuação do Juizado Especial Cível;

c) no recolhimento das custas e do preparo, que tem como base de cálculo o valor da causa;

d) nos recursos em execução fiscal, conforme a Lei n. 6.830/80, art. 34;

e) na possibilidade de o inventário ser substituído por arrolamento sumário (CPC, art. 664, *caput*).

O valor da causa deve corresponder ao do conteúdo econômico do pedido. Mas existem ações em que o pedido não o tem, ou em que esse conteúdo é inestimável. Nelas, o valor da causa será fixado por estimativa ou de acordo com os critérios estabelecidos nos regimentos ou leis estaduais de custas.

Todas as demandas devem indicar o valor da causa, o que inclui a reconvenção e os embargos à execução.

Ele deve levar em consideração o conteúdo econômico do que está sendo postulado, e não o daquilo que é efetivamente devido. Este só vai ser decidido pelo juiz na sentença. Com frequência, o réu contesta o valor da causa aduzindo que as pretensões do autor são descabidas, e que ele não faz jus a tal ou qual parcela do pedido, razão pela qual deve ser reduzido.

Todavia, o juiz não pode, ao apreciar a alegação, decidir qual parcela do pedido é devida, sob pena de estar antecipando o julgamento. O que lhe cabe avaliar é se há correspondência entre o valor dado e o conteúdo econômico do pedido, sem qualquer juízo de valor sobre a pretensão inicial.

Há causas em que ele só pode ser estimado pelo autor, não havendo critérios legais para a sua fixação. Por exemplo, as de indenização por danos morais. O valor da causa deve, em regra, corresponder ao valor postulado, nos termos do art. 292, V, do CPC.

Há o risco de o autor postular quantia elevada, o que repercutirá no valor da causa. Como ele é usado como base de cálculo para recolhimento de custas e preparo, a estimativa pode dificultar ou até impedir o réu de valer-se de faculdades processuais que dependem do recolhimento de custas, o que se agrava quando o autor superestima a pretensão e vale-se dos benefícios da justiça gratuita. Tem-se admitido que o réu impugne o valor da causa, na contestação, para que ele seja reduzido equitativamente pelo juiz a valores moderados, que não constituam mais empecilho ao exercício das faculdades processuais pela parte contrária. Mas o juiz, ao examinar a impugnação, não deve pronunciar-se sobre a pretensão do autor, nem decidir se ela é ou não excessiva. Se o fizer, estará antecipando o julgamento. Ele se limitará a apreciar o valor da causa, reduzindo-o se entender que não foi fixado com moderação e pode prejudicar a parte contrária. Ao proferir sentença, contudo, o juiz não estará limitado pelo valor da causa, mas pelo valor da pretensão formulada pelo autor na petição inicial.

1.2.5.1. Critérios para a fixação do valor da causa: o art. 292 do CPC fornece alguns. De uma maneira geral, ele deve corresponder ao conteúdo econômico da pretensão, embora até as causas que não tenham valor econômico devam indicá-lo, por estimativa. Pode-se dizer que ele será fixado com base em critérios legais e objetivos, quando isso for possível, ou por estimativa, quando a causa não tiver valor econômico aferível.

Os incisos I, VI, VII e VIII do art. 292 dizem respeito às ações de cobrança de dívida. Nelas, o valor da causa deve corresponder à soma do principal monetariamente corrigida, dos juros de mora vencidos e de outras penalidades, se houver, até a propositura da ação. O principal consiste na dívida propriamente dita, corrigida.

Quando houver pedidos cumulados, o valor da causa corresponderá à soma de todos eles; quando forem alternativos, ao de maior valor; em caso de pedido subsidiário, ao do pedido principal. Mas essas regras só são aplicáveis quando o pedido for certo e determinado. Quando genérico (CPC, art. 324), será calculado por estimativa, devendo guardar uma proporcionalidade com a vantagem econômica que o autor pretende obter.

O § 1º do art. 292 estabelece que, se a cobrança envolver prestações sucessivas, em que haja parcelas vencidas e vincendas, o valor da causa deve corresponder à soma de umas e outras. E o § 2º acrescenta que, no caso de prestações por tempo indeterminado ou superior a um ano, à soma das parcelas vencidas com um ano das vincendas. É o que ocorre nas ações de reparação de danos em que a vítima postula pensão mensal por tempo indeterminado ou nas de consignação em pagamento.

No inciso II do art. 292, a lei cuida das ações que versam sobre a existência, validade, cumprimento, modificação, resolução, resilição ou rescisão de ato jurídico, estabelecendo que o valor da causa será o do ato. Mas, para isso, é preciso que a demanda o atinja por inteiro. Se o seu objeto é a discussão de uma cláusula contratual, ou a sua revisão parcial, o valor da causa deve guardar proporcionalidade com a vantagem econômica que se pretende obter, inferior ao valor do contrato.

O inciso III é específico para a ação de alimentos: o valor da causa deve corresponder a doze prestações mensais pedidas pelo autor, valendo a mesma regra para a exoneração dos alimentos. No caso de revisão, deve corresponder à diferença entre o que vem sendo pago e o que se pretende, multiplicada por doze.

O inciso IV trata das ações de divisão, demarcação e reivindicação, nas quais o valor da causa deve corresponder ao valor de avaliação da área ou do bem objeto do pedido, o que, por analogia, deve ser aplicado às ações possessórias e de usucapião.

Por fim, o inciso V determina que, nas ações de indenização, inclusive as fundadas em dano moral, o valor da causa deve corresponder ao do valor pretendido.

Essas são as determinações legais de fixação. Na sua ausência, segue-se a regra geral de que o valor da causa deve corresponder à vantagem econômica pretendida. Quando não for possível apurá-la, o valor será estimado, na forma do art. 291, devendo ser observado o critério da razoabilidade.

1.2.5.2. Controle judicial do valor da causa: o art. 293 do CPC autoriza o réu a impugnar o valor da causa, em preliminar de contestação. Além disso, o juiz, de ofício, poderá determinar a correção, tanto que o art. 337, § 5º, estabelece que, dentre as matérias alegáveis em preliminar, o juiz só não pode conhecer de ofício a convenção de arbitragem e a incompetência relativa. As demais, incluindo incorreção no valor da causa, ele deve conhecer de ofício. O juiz deve fazer esse controle, pois o autor pode ter desrespeitado algum dos critérios fixados em lei ou ter atribuído valor à causa em montante incompatível com o conteúdo econômico da demanda.

1.2.6. As provas com que o autor pretende demonstrar a verdade dos fatos alegados: tem havido tolerância quanto ao descumprimento desta exigência. A sua falta não enseja o indeferimento da inicial, nem torna preclusa a oportunidade de o autor, posteriormente, requerer as provas que lhe pareçam cabíveis. Isso se justifica porque o autor não tem como saber quais as matérias fáticas que se tornarão controvertidas antes da contestação.

1.2.7. A opção do autor pela realização ou não de audiência de conciliação ou mediação: não se trata, propriamente, de um requisito da inicial, mas da oportunidade que o autor tem de manifestar desinteresse na audiência inicial de tentativa de conciliação, que se realiza no procedimento comum, antes da resposta do réu. Essa audiência deve obrigatoriamente ser designada, salvo se o processo for daqueles que não admite autocomposição, ou se ambas as partes manifestarem desinteresse na sua realização. A inicial é a oportunidade que o autor tem para manifestá-lo. Mas ainda que ele o faça, o juiz deve designá-la, pois somente se o réu também o fizer, ela será cancelada. Para tanto, o réu deve fazê-lo por petição, apresentada com dez dias de antecedência, contados da data marcada para a audiência. Se o autor silenciar a respeito de sua opção, presume-se que ele concorda com a realização, já que ela só não será marcada se o desinteresse for expressamente manifestado por ambas as partes (art. 334, § 2º).

1.2.8. O endereço do advogado do autor: deverá constar da procuração que acompanha a inicial (art. 105, § 2º). Caso o autor advogue em causa própria, dispõe o CPC, art. 106, I, que a inicial indicará o endereço, seu número de inscrição na OAB e o nome da sociedade de advogados da qual participa, para o recebimento de intimações. Qualquer mudança de endereço deverá ser comunicada. O § 1º estabelece que, em caso de omissão, o juiz concederá prazo de cinco dias para que ela seja suprida, sob pena de indeferimento da inicial. E se houver mudança sem comunicação, serão consideradas válidas as intimações enviadas por carta registrada ou meio eletrônico ao endereço constante dos autos.

Além dos requisitos intrínsecos, a inicial deve preencher outros, que não são propriamente formais, nem dizem respeito ao seu conteúdo. Por isso, são chamados extrínsecos. Estabelece o art. 320 que ela deverá vir instruída com os documentos indispensáveis. Os não indispensáveis podem ser juntados a qualquer tempo no processo, desde que deles se dê ciência à parte contrária (CPC, art. 437, § 1º). Mas sem os imprescindíveis, a inicial não será recebida.

Por exemplo, em uma ação reivindicatória de imóveis, é necessário juntar a certidão registrária que atribui a propriedade ao autor; em uma rescisão ou revisão do contrato, o seu instrumento; em uma de anulação de casamento, a respectiva certidão. São documentos sem os quais o juiz não pode apreciar o pedido do autor, ainda que não tenha havido impugnação do réu.

Eles diferem dos documentos meramente úteis, que servem para ajudar na demonstração dos fatos que se tenham tornado controvertidos, mas não são indispensáveis ao julgamento.

Se o documento não estiver em poder do autor, na inicial ele requererá ao juiz que ordene ao réu ou a terceiro a sua exibição, na forma do CPC, arts. 396 e s.

Na falta de documento indispensável, o juiz concederá ao autor prazo de 15 dias para trazê-lo, sob pena de indeferimento da inicial.

Também deve o autor juntar a procuração outorgada ao seu advogado, com as ressalvas do CPC, arts. 103, parágrafo único, e 104. Quando o autor for pessoa jurídica, deve apresentar os seus estatutos ou contrato social, que permitam verificar se a pessoa que outorgou a procuração tinha poderes para fazê-lo. Mas não compete ao juiz exigir, desde logo, a exibição desses documentos. Prevalece o entendimento de que a lei não exige que se prove desde logo a regularidade da representação da pessoa jurídica, devendo fazê-lo apenas se houver dúvida fundada sobre os poderes de quem firmou a procuração. Nesse sentido, *RSTJ*, 51/533.

Além da procuração, a inicial deve vir acompanhada da guia de recolhimento das custas iniciais, salvo se tiver havido requerimento e concessão de justiça gratuita, ou se a demanda for daquelas em que não recolhe custas iniciais.

A falta de procuração ou do recolhimento das custas iniciais, se não sanada a tempo, implicará a extinção do processo sem resolução de mérito.

1.3. Pedido

O CPC, art. 319, estabelece como requisito fundamental da inicial a indicação do pedido com suas especificações. Dada a importância do assunto, a lei o trata em seção própria, nos arts. 322 a 329. Esses dispositivos cuidam da formulação de pedido genérico, dos pedidos implícitos e da possibilidade de cumulação.

1.3.1. Pedido genérico

O CPC, nos arts. 322 e 324, estabelece que o pedido deve ser certo e determinado. Por certo entende-se aquele que esteja individualizado, possibilitando a sua perfeita identificação. A petição inicial deve indicar qual o bem da vida pretendido, ou ao menos fornecer elementos que permitam identificá-lo. Ademais, o pedido há de ser determinado quanto à sua quantidade.

O art. 324, § 1º, estabelece hipóteses em que é lícita a formulação de pedido genérico, aquele que é certo quanto ao objeto, mas ainda indeterminado em relação à quantidade, no qual se indica o *an debeatur*, mas não o *quantum debeatur*.

Permite-se a formulação de pedido genérico:

I – nas ações universais, se não puder o autor individuar na petição os bens demandados. São aquelas que versam sobre uma universalidade de fato ou de direito. Por esta última entende-se um conjunto de bens, relações jurídicas, direitos e obrigações, como o patrimônio e a herança;

II – quando não for possível determinar, desde logo, as consequências do ato ou fato. É o que ocorre com as ações em que se postula indenização por lesões corporais, quando ainda não se sabe se delas resultará incapacidade, se esta será definitiva e qual o seu grau. Esse inciso tem sido invocado na formulação de pedido genérico em ações de indenização por dano moral (STJ, 3ª Turma, REsp 125.416-RJ, rel. Min. Eduardo Ribeiro).

Não nos parece, porém, que isso deva ser admitido. É justamente por não haver critérios legais para a fixação da indenização que se deve exigir que o autor indique qual o valor que pretende, para que o juiz, ao menos, tenha algum parâmetro sem o qual dificilmente poderão ser solucionadas as questões referentes ao interesse recursal, ao valor da causa e às custas processuais. Por isso, recomendável que o juiz exija do autor que indique, na inicial, o valor que pretende a título de indenização, conclusão reforçada pelo disposto no art. 292, V, do CPC;

III – quando a determinação do objeto ou do valor da condenação depender de ato que deva ser praticado pelo réu, caso em que não se pode exigir do autor que, desde logo, na petição inicial formule pedido determinado. É o que ocorre, por exemplo, nas ações de exigir contas, em que não se conhece a existência de eventual saldo em favor de uma das partes, senão depois que o réu as apresenta, bem como nas ações que tenham por objeto obrigações de fazer infungível, e que se convertem em perdas e danos, caso não seja possível obter a tutela específica da obrigação exigida.

1.3.2. Pedido implícito

Os pedidos são, em regra, interpretados restritivamente. O juiz deve apreciar apenas a pretensão formulada, o que abrange o pedido e as consequências lógico-jurídicas dele advindas, e não aquilo que não tenha sido objeto de requerimento. Há, porém, exceções: existem pedidos implícitos, isto é, coisas que o juiz deve conceder ao autor, mesmo que não requeridas expressamente na petição inicial.

O art. 322, § 1º, menciona como tal os juros legais. Os juros de mora incluem-se na liquidação, ainda que tenham sido omissos o pedido e a condenação (Súmula 254 do STF). Além deles, é também devida a correção monetária, que não é acréscimo nem punição ao devedor, mas mera atualização do valor nominal da moeda. A condenação do réu ao pagamento das custas e despesas do processo, bem como honorários advocatícios, em caso de procedência, também constitui pedido implícito (Súmula 256 do STF).

Por fim, as prestações sucessivas considerar-se-ão incluídas no pedido, independentemente de declaração expressa do autor, se o devedor, no curso do processo, deixar de pagá-las ou de consigná-las, pelo tempo que durar a obrigação (CPC, art. 323). Esse dispositivo abrange tanto as prestações que se venceram no curso do processo como as posteriores à sentença, até o término da obrigação.

1.3.3. Cumulação de pedidos

O fenômeno da cumulação de pedidos é admitido pelo legislador em numerosas situações. De maneira geral, a lei a permite quando as demandas estão relacionadas entre si, de maneira que se justifique um julgamento conjunto, seja por economia processual, seja para evitar a desarmonia dos julgados.

A cumulação pode ser subjetiva ou objetiva. Será subjetiva quando houver pluralidade de partes, no polo ativo, no passivo, ou em ambos. A esse fenômeno dá-se o nome de litisconsórcio. A objetiva ocorrerá quando existir cúmulo de pedidos ou fundamentos. A rigor, a cada um deles corresponde uma demanda (ação), de sorte que, quando há pluralidade de pedidos ou fundamentos, haverá uma cumulação de demandas ou de ações, que serão julgadas conjuntamente, em um único processo.

O CPC, art. 327, autorizou a cumulação objetiva: "É lícita a cumulação, em um único processo, contra o mesmo réu, de vários pedidos, ainda que entre eles não haja conexão". Embora o dispositivo mencione apenas pedidos, não há óbice à cumulação de fundamentos: pode haver um só pedido, com várias causas de pedir.

A lei tratou de diversas espécies e formas de cumulação. São elas:

a) Cumulação simples: é aquela tratada diretamente no CPC, art. 327. O autor formula, em face do mesmo réu, dois ou mais pedidos somados, pretendendo obter êxito em todos. Para que a cumulação seja simples, é preciso que os pedidos sejam interdependentes, e que o resultado de um não dependa do outro. Será possível, portanto, que o autor obtenha êxito em um, mas não nos outros, caso em que haverá procedência parcial da demanda. O juiz, para fixação das verbas de sucumbência, deverá verificar proporcionalmente quanto de êxito e de insucesso teve o autor. Se o autor se diz credor do réu, em virtude de débitos diferentes, de origens distintas, pode cobrá-los cumulativamente, no mesmo processo. Na sentença, o juiz deverá examinar todos os pedidos formulados, que não precisam ser conexos, embora devam preencher os requisitos do § 1º do art. 327.

b) Cumulação sucessiva: aqui o autor também formula ao juiz mais de um pedido, buscando obter êxito em todos. Tal como na simples, ele tem mais de uma pretensão, que pretende ver acolhida, em relação ao mesmo réu. Mas o que diferencia uma da outra é que na sucessiva o resultado do exame de uma das pretensões repercute no da outra. Há relação de prejudicialidade entre um pedido e outro. É o que ocorre, por exemplo, com a ação de investigação de paternidade cumulada com petição de herança ou alimentos, em que o resultado do segundo pedido depende do acolhimento do primeiro. A improcedência deste implicará também a daquele. Haverá ainda cumulação sucessiva na ação de rescisão de contrato cumulada com reintegração de posse ou com reparação de danos.

Nela, existirá sempre conexão entre os fundamentos dos pedidos. O fundamento do primeiro será sempre um dos fundamentos do segundo pedido. Por isso, a rejeição daquele implicará o mesmo em relação a este. Mas o acolhimento do primeiro pedido nem sempre implicará o do segundo. Por exemplo, o inadimplemento contratual é fundamento para o pedido de rescisão contratual e para o pedido sucessivo de reparação de danos. Todavia, este segundo pedido tem outros fundamentos, como a existência de prejuízo para a vítima. Por isso, não provado o inadimplemento, os dois pedidos serão rejeitados. Provado, o primeiro pedido será acolhido, e um dos fundamentos do segundo estará demonstrado, cabendo ao juiz examinar os demais que o embasam, como a existência dos danos.

c) Cumulação alternativa: é a que ocorre quando o autor formula dois ou mais pedidos, postulando o acolhimento de apenas um deles, sem estabelecer uma ordem de preferência. O acolhimento de um exclui o do outro. Para o autor é indiferente qual das suas pretensões seja acolhida, desde que ele tenha êxito em uma delas.

Quando ele não indicar a sua preferência, caberá ao juiz conceder aquele que lhe pareça mais apropriado. O acolhimento de apenas um dos pedidos alternativos implica a total procedência da demanda, com todas as consequências daí decorrentes sobre a verba de sucumbência. Não há, portanto, soma de pedidos, tanto que, na fixação do valor da causa, o autor não deve adicionar os conteúdos econômicos dos pedidos, como ocorre na cumulação simples e sucessiva. O valor da causa deve corresponder ao conteúdo econômico daquele de maior valor.

Não se pode falar, na cumulação alternativa, em cúmulo de demandas, porque não há propriamente vários pedidos, mas várias opções de acolhimento dos pedidos. O art. 325 trata da cumulação alternativa, aduzindo que ela será cabível "quando, pela natureza da obrigação, o devedor puder cumprir a prestação de mais de um modo". Isso vale não apenas para as obrigações alternativas do Código Civil, em que se assegura o cumprimento da obrigação por mais de um modo, mas também para a hipótese de haver várias alternativas de solução para um litígio. Por exemplo, quando há inadimplemento contratual, o credor pode optar entre exigir o cumprimento específico da obrigação contratada ou postular a resolução da avença, com a condenação do réu no equivalente pecuniário. Existindo essa opção, e sendo indiferente ao autor o acolhimento de uma ou outra, poderá haver cumulação alternativa. Ao propor a ação, ele tinha a opção de escolha. Mas, se for indiferente uma ou outra das pretensões, ele poderá fazer a cumulação, atribuindo ao juiz a escolha.

Pode ocorrer, porém, que a escolha, por força de lei ou contrato, caiba ao réu. Nesse caso, mesmo que o autor, na inicial, escolha um dos pedidos, o juiz assegurará ao réu o direito de cumprir a prestação de um ou outro modo (CPC, art. 325, parágrafo único).

d) Cumulação eventual ou subsidiária: é aquela em que o autor formula dois ou mais pedidos, esperando que apenas um deles seja acolhido, em detrimento dos demais, mas estabelecendo uma ordem de preferência. Distingue-se da cumulação simples e da sucessiva porque não há uma soma de pedidos, e o acolhimento de um implica a exclusão dos demais. E difere da alternativa, porque o autor manifesta sua preferência pelo acolhimento de um dos pedidos, sendo os demais subsidiários. Deve o juiz apreciar primeiro aquele pedido que foi formulado preferencialmente. Se for acolhido, não aprecia os demais. Os pedidos subsidiários só serão apreciados caso o principal seja rejeitado.

Como há manifestação de preferência, o autor terá interesse recursal se o juiz acolher apenas o pedido subsidiário, em detrimento do principal.

Mas o acolhimento de um ou outro implicará a procedência do pedido, sendo carreados ao réu os ônus da sucumbência.

Além da cumulação de pedidos pode haver, ainda, a cumulação de fundamentos: o autor formula um só pedido, mas com várias causas de pedir.

Quando isso ocorre, o juiz terá a possibilidade de acolher o pedido com fundamento em qualquer um, ou em todos os fundamentos. Não há necessidade de que ele examine todos, desde que a sentença de procedência esteja embasada em um só deles, suficiente para o acolhimento do pedido. No entanto, para rejeitá-lo, o juiz deve afastar, um por um, todos os fundamentos indicados. Ou seja, quando houver a cumulação de fundamentos, basta ao autor que demonstre um deles para que o pedido seja acolhido; mas, para que seja rejeitado, é preciso que todos sejam afastados.

1.3.4. Requisitos para a cumulação

Para que possa haver cumulação de pedidos, seja de que natureza for, não é necessário que eles sejam conexos. No entanto, é preciso:

a) Que os pedidos sejam compatíveis entre si. Não é possível que o autor formule dois ou mais pedidos que se excluam mutuamente, sob pena de indeferimento da inicial. Esse requisito, em especial, não é exigível para todos os tipos de cumulação, mas apenas para a simples e a sucessiva. Na alternativa e eventual nada obsta que os pedidos sejam incompatíveis, porque, a rigor, não há propriamente cúmulo de demandas, e o autor pretende o acolhimento de apenas uma das pretensões. Nessas duas espécies de cumulação, o acolhimento de um pedido excluirá o dos demais.

Na simples e na sucessiva, contudo, é preciso que os pedidos não sejam mutuamente excludentes. O autor que tenha adquirido mercadoria com vício redibitório não pode pedir cumulativamente a rescisão do contrato e o abatimento no preço, porque não é possível o acolhimento das duas coisas. Pode, isto sim, pedir o acolhimento de uma coisa ou outra.

Quando forem formulados pedidos incompatíveis, antes de indeferir a petição inicial, o juiz deve dar ao autor a possibilidade de escolher entre um ou outro. Se ele não o fizer, a inicial será indeferida, não cabendo ao juiz fazer a escolha.

b) Que o mesmo juízo seja competente para conhecer todos os pedidos. Este requisito é necessário para todos os tipos de cumulação.

Não é possível formular pedidos cumulados se para cada qual for competente um juízo diferente. Em caso de incompetência absoluta, a regra é inafastável, não havendo outra solução senão a propositura de demandas autônomas, cada uma veiculando uma das pretensões do autor. O juiz não indeferirá a inicial, mas o processo prosseguirá apenas para apreciação daquele pedido para o qual ele é competente, sendo extinto em relação aos demais. Todavia, se a incompetência for relativa, poderá haver a cumulação, por força da modificação de competência, seja decorrente de conexão, derrogação ou prorrogação.

c) Adequação do procedimento a todos os pedidos. Se para cada um dos pedidos houver procedimento distinto, não haverá como proceder-se à cumulação em um único processo. Este requisito é indispensável para todas as espécies, mas o CPC, art. 327, § 2º, faz uma ressalva: "Quando, para cada pedido, corresponder tipo diverso de procedimento, será admitida a cumulação, se o autor empregar o procedimento comum, sem prejuízo do emprego de técnicas processuais diferenciadas previstas nos procedimentos especiais a que se sujeitam um ou mais pedidos cumulados, que não forem incompatíveis com as disposições sobre o procedimento comum". Se um dos pedidos seguir pelo procedimento comum e outro pelo especial, a cumulação só poderá ocorrer, excepcionalmente, quando o procedimento especial for daqueles que puderem ser convertidos para o comum, como nas ações possessórias. A única coisa especial que o procedimento das possessórias de força nova tem é a fase da liminar. Assim, será possível cumular o pedido possessório com outro, de procedimento comum, como a rescisão de contrato. E, parece-nos, sem prejuízo da liminar, que não é incompatível com esse procedimento, já que não o prejudica, nem altera a sequência dos atos processuais (art. 327, § 2º).

O controle judicial do preenchimento desses requisitos deve ser feito de ofício. Verificada a impossibilidade de cumulação, o juiz poderá indeferir a inicial, se o vício não for sanável, ou reduzir as dimensões do processo, extinguindo-o parcialmente em relação ao pedido que não possa ser apreciado.

1.4. Indeferimento da inicial

Compete ao juiz fazer um exame da admissibilidade da petição inicial, que deve ser cuidadoso, pois, depois da citação do réu, o pedido e os seus fundamentos não poderão ser modificados, senão com o consentimento deste. É nessa fase inicial que eventuais defeitos ou irregularidades poderão ser sanados, devendo o juiz conceder prazo ao autor para que a regularize. O defeito pode ser intrínseco, pelo descumprimento do CPC, art. 319, ou extrínseco, por violação ao art. 320. Em ambos os casos, o juiz não deve extinguir desde logo a inicial, sendo imprescindível que conceda prazo de 15 dias ao autor para sanar o vício, indicando com precisão o que deve ser corrigido ou completado. É preciso que ele lhe conceda a possibilidade de manifestar-se, ainda que o vício da inicial seja aparentemente insanável, porque o princípio do contraditório assim o exige. Não se pode extinguir o processo sem ouvir o autor, pois ele pode, ao manifestar-se, convencer o juiz ou de que o vício apontado não existe, ou de que ele é sanável.

Verificando que a petição inicial está em termos, o juiz a recebe e determina a citação do réu. Do contrário, concede prazo para regularização. Se o vício não for solucionado, o juiz a rejeita. O indeferimento pode ser total ou parcial. Será total quando não puder ser aceita em relação a nenhuma das pretensões nela contida. O juiz, então, extinguirá o processo, desde logo, sem resolução de mérito. Haverá indeferimento parcial quando apenas uma ou algumas das pretensões não puderem ser admitidas, caso em que o processo não será extinto, mas prosseguirá em relação às demais pretensões.

O CPC, art. 330, enumera as causas para o indeferimento da petição inicial. As principais são a inépcia, a falta de uma das condições da ação ou de um pressuposto processual.

a) Inépcia da inicial: é a incapacidade de produzir resultados. O § 1º do art. 330 enumera as suas causas, todas elas relacionadas ao pedido ou causa de pedir. Será inepta a petição inicial quando: I – faltar-lhe pedido ou causa de pedir; II – o pedido for indeterminado, ressalvadas as hipóteses legais em que se permite o pedido genérico; III – da narração dos fatos não decorrer logicamente a conclusão; IV – contiver pedidos incompatíveis entre si.

Em todas essas hipóteses, pelo simples exame da inicial já é possível constatar que não se poderá chegar a um exame de mérito. Uma ação que não tenha objeto, ou em que ele seja indeterminado, jamais terá êxito. O mesmo ocorrerá quando houver cumulação simples ou sucessiva, e os pedidos forem incompatíveis entre si. A falta de fundamentos ou de coerência entre eles e o pedido é também causa de inépcia.

b) Falta de legitimidade e de interesse de agir: quando verificável desde logo, também enseja o indeferimento da inicial, porque permite constatar a inviabilidade do julgamento do mérito.

c) Quando, postulando em causa própria, o advogado não cumprir as determinações do art. 106, e quando o autor não emendar a inicial, na forma do art. 321.

O erro na escolha do procedimento, em princípio, não implica o indeferimento da inicial, bastando ao juiz convertê-lo, salvo se essa conversão depender de alguma atitude do autor, e ele não a tomar.

A falta de condições da ação, de pressupostos processuais e a inépcia da inicial podem ser conhecidas de ofício pelo juiz, que deverá fazê-lo desde logo, quando examinar os pressupostos de admissibilidade da inicial. No entanto, um juízo positivo não tornará tais matérias preclusas, podendo o juiz, a qualquer tempo, refazê-lo, extinguindo o processo, por qualquer dessas razões. Mas, se isso ocorrer depois que o réu tiver sido citado, não se poderá falar, propriamente, em indeferimento da inicial. Essa expressão deve ficar reservada para o juízo negativo de admissibilidade da inicial, feito antes da citação.

Da sentença de extinção do processo por indeferimento da inicial cabe apelação. Se ela for interposta, o juiz poderá se retratar no prazo de cinco dias. Havendo retratação, deve o processo prosseguir com a citação do réu. Porém, esse juízo positivo não é definitivo, podendo o juiz revê-lo, porque ao réu ainda não terá sido dada oportunidade de resposta, podendo ele trazer novos argumentos que impliquem uma reavaliação do juízo formulado anteriormente, caso em que o processo será extinto sem resolução de mérito.

Se o juiz mantiver a sua decisão, mandará citar o réu para apresentação de contrarrazões no prazo de 15 dias.

1.5. A improcedência liminar (art. 332)

Em mais um esforço dirigido à efetividade do processo, a Lei n. 11.277/2006 acrescentou ao CPC de 1973 o art. 285-A, que assim estabelecia: "Quando a matéria controvertida for unicamente de direito e no juízo já houver sido proferida sentença de total improcedência em outros casos idênticos, poderá ser dispensada a citação e proferida sentença, reproduzindo-se o teor da anteriormente prolatada".

A autorização concedida ao juiz nesse dispositivo era inédita, pois, pela primeira vez, permitia que o juiz julgasse o pedido do autor inteiramente improcedente, sem a citação do réu. Havia uma verdadeira sentença de mérito, proferida sem que o réu fosse chamado a manifestar-se. Mas esse dispositivo mereceu, enquanto vigorou, duras críticas dos processualistas, pois as causas de improcedência de plano estavam associadas a julgamentos anteriores proferidos pelo mesmo juízo, sem preocupação se tais decisões estavam ou não em consonância com a jurisprudência dos Tribunais Superiores. Essa solução não favorecia a isonomia dos litigantes em juízo nem a uniformização da jurisprudência. Afinal, dois litigantes que ajuizassem ações versando sobre a mesma questão jurídica, em juízos diferentes, poderiam obter resultados absolutamente díspares, porque, se um dos juízos, em casos anteriores semelhantes, já tivesse dado pela total improcedência, poderia fazê-lo dispensando a citação do réu nos casos novos. E o outro juízo poderia ter entendimento diverso sobre a questão jurídica, decidindo de forma diferente, caso em que teria de determinar a prévia citação do réu. Em síntese, a solução do CPC de 1973 prestigiava a jurisprudência do próprio juízo, a solução por ele dada à mesma questão jurídica em processos anteriores. Atento a essas críticas, o CPC atual manteve a possibilidade de o juiz julgar liminarmente improcedente o pedido, mas modificou os requisitos para que ele possa fazê-lo. As causas de improcedência de plano estão previstas no art. 332. O juiz julgará liminarmente improcedente o pedido que contrariar enunciado de súmula do Supremo Tribunal Federal ou do Superior Tribunal de Justiça; acórdão proferido pelo Supremo Tribunal Federal ou Superior Tribunal de Justiça em julgamento de recursos repetitivos; entendimento firmado em incidente de resolução de demandas repetitivas ou de assunção de competência ou enunciado de súmula de tribunal de justiça sobre direito local. E também quando verificar, desde logo, a ocorrência da prescrição ou da decadência. As hipóteses de improcedência liminar não estão mais associadas a precedentes do próprio juízo, mas à existência de entendimento pacificado sobre a questão jurídica controvertida, nas hipóteses acima mencionadas. A solução dada pelo art. 332

favorece o princípio da isonomia e a segurança jurídica, pois determina que todos os juízes julguem liminarmente improcedentes as pretensões, desde que presentes as hipóteses acima, todas elas – exceto a de prescrição e decadência – associadas à jurisprudência pacificada dos órgãos superiores. As hipóteses dos incisos I, II e III do art. 332 mantêm coerência com as hipóteses do art. 927, II, III e IV, consideradas como de jurisprudência vinculante.

Preenchidos os requisitos, o juiz deverá julgar liminarmente improcedente a pretensão, mas não sem antes cumprir o disposto nos arts. 10 e 11 do CPC. É certo que o art. 487, parágrafo único, ressalva a hipótese do art. 332, § 1º, permitindo que o juiz profira sentença de improcedência liminar sem ouvir as partes, em caso de prescrição ou decadência. De fato, não haverá como ouvir o réu, que nem sequer estará citado. Mas parece-nos que terá de ouvir o autor, para que este não seja surpreendido com o reconhecimento da prescrição ou da decadência, sem ter tido oportunidade de demonstrar ao juiz que ela não ocorreu.

1.5.1. Requisitos para a improcedência liminar

a) Que a causa dispense a fase instrutória.

A incidência do art. 332 pressupõe a existência de súmula ou julgamento repetitivo, o que pressupõe controvérsia apenas sobre matéria jurídica, já que essa é que se pode repetir em uma multiplicidade de processos. Não matérias de fato, que são sempre específicas e próprias de cada processo. Ao dizer que poderá haver julgamento de improcedência liminar nas causas que dispensem instrução, o que o legislador quis dizer é que a questão de mérito deverá ser exclusivamente de direito. Trata-se da mesma situação que autorizaria o julgamento antecipado da lide, nas hipóteses do art. 355, I, do CPC. A pretensão deve estar fundada em uma questão estritamente jurídica. Por exemplo: ação para declarar a inexigibilidade de um tributo, reputado inconstitucional. A questão de mérito é a constitucionalidade ou não do tributo, o que não envolve o exame de fatos. O juiz só deverá aplicar o art. 332 se a dispensa da fase instrutória puder ser verificada *ab initio*. Se houver alguma questão fática que possa tornar-se controvertida, o juiz não deverá valer-se do art. 332, e deverá mandar citar o réu. Se, após a resposta, não houver necessidade de instrução, ele então promoverá o julgamento antecipado da lide. Mas o julgamento liminar pressupõe que a questão de mérito seja só de direito, única situação em que, de plano, é possível verificar a desnecessidade da fase de instrução. Fica ressalvada a hipótese de prescrição e decadência, casos que o processo pode versar questão de fato. Mas aí a pretensão ou o direito já estarão extintos, pelo transcurso *in albis* do prazo prescricional ou decadencial. Nessa hipótese, e apenas nela, a existência de questão de fato que poderia tornar-se controvertida não impedirá a improcedência liminar do pedido.

b) Que esteja presente qualquer uma das hipóteses do art. 332, I a IV, ou a do art. 332, § 1º.

A aplicação do art. 332 do CPC se limita às hipóteses de total improcedência. Nem poderia ser de outra forma: só assim poder-se-ia dispensar a citação do réu, que não sofre nenhum prejuízo. Antes, só terá benefícios, pois obterá uma sentença inteiramente favorável sem nenhum ônus ou despesa, pois nem sequer terá de apresentar contestação. Se o caso não for de total, mas de parcial improcedência, a citação será indispensável.

Não há nenhuma inconstitucionalidade na dispensa da citação do réu, na hipótese do art. 332. É certo que não haverá contraditório, mas disso não resultará prejuízo.

A aplicação do dispositivo atribui ao juiz a possibilidade de julgar mais rapidamente processos que versam determinada questão jurídica que, por sua repetição e multiplicidade, deram ensejo à edição de súmula ou a julgamento repetitivo. São conhecidas as situações em que determinadas teses jurídicas dão ensejo a uma multiplicação de processos, nos quais se discute a mesma questão de direito. Para acelerar-lhes o julgamento é que o novo dispositivo foi introduzido.

Ao proferir a sentença de improcedência de plano, o juiz deverá fundamentá-la, indicando em qual dos incisos do art. 332 ela se funda, e demonstrando que o caso sob julgamento se ajusta àquela estabelecida na súmula ou no julgamento repetitivo (art. 489, V). Se não o fizer, a sentença será considerada não fundamentada, dando ensejo à interposição de embargos de declaração.

A redação do art. 285-A do CPC de 1973 apenas permitia ao juiz dispensar a citação do réu, e proferir de plano a sentença de total improcedência. Mas isso se ele assim o desejasse. Se não, poderia mandar citar o réu, e, no momento oportuno, proferir o julgamento antecipado da lide.

O CPC atual, no art. 332, *caput*, faz uso do imperativo: nos casos previstos, o juiz julgará liminarmente o pedido. Diante dos termos da lei, não resta dúvida sobre o caráter cogente do dispositivo. Verificadas as hipóteses dos incisos e do § 1º do art. 332, o juiz deverá julgar liminarmente improcedente o pedido. Nenhuma nulidade, no entanto, haverá se o juiz não aplicar o dispositivo, e mandar citar o réu.

1.5.2. A improcedência liminar parcial do pedido

O art. 356 do CPC permite o julgamento antecipado parcial do mérito se um dos pedidos ou parte deles mostrar-se incontroverso, ou estiver em condições de imediato julgamento. Diante disso, não haverá óbice a que o juiz se valha da mesma regra para prolatar a improcedência liminar parcial do pedido, desde que, havendo cumulação de pedidos na inicial, em relação a alguns deles estejam presentes as hipóteses do art. 332. É possível que, na inicial, o autor cumule dois pedidos: um deles versa exclusivamente questão de direito, e a respeito dela já existe súmula ou julgamento repetitivo; o outro versa sobre questão de fato, ou questão de direito não sumulada nem decidida em julgamento repetitivo. Nada obsta que o juiz, de plano, julgue improcedente o primeiro pedido, e determine o prosseguimento do processo e a citação do réu em relação ao segundo. Não haverá sentença de improcedência liminar, mas decisão interlocutória de improcedência liminar, contra a qual caberá agravo de instrumento.

1.5.3. Apelação da sentença de improcedência liminar

Da decisão interlocutória que julgar liminarmente improcedente um dos pedidos cabe agravo de instrumento, na forma do art. 1.015, II, do CPC. Da sentença de total improcedência cabe recurso de apelação pelo autor. Esse recurso terá efeito regressivo, com a possibilidade de o juiz retratar-se no prazo de cinco dias, tornando sem efeito a sentença proferida, para determinar a citação do réu. Esse é o único caso em que o juiz poderá retratar-se de uma sentença de mérito. Das sentenças de extinção sem resolução de mérito, o juiz, havendo apelação, poderá sempre retratar-se.

Caso não haja a retratação, o réu será citado para apresentar contrarrazões. Se houver retratação, ele será citado para apresentar contestação.

Com a subida do recurso, o Tribunal poderá manter a sentença de total improcedência, quando verificar que o juiz tinha razão ao proferi-la. O acórdão condenará o autor ao pagamento de honorários advocatícios dos quais ele estaria dispensado se não tivesse recorrido, pois o réu nem sequer teria comparecido aos autos; ou verificar que não era hipótese de aplicação do art. 332, seja porque ausentes as hipóteses previstas no dispositivo, seja porque o processo não é daqueles que dispensa instrução, caso em que o Tribunal anulará a sentença e determinará o retorno dos autos à primeira instância, para que o réu tenha oportunidade de contestar, prosseguindo-se daí por diante.

A sentença de total improcedência poderá transitar em julgado, sem que o réu tenha sido, ao menos, citado. Por isso, é importante que o juiz determine a sua intimação, para que dela possa tomar conhecimento (art. 332, § 2º).

2. DA AUDIÊNCIA DE CONCILIAÇÃO OU MEDIAÇÃO

É fase indispensável nos processos de procedimento comum. A sua designação no começo funda-se na ideia de que, após o oferecimento da contestação, o conflito poderá recrudescer, tornando mais difícil a conciliação das partes. A busca pela solução consensual dos conflitos vem prevista como norma fundamental do processo civil, no art. 3º, §§ 2º e 3º, do CPC. A eventual conciliação nesta fase ainda inicial do processo se adequa ao *princípio econômico*, já que o poupará de avançar a fases mais adiantadas.

Desde que a inicial tenha preenchido os requisitos de admissibilidade e não seja caso de improcedência de plano, o juiz designará audiência de tentativa de conciliação ou mediação, na qual atuará necessariamente, onde houver, o conciliador ou o mediador. Ela será realizada nos centros judiciários de solução consensual de conflitos, previstos no art. 165, *caput*, e será designada com antecedência mínima de 30 dias. O réu deverá ser citado com pelo menos 20 dias de antecedência. O juiz só a dispensará em duas hipóteses: quando não for possível a autocomposição ou quando ambas as partes manifestarem, expressamente, o seu desinteresse na composição. O autor deverá fazê-lo na inicial, e o réu com no mínimo dez dias de antecedência, contados da data marcada para a audiência.

Mesmo que o autor, na inicial, manifeste expressamente desinteresse, o juiz terá de designá-la porque ela ainda assim se realizará, exceto se, com pelo menos 10 dias de antecedência, o réu também manifestar o desinteresse. Quando ele o fizer, a audiência já estará designada. Com a manifestação, ela será cancelada, mas desde que seja feita com a antecedência necessária. Se houver litisconsórcio, a audiência só não se realizará se todos os litisconsortes manifestarem desinteresse (art. 334, § 6º).

Designada a data, o comparecimento das partes é obrigatório. A ausência delas implicará ato atentatório à dignidade da Justiça, incorrendo o ausente em multa de até 2% da vantagem econômica pretendida, que reverterá em favor da União ou do Estado. Ela poderá, se não puder ou não quiser comparecer, constituir um representante, por meio de procuração específica, com poderes para negociar e transigir, mas que não se confundirá, em princípio, com o advogado. As partes devem comparecer à audiência acompanhados de seus advogados ou Defensor Público. A ausência destes, no entanto, não implica ato atentatório nem impede que se tente a conciliação, que é ato jurídico material, para o qual a presença de advogado não é indispensável. Parece-nos que, por procuração específica, a parte pode constituir como seu representante, com poderes para transigir, o próprio advogado. Nesse caso, o advogado figuraria como representante constituído da parte para participar da audiência, hipótese em que se dispensaria o comparecimento pessoal dela. De qualquer sorte, a ausência do autor não poderá ter por consequência a extinção do processo, sem resolução de mérito, assim como a do réu não poderá implicar revelia. Nesse sentido:

"Como se vê, o Código de Processo Civil previu sanção específica para o caso de ausência injustificada da parte ou de seu representante em audiência de conciliação, a saber, a aplicação de multa de até 2% do valor da causa ou da vantagem econômica pretendida, de modo que não há como se realizar interpretação extensiva a esse respeito, pois, caso o legislador quisesse considerar tal conduta da parte como hipótese de abandono do feito, certamente o teria feito de forma expressa. Dessa forma, a extinção do feito, na forma como fora decretada pelo magistrado sentenciante, além de não estar amparada legalmente, mostra-se uma medida excessivamente rigorosa e prejudicial ao autor, devendo, portanto, ser afastada" (Apelação Cível n. 1001779-64.2018.8.26.0576, de 15 de agosto de 2019, rel. Des. Pedro Alcântara da Silva Leme Filho).

O juiz não dispensará a audiência, salvo nos casos em que a lei o permita. Afora essas situações, ela é de realização obrigatória. No entanto, a falta de designação não dará ensejo à nulidade do processo, uma vez que da omissão não decorrerá prejuízo às partes, especialmente porque a qualquer tempo as partes podem transigir. Nesse sentido já vinha decidido o C. Superior Tribunal de Justiça a respeito da audiência do art. 331 do CPC/1973, devendo a mesma solução prevalecer em relação à audiência do art. 334 do CPC atual:

"*Não importa nulidade do processo a não realização da audiência de conciliação, uma vez que a norma contida no artigo 331 do CPC visa a dar maior agilidade ao processo, e as partes podem transigir a qualquer momento*" (STJ – AgRg no AREsp n. 409.397/MG, rel. Min. Sidnei Benetti, 3ª Turma, j. em 19-8-2014).

3. CONTESTAÇÃO

3.1. Introdução

Com a citação surge para o réu o ônus de oferecer contestação. Ele pode simplesmente defender-se das alegações contidas na petição inicial por meio da contestação, mas pode também contra-atacar, formulando pretensões em face do autor, por meio de uma nova lide, contida no bojo da contestação, denominada reconvenção. Outras formas de resposta, que havia no CPC anterior, como a ação declaratória incidental, as exceções rituais e a impugnação ao valor da causa foram extintas no CPC atual.

O CPC, art. 335, exige que a contestação do réu venha sob a forma de petição escrita.

3.2. Prazo

No procedimento comum, o prazo de contestação é quinze dias. Devem, no entanto, ser respeitadas as regras do CPC, arts. 180, 183 e 229. Os dois primeiros determinam que ele seja em dobro em favor do

Ministério Público e da Fazenda Pública, e o terceiro, que seja em dobro quando houver litisconsortes com procuradores diferentes, integrantes de escritórios distintos, desde que o processo não seja eletrônico. A Defensoria Pública e os beneficiários da justiça gratuita, assistidos por órgão público de assistência judiciária, têm o prazo de resposta em dobro, por força do art. 186 do CPC e do art. 5º, § 5º, da Lei n. 1.060/50.

O prazo tem início, em regra, a partir da audiência de conciliação ou mediação. Caso ela não se realize por vontade das partes, da data em que o réu protocola a petição, manifestando desinteresse. Caso não seja designada audiência, porque o processo não admite autocomposição, o prazo correrá tendo por termo inicial as datas indicadas no art. 231 do CPC, que variará conforme o tipo de citação que tenha ocorrido no processo.

No caso de não ser designada audiência de conciliação ou mediação, havendo mais de um réu, o prazo para todos só correrá a partir da última consulta, feita ao portal eletrônico, ou da juntada aos autos do último aviso de recebimento ou mandado cumprido. É o que dispõe o art. 231, § 1º, do CPC: "Quando houver mais de um réu, o dia do começo do prazo para contestar corresponderá à última das datas a que se referem os incisos I a VI do *caput*". Por isso, enquanto todos os réus não tiverem ainda sido citados, o prazo de nenhum começa a correr. Se um foi citado antes, pode aguardar a citação dos demais, para só então apresentar a sua contestação. Isso explica a razão pela qual, se um dos réus estiver citado e houver posterior desistência da ação em relação aos que ainda não estiverem, aquele deverá ser intimado para que o prazo de resposta flua. O art. 335, § 2º, não deixa dúvidas: "Quando ocorrer a hipótese do art. 334, § 4º, inciso II, havendo litisconsórcio passivo, e o autor desistir da ação em relação ao réu ainda não citado, o prazo para resposta correrá da data de intimação da decisão que homologar a desistência". Isso para que o réu citado não seja surpreendido enquanto aguarda a citação dos demais. Se for realizada audiência de tentativa de conciliação, para a qual todos os réus terão de ser citados, o prazo para todos começa da audiência. Mas se, tendo havido manifestação de desinteresse pelo autor na inicial, alguns réus, em litisconsórcio, também manifestarem desinteresse, o termo inicial do prazo para cada um dos réus será a data da apresentação de seu respectivo pedido de cancelamento da audiência. Já para aqueles que não manifestarem desinteresse, o prazo será contado da audiência.

O prazo do CPC, art. 335, segundo entendimento jurisprudencial dominante, só terá sido cumprido se a resposta for protocolada em cartório, dentro dos quinze dias. É intempestiva a contestação que, despachada pelo juiz dentro do prazo, só foi apresentada em cartório depois de ele já ter transcorrido.

Se não apresentada no prazo, o réu será considerado revel e sofrerá as consequências da sua inércia.

3.3. Conteúdo

A contestação é a peça que veicula a defesa do réu. Constitui o meio, por excelência, de contraposição ao pedido inicial, devendo concentrar todas as manifestações de resistência à pretensão do autor, salvo aquelas para as quais haja previsão de incidentes próprios.

O direito de defesa, exercido por meio da contestação, é um contraponto ao direito de ação. Se é assegurado ao autor o direito de formular uma pretensão, é garantido ao réu o direito de contrapor-se a ela, de requerer ao juiz o seu não acolhimento e de expor as razões e fundamentos para que isso ocorra.

A contestação, tal como a inicial, contém uma pretensão: a de que o pedido do autor seja desacolhido. Na petição inicial, o autor formula o seu pedido, que pode revestir-se das mais variadas formas: condenatório, constitutivo ou declaratório. Na contestação, o réu opor-se-á a essa pretensão e formulará a sua, que será sempre única: a de que o juiz declare que o autor não tem razão. A pretensão formulada na contestação é sempre declaratória negativa (ficam ressalvadas as ações de natureza dúplice, em que se permite ao réu formular autênticos pedidos na contestação, além do simples requerimento de que a pretensão inicial seja rejeitada).

A contestação não amplia os limites objetivos da lide, o objeto litigioso, tendo em vista o seu caráter defensivo. Isto é, não altera aquilo sobre o que o juiz terá de decidir no dispositivo da sentença. Mas pode ampliar a cognição do juiz, obrigando-o a apreciar as questões nela alegadas, na parte da fundamentação da sentença. É o que ocorre se o réu argui qualquer fato extintivo, impeditivo ou modificativo do direito do autor.

Em suma, a contestação não se presta à formulação de pedidos (salvo nas ações dúplices), mas ela pode conter fatos novos que sirvam para fundamentar o não acolhimento dos pedidos iniciais, e que têm de ser apreciados pelo juiz quando do julgamento.

O CPC, art. 336, dispõe que "incumbe ao réu alegar, na contestação, toda a matéria de defesa, expondo as razões de fato e de direito, com que impugna o pedido do autor e especificando as provas que pretende produzir".

Esse dispositivo consagra o princípio da eventualidade, que permite ao réu apresentar na contestação todas as matérias que possa invocar em sua defesa, ainda que elas não sejam necessariamente compatíveis entre si. Pode apresentá-las em ordem sucessiva, sendo as últimas para a hipótese de não acolhimento das primeiras. É fundamental que o réu apresente todas as defesas que tiver na própria contestação (salvo as que devam ser alegadas em incidente próprio, como o impedimento e a suspeição do juiz), sob pena de preclusão.

As defesas do réu podem ser divididas em três grandes grupos: a) as processuais, cujo acolhimento implique a extinção do processo sem resolução de mérito; b) as processuais que não impliquem a extinção do processo, mas sua dilação (como a incompetência absoluta ou relativa do juízo); e c) as substanciais ou de mérito. As duas primeiras são denominadas preliminares. O seu acolhimento constitui óbice ao julgamento do mérito, que ficará impedido ou retardado.

3.3.1. Preliminares

O CPC, art. 337, enumera as preliminares, que devem ser analisadas antes da resolução de mérito. Há algumas cujo acolhimento implicará a extinção do processo sem resolução de mérito, como a inépcia da inicial, a perempção, a litispendência, a coisa julgada, a convenção de arbitragem e a carência de ação. E outras cujo acolhimento não implica a extinção do processo, mas sua dilação. São preliminares que se referem a vícios do processo, que têm de ser sanados para que possa ter prosseguimento: inexistência ou nulidade de citação, incompetência absoluta ou relativa, a incorreção do valor da causa, a indevida concessão de gratuidade da justiça, a conexão, a incapacidade da parte, ou o defeito de representação ou falta de autorização e falta de caução ou de outra prestação que a lei exige como preliminar.

Embora o rol do art. 337 seja bastante completo, há outras matérias que podem ser alegadas na contestação, a título preliminar, como o impedimento do juiz (apesar de a forma mais correta de alegar essa matéria seja por meio de arguição em incidente próprio), a falta do recolhimento de custas e o descumprimento do disposto no art. 486, § 2º.

Em síntese, pode-se concluir que constituem preliminares todas as matérias de cunho processual que impliquem impedimento ou retardamento do julgamento do mérito.

3.3.1.1. Alegação de incompetência absoluta ou relativa

Caso o réu alegue, como preliminar, a incompetência do juízo, seja ela absoluta seja relativa, ele poderá apresentar a contestação no foro de seu próprio domicílio, o que deverá ser comunicado ao juiz da causa de imediato, se possível por meio eletrônico. Se houver mais de um juízo no foro de domicílio do réu, a contestação será distribuída para um deles. A distribuição será por dependência para o juízo ao qual foi distribuída a precatória de citação do réu, se a citação for feita por precatória. O juízo para onde foi distribuída, livremente ou por dependência, a contestação do réu, tornar-se-á prevento, se for reconhecida a competência do foro de seu domicílio.

Se o réu alegar a incompetência, absoluta ou relativa do juízo, onde corre o processo, a audiência de tentativa de conciliação será suspensa até que a questão seja definida, após o que será designada nova data.

A incompetência absoluta deve ser arguida como preliminar de contestação. Mas, como constitui matéria de ordem pública, eventual equívoco ou demora das partes em alegá-la não implicará preclusão. Nos termos do art. 64, § 1º, a incompetência absoluta pode ser alegada a qualquer tempo ou grau de jurisdição e deve ser declarada de ofício. Já a incompetência relativa tem que ser alegada como preliminar em contestação, sob pena de preclusão.

Alegadas em contestação, o juiz ouvirá o autor em réplica, no prazo de quinze dias. Se a incompetência absoluta for alegada em outra oportunidade, o juiz ouvirá a parte contrária. Em ambos os casos, o juiz decidirá imediatamente em seguida a questão da competência, determinando a remessa dos autos ao juízo competente, se acolher a alegação. A incompetência relativa poderá ser alegada pelo Ministério Público nas causas em que atuar. Como a lei não faz ressalva, entende-se que ele poderá fazê-lo mesmo quando atue como fiscal da ordem jurídica, caso em que não apresentará propriamente contestação, mas se manifestará depois das partes. Nesse caso, caberá a ele alegar a incompetência relativa na primeira oportunidade que tiver para falar nos autos.

Acolhida a alegação de incompetência, as decisões proferidas pelos juízos incompetentes conservarão sua eficácia até que outra seja proferida pelo juízo competente, se for o caso. Caberá, assim, ao juízo competente decidir se ratifica a decisão anterior ou se profere outra no lugar. Enquanto não for proferida outra, a decisão anterior permanece eficaz (art. 64, § 4º, do CPC).

3.3.1.2. A preliminar de ilegitimidade de parte e a substituição do réu

Os arts. 338 e 339 do CPC trazem importante regra, que flexibiliza, em parte, o princípio da estabilidade da demanda. O art. 329 veda que, depois da citação do réu, ocorra alteração do pedido ou da causa de pedir, a menos que haja o consentimento do réu. E, depois do saneamento, nem mesmo com esse consentimento. Embora o dispositivo mencione apenas o pedido e a causa de pedir, também não será possível, ressalvadas as hipóteses em que a lei expressamente o admite, modificar as partes, que devem permanecer as mesmas.

O art. 338, porém, permite a substituição do réu sempre que ele alegar ser parte ilegítima ou não ser o responsável pelo dano. No CPC de 1973, não havia, de forma genérica, essa possibilidade. O que existia era uma figura de intervenção de terceiros, denominada nomeação à autoria, por meio da qual o réu que fosse mero detentor ou que tivesse praticado ato lesivo por ordem ou em cumprimento de instrução de terceiros nomeasse à autoria o proprietário ou o possuidor, no primeiro caso, ou o responsável pela ordem, no segundo. Já se criticava a inclusão da nomeação à autoria entre as espécies de intervenção de terceiro, porque, sendo ela deferida, o que havia era a substituição do réu que era parte ilegítima pelo verdadeiro legitimado.

A nomeação à autoria foi substituída por um mecanismo mais amplo e eficiente de correção do polo passivo, no CPC atual, previsto nos arts. 338 e 339. A sua amplitude é muito maior do que na lei anterior, na qual a nomeação só cabia em casos restritos. No atual, o mecanismo do art. 338 aplica-se sempre que o réu alegar que é parte ilegítima ou que não é o responsável pelo prejuízo invocado. Nesse caso, o autor será ouvido, podendo requerer, no prazo de quinze dias, o aditamento da inicial com a substituição do réu originário pelo indicado na contestação, pagando ao advogado dele honorários advocatícios entre 3% e 5% do valor da causa (art. 338 do CPC). Para que isso se viabilize, manda a lei que o réu indique o nome do sujeito passivo da relação jurídica discutida, sempre que tiver conhecimento, sob pena de arcar com as despesas processuais e prejuízos que causar ao autor pela falta de indicação. Aceita a indicação, o autor procederá à alteração da inicial para substituir o réu. O novo mecanismo tem amplitude muito maior do que a nomeação à autoria, pois permite a regularização do polo passivo em qualquer caso de ilegitimidade, e não apenas nos casos em que a nomeação era cabível, previstos nos arts. 62 e 63 do CPC de 1973. O réu que, ao contestar a ação, arguir a preliminar de ilegitimidade de parte deverá, sempre que tiver conhecimento, indicar quem é o verdadeiro legitimado, isto é, o sujeito passivo da relação jurídica discutida. Cabe a ele indicar, nomear aquele que é o verdadeiro responsável, o sujeito passivo da relação.

Essa pessoa pode ser e é, frequentemente, o empregador do réu, ou pessoa que lhe dirige ordens ou comandos. Como, sem obrigatoriedade, o réu talvez preferisse não fazer a indicação, o art. 339 do CPC estabelece que ele arque com as despesas processuais e indenize o autor pelos prejuízos decorrentes da falta de indicação. A mesma solução há de ser dada se ele indicar, de má-fé, pessoa diversa do sujeito passivo da relação jurídica discutida. Não é lícito ao réu deixar de fazer a indicação, a menos que não tenha conhecimento de quem é o responsável; se não o fizer, responderá por perdas e danos decorrentes da extinção do processo sem resolução de mérito, já que o polo passivo não será corrigido.

A arguição de ilegitimidade de parte com a indicação do verdadeiro legitimado poderá implicar alteração do polo passivo, com a substituição do réu originário por outro. Mas, como compete ao autor decidir em face de quem ele quer demandar, seria impossível deferi-la, sem que ele consentisse e promovesse o aditamento da inicial.

O juiz, feita a indicação, ouvirá o autor que, se com ela concordar, deverá aditar a inicial no prazo de 15 dias, substituindo o réu originário equivocadamente demandado pelo verdadeiro legitimado. O autor, ouvido sobre a contestação, poderá tomar uma de três atitudes possíveis: aditar a inicial, discordar da indicação ou apenas silenciar.

No primeiro caso, o juiz, acolhendo o aditamento, determinará a exclusão do réu originário, que será substituído pelo novo réu. Como ele teve de apresentar contestação, o juízo condenará o autor a pagar honorários advocatícios de 3% a 5% do valor da causa ou, se este for irrisório, em quantia fixada equitativamente.

Se o autor disser que não concorda, ou simplesmente silenciar, deixando de aditar a inicial, o processo prosseguirá contra o réu originário, e o juiz, no momento oportuno, terá de apreciar a alegação de ilegitimidade de parte, extinguindo o processo sem resolução de mérito, se a acolher.

A decisão sobre aditar ou não a inicial é do autor, que nem precisará fundamentá-la. Basta que, no prazo de 15 dias, não adite a inicial, para que a indicação fique sem efeito, prosseguindo-se contra o réu originário.

Para que ocorra a substituição, não há necessidade de anuência ou concordância do novo réu, que substituirá o anterior. Se ele entender que não tem a qualidade que lhe foi atribuída pelo réu originário, deverá alegá-lo em contestação.

O art. 339, § 2º, autoriza o autor a aditar a inicial, no prazo de 15 dias, não para substituir o réu originário pelo novo, mas para, mantendo o primeiro, incluir o segundo, como litisconsorte passivo. Essa solução faz sentido se o autor tiver dúvida a respeito de quem é o sujeito passivo da relação jurídica discutida, ou se verificar que ela tem por titulares o réu originário, e o indicado.

3.3.2. Defesa substancial ou de mérito

Por força do princípio da eventualidade, na própria contestação o réu, depois de ter arguido as preliminares pertinentes, apresentará a defesa de mérito ou substancial, que pode ser direta ou indireta.

A direta é aquela em que o réu nega os fatos narrados na petição inicial ou o efeito que o autor pretende deles retirar. O réu tem o ônus da impugnação especificada de cada um dos fatos constitutivos do direito do autor apresentados na inicial. Os não impugnados presumem-se verdadeiros, nos termos do CPC, art. 341, *caput*.

Há situações, no entanto, em que se admitirá a contestação genérica, sem risco de presunção de veracidade dos fatos alegados. São as enumeradas nos incisos do art. 341, e no seu parágrafo único, que excluem o ônus da impugnação especificada do defensor público, do advogado dativo e do curador especial. Além de simplesmente negar os fatos narrados na petição inicial, o réu pode negar os efeitos que o autor pretende deles extrair. Ou seja, pode impugnar os fatos e os fundamentos jurídicos do pedido.

A defesa indireta é aquela em que o réu contrapõe aos fatos constitutivos do direito do autor fatos impeditivos, extintivos ou modificativos. Por exemplo, em caso de cobrança de dívida, o réu não nega que tenha contraído o débito, mas argui uma causa extintiva, como o pagamento, a novação ou a transação.

Exemplos importantes de defesas de mérito indiretas são a prescrição e a decadência. São de mérito, porque a lei assim as considera (CPC, art. 487, II). Elas devem ser apreciadas antes das demais defesas substanciais, porque o seu acolhimento implica a imediata extinção do processo, sem a necessidade de apreciação das demais alegações de defesa. Tanto que há doutrinadores que a elas se referem como preliminares de mérito, o que implica dizer que constituem defesas de mérito, mas que devem ser apreciadas antes das demais. Quando tais matérias são acolhidas, na verdade o juiz não aprecia o pedido formulado. A lei considerou como de mérito a sentença que as acolhe apenas para impedir a reiteração de outra demanda idêntica.

O princípio da eventualidade permite que, na mesma contestação, sejam cumuladas preliminares e defesas substanciais diretas e indiretas.

3.3.3. Matérias que podem ser alegadas depois da contestação

De maneira geral, é na contestação que o réu deve invocar, em seu favor, todas as defesas pertinentes. A não alegação gerará preclusão consumativa, e o réu não terá outra oportunidade para apresentá-las. Há, no entanto, determinadas matérias que podem ser arguidas depois, porque não estão sujeitas à preclusão. O CPC, art. 342, cuida de enumerá-las:

a) direito ou fato superveniente: esse dispositivo harmoniza-se com o CPC, art. 493, que determina ao juiz levar em conta os fatos posteriores à propositura da ação que repercutam no julgamento. Entre eles, incluem-se o *jus superveniens* e as situações jurídicas dele advindas;

b) as matérias de defesa que devem ser conhecidas de ofício: são, em regra, aquelas de ordem pública, que não estão sujeitas à preclusão. Todas as preliminares do art. 337, com exceção do compromisso arbitral e da incompetência relativa, estão entre elas. Mas há também matérias de mérito, como a decadência, que podem ser conhecidas de ofício, e que não estão sujeitas à preclusão. Em síntese, não precluem as objeções processuais;

c) aquelas que, por expressa autorização legal, puderem ser formuladas em qualquer tempo ou grau de jurisdição. Podem ser alegadas a qualquer tempo todas aquelas defesas que não estiverem sujeitas à preclusão, o que faz com que os incisos II e III do art. 342 sejam praticamente coincidentes.

3.3.4. Indicação de provas e documentos

O CPC, art. 336, determina que, na contestação, o réu especifique as provas que pretende produzir. Trata-se de artigo correlato ao art. 319, VI, que obriga o autor a, na inicial, também indicar as provas. E, tal como ocorre com a inicial, o protesto na contestação tem sido examinado com liberalidade: a falta de requerimento de uma determinada prova, na contestação, não implica a perda de oportunidade de o réu requerê-la posteriormente.

Generalizou-se o protesto genérico de provas na contestação e petição inicial. O réu, tal como o autor, informa que pretende produzir todas as que sejam admitidas. Só mais tarde, na fase das providências preliminares, é que eles as especificarão.

O CPC, art. 434, estabelece que o autor e o réu instruirão a inicial e a contestação com os documentos destinados a provar-lhes as alegações. Mas esse dispositivo também tem sido interpretado com uma certa liberalidade, já que se admite a juntada de documentos aos autos a qualquer tempo, mesmo em fase recursal, dando-se ciência à parte contrária.

O entendimento jurisprudencial predominante é o de que somente os documentos indispensáveis à defesa deverão ser juntados com a contestação. Nesse sentido: "Somente os documentos tidos como pressupostos da causa é que devem acompanhar a inicial e a defesa. Os demais podem ser oferecidos em outras fases e até mesmo na via recursal, desde que ouvida a parte contrária e inexistentes o espírito de ocultação premeditada e o propósito de surpreender o juízo" (*RSTJ*, 37/390).

Todavia, parece-nos acertada a opinião de Dinamarco de que "quanto ao autor é correto exigir os documentos indispensáveis, sob pena de indeferimento da petição inicial, porque sem eles o mérito sequer poderia ser julgado. Ao réu, contudo, que somente resiste, mas não formula *petitum* algum ao contestar, uma exigência dessa ordem não teria sequer um sentido lógico, porque com ou sem seus documentos, ou com ou sem a própria contestação, o *meritum causae* será julgado. A consequência que em tese ele poderá suportar em razão da ausência de seus documentos úteis será a final rejeição de suas razões de defesa, com maiores probabilidades de procedência da demanda do autor; isso, porém, se não vier a exibi-los em tempo algum"[1].

4. RECONVENÇÃO

4.1. Introdução

É a ação incidente aforada pelo réu em face do autor, no bojo da contestação. Quando citado, o demandado poderá limitar-se à posição passiva de apresentar defesa contra as alegações do autor, mas pode também assumir posição ativa, formulando pretensões em face dele. Estas são veiculadas por meio de uma ação incidente de conhecimento denominada reconvenção.

A contestação é peça de mera defesa, que não se presta a que o réu formule outras pretensões que não a de ver desacolhidas as do autor

1. Cândido Rangel Dinamarco, *Instituições, cit.*, v. 3, p. 473.

(salvo naquelas ações de natureza dúplice, em que a lei autoriza ao réu formular pretensões na própria contestação). Por isso, se o réu tiver algum pedido a formular perante o autor, deverá valer-se dessa ação, no mesmo processo, denominada reconvenção.

Ela é, pois, uma nova ação, mas que ocupa o mesmo processo. O seu autor é o réu da ação originária, que passa a denominar-se reconvinte. O autor da ação originária é o réu da reconvenção e chama-se reconvindo. O seu ajuizamento indica que o réu deixou a posição exclusivamente passiva e passou ao contra-ataque.

A ação e a reconvenção ocupam o mesmo processo e são julgadas conjuntamente. A justificativa para a sua permissão, em nosso ordenamento, é a economia processual, pois em um único processo serão julgadas pretensões contrapostas, e a possibilidade de afastar-se decisões conflitantes, já que é requisito da reconvenção que a pretensão nela formulada seja conexa com a originária. Nada impede, porém, que o réu prefira, em vez de reconvir, formular a sua pretensão em processo autônomo, caso em que, possivelmente, as demandas serão reunidas, por força da conexão.

Como a reconvenção não cria um processo autônomo, o seu indeferimento liminar não pode ser qualificado de sentença, que é, por definição, o ato que põe fim ao processo ou à fase de cumprimento de sentença. A natureza do ato de indeferimento inicial é interlocutória.

Na reconvenção, o réu não busca defender-se, mas formular uma pretensão em face do autor. Ela sempre amplia os limites objetivos da lide, porque o juiz terá de decidir não só sobre a pretensão originária, mas sobre aquela formulada pelo réu.

A pretensão formulada por meio de reconvenção poderá ter natureza condenatória, constitutiva ou declaratória. Não é necessário que essa natureza coincida com a da pretensão formulada na inicial. Nada impede, por isso, que em ações condenatórias sejam apresentadas reconvenções de cunho declaratório, e assim por diante.

Aforada a reconvenção, embora haja um único processo, os destinos das demandas gozam de relativa independência. Por isso, caso a ação originária venha a ser extinta prematuramente, por qualquer razão, a reconvenção prosseguirá.

4.2. Processos e procedimentos em que cabe a reconvenção

O campo específico para o ajuizamento da reconvenção é o processo de conhecimento. Não é possível reconvir em execuções.

No processo de conhecimento, só cabe reconvenção nos procedimentos de jurisdição contenciosa, e não nos de jurisdição voluntária. Não cabe, também, no Juizado Especial Cível, em que as ações têm natureza dúplice. Quanto aos de procedimento especial, a reconvenção só caberá se eles se tornarem comuns, com a apresentação de contestação. Por exemplo, na monitória, se o réu oferecer defesa, o procedimento passará a comum. Por isso, com a defesa, o réu pode apresentar reconvenção. Mas, se o procedimento é daqueles que têm peculiaridades durante todo o seu curso, haverá incompatibilidade com a reconvenção.

Ela também não cabe nos embargos à execução. Nas ações rescisórias, admite-se a reconvenção, desde que o pedido seja também rescisório da mesma sentença ou acórdão.

4.3. Prazo

A reconvenção é apresentada na contestação, nos termos do art. 343 do CPC. Se o prazo da contestação é ampliado, como nas hipóteses em que ela é apresentada pelo Ministério Público, pela Fazenda Pública, pela Defensoria Pública ou por litisconsortes com advogados diferentes, de escritórios distintos, não sendo o processo eletrônico, isso repercute também no prazo de reconvenção, já que esta é apresentada com aquela.

Não basta que a reconvenção seja apresentada no prazo de contestação. É preciso que seja oferecida na contestação. Portanto, se o réu contestar sem reconvir, não poderá mais fazê-lo, porque terá havido preclusão consumativa. E vice-versa.

Mas isso não significa que o réu precise contestar para reconvir (art. 343, § 6º). É possível a reconvenção sem que o réu conteste, caso em que deverá ser apresentada no prazo que o réu teria para contestar. O que a lei determina é que, se o réu desejar apresentar as duas coisas, ele o faça simultaneamente, porque, se apresentar apenas uma sem a outra, haverá preclusão consumativa.

O réu que não contesta, mas reconvém, não pode ser considerado revel, pois compareceu ao processo e manifestou-se, devendo ser intimado de todos os atos e termos, a partir de então. Nem ao menos se poderão presumir verdadeiros contra ele os fatos narrados na petição inicial, se os fundamentos da reconvenção forem incompatíveis com o pedido inicial. Ou seja, se os fundamentos da reconvenção tornarem controversos os da inicial.

O art. 343 não deixa dúvida de que contestação e reconvenção, quando o réu quiser valer-se das duas, serão apresentadas em peça única. No CPC de 1973, deveriam ser apresentadas simultaneamente, mas em peças separadas. No entanto, a jurisprudência majoritária orientava-se no sentido de que, se viessem em uma peça única, haveria mera irregularidade, e a reconvenção poderia ser recebida e processada como tal, desde que na peça única fosse indicado o necessário para que ela fosse identificada, isto é, as pretensões do réu em face do autor e os respectivos fundamentos. Nesse sentido, *RT*, 806/139. Por essa razão, parece-nos que, com o CPC atual, embora a peça haja de ser única, a apresentação de contestação e reconvenção simultaneamente, mas em peças separadas, haverá de ser considerada mera irregularidade, que não impedirá o conhecimento e o processamento desta.

4.4. Requisitos

A reconvenção é uma nova demanda, inserida na mesma relação processual. Por isso, deve preencher as condições gerais de todas as ações e os pressupostos processuais.

A petição inicial deve atender aos requisitos do CPC, arts. 319 e 320. Caso não os preencha, o juiz concederá ao reconvinte prazo de 15 dias para emendá-la, sob pena de indeferimento.

As mesmas condições da ação e os pressupostos processuais que teriam de ser preenchidos, caso o réu optasse por propor uma demanda autônoma, terão de ser observados na reconvenção.

Há, porém, alguns requisitos específicos que não seriam exigidos caso se optasse pela demanda autônoma, mas que são necessários para a reconvenção. São eles:

a) conexidade: nos termos do CPC, art. 343, *caput*, o réu poderá reconvir ao autor no mesmo processo "toda vez que a reconvenção seja conexa com a ação principal ou com o fundamento da defesa".

A conexão entre duas demandas pressupõe a identidade do pedido ou da causa de pedir. Caberá a reconvenção se um desses elementos, expostos pelo reconvinte, estiver relacionado com aqueles formulados na petição inicial. Por exemplo, em ação declaratória de inexigibilidade de título de crédito, o réu pode reconvir pedindo a condenação do autor ao pagamento daquele débito. Ou, em demanda de anulação de contrato, cabe reconvenção postulando o seu cumprimento, ou, ainda, em ação de separação judicial proposta por um dos cônjuges, pode o outro reconvir, pedindo a anulação do casamento.

Também cabe a reconvenção se houver conexão entre ela e os fundamentos da defesa, isto é, toda vez que os fundamentos apresentados pelo réu para se defender puderem sustentar o pedido reconvencional. Em ação de cobrança, o réu pode defender-se alegando que o débito está quitado. Esse fundamento, na contestação, embasa o pedido de improcedência da demanda, mas também poderá servir para que o réu, em reconvenção, postule indenização por ter sido cobrado por dívida já paga. O mesmo fundamento – o pagamento da dívida – constitui fato extintivo do direito do autor à cobrança do débito e fato constitutivo do direito do reconvinte à indenização.

b) competência: para que caiba, é preciso que o juiz da causa originária não seja absolutamente incompetente para julgar a reconvenção. A incompetência absoluta não pode ser modificada. Por isso, não caberá a reconvenção se o juiz da causa for absolutamente incompetente para julgá-la, caso em que restará ao réu propor a sua demanda de forma autônoma, no juízo competente. Diferente será a situação se houver apenas incompetência relativa do juiz, porque a conexão, exigida na reconvenção, é uma das causas de modificação de competência. Para que ela seja admitida, é preciso que as demandas sejam conexas, hipótese em que, por força de modificação, o juiz será competente para apreciar as duas lides.

c) procedimento compatível: é preciso, para que caiba a reconvenção, que o seu procedimento e o da demanda originária sejam compatíveis. A ação e a reconvenção correm no mesmo processo e têm de ter o mesmo procedimento. Se a demanda originária corre pelo rito comum, é necessário que a reconvenção tenha o mesmo procedimento ou outro que permita a adoção do comum. Nada impede que se aplique por analogia à reconvenção o disposto no CPC, art. 327, § 2º, que trata da cumulação de pedidos: "Quando, para cada pedido, corresponder tipo diverso de procedimento, será admitida a cumulação, se o autor empregar o procedimento comum, sem prejuízo do emprego das técnicas processuais diferenciadas previstas nos procedimentos especiais a que se sujeitam um ou mais pedidos cumulados, que não forem incompatíveis com as disposições sobre o procedimento comum". O mesmo vale para a reconvenção: o réu poderá ajuizá-la, desde que opte pelo procedimento comum, ainda que o rito original seja outro, o que só será possível naqueles que possam converter-se ao comum.

d) que o autor não seja legitimado extraordinário: o § 5º do art. 343 do CPC proíbe o réu, em seu próprio nome, reconvir ao autor quando este demandar em nome de outrem (legitimidade extraordinária). A razão é evidente. O autor que demanda em nome alheio, embora figure no polo ativo, não é o titular do interesse dirigido contra o réu, mas mero substituto processual. Por isso, não pode o réu reconvir em face dele, porque não haveria aí um contra-ataque. O réu não estaria postulando contra aquele que o está atacando verdadeiramente, mas apenas em face do substituto processual. Faltaria contraposição entre o pleito contido na demanda originária e o da reconvenção. Mas há uma hipótese em que, apesar de o autor ser legitimado extraordinário, caberá reconvenção do réu contra ele. É preciso que a pretensão apresentada pelo réu também seja relativa ao substituído, caso em que, como determina o art. 343, § 5º, a reconvenção será formulada contra o autor, também na qualidade de substituto processual. Para isso, é preciso que o autor também possa figurar como substituto na defesa dos direitos do substituído diante da pretensão apresentada pelo reconvinte. Em suma: havendo substituição processual na lide originária, caberá reconvenção se o autor reconvindo também puder figurar como substituto processual na defesa dos direitos do substituído diante da pretensão apresentada pelo reconvinte, isto é, quando o autor, substituto processual na lide originária, também puder ser substituto processual na reconvenção.

4.5. Reconvenção e possibilidade de ampliação dos limites subjetivos da lide

Na vigência do CPC de 1973, havia controvérsia doutrinária sobre a possibilidade de a reconvenção ampliar os limites subjetivos da demanda, trazendo para o processo pessoas que até então não figuravam nele. Mas já predominava o entendimento de que a ampliação era possível e que, além do réu, uma pessoa estranha ao processo reconvenha em face do autor; e que o réu reconvenha em face do autor e de uma terceira pessoa que não figurava no processo. O CPC atual permite expressamente que isso ocorra, no art. 343, §§ 3º e 4º.

É preciso que, na reconvenção, o polo ativo seja ocupado por um dos réus, e o polo passivo, por um dos autores. Mas não é necessário que, nem no polo ativo, nem no passivo, figurem apenas uns e outros. A economia processual e o risco de decisões conflitantes justificam a possibilidade de ampliação subjetiva, com a inclusão de pessoas que não figuravam originariamente. Nem se alegue que isso poderia implicar retardamento do processo originário, pois, não sendo possível a reconvenção, o réu irá propor ação autônoma que, dada a conexidade, acabará sendo reunida à primeira, do que resultará igual demora.

Pode ocorrer que, havendo vários réus, apenas um deles ajuíze reconvenção, em face de um, ou de mais de um dos autores; ou que, havendo um só réu e vários autores, a reconvenção seja dirigida por aquele, em face de apenas um ou alguns destes; ou que o réu, ou os réus, associem-se a um terceiro que não figurava no processo, para formular o pedido reconvencional; ou que o réu formule a reconvenção em face do autor e de outras pessoas que não figurem no processo.

O que não se admite é que a reconvenção seja formulada somente por quem não é réu, ou somente em face de quem não é autor.

4.6. Reconvenção da reconvenção

Em princípio, não há nenhum óbice ao ajuizamento de reconvenções sucessivas, o que multiplicará o número de demandas, todas utilizando um processo único. Imagine-se que A ajuíze ação de cobrança em face de B. O réu contesta, alegando compensação entre aquela dívida e uma outra decorrente de um contrato celebrado entre eles e reconvém, cobrando a diferença em seu favor, advinda da compensação. Nada impede que o autor, intimado da reconvenção, ofereça uma segunda, postulando, por exemplo, a anulação daquele contrato, gerador do débito em que se funda o pedido da primeira reconvenção.

Também não há óbice a que se faça a denunciação da lide na reconvenção.

4.7. Procedimento

Apresentada a reconvenção, o juiz deve verificar, de início, se estão presentes os seus requisitos de admissibilidade. Em caso afirmativo, deve recebê-la e mandar anotar no distribuidor (CPC, art. 286, parágrafo único). Recebida a reconvenção, o juiz determinará que o reconvindo seja intimado, na pessoa do seu procurador, para contestá-la, no prazo de 15 dias.

Embora a lei mencione intimação, a natureza do ato é de verdadeira citação, já que o pedido reconvencional é autônomo e constitui uma nova demanda. No entanto, ele se realiza na pessoa do procurador do reconvindo, constituído nos autos. Mas, quando a reconvenção implicar ampliação subjetiva da lide e for dirigida em litisconsórcio contra o autor e contra o terceiro, este deverá ser citado pessoalmente, uma vez que não terá ainda advogado constituído.

O prazo para responder à reconvenção é de 15 dias, devendo ser observado o disposto nos arts. 180, 183, 186 e 229 do CPC.

Se o reconvindo não contestar a reconvenção, nem por isso se presumirão verdadeiros os fatos alegados pelo reconvinte. Afinal, o autor ajuizou a demanda, e os fatos nela narrados possivelmente estarão em contraposição aos mencionados pelo réu.

A instrução da demanda originária e da reconvenção será conjunta, e, ao final, o juiz proferirá uma sentença única, julgando ambas. Na sentença, ele analisará o pedido inicial e o da reconvenção, devendo o dispositivo ser dividido em capítulos diferentes. O CPC, art. 343, § 2º, deixa explícita a relativa autonomia de que gozam as duas ações, ao estabelecer que "a desistência da ação ou a ocorrência de qualquer causa extintiva que impeça o exame de seu mérito não obsta ao prosseguimento do processo quanto à reconvenção".

Tanto a ação originária quanto a reconvenção podem ser extintas sem resolução de mérito, sem que isso implique a impossibilidade de prosseguimento da outra. Extinta a reconvenção, a ação originária poderá prosseguir, e vice-versa. A demanda originária e a reconvenção são duas ações diferentes, que gozam de autonomia, mas formam um único processo. A decisão que extingue antecipadamente, sem resolução de mérito, uma delas, embora ponha fim a uma das ações, não extingue o processo, que prossegue para o julgamento da outra. E, por definição, sentença é apenas o ato que põe fim ao processo. Daí a natureza interlocutória da decisão.

4.8. Reconvenção e ações dúplices

Em regra, a contestação não comporta pedidos do réu em face do autor, exceto o genérico de desacolhimento da pretensão formulada na petição inicial. Daí a necessidade de o réu reconvir, caso queira deixar a posição passiva que ocupa, para contra-atacar.

Todavia, há casos excepcionais, que dependem de expressa previsão legal, em que se permite que o réu formule pedidos na própria contestação, sendo desnecessário reconvir. As ações em que isso é possível denominam-se dúplices. O que as caracteriza é a faculdade de o réu, na própria contestação, formular pretensões em face do autor, sem a necessidade de reconvir.

Nelas, o juiz deve estar muito atento para a contestação, que, além da defesa do réu, pode conter pretensões dele contra o autor, que deverão ser examinadas na sentença. A contestação pode ampliar os limites objetivos da lide, o que ocorrerá sempre que ela contiver um pedido do réu.

A diferença entre as ações dúplices e a reconvenção é que naquelas não haverá propriamente duas ações, tanto que não será preciso registro do pedido formulado na contestação, como ocorre com a reconvenção.

No entanto, o pedido formulado pelo réu passará a gozar da mesma autonomia relativa de que goza a reconvenção, e, mesmo que a demanda originária seja extinta sem resolução de mérito, o processo poderá prosseguir para apreciação do pedido contraposto formulado na contestação.

São numerosos os exemplos atuais de ações de natureza dúplice. Entre outros, podem ser citados os das ações possessórias, de exigir contas, de consignação em pagamento, as do Juizado Especial Cível, as renovatórias e as ações de desapropriação.

5. REVELIA

5.1. Introdução

A relação jurídica processual impõe às partes numerosos ônus, que consistem naquelas atividades cuja realização reverterá em proveito delas próprias, e cujo descumprimento implicará vantagens para o adversário. Distinguem-se das obrigações, nas quais o cumprimento favorece a parte contrária e não aquele que a cumpriu.

Um dos ônus mais importantes que tem o réu no processo é o de contestar a ação proposta. O autor, na petição inicial, faz uma série de afirmações, que lhe são favoráveis e têm por objetivo fundamentar a sua pretensão a uma tutela jurisdicional.

O réu, citado, tem o ônus de contestá-las, tornando-as controvertidas. É por meio da contestação que resiste às pretensões do autor. Este, na petição inicial, alega os fatos que são constitutivos do seu direito. Compete ao réu negá-los, ou alegar outros fatos que são impeditivos, extintivos ou modificativos do direito do autor. Nesse último caso, o autor será novamente ouvido, tendo a oportunidade de controverter os novos fatos trazidos na resposta.

Com isso, forma-se uma dialética entre as partes. O juiz ouve a versão dos fatos trazida pelo autor e pelo réu e determina a produção de provas necessárias para a apuração da veracidade de uns e outros. Somente haverá necessidade de provas sobre aqueles fatos que se tenham tornado controvertidos. Os incontroversos as dispensam. Cada uma das partes tem o ônus de provar os fatos que afirmou e que sejam de seu interesse.

A contestação é a forma natural de defesa do réu. É por seu intermédio que ele colocará em dúvida os fatos narrados na inicial, trazendo para o processo a sua própria versão. Também por meio da reconvenção os fatos podem tornar-se controversos. O réu, ao formular pedido contra o autor, pode trazer ao processo uma versão do ocorrido que não se coaduna com a do autor e à dele se contrapõe. Isso será o bastante para suscitar a dúvida no espírito do juiz sobre a veracidade dos fatos mencionados na inicial.

Denomina-se revelia a ausência de contestação do réu. Revel é aquele que, citado, permanece inerte, que não se contrapõe ao pedido formulado pelo autor. Consiste, portanto, na inércia do réu em contestar a ação. Quando é o autor que deixa de cumprir um ônus que lhe incumbe, diz-se que há contumácia, e não revelia, porque esta é condição própria de quem ocupa o polo passivo da demanda.

5.2. Efeitos da revelia

Não se confunde a revelia – a ausência de contestação do réu – com os efeitos que ela produz. Com muita frequência, na linguagem forense cotidiana, tem havido confusão entre a circunstância de o réu não ter oferecido contestação e as consequências daí advindas. Mas essa confusão não se justifica, mesmo porque há hipóteses em que a revelia não produz os seus efeitos tradicionais.

Ocorre revelia se o réu, citado, deixa de apresentar contestação (CPC, art. 344). Como ensina Arruda Alvim, "a revelia consiste na não apresentação de contestação, por parte do réu, no prazo legal (desde que citado regularmente). Assim, é considerado revel aquele que não apresentou contestação, ainda que, eventualmente, tenha comparecido, através de advogado legalmente habilitado; o só fato de existir nos autos procuração a advogado, outorgada pelo réu, não descaracteriza a revelia. Por outro lado, se o réu comparece ao processo, no sistema do Código de Processo Civil, sem se fazer acompanhar de advogado, da mesma forma, é revel, pois, por si só, não poderá o réu contestar a ação por falta de capacidade postulatória, em regra"[2].

Todavia, há casos em que o réu, apesar de revel, não sofrerá os efeitos da revelia. Pode ocorrer, por exemplo, que ele se limite a recon-

---

2. Arruda Alvim, *Manual*, cit., v. 2, p. 303.

vir, mas, ao fazê-lo, exponha, na reconvenção, fatos e alegações que tornem controvertidos os mencionados pelo autor na petição inicial. Ora, esse réu não sofrerá as consequências da revelia, apesar da falta de contestação, porque ele tornou controvertidos os fatos e compareceu ao processo.

A revelia advém da completa inércia do réu que, deixando de apresentar contestação, não torna controvertidos os fatos alegados pelo autor.

São três os dispositivos do CPC que tratam das suas principais consequências: os arts. 341, 344 e 346.

Os dois primeiros estão intimamente relacionados. Dispõe o art. 344 que, "se o réu não contestar a ação, será considerado revel e presumir-se-ão verdadeiras as alegações de fato formuladas pelo autor". Para que a presunção de veracidade ocorra, é preciso que o réu não tenha contestado, nem por outro modo respondido de forma a controverter os fatos narrados pelo autor. A falta de contestação do réu, que deixa incontroversas as alegações do autor, faz presumir verdadeiros os fatos mencionados na inicial.

Portanto, tem o réu o ônus de responder à ação, sob pena de sofrer os efeitos indicados no art. 344. Mas o art. 341 explicita melhor esse ônus, ao dizer que "Incumbe também ao réu manifestar-se precisamente sobre as alegações de fato constantes da petição inicial, presumindo-se verdadeiras as não impugnadas (...)". Esse dispositivo imputa ao réu o ônus da impugnação especificada dos fatos. Não basta que ele responda à ação; é preciso que impugne especificamente cada um dos fatos mencionados pelo autor, sob pena de os não impugnados presumirem-se verdadeiros. Não se contenta a lei processual, salvo exceções que serão oportunamente estudadas, com a impugnação genérica do alegado. Não basta a contestação por negativa geral, pois o réu precisa repelir, um a um, os fatos articulados pelo autor. Sobre os não impugnados incidirá a presunção de veracidade.

Portanto, tem o réu não só o ônus de contestar, mas o de fazê-lo de forma especificada.

O art. 346 estabelece que "os prazos contra o revel que não tenha patrono nos autos fluirão da data de publicação do ato decisório no órgão oficial".

5.3. Presunção de veracidade

A falta completa de contestação do réu torna incontroversos e faz presumir verdadeiros os fatos narrados na petição inicial (CPC, art. 344). Além disso, o descumprimento do ônus de impugnação especificada faz presumir verdadeiros aqueles fatos alegados que não se tenham tornado controvertidos (CPC, art. 341).

Essa presunção torna desnecessária a produção de provas, e, por isso, o juiz procederá ao julgamento antecipado da lide (CPC, art. 355, II). Se houve apresentação de resposta, mas alguns fatos não foram especificamente impugnados, não haverá necessidade de produzir provas a seu respeito.

A presunção de veracidade decorrente da revelia, no entanto, não é absoluta e sofre atenuações que merecem ser analisadas.

Cumpre lembrar, inicialmente, que a presunção de veracidade restringe-se às alegações dos fatos mencionados pelo autor, e jamais ao direito invocado. O que o juiz presume é a verdade dos fatos, mas nem por isso ele está obrigado a retirar deles a consequência jurídica pretendida pelo autor. O juiz, que conhece o direito, atribuirá aquela que for prevista pelo ordenamento jurídico. Nesse sentido: "A falta de contestação conduz a que se tenham como verdadeiros os fatos alegados pelo autor. Não, entretanto, a que necessariamente deve ser julgada procedente a ação. Isso pode não ocorrer, seja em virtude de os fatos não conduzirem às consequências jurídicas pretendidas, seja por evidenciar-se existir algum, não cogitado na inicial, a obstar que aquelas se verifiquem" (STJ, 3ª Turma, REsp 14.987-CE, rel. Min. Eduardo Ribeiro).

Além disso, a presunção de veracidade dos fatos é relativa, e não absoluta. O juiz nem sempre será obrigado a considerar verdadeiras as alegações do autor. Ele deve examinar-lhes a verossimilhança, dando-lhes credibilidade se a merecerem. A simples ausência de contestação não pode fazer o juiz presumir verdadeiros fatos que contrariam o senso comum ou que se mostram inverossímeis, improváveis ou que contrariem outros elementos dos autos ou fatos notórios.

A Lei do Juizado Especial, no art. 20, estabelece que a revelia faz presumir verdadeiros os fatos narrados na inicial, "salvo se o contrário resultar da convicção do juiz". Essa regra vale também para o CPC. Mas, na sentença, o juiz deverá fundamentar o motivo pelo qual, apesar da revelia, não presumiu verdadeiros os fatos, indicando as razões de sua convicção.

5.4. Exclusões legais da presunção de veracidade

Há ainda hipóteses em que a lei expressamente afasta a presunção de veracidade decorrente da revelia. São aquelas mencionadas nos incisos do art. 341 e no art. 345 do CPC.

O art. 345 está intimamente relacionado com o ônus de contestar. No art. 344, a lei o impôs ao réu, sob pena de reputarem-se verdadeiros os fatos narrados na inicial. O art. 345 afasta essa consequência em três situações distintas, que devem ser examinadas separadamente. Não se produzirão os efeitos do art. 344 quando:

a) havendo pluralidade de réus, algum deles contestar a ação: a redação desse dispositivo não é das mais felizes, pois dá a falsa impressão de que, sempre que houver litisconsórcio, basta que um dos réus conteste, para que não haja a revelia dos demais que permaneceram inertes. Mas isso só ocorrerá em duas circunstâncias, na verdade. A contestação de um dos réus afastará a revelia dos demais se o litisconsórcio passivo for unitário, porque aí, por força da unicidade da lide, a sentença tem de ser igual para todos. Sendo assim, se um contesta, todos são beneficiados, pois o juiz não pode presumir a verdade dos fatos para um dos réus e não para outro, obrigado que está a julgar de maneira uniforme. Por exemplo, se o Ministério Público ajuíza uma ação de anulação de contrato simulado celebrado entre A e B, e apenas um dos réus contesta, ao outro não se aplicarão os efeitos da revelia, pois o juiz não poderá anular o contrato em relação a um e não ao outro.

Se o litisconsórcio é simples, não há razão para que se deixe de aplicar ao réu revel os efeitos da revelia. Entretanto, mesmo assim, a revelia deixará de produzir efeitos se um dos litisconsortes contestar fatos que sejam comuns aos demais. Por exemplo, se uma vítima de acidente de trânsito ajuíza ação pedindo indenização contra o proprietário do veículo causador do acidente e contra a pessoa que o dirigia, não se aplicarão os efeitos da revelia se apenas um deles contestar alegando que a vítima não sofreu nenhum dano, porque a defesa está fundada em um fato comum e, se acolhida, beneficiará ambos os réus. Diferente seria a solução se o proprietário do veículo contestasse apenas alegando que, na data do acidente, já não tinha mais essa qualidade, pois o havia vendido anteriormente. Essa defesa tem cunho pessoal e não beneficia o corréu.

b) o litígio versar sobre direitos indisponíveis: não é fácil identificar com absoluta precisão quais são esses direitos. Em regra, são os de natureza extrapatrimonial ou pública, sobre os quais não pode haver confissão. Os direitos patrimoniais de cunho privado, que podem ser objeto de transação, não são considerados indisponíveis.

Os exemplos mais comuns em que a revelia não produz efeitos são os que dizem respeito ao estado e à capacidade das pessoas, como nas ações de investigação de paternidade, de anulação de casamento, de interdição e de divórcio.

Há controvérsia quanto aos efeitos da revelia nas ações de separação judicial. Arruda Alvim menciona que "a separação judicial, no entanto, não constitui direito indisponível e, portanto, não foge à regra do art. 319, do CPC, ensejando, ainda, julgamento antecipado da lide, de conformidade com o art. 330, II, do mesmo diploma legal"[3].

No entanto, como menciona Theotonio Negrão, parece mais judiciosa a solução encontrada em acórdão do Superior Tribunal de Justiça, no qual ficou decidido que, "ainda que o direito da separação, em si, possa considerar-se como disponível, já que passível de fazer-se por mútuo consenso, uma vez reunidos os pressupostos legais, dela resultam consequências a cujo respeito o juiz deve prover e que se inserem entre os direitos indisponíveis. Dentre elas a pertinente à guarda dos filhos" (STJ, *RT*, 672/199).

Também é grande a controvérsia sobre a aplicação dos efeitos da revelia à Fazenda Pública. Para Dinamarco, "em razão da natureza pública da relação jurídica litigiosa, prevalece a tese de que a Fazenda Pública não está sujeita ao efeito da revelia nem à sanção estabelecida

---

3. Arruda Alvim, *Manual*, cit., v. 2, p. 306.

no art. 302 [atual art. 341] do Código de Processo Civil"[4]. Arruda Alvim, ao contrário, entende que "incidirá o inciso II do art. 320 [atual art. 345] do CPC, quando se tratar de ação movida contra pessoa jurídica de direito público"[5].

Parece-nos que do fato de a Fazenda Pública ser titular de um interesse não resulta que este seja indisponível. O interesse público não se confunde com o da Fazenda. Se o objeto da ação em que ela participa for de cunho patrimonial e não disser respeito a interesse público, não haverá óbice à aplicação do art. 344 do CPC.

c) a petição inicial não estiver acompanhada de instrumento que a lei considere indispensável à prova do ato: trata-se de repetição do disposto no CPC, art. 341, II. Existem documentos que são indispensáveis à propositura da demanda. O CPC, art. 406, estabelece que, "quando a lei exigir instrumento público como da substância do ato, nenhuma outra prova, por mais especial que seja, pode suprir-lhe a falta". É a forma *ad solemnitatem*, indispensável não apenas como prova do negócio, mas para a sua própria formalização.

Não se pode provar a existência de compra e venda de imóveis senão com a juntada da escritura pública, mesmo porque, sem ela, o negócio não se aperfeiçoa. Por isso, mesmo que o réu não impugne a existência do contrato, não haverá presunção de verdade se não tiver sido juntado o instrumento de sua formalização.

d) as alegações de fato formuladas pelo autor forem inverossímeis ou estiverem em contradição: trata-se de hipótese já tratada no item anterior. Além das exceções do art. 345, há as do art. 341. Este dispositivo cuida do ônus da impugnação especificada, sancionando o descumprimento com a presunção de veracidade.

Os dois primeiros incisos do art. 341 guardam semelhança com os incisos II e III do art. 345. O inciso I diz respeito aos fatos sobre os quais não se admite confissão, isto é, aos que estejam relacionados com direitos indisponíveis (CPC, art. 392). O inciso II trata daqueles que só podem

---

4. Cândido Rangel Dinamarco, *Instituições*, cit., v. 3, p. 538.
5. Arruda Alvim, *Manual*, cit., v. 2, p. 306.

ser provados por meio de instrumento que for da substância do ato, mantendo correspondência com o art. 345, III.

Por fim, o inciso III do art. 341 afasta os efeitos da revelia quando o fato não impugnado estiver em contradição com a defesa, considerada em conjunto, porque pode ter-se tornado controverso por incompatibilidade com o teor da resposta.

O parágrafo único do art. 341 trata de hipóteses de exclusão dos efeitos da revelia que levam em consideração a qualidade das pessoas que apresentam a defesa. O ônus da impugnação específica não se aplica ao defensor público, ao advogado dativo e ao curador especial. A eles é dada a possibilidade de contestar por negativa geral e, com isso, tornar controvertidos os fatos alegados pelo autor, o que afastará a presunção de veracidade decorrente da revelia.

Não há dificuldades em compreender por que a lei exclui o ônus da impugnação especificada nesses casos. O legislador conhece a dificuldade que o advogado dativo e o curador especial teriam para contrapor-se, de forma específica, a cada um dos fatos articulados na inicial. No caso do defensor público, o volume de processos e a variedade de causas em que há intervenção justificam o benefício. O curador especial atua em favor de réu citado fictamente, não tendo, em regra, qualquer contato com ele, o que o impedirá de conhecer a sua versão dos fatos.

5.5. Desnecessidade de intimação do revel

Outro efeito da revelia vem estabelecido no CPC, art. 346: contra o revel que não tenha patrono nos autos os prazos correrão independentemente de intimação, porque demonstrou desinteresse pelo processo e a vontade de permanecer omisso. Além disso, não há como efetivar-se a intimação, que, no processo civil, normalmente é feita pela imprensa oficial. Os prazos contra ele correrão da data de publicação do ato decisório no órgão oficial.

No entanto, o revel pode ainda intervir a qualquer tempo no curso do processo. A partir do momento em que ele demonstre o interesse de participar e intervenha, o juiz determinará que seja intimado dos atos subsequentes.

Mas o revel o encontrará no estado em que ele estiver. Em regra, a revelia tornará desnecessária a produção de provas e implicará o julgamento antecipado da lide. Todavia, se por qualquer razão o juiz determinar a abertura da instrução para melhor esclarecimento dos fatos, observando que a presunção dela decorrente é relativa, o revel que tenha ingressado nos autos terá direito de produzir provas. Nesse sentido, a Súmula 231 do Supremo Tribunal Federal: "O revel, em processo cível, pode produzir provas, desde que compareça em tempo oportuno".

Ao revel que tenha comparecido aos autos não é dado exigir do juiz que afaste a presunção da revelia e permita-lhe produzir provas. O juiz só negará os efeitos da revelia se estiverem preenchidos os requisitos para tanto. Mas, se o fizer, não poderá obstar que aquele produza as provas pertinentes.

Se o juiz determinar a abertura de instrução e o autor requerer provas, ao revel será dado participar de sua produção. Por exemplo, se, apesar da revelia, o juiz determinar a produção de perícia requerida pelo autor, o revel poderá indicar assistente técnico e formular quesitos. Se a prova for testemunhal, poderá participar da ouvida de testemunhas, formulando contraditas e reperguntas.

5.6. Processo de execução

No processo de execução, o devedor não é citado para apresentar contestação e controverter os fatos narrados na petição inicial, mas para pagar, entregar alguma coisa, fazer ou não fazer algo. Por isso, não há revelia. Os embargos à execução não têm a natureza de contestação, mas constituem verdadeira ação de conhecimento incidente, em que o devedor veicula a sua defesa. A falta de embargos não torna o devedor revel, porque na execução não há julgamento de mérito, mas apenas a prática de atos tendentes à satisfação do credor.

No procedimento monitório não existe propriamente revelia. Citado, o réu poderá ou não opor embargos. Se não o fizer, não haverá presunção de veracidade dos fatos narrados na inicial, mas o mandado inicial converter-se-á de pleno direito em mandado executivo, prosseguindo-se daí por diante como cumprimento de sentença.

Capítulo III
PROCEDIMENTO COMUM (FASE ORDINATÓRIA)

1. INTRODUÇÃO

Terminado o prazo de contestação determina a lei que o escrivão faça a conclusão dos autos ao juiz para que ele determine as providências preliminares para que o processo siga adiante.

Nessa fase ele terá de verificar qual o caminho a ser percorrido daí para diante e determinar as providências necessárias para que isso ocorra sem problemas.

É a fase em que o juiz deve pôr ordem no processo, decidindo qual o rumo a ser seguido. Por isso, ela é denominada por muitos como fase ordinatória.

São três basicamente as atividades do juiz a serem realizadas nessa fase: a) verificar a necessidade de dar ao autor oportunidade para manifestar-se sobre a contestação, se ela trouxer elementos novos aos autos; b) sanar eventuais irregularidades, saneando o processo ou extinguindo-o sem resolução de mérito, se as irregularidades forem insanáveis e impedirem o seu prosseguimento; c) decidir sobre a necessidade de produção de provas. Caso elas sejam necessárias, deve o juiz impulsionar o processo, dando início à fase instrutória. Caso contrário, se não houver provas a produzir, procederá ao julgamento antecipado do mérito.

2. PROVIDÊNCIAS PRELIMINARES

A conduta do juiz na fase ordinatória variará de acordo com a atitude das partes.

O primeiro passo é verificar se o réu apresentou ou não contestação. Em caso afirmativo, cumpre ao juiz examinar se deve ou não intimar o autor para sobre ela se manifestar, o que ocorrerá nas hipóteses do CPC, arts. 350 e 351. Se presentes, o juiz concederá ao autor o prazo de 15 dias para manifestar-se em réplica. Se ausentes, o juiz determinará que as partes especifiquem as provas que pretendem produzir (CPC, art. 348).

Caso o réu não tenha apresentado contestação, o juiz deverá verificar se a revelia produz ou não os seus efeitos. Se produzir e houver presunção de veracidade dos fatos narrados na petição inicial, procederá ao julgamento antecipado do mérito (art. 355, II, do CPC). Do contrário, determinará que o autor especifique as provas que pretende produzir (CPC, art. 348).

Em qualquer hipótese, o julgador deve verificar se há algum defeito ou vício no processo que seja sanável, e de cuja regularização depende o julgamento do mérito. Se houver, ele concederá prazo para que se promova a regularização.

Se o vício for insanável e impedir o seu prosseguimento e o julgamento do pedido, o juiz extinguirá o processo sem resolução do mérito.

Do contrário, verificará se há ou não necessidade de produção de provas. Se não houver, o juiz procederá ao julgamento antecipado do mérito, na forma do CPC, art. 355, I. Se um ou mais pedidos formulados ou parcela deles mostrar-se incontroverso ou estiver em condições de imediato julgamento, ele promoverá o julgamento antecipado parcial do mérito. Se houver necessidade de produção de provas, ele saneará o processo e determinará as que sejam necessárias para o seu prosseguimento.

3. RÉPLICA

Por força do princípio constitucional do contraditório, o juiz dará ao autor oportunidade para manifestar-se sobre a contestação sempre que estiverem presentes as hipóteses dos arts. 350 e 351 do CPC.

Ao se defender, o réu pode simplesmente negar os fatos constitutivos do direito do autor. Em ação de cobrança, por exemplo, pode dizer que a dívida não existe, que jamais foi contraída. Pode também defender-se reconhecendo o fato constitutivo do direito, mas alegando outros extintivos, modificativos ou impeditivos. Na mesma ação de cobrança, pode o réu, em vez de afirmar que a dívida não existe, defender-se alegando que já fez o pagamento ou que houve novação, transação, compensação, prescrição, exceção de contrato não cumprido, exceção de usucapião etc. Sempre que isso ocorrer, o juiz deverá ouvir o autor, no prazo de 15 dias.

A razão é que sobre esses fatos o autor ainda não se terá manifestado na petição inicial, na qual apenas expôs os fatos constitutivos de seu direito. A bilateralidade da audiência, corolário do princípio do contraditório, exige que assim seja.

Também haverá necessidade de ouvir o autor, no mesmo prazo de 15 dias, se o réu, na contestação, arguir as matérias enumeradas no CPC, art. 337. São as preliminares, que devem ser apreciadas antes do julgamento do mérito. A necessidade de ouvir-se o autor decorre das razões já expostas, ligadas ao princípio do contraditório.

A manifestação do autor sobre a contestação é denominada réplica, e o prazo para sua apresentação é de 15 dias, que será dobrado nas hipóteses dos arts. 180, 183 e 229 do CPC e 5º, § 5º, da Lei n. 1.060/50.

A matéria a ser alegada na réplica é restrita àquilo que o réu tenha arguido em sua contestação, como preliminar ou fato extintivo, impeditivo ou modificativo do direito do autor. Com a réplica, ele poderá apresentar novos documentos, sobre os quais o juiz ouvirá a parte contrária. Não há previsão, em nosso ordenamento jurídico, de apresentação de tréplica, isto é, de nova manifestação do réu, agora sobre a réplica juntada pelo autor. Mas o juiz dará oportunidade para que aquele se manifeste sobre os documentos juntados (CPC, art. 437, § 1º).

4. ESPECIFICAÇÃO DE PROVAS

O CPC, art. 348, dispõe que, "se o réu não contestar a ação, o juiz, verificando a inocorrência do efeito da revelia previsto no art. 344, ordenará que o autor especifique as provas que pretenda produzir, se ainda não as tiver indicado".

A tradição forense brasileira tem estendido a possibilidade de conceder às partes oportunidade para especificar provas antes do saneamento do feito. A rigor, o autor, já na petição inicial, e o réu, na contestação, deveriam ter indicado as provas que pretendem produzir.

No entanto, nessas ocasiões, eles ainda não terão elementos suficientes para verificar quais as necessárias para a demonstração do alegado. O autor, na inicial, nem tem conhecimento ainda do que será impugnado pelo réu, e este, na contestação, não sabe o que o autor controverterá em sua réplica.

Por isso, ambos costumam apresentar meros protestos genéricos de provas nessas oportunidades.

Tem sido comum, então, que, na fase ordinatória, o juiz determine às partes que especifiquem as provas que pretendem produzir. Isso ocorrerá: a) quando o réu for revel, mas a revelia não produzir os seus efeitos; b) após a contestação do réu, se não for necessário ouvir o autor, em réplica; c) após a apresentação da réplica.

É dada às partes a oportunidade de manifestar-se não só sobre provas a serem produzidas em audiência, mas sobre provas em geral, o que inclui perícias, vistorias e inspeção judicial.

O prazo para a especificação de provas é de cinco dias, e é necessário que as partes justifiquem ao juiz a necessidade de sua realização. Não é preciso, no entanto, já indicar o rol de testemunhas, nem formular quesitos ou indicar assistentes técnicos, caso seja requerida a prova pericial. Para tanto, haverá oportunidade própria.

A manifestação das partes não vincula o juiz. Mesmo que elas requeiram provas, este procederá ao julgamento antecipado do mérito se verificar que são desnecessárias. Na sentença, porém, terá de fundamentar a razão pela qual as está indeferindo. Em contrapartida, é possível também que as partes não requeiram provas, e que o juiz as determine de ofício (CPC, art. 370), quando entender que os elementos são insuficientes para o julgamento do pedido.

Não haverá preclusão para a parte que não requereu provas, caso o juiz determine a abertura da fase de instrução. Por exemplo, se ele determinar a realização de audiência de instrução, mesmo a parte que requereu o julgamento antecipado poderá arrolar testemunhas. Em caso de determinação de perícia, aquele que não a requereu terá oportunidade de formular quesitos e indicar assistentes técnicos.

5. REGULARIZAÇÃO

O CPC, art. 352, determina que, "verificando a existência de irregularidades ou de vícios sanáveis, o juiz determinará sua correção em prazo nunca superior a trinta dias".

Esse dispositivo só tem aplicação quando a irregularidade for sanável. As que não podem ser superadas conduzirão à extinção do processo sem resolução de mérito. Se o vício for sanável, o juiz determinará a regularização. Entre outros exemplos, podem ser citados os ligados à representação processual das partes, falta de recolhimento de custas, eventual irregularidade na citação de um dos réus que não tenha comparecido aos autos, ausência de citação de um litisconsorte necessário etc.

É preciso lembrar, por fim, que essa não é a única oportunidade que o juiz tem de determinar a regularização do processo. Desde a fase inicial, verificando qualquer irregularidade, ele pode mandar proceder à correção, não havendo por que aguardar a fase ordinatória, quando deverá examinar com toda minúcia o processo, buscando saná-lo de qualquer vício, para que ele possa seguir sem problemas.

6. JULGAMENTO CONFORME O ESTADO DO PROCESSO

Depois de verificar se o processo tinha ou não irregularidades e de determinar a sua possível correção, caberá ao juiz decidir se o processo já pode ser julgado, desde logo, ou se há necessidade de prosseguimento, com a abertura da fase instrutória.

Há, nesse momento, três soluções possíveis, que serão as adotadas pelo juiz, conforme o estado do processo. São elas: a) constatar que há vícios insuperáveis que impedem o julgamento do pedido, caso em que deverá extinguir o processo sem resolução de mérito; b) verificar que já é possível desde logo apreciar o mérito, sem necessidade de produção de provas, caso em que proferirá o julgamento antecipado do mérito; c) concluir que não é possível ainda proceder ao julgamento, porque há necessidade de produção de provas, caso em que promoverá o saneamento e a organização de processo, com a abertura de fase instrutória.

7. EXTINÇÃO SEM RESOLUÇÃO DE MÉRITO

Quando verificar a existência de vícios insanáveis, que constituam óbice ao julgamento do pedido, o juiz extinguirá o processo sem resolução de mérito (CPC, art. 354). O processo não terá cumprido a sua função, nem terá atingido o seu objetivo, mas nada restará a fazer se estiverem ausentes os requisitos indispensáveis para que o juiz aprecie o pedido.

8. JULGAMENTO ANTECIPADO DO MÉRITO

Ocorre sempre que o juiz verifica a desnecessidade, após as providências preliminares, de produção de outras provas, além daquelas que já constam dos autos.

Há duas situações fundamentais em que o juiz promoverá o julgamento antecipado, ambas descritas no CPC, art. 355: a) quando não houver necessidade de produção de outras provas. Elas servem para a demonstração dos fatos que se tenham tornado controversos. Não há necessidade de produzi-las a respeito do direito. Quando muito pode o juiz exigir a apresentação de provas da vigência de lei estrangeira, estadual, municipal ou direito consuetudinário (CPC, art. 376), mas isso não exigirá a abertura da fase instrutória. Também será dispensada a produção de provas de fatos que podem ser demonstrados por documentos, ou que não chegaram a tornar-se controversos; b) quando ocorrer a revelia e ela produzir o efeito previsto no art. 344 e não houver requerimento de prova, na forma do art. 349. É preciso que a revelia produza o efeito de fazer presumir verdadeiros os fatos narrados na petição inicial, pois só assim se tornará desnecessária a produção de provas. Além da ausência de contestação, haverá também julgamento antecipado se o réu descumprir o ônus da impugnação especificada, imposto pelo CPC, art. 341.

A lei qualificou de antecipado o julgamento nessas hipóteses porque, no procedimento comum, em regra a prolação da sentença ocorre após a realização da audiência de instrução e julgamento. Quando esta não é necessária, não há razão para que o processo se estenda, podendo desde logo ser proferido o julgamento.

Ao proferir o julgamento antecipado, o juiz deve verificar, com segurança, se estão preenchidos os seus requisitos. Constituirá cerceamento de defesa a antecipação do julgamento quando ainda havia provas a serem produzidas e as questões de fato não estavam suficientemente elucidadas. A parte prejudicada com um indevido julgamento antecipado poderá apelar, requerendo a declaração de nulidade da sentença. Se o tribunal der provimento ao recurso, baixará os autos para que o juiz dê prosseguimento ao processo, com a abertura da fase instrutória.

9. JULGAMENTO ANTECIPADO PARCIAL DO MÉRITO

Concluída a fase postulatória, pode acontecer que não seja possível promover o julgamento imediato de todos os pedidos, mas que alguns deles estejam em condições de julgamento. O CPC autoriza o juiz a proferir o julgamento de mérito parcial, de um ou alguns dos pedidos, ou parte deles, sem pôr fim ao processo ou à fase de conhecimento, que devem prosseguir, porque os demais pedidos ou parte deles precisam ser instruídos. Essa possibilidade não existia no CPC anterior, que não admitia a cisão do julgamento do mérito. Todos os pedidos deviam ser julgados ao mesmo tempo, na sentença, ainda que no curso do processo um deles ficasse incontroverso ou não necessitasse de outras provas. Em caso de incontrovérsia, o juiz apenas podia conceder tutela antecipada.

O CPC atual permite que o julgamento do mérito seja cindido em momentos diferentes. Estabelece o art. 356 que o juiz decidirá parcialmente o mérito quando um ou mais dos pedidos formulados ou parcela deles mostrar-se incontroverso ou estiver em condições de imediato julgamento, nos termos do art. 355. Imagine-se, por exemplo, que o autor formule duas pretensões na petição inicial. O réu, em contestação, impugna apenas os fatos em que se funda uma delas, tornando necessária a produção de provas, sem impugnar a outra. O juiz decidirá parcialmente o mérito, julgando a pretensão incontroversa, por decisão interlocutória, e determinará o prosseguimento do processo, para a produção de provas em relação a outra pretensão. O processo só terá uma sentença, já que ela é o ato que lhe põe fim ou encerra a fase de conhecimento. Todavia o mérito poderá ser apreciado não apenas na sentença, mas em decisões de mérito, proferidas em caráter interlocutório. Serão decisões interlocutórias de mérito as que, no curso do processo e antes da sentença, julgarem parcialmente as pretensões formuladas. A decisão pode dizer respeito a algumas dessas pretensões, quando houver cumulação, ou a parcela de uma delas. Esse julgamento antecipado parcial de mérito é feito por decisão interlocutória e não sentença, e o recurso cabível será o de agravo de instrumento (art. 1.015, II). Mas é feito em caráter definitivo e em cognição exauriente.

Proferido o julgamento parcial, a parte poderá liquidar ou executar desde logo a obrigação reconhecida. Se houver agravo, e enquanto houver recurso pendente, a execução será provisória; se não, será definitiva. O art. 515, I, inclui entre os títulos judiciais a decisão proferida no processo civil que reconhecer a exigibilidade do cumprimento de obrigação, seja essa decisão interlocutória, seja sentença. Interposto o agravo, haverá sempre a possibilidade de retratação da decisão de mérito. Em razão da possibilidade de um dos pedidos ou parte dele ser julgado antes da sentença, por decisão interlocutória de mérito, o art. 502 denomina coisa julgada material a autoridade que torna imutável e indiscutível a decisão de mérito (decisão aqui em sentido amplo, abrangendo sentenças e decisões interlocutórias) não mais sujeitas a recurso, e o art. 503 estabelece que a decisão que julga total ou parcialmente o mérito tem força de lei nos limites da questão principal expressamente decidida.

É também por essa razão que o CPC prevê o cabimento de ação rescisória contra decisão de mérito (expressão que abrange as sentenças e as decisões interlocutórias de mérito). O prazo para exercer o direito à rescisão continua sendo de dois anos, mas a contar do trânsito em julgado da última decisão proferida no processo. Portanto, se houver mais de uma decisão de mérito, os dois anos não contarão do trânsito em julgado de cada uma delas, mas da última (art. 975).

Questão das mais interessantes é a relativa à possibilidade de julgamento antecipado parcial do mérito, com aplicação do art. 356 do CPC, na fase recursal. Imagine-se, por exemplo, que o autor tenha formulado, na petição inicial, dois pedidos, e que ambos tenham sido acolhidos pela sentença, com interposição de recurso pelo réu, postulando a reforma do julgado em relação a ambos. O Tribunal entende que um dos pedidos demandava produção de provas, e que a causa não estava suficientemente instruída a respeito dele; mas que a pretensão recursal em relação ao outro pedido já poderia ser apreciada desde logo, estando a causa madura para julgamento. Surge então a questão de saber se o Tribunal deveria anular toda a sentença, devolvendo os autos para a produção das provas necessárias; ou se poderia já julgar parcialmente o mérito, em relação ao pedido que está suficientemente instruído, anulando-se apenas o capítulo da sentença não instruído convenientemente, com o retorno dos autos à origem, apenas em relação a ele. Outra situação que tem ocorrido com bastante frequência: são formulados dois ou mais pedidos na inicial, e um deles versa sobre questão que foi afetada pelos Tribunais Superiores, em recurso extraordinário ou especial repetitivo, ou repercussão geral, com determinação de suspensão dos casos em curso. Assim, estando o recurso de apelação suspenso em relação a um dos pedidos, pode o Tribunal desde logo julgar o recurso em relação aos demais pedidos, que não estão suspensos? O Superior Tribunal de Justiça pronunciou-se de maneira favorável à aplicação da técnica do julgamento antecipada parcial de mérito, na fase recursal, desde que os pedidos que são objeto do recurso sejam independentes e autônomos entre si. Ou, havendo um pedido único, que ele seja decomponível. Nesse sentido:

"CIVIL E PROCESSUAL CIVIL. RECURSO ESPECIAL. AÇÃO DE COMPENSAÇÃO POR DANOS MATERIAIS, MORAIS E ESTÉTICOS. ACIDENTE DE TRÂNSITO. JULGAMENTO ANTECIPADO PARCIAL DO MÉRITO PELOS TRIBUNAIS. POSSIBILIDADE. CAUSA EXCLUSIVA DA VÍTIMA OU CONCORRÊNCIA DE CAUSAS. REEXAME DE PROVAS. IMPOSSIBILIDADE. VALOR DA INDENIZAÇÃO. EXCESSIVIDADE NÃO CONSTATADA. JUROS DE MORA. RESPONSABILIDADE EXTRACONTRATUAL. EVENTO DANOSO. COMPLEMENTAÇÃO DE PROVAS PELO TRIBUNAL. VIABILIDADE. REDIMENSIONAMENTO DA SUCUMBÊNCIA. SÚMULA 7. HONORÁRIOS ADVOCATÍCIOS NA DECISÃO PARCIAL DE MÉRITO. CABIMENTO. JULGAMENTO: CPC/2015. 1. Ação de compensação de danos materiais e extrapatrimoniais ajuizada em 13-7-2011, da qual foram extraídos os presentes recursos especiais interpostos em 21-3-2019 e 28-3-2019 e conclusos ao gabinete em 20-11-2019. 2. O propósito recursal é dizer sobre a) a possibilidade de o Tribunal, no julgamento de recurso de apelação, valer-se da norma inserta no art. 356 do CPC/2015, b) a causa do evento danoso e a comprovação dos danos materiais, c) o cabimento da revisão da indenização por danos extrapatrimoniais, d) o termo inicial dos juros de mora incidentes sobre o valor da indenização, e) a possibilidade de a Corte local determinar a complementação das provas, f) a ocorrência de sucumbência recíproca e g) a viabilidade de condenar o vencido ao pagamento de honorários advocatícios quando da prolação de decisão parcial do mérito. 3. O art. 356 do CPC/2015 prevê, de forma clara, as situações em que o juiz deverá proceder ao julgamento antecipado parcial do mérito. Esse preceito legal representa, portanto, o abandono do dogma da unicidade da sentença. Na prática, significa dizer que o mérito da causa poderá ser cindido e examinado em duas ou mais decisões prolatadas no curso do processo. Não há dúvidas de que a decisão interlocutória que julga parcialmente o mérito da demanda é proferida com base em cognição exauriente e ao transitar em julgado, produz coisa julgada material (art. 356, § 3º, do CPC/2015). 4. No entanto, o julgador apenas poderá valer-se dessa técnica, caso haja cumulação de pedidos e estes sejam autônomos e independentes ou, tendo sido deduzido um único pedido, esse seja decomponível. Além disso, é imprescindível que se esteja diante de uma das situações descritas no art. 356 do CPC/2015. Presentes tais requisitos, não há óbice para que os tribunais apliquem a técnica do julgamento antecipado parcial do mérito. Tal possibilidade encontra alicerce na teoria da causa madura, no fato de que a anulação dos atos processuais é a *ultima ratio*, no confinamento da nulidade (art. 281 do CPC/2015, segunda parte) e em princípios que orientam o processo civil, nomeadamente, da razoável duração do processo, da eficiência e da economia processual. 5. A alteração da conclusão alcançada pela Corte de origem, no sentido de que o acidente de trânsito foi causado exclusivamente pelo preposto da segunda recorrente e que houve comprovação dos danos materiais, demandaria o revolvimento do acervo fático-probatório, o que é obstado pela Súmula 7/STJ. 6. A jurisprudência do STJ é pacífica no sentido de que a modificação do valor fixado a título de danos morais e estéticos somente é permitida quando a quantia estipulada for irrisória ou exagerada. Na hipótese, o montante fixado não se revela excessivo. Ainda, o fato de haver precedentes nos quais a indenização foi arbitrada em patamar inferior não é suficiente para justificar a redução da verba. Isso porque, em cada hipótese, é necessário ponderar as peculiaridades. 7. Nos termos da Súmula 54/STJ, em hipóteses de responsabilidade extracontratual, os juros moratórios devem incidir desde a data do evento danoso. 8. Os arts. 932, inc. I, e 938, § 3º, do CPC/2015, autorizam a complementação da prova pelos Tribunais. Na mesma linha, a jurisprudência desta Corte Superior é uníssona quanto à faculdade do juiz de determinar a complementação da instrução processual, tanto em primeiro como em segundo grau de jurisdição. Precedentes. 9. Não é possível a apreciação da existência de sucumbência mínima ou recíproca, e a fixação do respectivo *quantum*, por demandar incursão no suporte fático da demanda (Súmula 7/STJ). Precedentes. 10. É verdade que os arts. 85, *caput* e 90, *caput*, do CPC/2015, referem-se exclusivamente à sentença. Nada obstante, o próprio § 1º, do art. 90, determina que se a renúncia, a desistência, ou o reconhecimento for parcial, as despesas e os honorários serão proporcionais à parcela reconhecida, à qual se renunciou ou da qual se desistiu. Ademais, a decisão que julga antecipadamente parcela do mérito, com fundamento no art. 487 do CPC/2015, tem conteúdo de sentença e há grande probabilidade de que essa decisão transite em julgado antes da sentença final, a qual irá julgar os demais pedidos ou parcelas do pedido. Dessa forma, caso a decisão que analisou parcialmente o mérito tenha sido omissa, o advogado não poderá postular que os honorários sejam fixados na futura sentença, mas terá que propor a ação autônoma prevista no art. 85, § 18, do CPC/2015. Assim, a decisão antecipada parcial do mérito deve fixar honorários em favor do patrono da parte vencedora, tendo por base a parcela da pretensão decidida antecipadamente. Vale dizer, os honorários advocatícios deverão ser proporcionais ao pedido ou parcela do pedido julgado nos termos do art. 356 do CPC/2015. 11. Recurso especial de Nobre Seguradora do Brasil S/A conhecido e desprovido e recurso especial de Expresso Maringá Ltda. parcialmente conhecido e, nessa extensão, desprovido" (STJ, REsp 1.845.542/PR, rel. Min. Nancy Andrighi, j. 11-5-2021, *DJe* 14-5-2021).

10. SANEAMENTO E ORGANIZAÇÃO DO PROCESSO

Não sendo caso de julgamento antecipado, total ou parcial do mérito, e tomadas as providências preliminares, o juiz proferirá decisão de saneamento e organização do processo. Como já houve a audiência de conciliação ou mediação, em regra, não será designada nova audiência para conciliação e saneamento do processo. O saneamento e a organização do processo devem ser feitos por decisão interlocutória, na qual o juiz resolverá as questões processuais pendentes, se houver; delimitará as questões de fato sobre as quais recairá a atividade probatória, especificando os meios de prova admitidos; definirá a distribuição do ônus da prova, delimitará as questões de direito relevantes para a decisão de mérito e designará, se necessário, audiência de instrução e julgamento. Mas se a causa apresentar complexidade em matéria de fato ou de direito, o juiz deverá designar audiência para o saneamento do processo, em cooperação com as partes. Trata-se de mais uma aplicação do princípio da cooperação. A finalidade dela é permitir que o juiz, se for o caso, convide as partes a integrar ou esclarecer as suas alegações, trazendo-lhe maiores elementos para que possa promover o saneamento e a organização do processo, decidindo sobre as questões controvertidas e sobre as provas necessárias. A ideia é que haja uma cooperação e uma atuação conjunta dos sujeitos do processo, e que sejam prestados os esclarecimentos necessários para que ele possa ter um desenvolvimento mais adequado. Proferida a decisão saneadora, as partes têm o direito de pedir esclarecimentos ou solicitar ajustes, no prazo comum de cinco dias, findo o qual a decisão se torna estável. Em princípio, contra ela não cabe agravo de instrumento, salvo se decidir algumas das questões constantes do rol estabelecido no art. 1.015 do CPC (por exemplo, se o juiz promover a redistribuição do ônus da prova – art. 1.015, XI, ou excluir um litisconsorte, art. 1.015, VII). Por isso, nos termos do art. 1.009, § 1º, ela não fica acobertada pela preclusão, e as questões por ela resolvidas poderão ser suscitadas como preliminar de apelação (salvo se o juiz, no saneamento, decidir algum dos temas elencados no art. 1.015, quando então o prejudicado deverá agravar, sob pena de preclusão). Dentro de cinco dias da intimação da decisão saneadora, as partes podem pedir ao juiz esclarecimentos ou solicitar ajustes, que ele estará autorizado a fazer. Depois do prazo, a decisão se torna estável, o que significa que, embora não preclusa, não poderá ser alterada pelo juiz, só podendo ser reexaminada pelo órgão *ad quem*, se suscitada como preliminar de apelação ou nas contrarrazões.

Ocorre, na fase de saneamento e organização do processo, mais um exemplo do poder de influência das partes no procedimento. Estabelece o art. 357, § 2º, que "as partes podem apresentar ao juiz, para homologação, delimitação consensual das questões de fato e de direito a que se referem os incisos II e IV (isto é, os fatos sobre os quais recairá atividade probatória ou as questões de direito relevantes para a decisão de mérito); se homologada, a delimitação vincula as partes e o juiz". Amplia-se o poder de disposição das partes, mas sempre com a fiscalização e o controle judicial. Trata-se de mais uma aplicação do princípio da cooperação dos sujeitos do processo, para que ele tenha um desenvolvimento mais eficiente.

Ao promover o saneamento, o juiz deliberará sobre as provas necessárias para a instrução do processo. Se autorizar a prova testemunhal, já designará data para a audiência de instrução e julgamento, concedendo às partes prazo não superior a 15 dias para arrolar testemunhas (se for designada a audiência para saneamento e organização do processo, na hipótese do art. 357, § 3º, o rol de testemunhas já deve ser levado pelas partes à audiência), no máximo dez, sendo três, no máximo, para a prova de cada fato. O juiz poderá, ainda, limitar o número de testemunhas levando em conta a complexidade da causa e os fatos a serem demonstrados. Se determinar perícia, deverá observar o disposto no art. 465 e, se possível, fixar calendário para a sua realização.

Capítulo IV
PROCEDIMENTO COMUM (FASE INSTRUTÓRIA)

1. TEORIA GERAL DA PROVA

A prova é tema fundamental do processo civil. Existem muitos processos em que a questão controvertida é apenas de direito, e a produção de provas não se faz necessária. Mas o mais comum é que, para julgar, o juiz precise examinar a veracidade de fatos que, no curso do processo, tenham-se tornado controvertidos. Para isso, será indispensável que ele analise as provas produzidas no processo, que visam demonstrar a veracidade dos fatos alegados pelas partes. É por meio das atividades probatórias que o juiz terá elementos para decidir sobre a veracidade e a credibilidade das alegações.

A prova pode ser examinada sob o aspecto objetivo e subjetivo. Como ensina João Batista Lopes: "Sob o aspecto objetivo, é o conjunto de meios produtores da certeza jurídica ou o conjunto de meios utilizados para demonstrar a existência de fatos relevantes para o processo. Nesse sentido, é clássica a definição de Mittermayer: 'prova é o complexo dos motivos produtores de certeza'. Sob o aspecto subjetivo, é a própria convicção que se forma no espírito do julgador a respeito da existência ou inexistência de fatos alegados no processo"[1].

Em síntese, as provas são os meios utilizados para formar o convencimento do juiz a respeito da existência de fatos controvertidos que tenham relevância para o processo.

Há grande dúvida sobre a natureza jurídica das normas que delas tratam. Há tradicional contraposição entre correntes que lhes atribuem natureza substancial e processual. Atualmente, em nosso ordenamento jurídico, quase toda a disciplina da prova é feita no CPC, o que demonstra o acolhimento da tendência mais moderna de considerar as normas sobre prova de cunho processual. Hermenegildo de Souza Rego, em monografia específica sobre o assunto, conclui pela natureza processual das normas sobre provas, aduzindo que as formas *ad solemnitatem*, isto é, aquelas que são indispensáveis para o próprio aperfeiçoamento do negócio jurídico e sem as quais ele não pode ser demonstrado (CPC, art. 406) refogem ao tema da prova e estão associadas ao da própria formação do negócio jurídico[2].

Quando o instrumento for da substância do ato, por força do que determina a lei civil, a sua apresentação é indispensável, porque sem ele o negócio não se aperfeiçoa. A sua exigência se faz não como prova de que o negócio foi feito, mas como elemento, substância do próprio ato.

2. CLASSIFICAÇÃO DA PROVA

As provas classificam-se de acordo com o objeto, o sujeito e a forma pela qual são produzidas.

Quanto ao objeto, podem ser diretas ou indiretas. Serão diretas quando mantiverem com o fato probando uma relação imediata. O recibo de quitação é uma prova direta do pagamento, e o instrumento é a prova di-

1. João Batista Lopes, *A prova no direito processual civil*, p. 22.
2. Hermenegildo de Souza Rego, *Natureza das normas sobre provas*, p. 143-145.

reta da celebração de um contrato. Prova indireta é aquela que se refere a fato distinto daquele que se pretende provar, mas que permite, por meio de raciocínios e induções, levar à convicção a respeito do fato probando.

João Batista Lopes cita o exemplo da prova de danos nas plantações, para demonstrar que houve a prática de turbação no imóvel[3].

Quanto ao sujeito, a prova pode ser pessoal ou real. Será pessoal quando consistente em declaração ou afirmação prestada por alguém a respeito da veracidade de um fato. São exemplos o depoimento pessoal e a prova testemunhal. A prova real é aquela obtida do exame de uma coisa ou pessoa, como ocorre na perícia.

Por último, quanto à forma, a prova pode ser oral (depoimentos) ou escrita (laudos periciais e a prova documental).

3. OBJETO DA PROVA

Nem tudo o que se discute no processo precisa ser comprovado. O objeto da prova são exclusivamente os fatos. O direito não se prova, porque deve ser do conhecimento do juiz. Quando muito, ele pode exigir que a parte prove a vigência de direito municipal, estadual, estrangeiro ou consuetudinário (CPC, art. 376), o que constitui exceção à regra do *jura novit curia*, que se justifica porque não é dado ao juiz conhecer normas jurídicas do mundo inteiro, de todos os Estados e Municípios e ainda as regras consuetudinárias.

Em verdade, o que se prova nesses casos não é propriamente o direito, mas a sua vigência. Isso pode ser feito por meio de certidões ou, no caso de direito estrangeiro, por pareceres de juristas do outro país ou ainda por juristas locais que tenham notório conhecimento da legislação estrangeira.

Mas são os fatos o objeto essencial da prova. No entanto, nem todos precisam ser demonstrados. É preciso, antes de tudo, que eles sejam relevantes para o julgamento do processo. O juiz não deverá deferir a produção de provas quando elas não tenham qualquer repercussão para o julgamento da causa. São irrelevantes os fatos que não têm nenhuma importância, que não influenciarão o julgamento do pedido ou que não guardam pertinência com a questão litigiosa.

---

3. João Batista Lopes, *A prova*, cit., p. 30.

Mas, mesmo entre os fatos relevantes, há alguns que não precisam ser comprovados. O CPC, no art. 374, os enumera:

a) Os notórios: aqueles de conhecimento geral, na região em que o processo tramita. Não é preciso que o fato seja de conhecimento global, bastando que seja sabido pelas pessoas da região, no tempo em que o processo tramitava. É fato notório, por exemplo, para quem vive na Grande São Paulo, que a região tem sérios problemas de violência urbana e criminalidade, e que o trânsito não flui com rapidez. Em uma cidade do interior, pode ser considerado notório o fato de o rio que corta a cidade provocar inundações frequentes nas casas da região ribeirinha.

b) Os afirmados por uma parte e confessados pela parte contrária: não há necessidade de prova dos fatos incontroversos. A confissão a que alude esse dispositivo pode ser aquela expressa pela parte, ou a ficta, que advém da revelia ou do descumprimento do ônus da impugnação especificada dos fatos (CPC, art. 341), quando eles produzirem efeitos.

c) Os admitidos, no processo, como incontroversos: há certa superposição entre esta hipótese e a anterior, porque os fatos confessados, expressa ou fictamente, são incontroversos. Mas há fatos incontroversos que dependem da produção de provas. São aqueles enumerados nos incisos do art. 341 e no art. 345, em que a revelia não produz efeitos. Nesse caso, mesmo que não haja contestação ou impugnação especificada dos fatos, o juiz determinará a produção de provas. Portanto, nem sempre a incontrovérsia a dispensará.

d) Aqueles em cujo favor milita presunção legal de existência ou veracidade: há casos em que o legislador faz presumir, de maneira absoluta ou relativa, a veracidade de determinados fatos. A presunção relativa, *juris tantum*, é aquela que admite prova em contrário, e a absoluta, *juris et de jure*, não.

A alegação em relação à qual milita uma presunção de veracidade não precisa ser provada. Se a presunção for relativa, a parte que a apresentou não precisará produzir provas, mas o adversário poderá fazê-lo, para demonstrar-lhe a inveracidade; todavia, se a presunção for absoluta, não será admitida a produção de provas em contrário.

A revelia, por exemplo, gera uma presunção de veracidade relativa, que pode ceder ante os elementos contrários que auxiliem a formação da convicção do juiz.

As presunções podem ser estabelecidas pelo próprio legislador, como as decorrentes da revelia ou da culpa do patrão por ato do empregado. São as denominadas presunções legais. Mas podem, ainda, decorrer da observação do que comumente acontece, como se dá com a presunção de culpa daquele que, em acidente de trânsito, colide na traseira do veículo que segue à frente. É a denominada presunção simples ou *hominis*.

As presunções não se confundem com os indícios, que são sinais indicativos da existência ou veracidade de um fato, mas que, por si sós, seriam insuficientes para prová-lo. A soma de vários indícios, ou a sua análise em conjunto com as demais circunstâncias, pode levar à prova do fato.

4. PROVA DE FATO NEGATIVO

Tradicional regra jurídica contida no Digesto XXII, 3, 2, estatuída por Paulo, estabelece que a prova incumbe a quem afirma e não a quem nega a existência de um fato. Só se poderia, pois, demonstrar a existência ou a ocorrência de um fato, e não o contrário. Por isso, entende-se que os fatos negativos não precisam ser provados (*negativa non sunt probanda*).

Mas, como ensina João Batista Lopes, essa regra não é inteiramente verdadeira: "Costuma-se dizer que as negativas não precisam ser provadas. A assertiva contém meia verdade: só não podem ser provadas as negativas absolutas, não as relativas (ex.: não posso provar que jamais estive em Piripipi (PI), mas posso provar que lá não estive no dia 31.12.95, à meia-noite, porque, nesse dia e horário, participava de confraternização de fim de ano em São Paulo). Como agudamente observa Lessona, 'a impossibilidade da prova do fato negativo indefinido não deriva do seu caráter negativo, mas do seu caráter indefinido'"[4].

5. O JUIZ E A PRODUÇÃO DA PROVA

A redação do CPC, art. 370, deixa claro que ao julgador não cabe mais o papel passivo, de mero espectador, que se limitava a procurar a verdade formal dos fatos, na forma como ela era trazida pelas partes.

A solução mais justa do processo, objeto de busca incessante pelo magistrado, exige que ele deixe essa posição passiva e passe a interferir

---

4. João Batista Lopes, *A prova*, cit., p. 30.

diretamente na produção da prova. A busca deve ser sempre a da verdade real, mesmo que o processo verse exclusivamente sobre interesse disponível. Mesmo aí, há sempre um interesse indisponível de que o juiz não deve abrir mão: que o processo tenha a solução mais justa possível.

Somente quando não for possível apurar a verdade real, porque esgotadas as provas que poderiam conduzir ao seu esclarecimento, é que será dado ao juiz julgar com base nas regras do ônus da prova. Se ainda houver meios que lhe permitam elucidar a verdade dos fatos, ele não pode ser intimidado pela inércia das partes, devendo determinar de ofício a sua produção.

Não há perigo de que com isso coloque em risco a sua imparcialidade. Ao contrário, ao apurar a verdade real, proferirá uma decisão que não compromete o direito das partes.

O tradicional princípio dispositivo, que imputa às partes, em caráter exclusivo, a atividade probatória, manietando o juiz, deve ser mitigado. A jurisdição é uma atividade pública, e a boa solução dos conflitos de interesse é um objetivo a ser buscado de forma incessante. Se o juiz permanecesse omisso, contentando-se com a verdade formal, quando há meios para tentar a apuração da verdade real, haveria grave risco ao desempenho da função jurisdicional, e a ameaça de eventuais injustiças se faria presente com muito mais frequência do que se poderia desejar.

A possibilidade de interferir na produção de provas pode também ser utilizada pelo juiz para assegurar a igualdade real entre as partes, que é exigida pela CF e pelo CPC, art. 139, I. Pode ocorrer que uma das partes se encontre em posição de inferioridade em relação à outra. A dificuldade econômica, por exemplo, pode fazer com que a parte não tenha condições de contratar um bom advogado, que lhe assegure o pleno exercício de seus direitos processuais e não requeira as provas necessárias para a apuração do seu direito. O juiz, verificando essa circunstância, não deverá atemorizar-se de perder a imparcialidade. A igualdade exigida pela lei processual não é a meramente formal, mas a real. Por isso, ele pode, de ofício, determinar a produção daquelas provas que não tenham sido requeridas pela parte mais fraca, por desconhecimento ou desídia de seu procurador. A omissão do juiz, em casos assim, é que colocaria em risco a sua imparcialidade, pois é possível que a razão seja da parte mais fraca, e que ela não esteja conseguindo demonstrá-la em virtude da desigualdade que se estabeleceu no processo.

Tem, portanto, o juiz, ampla liberdade para determinar, de ofício, as provas que lhe pareçam necessárias para apuração da verdade e para assegurar a igualdade real de tratamento entre as partes.

6. O ÔNUS DA PROVA

As partes não têm o dever de produzir as provas, mas o ônus de fazê-lo. Ônus são aquelas atividades que a parte realiza no processo em seu próprio benefício. A lei não obriga as partes a fazer prova, mas, se elas o fizerem, obterão a vantagem de demonstrar suas alegações, e, se se omitirem, sofrerão as consequências da ausência disso.

Antes do ônus de provar, as partes têm o de alegar. Incumbe ao autor, na petição inicial, mencionar os fatos que são constitutivos do seu direito; e ao réu, na contestação, invocar eventuais fatos extintivos, modificativos ou impeditivos do direito do autor. Isso é de suma importância, porque o juiz fica adstrito, ao proferir o julgamento, aos fatos alegados pelas partes. Ele não pode tomar em considerações fatos que não tenham sido invocados por elas.

Esse ônus precede o de provar, porque o objeto da prova se circunscreverá aos fatos alegados. Não poderão ser objeto de instrução aqueles que não tenham sido trazidos ao processo pelas partes.

Em regra, compete àquele que formula uma alegação o ônus de prová-la. A prova de um fato, em princípio, compete a quem o alegou. Como ao autor cabe alegar os fatos constitutivos de seu direito, será seu o ônus de prová-los. E será do réu o de provar os fatos extintivos, impeditivos ou modificativos do direito do autor.

O ônus da prova pode ser encarado sob o aspecto subjetivo e o objetivo. Do ponto de vista subjetivo, ele constitui uma distribuição de encargos entre as partes, cabendo a cada qual provar as alegações que formulou, para tentar convencer o juiz da sua veracidade. Sob esse ponto de vista, as regras do ônus da prova são dirigidas às partes. O legislador indica a cada uma de quem é o encargo de produzir determinada prova. A parte a quem ele compete já sabe, então, que se dele não se desincumbir a contento sofrerá as consequências negativas do descumprimento do ônus.

Mas este também pode ser examinado sob o aspecto objetivo, pelo qual as regras do ônus da prova não seriam dirigidas às partes, mas ao magistrado, para orientar o julgamento. Ele não pode eximir-se de sentenciar, alegando que não conseguiu formar a sua convicção a respeito dos fatos que fundamentam o pedido e a defesa. Não pode proferir o *non liquet*.

Se estiver em dúvida, deve determinar as provas que sejam necessárias para a apuração do ocorrido. Todavia, é preciso reconhecer que há casos de dúvida insanável: mesmo depois de encerrada a instrução, e não havendo mais provas que permitam elucidar os fatos, o juiz ainda não se convenceu, não formou sua convicção a respeito do ocorrido.

Como ele tem de julgar, a sentença será dada com base no ônus da prova. O juiz então se perguntará a qual das partes incumbia fazer a prova. Se era ao autor, e ele não o fez, a demanda será julgada improcedente; se era ao réu, será procedente. Mas, antes de sentenciar aplicando essas regras, o magistrado deverá tentar esclarecer o ocorrido. Somente quando houver dúvida invencível é que recorrerá ao ônus da prova.

É sob esse aspecto bifronte que a matéria deve ser analisada. A princípio, o ônus da prova é regra de julgamento, que deve ser utilizada pelo juiz somente em casos de dúvida invencível quanto aos fatos alegados pelas partes; mas constitui também um norte para elas que já sabem, de antemão, quais serão as consequências, caso não sejam produzidas provas suficientes para a formação da convicção do juiz.

A aplicação ampla e irrestrita do princípio dispositivo implicaria examinar o ônus da prova apenas sob o aspecto subjetivo. Mas não se justifica que o juiz julgue o pedido em desfavor de uma das partes apenas porque ela não requereu provas, quando ele ainda não tem convicção formada sobre a verdade real. Mesmo que a parte interessada na produção da prova não a tenha requerido, o juiz que ainda não se convenceu deverá mandar produzir a prova de ofício, lembrando que o ônus da prova é regra de julgamento que só deve ser aplicada em caso de dúvida invencível.

Essa é a concepção moderna. O juiz deve usar primeiro os poderes que o CPC, art. 370, outorga-lhe e só supletivamente, em caso de impossibilidade de apuração da verdade real, valer-se das regras do art. 373.

6.1. Distribuição do ônus da prova

O dispositivo que cuida da distribuição do ônus da prova é o art. 373 do CPC, que estabelece: "O ônus da prova incumbe: I – ao autor, quanto ao fato constitutivo do seu direito; II – ao réu, quanto à existência de fato impeditivo, modificativo ou extintivo do direito do autor".

De maneira genérica, seria possível dizer que o ônus da prova incumbe a quem alega. Ao autor incumbe fazer prova das alegações de seu interesse (fatos constitutivos do seu direito); ao réu, daquilo que ele apresentou em sua resposta (fatos extintivos, impeditivos e modificativos do direito do autor).

A regra vale não só para autor e réu, mas para todos aqueles que intervenham no processo. A cada qual cabe o ônus de provar aquilo que alegou, aquilo que é do seu interesse ver reconhecido.

6.2. A distribuição diversa do ônus da prova

A regra geral é de que cabe à parte a quem a demonstração do fato interessa o ônus de comprová-lo. Ocorrerá inversão quando houver uma alteração da regra natural de distribuição do ônus da prova. Ela pode ter três origens distintas: legal, convencional ou judicial. Nas três hipóteses o resultado será o mesmo, a alteração da distribuição legal do ônus.

Considerando-o sob o aspecto subjetivo, pode-se dizer que a inversão é feita em favor de uma das partes e em detrimento da outra. Se feita em favor do autor, ele não terá mais de provar os fatos constitutivos de seu direito. Bastará alegá-los, incumbindo ao réu provar a sua inveracidade. Se em favor do réu, este ficará dispensado de provar os fatos impeditivos, extintivos ou modificativos do direito do autor que forem alegados na contestação, cabendo a este último provar que eles não são verdadeiros.

Sob o aspecto objetivo, pode-se dizer que a inversão do ônus altera as consequências negativas que o juiz atribuirá, quando do julgamento, à falta da produção de determinada prova que o leva a uma dúvida invencível. Normalmente, aplicadas as regras do ônus da prova, ele julga improcedente o pedido, se a dúvida recair sobre os fatos constitutivos do direito do autor, e procedente, se recair sobre os fatos impeditivos, modificativos ou extintivos desse direito. Mas, se houver inversão do ônus da prova, o juiz inverterá essas consequências naturais. A falta de provas que levaria normalmente à procedência levará, com a inversão, à improcedência, e vice-versa.

6.3. Inversão convencional

O CPC, art. 373, § 3º, permite que as partes, por convenção, modifiquem a distribuição do ônus da prova: "A distribuição diversa do ônus da prova também pode ocorrer por convenção das partes, salvo quando: I – recair sobre direito indisponível da parte; II – tornar excessivamente difícil a uma parte o exercício do direito".

Afora essas duas hipóteses, a convenção sobre o ônus é permitida. Não o será quando o direito for indisponível, porque este não é sujeito à transação, nem à confissão, e a inversão do ônus da prova permitiria uma burla indireta a essas proibições.

Também não se admite a convenção quando ela tornar excessivamente difícil a uma parte o exercício do direito. Sendo ele disponível, o interessado pode até renunciar ou sobre ele transigir. Mas não pode assumir o encargo de fazer uma prova muito difícil. O processo é público, e o juiz não pode prestar-se a conduzi-lo quando uma das partes, por convenção, assumiu o ônus de produzir a *probatio diabolica*.

Nos casos em que permitida, a convenção sobre o ônus da prova pode ser celebrada antes ou durante o processo.

6.4. Inversão legal – presunção e máximas de experiência

É aquela que decorre de uma presunção. As presunções não são meios de prova, mas formas de raciocínio pelas quais, por meio do conhecimento de um fato, infere-se a existência de outro, deduz-se de um fato conhecido e provado um outro, que se quer demonstrar. Existem as presunções legais e as judiciais (*hominis*) ou simples. As primeiras são aquelas estabelecidas pelo próprio legislador. As simples, as que decorrem da observação sobre o que normalmente acontece. A presunção geralmente parte de um indício de prova. O indício é um sinal, um vestígio, que em regra nada prova, mas que, por meio das presunções, pode levar à convicção sobre a veracidade de uma determinada alegação.

As presunções simples são fundadas em máximas de experiência. Estabelece o CPC, no art. 375, que "o juiz aplicará as regras de experiência comum subministradas pela observação do que ordinariamente acontece e ainda as regras de experiência técnica, ressalvado, quanto a estas, o exame pericial".

As máximas de experiência são conhecimentos adquiridos pelo juiz ao longo da vida e da sua experiência profissional e social. Estão fundadas no que normalmente acontece e têm caráter geral. Exemplo: sabe-se que a pessoa que dirige em dia chuvoso deve reduzir a velocidade e guardar uma distância maior do carro que lhe segue à frente.

As máximas de experiência, juízos feitos pelo julgador com base naquilo que ordinariamente acontece, devem ser aplicadas subsidiariamente, na falta de norma jurídica particular. Além do conhecimento comum, do que ordinariamente acontece, também constituem máximas de experiência os conhecimentos técnicos acessíveis às pessoas em geral e que dispensam a realização de prova pericial. Os cálculos básicos de aritmética, as noções elementares de ciência (por exemplo, saber a temperatura de solidificação e ebulição da água) podem ser considerados exemplos. O Código Civil, no art. 230, estabelece que "as presunções, que não as legais, não se admitem nos casos em que a lei exclui a prova testemunhal". O dispositivo refere-se às presunções simples, pois as hipóteses de presunção legal são aplicáveis mesmo quando não se admite a prova testemunhal.

Aquilo que é presumido não precisa ser comprovado. Quando a presunção é absoluta, não se admite prova em contrário; quando é relativa, dispensa a produção de provas por quem faz a alegação, mas permite a prova contrária pela parte adversa. Somente no caso da presunção relativa é que se pode falar, propriamente, em inversão, porque aí haverá a possibilidade de o adversário fazer prova da inveracidade do fato alegado. Na absoluta, o que ocorre é a desnecessidade completa da produção da prova, e não propriamente inversão.

O fato presumido não precisa, pois, ser comprovado por quem o alega. As presunções simples ou judiciais são aquelas que se situam no âmbito da valoração judicial. Elas decorrem da observação do que normalmente acontece (*quod plerunque accidit*). As legais são as estabelecidas pelo próprio legislador. São inúmeras as hipóteses de presunção legal, sendo muito comumente usadas no campo da responsabilidade civil. Por exemplo, presume-se a culpa do dono do animal, pelos danos por ele causados, a das prestadoras de serviço público, pelos danos ao particular, a do fornecedor, pelos danos ao consumidor, a daquele que exerce atividade de risco, pelos danos causados a terceiros (CC, art. 927, parágrafo único).

6.5. Inversão judicial

Ocorre quando a lei permite que o juiz, ao proferir o julgamento, altere as regras legais de distribuição do ônus da prova. É o que se dá no Código de Defesa do Consumidor, cujo art. 6º, VIII, permite inverter o ônus da prova em favor do consumidor sempre que, a critério do juiz, for verossímil a alegação ou quando for ele hipossuficiente, segundo as regras ordinárias de experiência.

Basta que um dos dois requisitos esteja presente. No caso de verossimilhança, não é propriamente uma inversão. Na lição de Kazuo Watanabe: "na primeira situação, na verdade, não há uma verdadeira inversão do ônus da prova. O que ocorre, como bem observa Leo Rosemberg, é que o magistrado, com a ajuda das máximas de experiência e das regras da vida, considera produzida a prova que incumbe a uma das partes. Examinando as condições de fato com base em máximas de experiência, o magistrado parte do curso normal dos acontecimentos e, porque o fato é ordinariamente a consequência ou o pressuposto de outro fato, em caso de existência deste, admite aquele também como existente, a menos que a outra parte demonstre o contrário. Assim, não se trata de uma autêntica hipótese de inversão do ônus da prova"[5].

Haverá a inversão judicial, propriamente, quando o juiz considerar o consumidor hipossuficiente. A hipossuficiência a que alude a lei não é apenas a econômica, mas em especial a de informações (técnica). O juiz procederá à inversão sempre que verificar que a produção da prova seria difícil ao consumidor, porque depende de conhecimentos técnicos ou de informações que, normalmente, estão em poder do fornecedor. É ele que conhece o produto ou o serviço que foi posto no mercado, e seria difícil

5. Kazuo Watanabe, *Código Brasileiro de Defesa do Consumidor comentado pelos autores do anteprojeto*, p. 617.

ao consumidor fazer prova, por exemplo, da causa ou origem de um defeito. Em casos assim, o juiz inverterá o ônus.

O CPC traz outra possibilidade de inversão do ônus da prova, autorizando o juiz a promovê-la "nos casos previstos em lei ou diante de peculiaridades da causa relacionadas à impossibilidade ou à excessiva dificuldade de cumprir o encargo nos termos do *caput* ou à maior facilidade de obtenção da prova do fato contrário, poderá o juiz atribuir o ônus da prova de modo diverso, desde que o faça por decisão fundamentada, caso em que deverá dar à parte a oportunidade de se desincumbir do ônus que lhe foi atribuído". Trata-se, portanto, do poder atribuído ao juiz de modificar a distribuição do ônus em razão da excessiva dificuldade da parte que, normalmente, teria de produzir a prova, ou da maior facilidade que o adversário teria de fazer a prova do fato contrário. O dispositivo adota hipótese de distribuição dinâmica do ônus da prova, em que se dá ao juiz a possibilidade de, verificadas determinadas circunstâncias do caso concreto, modificar o ônus da prova, originalmente estabelecido pela lei, em busca da igualdade real entre as partes. Mas o § 2º do art. 373 adverte que a inversão não deverá ocorrer se gerar situação em que a desincumbência do encargo pela parte seja impossível ou excessivamente difícil.

6.6. Momento em que se considera a inversão do ônus

A possibilidade de o juiz poder, em determinadas situações, inverter o ônus da prova (ônus dinâmico) tem suscitado a relevante questão de saber em que momento do processo ele deve fazê-lo. A concepção objetiva do ônus da prova, que o considera como regra de julgamento, a ser aplicado em caso de dúvida invencível na formação da convicção do juiz, indica que a inversão do ônus só poderia ocorrer na sentença, pois só então o magistrado, valorando a prova produzida, poderia concluir se ela foi ou não suficiente para a formação de sua convicção, carreando à parte que tinha o ônus as consequências negativas da insuficiência da prova.

Somente depois de esgotadas as possibilidades de prova é que o juiz, verificando que ela não foi suficiente para elucidar os fatos, julgará com base nas regras do ônus.

Entretanto, não se pode esquecer que, embora modernamente se examine o ônus da prova mais pela concepção objetiva, não se afastou a concepção subjetiva, em que ele constituirá um norte para as partes. Por meio da distribuição legal dos ônus as partes poderão saber, de antemão, a quem incumbe a produção de determinada prova. Ora, se o juiz proceder à inversão apenas na sentença, poderá haver surpresa para elas. A regra legal diz que compete ao autor a prova do fato constitutivo do seu direito. Diante disso, é possível que o réu se omita na produção de provas a respeito dele, certo de que o ônus incumbe ao autor. Se o juiz inverte o ônus na sentença, o réu será surpreendido. Por isso, embora o ônus da prova seja, antes de mais nada, regra de julgamento, caberá ao juiz na decisão de saneamento e organização do processo definir a sua distribuição, observado o art. 373, cabendo agravo de instrumento sempre que o juiz se pronunciar sobre a redistribuição, na forma do art. 373, § 1º (art. 1.015, XI – O recurso caberá tanto no caso de deferimento quanto no de indeferimento da redistribuição). Com isso, evita-se ofensa ao princípio do contraditório e eventual cerceamento de defesa daquele que ficaria prejudicado com a alteração do ônus, já que a questão será apreciada em momento processual tal que permita àquele a quem o ônus for carreado produzir as provas necessárias para demonstração dos fatos que interessam ao acolhimento de sua pretensão.

Isso não significa que o ônus da prova deixe de ser regra de julgamento. As consequências do seu descumprimento só virão quando da prolação da sentença. Mas se houver inversão, o juiz deverá alertar as partes, antes do julgamento, para que elas não sejam surpreendidas.

O Código Civil atual trouxe uma grande novidade em matéria de responsabilidade civil, que terá repercussão no campo do ônus da prova. Sabe-se que a regra geral é a da responsabilidade subjetiva: incumbe ao autor o ônus da prova da culpa do réu. Haverá inversão quando a responsabilidade for objetiva, porque aí a culpa do réu é presumida.

A existência de hipóteses de responsabilidade objetiva não trazia grandes dificuldades no Código antigo, porque a presunção de culpa sempre decorria de lei. Os casos de responsabilidade objetiva eram sempre legais.

O CC, art. 927, parágrafo único, inovou, ao estabelecer: "Haverá obrigação de reparar o dano, independentemente de culpa, nos casos especificados em lei, ou quando a atividade normalmente desenvolvida pelo autor do dano implicar, por sua natureza, risco para os direitos de outrem".

Portanto, além das hipóteses de responsabilidade objetiva legal, há agora as provindas de atividade considerada perigosa, de acordo com o entendimento judicial. Caberá ao juiz, no caso concreto e de acordo com as provas produzidas, decidir se a atividade é ou não perigosa. Quando decidir que sim, a responsabilidade civil será objetiva, e o autor não terá de provar a culpa do réu; quando entender que não, a responsabilidade será subjetiva, e o ônus da prova será do autor.

No entanto, o juiz possivelmente só decidirá se a atividade é perigosa ou não na sentença, o que poderá trazer graves dúvidas às partes sobre a distribuição do ônus da prova. Parece-nos que, se na fase de saneamento e organização do processo já houver indícios de que a atividade é perigosa (há algumas atividades que, por sua própria natureza, devem ser consideradas como tal, dispensando provas a respeito, por força de presunção simples, como as ligadas a trabalhos com explosivos, com vigilância e segurança, com atividades elétricas de grande intensidade, entre outras), ele já deverá alertar as partes sobre a possibilidade de considerar objetiva a responsabilidade, com as consequências daí decorrentes sobre o ônus da prova e sua distribuição.

A inversão judicial do ônus da prova tem suscitado outra questão de grande relevância, qual seja, a da possibilidade de o juiz inverter a responsabilidade pela antecipação do pagamento das despesas com a produção de uma determinada prova, em especial da pericial, que é, em regra, custosa. O CPC, art. 95, trata do assunto, estabelecendo que compete à parte que requereu a prova antecipar as despesas com a sua realização. Essa é a regra geral. Mas tem sido comum que o consumidor, valendo-se da possibilidade de inversão do ônus, postule ao juiz a realização de prova pericial e peça que seja carreada ao fornecedor a responsabilidade pela antecipação das despesas.

A matéria é controversa e a jurisprudência divide-se. Parece-nos, porém, que não se confunde o ônus da prova com a responsabilidade pela antecipação de despesas. O ônus é regra de julgamento. A norma que o estabelece é dirigida, em primeiro lugar, ao juiz, que, tendo de proferir sentença mesmo quando as provas forem insuficientes, deve carrear as consequências negativas dessa insuficiência a uma das partes. A antecipação de despesas é outra coisa: compete à parte a quem interessa a prova custear a sua produção.

O juiz não pode inverter a responsabilidade pelas despesas, obrigando a parte que não requereu a prova a custeá-la, mesmo porque, se ela não o fizer, não haverá outra consequência possível além da sua não realização.

O que ele pode fazer é inverter o ônus. E, ao fazê-lo, pode acontecer de a prova, que era do interesse do consumidor, passar a ser interessante ao fornecedor, cabendo a este, então, requerê-la e assumir a responsabilidade pelos custos. Não haverá, pois, inversão da responsabilidade pelas despesas, mas do ônus da prova, que poderá repercutir na assunção de responsabilidade pelo seu custeio.

7. PROVAS ILÍCITAS

A ilicitude da prova pode advir ou do modo como ela foi obtida, ou do meio empregado para a demonstração do fato. A causa mais frequente de ilicitude é a obtenção da prova por meio antijurídico. São exemplos as interceptações de conversas telefônicas, a violação de sigilo bancário sem autorização judicial, a violação do sigilo de correspondência. São meios indevidos de obtenção da prova a coação, o emprego de violência ou grave ameaça, a tortura, entre outros.

Muito se discute a respeito da eficácia da prova ilícita, isto é, sobre a possibilidade de ela ser utilizada pelo juiz para fundamentar a sua convicção.

Há várias correntes doutrinárias, que vão desde aquelas que admitem a prova ilícita até as que negam, de forma absoluta, a sua eficácia.

A CF, art. 5º, LVI, considera inadmissíveis as provas obtidas de forma ilícita, sem fazer qualquer ressalva. A regra é repetida pelo art. 369 do CPC, que permite apenas a utilização de meios probatórios legais e moralmente legítimos. Diante da ausência de qualquer ressalva na Constituição e na lei processual, tem predominado o entendimento de que a vedação ao uso de prova ilícita é absoluta.

E a preocupação com a sua utilização é tal que o Supremo Tribunal Federal tem adotado a teoria dos frutos da árvore contaminada, como mencionado por Cândido Dinamarco: "Mas o Supremo Tribunal Federal já foi além, ao adotar a conhecida teoria dos frutos da árvore contaminada para tachar de ineficazes as fontes de prova obtidas e também os meios de prova realizados em desdobramento de informações obtidas mediante ilicitudes. Essa extremada radicalização compromete de morte o acesso à justiça e constitui grave ressalva à promessa constitucional de tutela jurisdicional a quem tiver razão (Const., art. 5º, inc. XXXV). Segundo a tese então adotada seriam ineficazes, por exemplo, todos os testemunhos prestados por pessoas cujos nomes tivessem sido revelados numa conversação telefônica registrada em fita e depois degravada, ou toda prova pericial realizada na contabilidade de uma pessoa ou empresa referida em apontamentos obtidos ilicitamente"[6].

Parece-nos, também, que a vedação constitucional à utilização da prova ilícita não pode ser estendida a tal ponto que impeça provas lícitas só porque a sua produção advém de um desdobramento da produção da prova proibida.

Nem nos parece, ainda, que a vedação constitucional seja absoluta. Melhor que se aplicasse a teoria da proporcionalidade, que concede eficácia jurídica à prova, se sua ilicitude causar uma ofensa menor ao ordenamento jurídico que a que poderia advir da sua não produção. Essa teoria, originária do direito alemão, permite ao juiz ponderar entre as consequências negativas que resultarão do uso da prova ilícita e as que advirão de sua proibição, cabendo-lhe avaliar qual o maior prejuízo. O seu acolhimento permitiria usar, por exemplo, uma interceptação telefônica, que é vedada por lei, para, em ação de modificação de guarda, fazer prova de que uma criança vem sendo frequentemente espancada e torturada. É verdade que a interceptação viola o princípio constitucional da intimidade, mas o valor jurídico que, nesse exemplo, a ele se contrapõe, qual seja, a proteção à vida e a integridade física da criança, deve prevalecer, sendo proporcionalmente mais relevante. Em casos assim, o juiz deve admitir, excepcionalmente, a prova ilícita.

Grande controvérsia sempre existiu a respeito da utilização de gravação telefônica como prova.

---

6. Cândido Rangel Dinamarco, *Instituições*, cit., v. 3, p. 50 e 51.

Quando a gravação é feita por um dos protagonistas, a prova é lícita, mesmo que a sua utilização se faça sem o consentimento do outro. A situação assemelha-se à carta exibida em juízo pelo próprio destinatário: não há violação de correspondência, nem ofensa do direito à intimidade. É válida, pois, a prova produzida por um dos protagonistas da comunicação por carta ou telefone, ainda que sem o consentimento do outro participante. Muito diferente é a interceptação telefônica, isto é, a gravação de conversa telefônica feita por terceiro que não os participantes. Feita sem o consentimento dos protagonistas, é prova ilícita e não pode ser usada no processo.

Há uma única hipótese em que a interceptação telefônica poderá ser usada validamente. Quando ela for autorizada pelo juiz, para instrução em processo-crime, poderá ser utilizada como prova emprestada no processo civil. A CF, no art. 5º, XII, autoriza a interceptação telefônica, por ordem judicial, para investigação criminal ou instrução processual penal. A Lei n. 9.296, de 24 de julho de 1996, tratou das hipóteses de cabimento e da forma de requerimento e autorização para que a intercepção seja feita.

Realizada nos termos da lei, a prova assim obtida poderá ser usada no processo civil como prova emprestada (além da hipótese de prova emprestada, a E. 3ª Turma do Superior Tribunal de Justiça admitiu, em caráter excepcional, a utilização de interceptação telefônica em processo civil, envolvendo direito de família, quando não havia alternativa, e em situação em que havia grave risco a um menor – ver, a respeito, o HC 203.405 do STJ).

8. HIERARQUIA DAS PROVAS

O CPC, art. 371, consagrou o princípio da persuasão racional ou livre convencimento motivado. Isso permite ao juiz analisar livremente a prova, dando a cada uma o valor que lhe parecer apropriado. Compete-lhe valorar as provas e a sua capacidade de formar-lhe o convencimento. Esse dispositivo menciona que o juiz apreciará a prova constante dos autos. O artigo equivalente do CPC/73 dizia que o juiz apreciará livremente a prova. Não nos parece que a supressão do advérbio "livremente" justifique a alteração do nome do princípio, uma vez que, desde que com fundamento na prova colhida, o juiz formará livremente o seu convencimento, fundamentando a sua decisão.

Não foi acolhido, entre nós, o sistema da prova legal, ou tarifada, em que cada tipo de prova tem um valor fixo. Todos os tipos, a documental, a testemunhal e a pericial, poderão ter influência sobre a formação da convicção do juiz, não havendo, entre eles, alguma que tenha prioridade sobre a outra, no que se refere à capacidade de convencer.

O sistema da prova legal, repudiado pela processualística moderna, deixa pouca margem à formação da convicção íntima do juiz. Esta não adviria de um convencimento propriamente, mas de um cálculo, previamente estabelecido por lei, do resultado das provas produzidas e do valor previamente dado a cada uma delas. No entanto, ainda há resquícios do sistema da prova legal em nosso ordenamento, como o art. 406, que dá valor absoluto de prova ao instrumento público, quando da substância do ato.

Também não se acolhe, atualmente, o sistema da convicção íntima do juiz, em que ele pode decidir de acordo com a sua vontade, não havendo nem mesmo o dever de fundamentar as razões pelas quais o fez, deste ou daquele modo. Por esse sistema, o magistrado não precisa decidir com base nas provas produzidas, mas na ciência privada que tem dos fatos. A sua adoção é perigosa, porque sujeita as partes a eventuais arbitrariedades judiciais. Há um único caso, em nosso ordenamento, em que se acolhe o princípio da convicção íntima: é o das decisões do Tribunal do Júri.

O princípio da persuasão racional ou livre convencimento motivado é intermediário. O juiz tem liberdade para valorar as provas e atribuir-lhes o valor que mereçam na formação de sua convicção. Mas, ao proferir a decisão, deve justificá-la, com base nas provas colhidas, esclarecendo de que maneira foram valoradas e quais foram decisivas para o seu convencimento. Este deve ser racional, isto é, fundado em razões pertinentes, associadas às provas produzidas nos autos. Não se admite o convencimento emocional, pautado em razões pessoais do juiz, nem o baseado em conhecimento próprio dos fatos. Quando ele tiver ciência privada, não poderá julgar o processo, devendo passá-lo ao seu substituto. A ciência privada permitirá que o juiz seja ouvido como testemunha, mas obstará que ele presida o processo e profira sentença.

9. PRODUÇÃO ANTECIPADA DE PROVAS

É uma ação autônoma, que pode ter natureza preparatória ou incidental e que visa antecipar a produção de determinada prova, realizando-a em momento anterior àquele em que normalmente seria produzida. Trata-se do exercício do direito autônomo à prova, de natureza satisfativa, exercido em procedimento de jurisdição voluntária. Não tem, como no CPC de 1973, natureza de ação cautelar, ajuizada sempre em razão de risco de a prova perecer. O risco é uma das justificativas da antecipação da prova, mas não a única. A antecipação pode ser deferida para viabilizar a autocomposição ou outro meio adequado de solução do conflito ou para permitir ao interessado que tenha prévio conhecimento dos fatos, que possa justificar ou evitar o ajuizamento da ação. Poderá ser aforada no curso de processo já ajuizado, em fase anterior àquela na qual normalmente a prova seria produzida, ou antes do ajuizamento do processo, quando terá a natureza de procedimento preparatório.

Em regra, as provas são produzidas depois de concluída a fase postulatória e a ordinatória. Isto é, depois que o réu foi citado, ofereceu contestação, na qual o juiz determinou as providências preliminares, verificou que não é caso de julgamento antecipado e saneou o processo, abrindo-se a fase de instrução.

Há três razões para que a prova seja antecipada: a) o temor de que se perca. É a causa mais comum de antecipação. Ou teme-se, por exemplo, que uma testemunha não possa ser ouvida no momento oportuno, seja porque vai se mudar para local distante, seja porque está muito doente ou é muito idosa. Ou o autor pretende reformar o imóvel em que habita e teme que, no momento oportuno, a prova pericial fique prejudicada, diante da alteração do local. Pode ser realizada uma vistoria *ad perpetuam rei memoriam*, que retratará a situação do imóvel antes da reforma; b) ser suscetível de viabilizar a autocomposição ou outro meio de solução de conflito. Já foi mencionado que o CPC estimula a autocomposição e outras formas alternativas de solução do conflito, a ponto de tratar delas entre as suas normas fundamentais (art. 3º, § 3º). Pode ocorrer que, somente com a colheita de determinada prova, as partes possam tentar conciliar-se, uma vez que só por meio dela poderão ter mais conhecimento do que de fato ocorreu, ou das consequências de determinado fato. Assim, a prova pode servir para definir de forma mais evidente e precisa os contornos do conflito de interesse, viabilizando a autocomposição. Ela também fornecerá maiores elementos ao conciliador e ao mediador para tentarem sugerir uma solução consensual, ou para conduzir as partes a que a encontrem; c) o prévio conhecimento dos fatos puder justificar ou evitar o ajuizamento de ação. Há casos em que a antecipação servirá para colheita de elementos necessários ao ajuizamento da demanda. Sem ela, o autor terá dificuldade para ajuizar a ação. Por exemplo: ele pretende postular indenização porque houve um vazamento, que trouxe graves danos para o seu apartamento. Porém, não sabe ainda qual foi a causa, nem onde se originou, se na coluna central do prédio, caso em que a responsabilidade será do condomínio, ou se no encanamento do imóvel superior, caso em que a ação deverá ser dirigida contra o seu titular. A antecipação da prova servirá para que colha elementos necessários para uma eventual ação, fornecendo informações ao interessado para que decida se deve ou não ajuizá-la.

Só na primeira dessas situações a produção antecipada de provas dependerá do perigo da demora. Nas demais, não servirá para afastar um risco, mas para fornecer uma informação, um esclarecimento. Ela servirá para colher elementos para a eventual propositura da ação, independentemente de urgência.

9.1. Tipos de provas que podem ser antecipadas

Não há nenhuma restrição à antecipação das provas. Ela pode ter por objeto qualquer meio de prova, seja oral, seja pericial. Ressalva-se, porém, a prova documental, já que, se o interessado quiser que determinado documento seja apresentado, deverá valer-se da ação de exibição de documento (ver item 11.4, *infra*).

O depoimento pessoal da parte, a respeito de algum fato que possa ser relevante para o desfecho do processo, também pode ser antecipado. É certo que se a ação ainda não foi aforada, nem há contestação, não será possível saber quais os fatos controvertidos a ensejar confissão. Mas sempre será possível saber quais fatos são relevantes para a causa, e uma das partes pode ter interesse em colher o depoimento da outra, quando houver perigo de que, oportunamente, essa prova não possa ser colhida, ou quando isso possa esclarecer os fatos relacionados ao conflito.

Não há óbice a que seja antecipada a inspeção judicial, quando houver necessidade de que o juiz verifique, com os próprios olhos, a situação atual de determinado bem.

O arrolamento de bens, quando tiver por finalidade apenas a documentação e não a prática de atos de apreensão, também pode ser deferido como antecipação de prova.

9.2. Natureza

A produção antecipada de provas é ação autônoma e pode ter caráter preparatório, quando ainda não ajuizada a ação; ou caráter incidental, se já há ação, que ainda não alcançou a fase de instrução. Só não haverá interesse se o processo principal já estiver nessa fase. Ao se mencionar que ela pode ter caráter preparatório, não se quer dizer com isso que, deferida e acolhida a antecipação e realizada a prova, haverá necessidade de ajuizamento de uma ação principal. Entre as finalidades da antecipação está justamente a de viabilizar a autocomposição, ou evitar, por meio de um melhor esclarecimento dos fatos, o ajuizamento da ação. A expressão "procedimento preparatório" deve ser entendida aqui em sentido amplo: ela pode servir para preparar uma eventual autocomposição, ou preparar a decisão dos interessados a respeito da propositura ou não de eventual ação.

Quando incidental, ela pode ser requerida tanto pelo autor quanto pelo réu da ação. O autor da ação principal pode ser requerido da antecipação de provas e vice-versa. Por exemplo: em ação de indenização proposta por A contra B, o réu tem necessidade de antecipar a ouvida de uma testemunha, ou uma prova pericial. Requererá, então, a antecipação, em face do autor da ação.

A petição inicial em que o interessado requerer a antecipação da prova deve indicar a justificativa para que ela seja deferida. Deve haver certa liberalidade do juízo na avaliação da justificativa, já que a antecipação da prova não traz prejuízos ou coerção para a parte contrária. Isso não significa que ele pode deferir a medida, sem razão para tanto; no entanto, deve ser tolerante no exame dos requisitos.

Além da justificativa, o requerente mencionará com precisão os fatos sobre que há de recair a prova. Sem isso, o juiz não teria, por exemplo, como questionar a testemunha ou a parte, porque não saberá quais os fatos relevantes para a causa, e o perito não saberia que aspectos técnicos investigar.

9.3. Competência

O art. 381, § 3º, afasta a controvérsia que havia na vigência do CPC anterior a respeito da aptidão da ação de produção antecipada de provas para prevenir o juízo. O dispositivo acolhe a lição da Súmula 263 do extinto Tribunal Federal de Recursos: "A produção antecipada de provas, por si só, não previne a competência para a ação principal". De fato, ele dispõe que "a produção antecipada da prova não previne a competência do juízo para a ação que venha a ser proposta". Como a medida não exige ação principal, nem mesmo a indicação da lide e seus fundamentos, não haveria razão para que seu ajuizamento prevenisse a competência.

A regra geral de competência da antecipação de prova é dada pelo art. 381, § 2º, do CPC: "A produção antecipada de prova é da competência do juízo do foro onde esta deve ser produzida ou do foro de domicílio do réu".

O art. 381, § 4º, estabelece a competência subsidiária da Justiça Estadual para colheita antecipada de provas em processos dos quais participem a União, suas entidades autárquicas ou empresa pública federal, se na localidade não houver vara federal. Mas isso não significa que a mesma autorização se estenda para a ação principal, para a qual a Justiça Estadual só terá competência subsidiária nos casos expressamente previstos na Constituição Federal.

9.4. Procedimento

Ao receber a petição inicial, o juiz, se a entender justificada, determinará a antecipação da prova e a citação dos interessados para acompanhá-la. A citação deve se aperfeiçoar antes que a produção da prova tenha início.

Serão citados todos aqueles que, de qualquer forma, possam ter interesse, seja porque venham a participar de futura ação como partes ou intervenientes, seja porque figurem já no processo principal, seja porque a prova possa ser útil para uma autocomposição da qual eles participem.

Sem a citação para a participação, a prova não pode ser usada contra eles por causa do princípio do contraditório. Se uma das partes pretende valer-se da denunciação da lide no processo principal, convém que a informe na antecipação preventiva, para que o futuro denunciado seja incluído e possa participar da prova, que só assim poderá ser eficaz em relação a ele.

A citação dos interessados será determinada a requerimento da parte ou de ofício pelo juiz. A razão do dispositivo é permitir ao juiz determinar a inclusão de eventuais interessados na prova que possam não ter sido mencionados, de início, pelo requerente. A citação só se fará necessária quando a antecipação de prova tiver caráter contencioso, pois em determinadas circunstâncias pode não o ter. Por exemplo: quando não há nenhum conflito de interesses, mas se tem interesse em obter a comprovação de determinado fato. É possível, por exemplo, que duas pessoas, querendo compor-se, mas sem elementos a respeito da extensão de determinados danos sobre os quais a composição possa versar, ingressem juntas em juízo e conjuntamente peçam a antecipação da prova, com a finalidade de que a composição se viabilize. Nesse caso, não haverá citação.

Deferidas a antecipação de prova e a citação do interessado, nos casos em que ela é necessária, se a prova for oral, o citando será intimado da data da audiência, para que possa comparecer; e se for pericial, terá oportunidade de formular quesitos e indicar assistente técnico que acompanhe a produção da prova. Se a prova consistir em inspeção judicial, será intimado para acompanhá-la.

O art. 382, § 4º, do CPC não permite defesa no procedimento de antecipação da prova. Diante dos termos peremptórios da lei, tem-se a impressão de que não se poderia nem mesmo impugnar a justificativa apresentada para antecipação. Parece-nos, no entanto, que isso se poderá fazer, já que não há aí propriamente uma defesa, mas a indicação de que faltam os requisitos autorizadores do deferimento da medida. É comum que o requerido queira já se defender de uma futura e eventual ação principal, aduzindo, por exemplo, que não é culpado pelos danos, ou que o contrato celebrado com o autor não tem a extensão que este lhe quer dar. Não é esse o momento apropriado para fazê-lo, já que, na ação de antecipação, o juiz não se pronunciará sobre os fatos e sobre as consequências deles decorrentes, mas tão somente sobre a necessidade de antecipação da prova e sobre a regularidade de sua realização.

Apesar da vedação de defesa, o réu poderá arguir a incompetência do juízo, ou o impedimento e a suspeição do juiz, já que isso repercutirá sobre a própria validade das provas colhidas.

Diante da limitação do direito de defesa, caso o requerente desista da ação de antecipação, a homologação independerá do consentimento do réu.

A audiência, a prova pericial e a inspeção judicial far-se-ão na forma prevista no CPC, sem nenhuma peculiaridade. Além da prova deferida originariamente, outras provas, desde que relacionadas ao mesmo fato, também poderão ser produzidas no mesmo procedimento, em caráter antecipado, desde que isso não acarrete excessiva demora na conclusão do procedimento (art. 382, § 3º, do CPC).

Ao final, verificando o juiz que a prova foi colhida regularmente, apenas a homologará, não cabendo recurso de seu pronunciamento. Caberá recurso de apelação apenas nos casos em que ele indeferir totalmente a antecipação de prova requerida. Se ele a indeferir parcialmente, não caberá agravo de instrumento, já que a hipótese não se insere naquelas mencionadas no art. 1.015.

Após a homologação, os autos permanecerão em cartório durante um mês, sendo lícito aos interessados solicitar as certidões que quiserem (art. 383 do CPC). Não há prazo para a propositura de eventual ação principal: a prova continuará eficaz mesmo depois de transcorrido o prazo de um mês.

10. FONTES E MEIOS DE PROVA

Não se confundem os conceitos de fonte e meios de prova. As fontes são aqueles elementos externos ao processo, dos quais se podem extrair informações relevantes para a comprovação do alegado. Uma pessoa que tenha conhecimento dos fatos e que pode dar o seu depoimento é uma fonte de prova. Uma coisa cujo exame permita elucidar questões de fato relevantes para o processo também é uma fonte.

As fontes, embora externas ao processo, são a ele trazidas e submetidas às análises e investigações necessárias para a elucidação do que interessa.

Com elas não se confundem os meios de prova, que são os métodos gerais usados nos processos para a investigação do fato. Os meios de prova são internos ao processo e genéricos, ao contrário das fontes, que são externas e específicas. Uma determinada pessoa que tenha conhecimento dos fatos é uma fonte de prova. A prova testemunhal, com todos os seus requisitos e formas de obtenção, é um meio. Uma coisa cujo exame traga informações sobre o processo é uma fonte. A prova pericial ou a inspeção judicial são meios.

Deve haver uma correlação direta entre uma fonte e um meio de prova. Uma informação só poderá ser obtida de uma fonte se isso se enquadrar entre os meios de prova admitidos no processo. São fontes todas as pessoas ou coisas, das quais se possam extrair informações relevantes para a comprovação das alegações no processo.

Quanto aos meios de prova, a lei formula proposição genérica, no CPC, art. 369: "As partes têm o direito de empregar todos os meios legais, bem como os moralmente legítimos, ainda que não especificados neste Código para provar a verdade dos fatos, em que se funda o pedido ou a defesa e influir eficazmente na convicção do juiz". São meios o depoimento pessoal das partes, a prova testemunhal, a documental, a pericial e a inspeção judicial.

A confissão, que por muito tempo foi considerada a "rainha das provas", não é propriamente um meio de prova. Na verdade, ela é uma declaração da parte, que reconhece a veracidade de um fato que lhe é desfavorável, o que torna desnecessária a produção de provas a seu respeito.

Cada um dos meios tem seu modo e o momento oportuno para sua produção. Discute-se, hoje, sobre a possibilidade de produção de provas atípicas. São as que não estão previstas no ordenamento jurídico, ainda que lícitas. O nosso art. 369 não permite dúvidas a respeito: o rol de provas mencionado na lei é *numerus apertus*. Como exemplos de provas atípicas podem ser citados a prova emprestada, as constatações feitas por oficial de justiça e até, em casos excepcionais, o comportamento extraprocessual das partes, como entrevistas concedidas à imprensa, que, a princípio irrelevantes, podem eventualmente ajudar na formação da convicção judicial.

11. DA PROVA DOCUMENTAL

11.1. Introdução

É tratada a partir do art. 405 do CPC, e a ela foi dada grande relevância pelo legislador. Razões de segurança jurídica têm feito com que as pessoas procurem documentar suas relações. São cada vez mais raros os contratos celebrados verbalmente, e suas hipóteses são quase sempre restritas a negócios de pequeno valor.

É preciso considerar que a lei material exige, em numerosos casos, que o contrato tenha uma forma determinada. São os negócios solenes, que se comprovam pela juntada do respectivo instrumento. E, mesmo os contratos não solenes, com muita frequência são celebrados por escrito. Por exemplo, a Lei do Inquilinato não exige forma específica para o contrato de locação, que pode ser firmado até verbalmente. Mas são cada vez mais raros os contratos verbais, porque a falta de confiança mútua dos contratantes faz com que procurem sempre formalizar o negócio celebrado.

Todas essas circunstâncias justificam a preocupação do legislador com a prova documental, que se revela pelos numerosos dispositivos que tratam do assunto.

11.2. Conceito de documento

Por documento entende-se qualquer representação material que sirva para provar um determinado fato ou ato. Costuma-se reservar essa qualificação à prova literal, isto é, à escrita. Mas o conceito de documento abrange também outras formas de representação material, como a reprodução mecânica, fotográfica, cinematográfica, fonográfica ou de outras espécies (CPC, art. 422).

Há, portanto, documentos escritos e documentos que utilizam outra forma de suporte material, como as fotografias, os filmes e as gravações. O essencial é que eles se prestem à prova de um determinado fato ou ato.

O documento é uma fonte de prova passiva. Os informes que ele contém são dele retirados sem qualquer participação ativa da coisa em si, ao contrário do que ocorre com a prova testemunhal, que é obtida com participação da pessoa que presta as declarações.

Os conceitos de documento e instrumento, embora próximos, não se confundem. O instrumento é a forma escrita utilizada para registrar uma declaração de vontade. Muitas vezes, ele é da própria essência do negócio, constituindo verdadeiro suporte da manifestação de vontade, que sem ele não teria poder vinculante. É o que ocorre com os contratos solenes, em que a lei exige o instrumento público como da essência do negócio. Há casos, porém, em que o instrumento é usado com a intenção de produzir prova futura da manifestação de vontade. Há contratos de forma livre, que podem ser celebrados verbalmente, mas que são feitos por escrito, sendo o respectivo instrumento prova pré-constituída da realização do negócio.

11.3. Classificação dos documentos

São várias as maneiras pelas quais se pode classificá-los. Em regra, os critérios levam em consideração a autoria do documento, seu conteúdo e a forma.

Quanto à autoria, eles podem ser autógrafos ou heterógrafos. São autógrafos os produzidos pelo próprio autor da declaração de vontade nele contida, e heterógrafos os produzidos por pessoa diversa daquela que emitiu a vontade. Os escritos particulares, em regra, são autógrafos, porque lavrados pelos próprios emissores de vontade. As escrituras públicas são heterógrafas, porque lavradas por tabelião, que delas faz constar a manifestação de vontade dos contratantes. Ainda quanto à autoria, classificam-se os documentos em públicos ou privados, sendo estes os expedidos por particulares, e aqueles os emitidos por escrivão, tabelião ou funcionários públicos em geral (CPC, art. 405).

Quanto ao conteúdo, os documentos podem ser narrativos ou dispositivos. Os primeiros contêm declarações referentes a um fato, do qual o subscritor tem ciência. Os dispositivos contêm uma declaração de vontade, e não da ciência de um fato. Estão relacionados com a constituição, extinção ou modificação das relações jurídicas, como são os instrumentos de contratos em geral.

Por fim, quanto à forma, os documentos podem ser solenes, quando exigirem determinada forma especial para sua validade, como é o caso das escrituras públicas nos contratos de compra e venda de imóvel, ou não solenes, quando puderem ser elaborados sem obediência a uma determinada forma especial.

11.4. Exibição de documento ou coisa

É frequente os documentos estarem em poder da parte que pretende usá-los, cabendo a ela providenciar a sua juntada aos autos. Há casos, porém, em que a lei atribui àquele que não tem o documento consigo o poder de exigi-lo de quem quer que com ele esteja.

De duas maneiras a parte interessada na juntada de um documento que não está em seu poder logrará obtê-lo. Por meio da requisição judicial ou pela exibição de documento ou coisa.

a) Requisição: é dirigida pelo juiz às repartições públicas, que são obrigadas a cumprir a determinação judicial, apresentando: "I – as certidões necessárias à prova das alegações das partes; II – os procedimentos administrativos nas causas em que forem interessados a União, os Estados, o Distrito Federal, os Municípios, ou entidades da administração indireta" (art. 438). Na hipótese de procedimentos administrativos, o juiz mandará extrair cópia ou certidão das peças indicadas pelas partes ou de ofício, no prazo máximo de um mês, e restituirá os autos à origem.

A ordem de requisição pode ser dada a pedido das partes ou de ofício, pelo juiz, e se justificará sempre que o documento for relevante para a apuração dos fatos, e elas não puderem obtê-lo sem a intervenção judicial.

Têm sido comuns as requisições às repartições públicas, não apenas para a juntada de documentos, mas para o fornecimento de informações que serão úteis às partes. Costuma-se, por exemplo, requisitar dados que as repartições possam ter, referentes ao endereço ou qualificação de alguém. São frequentes, também, as requisições à Receita Federal e ao Banco Central, para que prestem informações a respeito da existência de bens ou de depósitos bancários, em nome do devedor, mormente naqueles processos de execução cujo seguimento está ameaçado pela ausência ou não localização de bens. Para que não haja quebra do sigilo fiscal do devedor, a declaração de bens não deverá ser juntada aos autos, mas ficará depositada em cartório, em local próprio, onde poderá ser consultada apenas por aqueles que participam do processo.

Nesse sentido: "Em face do interesse da Justiça na realização da penhora, ato que dá início à expropriação forçada, admite-se a requisição à repartição competente do imposto de renda para fins de localização de bens do devedor, quando frustrados os esforços desenvolvidos nesse sentido. Cada vez mais se toma consciência do caráter público do processo que, como cediço, é instrumento da jurisdição" (*RSTJ*, 21/298). É forçoso reconhecer, porém, que a questão não é pacífica, já que há numerosos acórdãos do Superior Tribunal de Justiça que proíbem a requisição de informações à Receita Federal, sob o argumento de que haveria quebra do sigilo fiscal.

Embora o art. 438 mencione apenas a possibilidade de requisição às repartições públicas, nada impede que ela se faça também a entidades particulares. São comuns as determinações judiciais para que instituições financeiras, cadastros de proteção ao crédito, prestadores de serviço de telefonia ou de fornecimento de energia elétrica e outras empresas de natureza privada forneçam documentos ou prestem informações ao juízo.

b) Exibição de documento ou coisa: o CPC trata da exibição de documento ou coisa como incidente probatório, na forma dos arts. 396 e s. A parte postulará ao juiz que obrigue o seu adversário, ou o terceiro que tenha consigo o documento cobiçado, a apresentá-lo em juízo.

O pedido de exibição pode ser dirigido ao adversário da parte a quem interessa a apresentação do documento e ao terceiro. Há diferenças fundamentais entre uma situação e outra. Como ensina Dinamarco, "o ônus de exibição é imposto ao adversário da parte interessada em obter o documento ou coisa, sob pena de se admitirem como verdadeiras as alegações que por meio deles a parte pretendia provar (art. 359 – atual art. 400). Como todo ônus, este não passa de um imperativo do próprio interesse da parte detentora do documento ou coisa, o que significa que sua vontade lhe dirá se mais lhe agrada exibi-los ou não, mas sua inteligência o aconselhará a exibi-los sob pena de suportar um mal maior"[7].

O CPC continua estabelecendo não propriamente o dever da parte de exibir o documento solicitado, mas o ônus, impondo a sanção de

7. Cândido Rangel Dinamarco, *Instituições*, cit., v. 3, p. 57.

presunção de veracidade (art. 400, *caput*). Porém, considerando o juiz necessária a exibição do documento, poderá impô-la à parte, valendo-se dos meios de coerção de que a lei dispõe, seja por meio de medidas indutivas, coercitivas, mandamentais ou sub-rogatórias (art. 400, parágrafo único). A regra há de ser que a falta de apresentação implique apenas a presunção de veracidade; mas, em caráter excepcional, quando o juiz considere necessária a exibição, poderá impô-la, valendo-se dos meios de coerção adequados.

O incidente de exibição de documento ou coisa, tratado nos arts. 396 a 404 do CPC, pressupõe que já tenha sido instaurado o processo. Mas é possível que a exibição seja requerida anteriormente, como verdadeira ação autônoma de exibição de documentos, que não tem natureza de ação cautelar (no CPC/73 ela vinha tratada entre as ações cautelares), mas de ação de exibição, em que o réu será citado para, querendo, apresentar o documento ou oferecer contestação no prazo de 15 dias. O pedido de exibição pode estar fundado nas mesmas hipóteses em que seria possível requerer a produção antecipada de provas (art. 381, I a III), mas não se tratará de verdadeira antecipação de provas, já que o réu será citado não apenas para acompanhar a produção de determinada prova, mas para exibir o documento, podendo ele contestar a sua obrigação de fazê-lo. Nos itens seguintes, será estudada a exibição incidente, que pressupõe processo já instaurado, e que terá natureza de mero incidente processual, se dirigida contra a parte contrária, ou de verdadeira ação incidente, se dirigida contra terceiro.

11.4.1. Exibição dirigida em face da parte

O CPC, art. 396, atribui ao juiz o poder de ordenar que a parte exiba documento ou coisa que se ache em seu poder. Essa determinação poderá ser dada de ofício (CPC, art. 370) ou a requerimento da parte.

A exibição a requerimento da parte constituirá um incidente processual. O pedido deve cumprir as exigências do art. 397, sendo imprescindível a indicação do documento, da coisa ou da categoria de documentos ou de coisa solicitados, da sua finalidade probatória e das circunstâncias que façam presumir que eles se encontram em poder do requerido. A iniciativa do incidente é de qualquer das partes. Embora a lei não o diga, é conveniente que ele se processe em apenso, para que não se tumultue o andamento do processo, que não será suspenso.

Verificando o juiz, desde logo, que não cabe o incidente, proferirá decisão indeferindo-o. Se o pedido não preencher os requisitos do art. 397, será concedido prazo ao seu autor para regularizá-lo.

Deferido o processamento do incidente, o juiz mandará ouvir o requerido no prazo de cinco dias. A defesa poderá fundar-se na negação de que ele tenha o documento ou coisa em seu poder, na desnecessidade de trazê-lo aos autos, na existência de razões para a recusa na apresentação ou na inexigibilidade dessa apresentação. Quando houver necessidade, o juiz promoverá a instrução do incidente, o que ocorrerá com mais frequência na hipótese de a defesa fundar-se na alegação de que o documento não está em poder do requerido.

O CPC, art. 399, menciona as hipóteses em que o requerido é obrigado a exibir o documento: a) quando ele tiver a obrigação legal de o exibir; b) quando ele tiver feito alusão ao documento ou à coisa, no processo, com o intuito de constituir prova; c) se o documento, por seu conteúdo, for comum às partes.

Em contrapartida, o CPC, art. 404, enumera as hipóteses em que será escusada a sua exibição.

O juiz acolherá o pedido sempre que o requerido não se manifestar no prazo do art. 398 ou se se manifestar, recusando apresentar o documento, mas a sua recusa for havida por ilegítima, ficando provado que ele tem o documento em seu poder. A decisão do incidente imporá o ônus da apresentação dos documentos. Se eles não forem exibidos, o juiz considerará descumprido o ônus, aplicando a consequência negativa daí decorrente, qual seja, a declaração de veracidade dos fatos que se pretendia provar por meio dos documentos não apresentados. Excepcionalmente, porém, se o juiz considerar necessária a exibição, imporá a obrigação de apresentá-los, valendo-se dos meios de coerção necessários, previstos no art. 400, parágrafo único, do CPC.

Como a exibição é um mero incidente, o ato judicial que a aprecia tem a natureza de decisão interlocutória, desafiando a interposição de agravo de instrumento (CPC, art. 1.015, VI).

11.4.2. Exibição requerida em face de terceiro

A exibição de documento que esteja em poder de terceiro também pode ser determinada de ofício ou a requerimento da parte. Quando tiver início a pedido da parte, constituirá nova lide, formando-se uma ação incidental (*actio exhibendum*). Haverá, destarte, uma verdadeira ação incidente, e não mero incidente processual, o que é indispensável, porque o terceiro não participa da relação processual originária.

Daí advêm diversas consequências relevantes. O requerimento consistirá em verdadeira petição inicial, dirigida em face do terceiro, que deve preencher os requisitos do CPC, arts. 319 e 320.

O terceiro, réu da ação incidente, será citado e poderá oferecer resposta em quinze dias, nos termos do CPC, art. 401.

As defesas que podem ser apresentadas pelo terceiro são as mesmas que poderiam ser alegadas pela parte contrária: a negação de que o documento esteja em seu poder, a não existência da obrigação de apresentar, a desnecessidade do documento e a existência de razão legítima para a recusa na apresentação. Essas razões legitimantes estão mencionadas no CPC, art. 404. O terceiro, em regra, tem obrigação de exibir a coisa ou documento que esteja em seu poder (CPC, art. 380, II), só podendo recusar-se se demonstrar as hipóteses do art. 404.

Se necessário, o juiz designará uma audiência, na qual poderá tomar o depoimento das partes da ação incidente, bem como ouvir testemunhas. Em seguida, proferirá decisão (CPC, art. 402), contra a qual caberá agravo de instrumento (CPC, art. 1.015, VI).

Em relação ao terceiro, não há apenas ônus de apresentar documentos, mas verdadeira obrigação. Por isso, a sentença que acolhe o pedido condena o terceiro a uma obrigação de fazer, qual seja, apresentar os documentos em cartório, ou em outro lugar que for designado, no prazo de cinco dias. Em caso de recusa, o juiz poderá valer-se dos poderes que lhe são conferidos pelo CPC, arts. 403, parágrafo único, e 536, § 1º. O terceiro que descumpre determinação incidirá nas sanções do art. 77, § 2º, e incorrerá no crime de desobediência.

Os arts. 420 e 421 tratam especificamente da exibição de livros comerciais, estabelecendo as hipóteses de cabimento.

11.5. Força probante dos documentos

O CPC cuida, nos arts. 405 a 429, da eficácia probatória que têm os documentos. Não se questiona que eles possuem grande poder de convencimento sobre o juiz, em especial porque são elaborados frequentemente com o intuito deliberado de se erigirem em prova pré-constituída, a ser utilizada em caso de litígio dos envolvidos. Os dispositivos que tratam do valor da prova documental devem ser harmonizados com o princípio do livre convencimento motivado. Não foi intenção do legislador, ao regulamentar o assunto, recuperar o sistema de prova legal, impedindo que o juiz possa avaliar as provas produzidas e atribuir a cada qual o valor que ela mereça. Embora o aplicador da lei deva levar em conta os dispositivos processuais, a sua interpretação deve ser feita à luz do disposto no CPC, art. 371.

A lei processual distingue entre a eficácia probatória dos documentos públicos e dos particulares. Os primeiros, de acordo com o art. 405, fazem prova "não só da sua formação, mas também dos fatos que o escrivão, o chefe de secretaria, o tabelião, ou servidor declarar que ocorreram em sua presença", isto é, fazem prova de sua própria regularidade formal e da regularidade na sua obtenção, mas não da veracidade de seu conteúdo. Por exemplo, um documento público "faz prova dos fatos que o funcionário declarou que ocorreram em sua presença. Assim, tratando-se de declarações de um particular, tem-se como certo, em princípio, que foram efetivamente prestadas. Não, entretanto, que o seu conteúdo corresponda à verdade" (*RSTJ*, 87/217). O art. 407 estabelece que, se o documento público foi lavrado por oficial público incompetente ou sem a observância das formalidades legais, terá a eficácia de um documento particular.

O art. 408 trata da eficácia probante dos documentos particulares, aduzindo que as declarações neles contidas presumem-se verdadeiras em relação ao signatário. Portanto, quando o seu conteúdo for uma declaração, ela se presume verdadeira. A presunção é relativa e cede se o signatário demonstrar que a emissão de vontade não foi feita livremente. Todavia, quando for o conhecimento de um fato, o documento prova que houve a declaração, mas não a veracidade do seu conteúdo.

Os arts. 409 e 410 tratam da questão da data e da autoria do documento particular, e os arts. 413 a 415, do valor probante das cartas e telegramas.

11.6. Eficácia das reproduções

De maneira geral, a lei processual condiciona a eficácia probatória das reproduções à sua autenticação. Em relação aos documentos públicos, faz alusão expressa à cópia autêntica no CPC, art. 425, III. Quanto ao particular, considera-se autêntico o documento quando houver reconhecimento de firma do signatário pelo tabelião (CPC, art. 411, I) ou quando a autoria estiver identificada por qualquer outro meio legal de certificação, inclusive eletrônico, nos termos da lei (CPC, art. 411, II) ou quando não houver impugnação da parte contra quem foi produzido o documento (CPC, art. 411, III). A cópia de documento particular terá o mesmo valor probante que o original, desde que autenticada pelo escrivão (CPC, art. 424). Também farão a mesma prova que os originais as cópias reprográficas de peças do processo judicial declaradas autênticas pelo próprio advogado, sob sua responsabilidade pessoal, se não lhe for impugnada a autenticidade e as reproduções digitalizadas de qualquer documento, público ou particular, quando juntadas aos autos pelos órgãos da Justiça e seus auxiliares, pelo Ministério Público e seus auxiliares, pela Defensoria Pública e seus auxiliares, pelas procuradorias, pelas repartições públicas em geral e por advogados públicos ou privados, ressalvada a alegação motivada e fundamentada de adulteração antes ou durante o processo de digitalização (CPC, art. 425, VI).

A autenticação, porém, só é necessária para atribuir força probante à reprodução se houver impugnação sobre a sua autenticidade. Por isso tem sido decidido que é irrelevante a falta de autenticação quando o documento não foi impugnado pela parte contrária. E há decisões acertadas no sentido de que "a impugnação a documento apresentado por cópia há de fazer-se com indicação do vício que apresente, se o impugnante tem acesso ao original. Não se há de acolher a simples afirmação genérica e imprecisa de que não é autêntico" (STJ, 3ª Turma, REsp 94.626-RS, rel. Min. Eduardo Ribeiro).

11.7. Arguição de falsidade documental

As partes poderão arguir, a qualquer tempo e grau de jurisdição, a falsidade de documento que tenha sido juntado por seu adversário.

Muito se controverte sobre a natureza da falsidade que pode ser alegada, se só a material ou também a ideológica. A material é aquela que está relacionada ao suporte material do documento, ao passo que a ideológica é a que diz respeito à veracidade de seu conteúdo. Predomina, entre nós, o entendimento de que somente a falsidade material pode ser objeto do incidente, no qual, se necessário, será realizado exame pericial. A falsidade ideológica não pode ser constatada por exame pericial, e a sua declaração depende da propositura de uma ação constitutiva negativa. Há, no entanto, numerosos acórdãos do Superior Tribunal de Justiça que têm admitido o incidente de falsidade ideológica, mas não de maneira generalizada. Em regra, o permitem quando o conteúdo do documento é meramente narrativo, e não constitutivo de situações jurídicas. Para tais acórdãos, a arguição não se presta ao reconhecimento de vício de vontade ou vício social, isto é, de defeitos relativos à declaração de vontade, que podem gerar a nulidade ou anulabilidade do negócio jurídico, na forma da lei civil, mas não a declaração de falsidade. As decisões que admitem a arguição de falsidade ideológica o restringem apenas a eventual narrativa contida no documento, não a declaração de vontade constitutiva de ato jurídico.

A arguição de falsidade será resolvida, em regra, como questão incidental, isto é, será decidida na fundamentação da sentença, sem força de coisa julgada material. Mas a parte que a suscitou poderá requerer ao juiz que a decida como questão principal, a ser examinada no dispositivo da sentença e com força de coisa julgada material. Neste último caso, com o nome de arguição de falsidade, a lei processual trata de verdadeira ação declaratória de falsidade de documento, de natureza incidental. Conquanto a ação declaratória incidental tenha sido extinta pelo CPC atual, o incidente de falsidade documental, quando a questão é arguida como principal, constitui um último resquício dessa espécie de mecanismo. O seu ajuizamento, portanto, resultará na existência de mais uma ação, que correrá incidentemente, sem a formação de um novo processo.

É preciso, portanto, fazer uma distinção relevante. É possível que a parte contrária àquela que o juntou qualifique de falso um documento, em suas manifestações, sem requerer que a questão seja apreciada como principal. Nessa situação, o juiz poderá reconhecer que o documento é falso, mas o fará *incidenter tantum*, na fundamentação da sentença, sem força de coisa julgada material. O juiz, ao motivar a sentença, negará valor probatório àquele documento, reputando-o falso. Mas, se for arguida a falsidade, como questão principal, ela erigir-se-á em verdadeira questão de mérito, objeto de ação incidente, que será decidida na parte do dispositivo da sentença, produzindo coisa julgada material, o que impedirá que a autenticidade do documento venha a ser novamente discutida em ações futuras (CPC, art. 430, parágrafo único).

Nada impede, por fim, que a falsidade de documento seja objeto de ação declaratória autônoma, não incidental, em outro processo, independente daquele em que o documento foi produzido. O que qualifica a ação declaratória incidental de falsidade é que ela discute a autenticidade de um documento no mesmo processo em que ele foi produzido e pretende ser utilizado como prova. E a decisão reveste-se de coisa julgada material.

Podem ser objeto da arguição todos os documentos, públicos ou particulares, que tenham sido trazidos ao processo. A falsidade, nos termos do CPC, art. 427, pode consistir em formar um documento não verdadeiro ou em alterar documento verdadeiro.

A finalidade da arguição, quando suscitada como questão principal, portanto, é decidir sobre um fato (trata-se da única espécie de ação declaratória que tem por objeto a discussão a respeito de um fato), qual seja, a autenticidade ou não de um documento, com força de coisa julgada material. Não se discute aqui, como ocorre nas demais ações declaratórias, a existência ou não de uma relação jurídica.

O prazo da arguição, seja a falsidade suscitada *principaliter* ou não é o do art. 430: "A falsidade deve ser suscitada na contestação, na réplica ou no prazo de quinze dias, contado a partir da intimação da juntada do documento aos autos".

Se o documento foi juntado com a petição inicial, o réu a suscitará junto com a contestação. Se for na contestação, o autor o fará na réplica. Se depois, as partes o farão no prazo de quinze dias, a contar da data em que tenham sido intimadas do documento. Esse prazo é preclusivo. Se ultrapassado, não mais se poderá arguir a falsidade documental, o que não impede o juiz de deixar de reconhecer valor probatório ao documento, caso as provas colhidas indiquem que ele é falso. A parte interessada ainda pode ajuizar ação declaratória autônoma.

A arguição, *principaliter* ou não, correrá nos mesmos autos do processo da ação originária, e a parte arguirá de falso o documento em petição dirigida ao juiz da causa, expondo as razões em que se funda a sua pretensão e os meios com que pretende provar o alegado (CPC, art. 431). O juiz determinará a intimação da parte contrária (embora, quando a falsidade é arguida como questão principal, se trate de verdadeira ação, não há necessidade de o adversário ser citado, porque ele já figura como parte na ação principal), que terá prazo de quinze dias para oferecer resposta. Aquele que juntou o documento pode impugnar o pedido, caso em que o juiz ordenará a realização de exame pericial. Poderá, ainda, concordar em retirá-lo dos autos, o que tornará desnecessária a realização da prova pericial, pois a arguição será extinta. Pode ainda ocorrer que o apresentante do documento, no prazo de quinze dias, se omita, o que não fará presumir verdadeira a falsidade do documento, devendo o juiz determinar, se necessário, a realização de prova pericial.

A falsidade do documento será sempre declarada na sentença. Se suscitada *incidenter tantum*, será examinada na sua fundamentação; se suscitada como questão principal, no dispositivo. Por isso, o recurso adequado contra a declaração de falsidade será sempre o de apelação.

11.8. Produção da prova documental

O CPC, art. 434, estabelece que o momento oportuno para a produção de provas documentais é o da fase postulatória: "Incumbe à parte instruir a petição inicial ou a contestação com os documentos destinados a provar-lhe as alegações".

O art. 435, por sua vez, permite a produção de prova documental a qualquer tempo, desde que se trate de documento novo, considerado como tal aquele destinado a fazer prova de fatos ocorridos depois dos articulados ou para contrapô-los aos que foram produzidos nos autos.

A esses dois dispositivos, entretanto, não se tem dado interpretação literal. Muito ao contrário, tem-se admitido a produção de prova documental em qualquer fase do processo, mesmo em grau de recurso, ainda que o documento não possa ser considerado como novo. A doutrina e a jurisprudência orientam-se no sentido de que os dispositivos supracitados só se aplicam àqueles documentos que sejam essenciais, pressupostos para o conhecimento da causa. Por exemplo, em uma ação de anulação de contrato, o respectivo instrumento deve ser juntado com a inicial, assim como a certidão do registro de imóveis, nas ações reivindicatórias. Tais documentos são imprescindíveis para o seguimento do processo, e o juiz nem sequer autorizará a citação do réu se eles não vierem acompanhando a inicial (CPC, art. 320). A sua falta resultará no indeferimento da inicial, desde que, concedido prazo de quinze dias para suprir-se a omissão, o autor mantenha-se inerte.

Mas outros documentos, de natureza complementar, nos quais não estão fundados o pedido ou a causa de pedir, poderão ser juntados a qualquer tempo, ainda que não sejam novos. Nesse sentido: "Somente os documentos tidos como pressupostos da causa é que devem acompanhar a inicial e a defesa. Os demais podem ser oferecidos em outras fases do processo e até mesmo na via recursal, desde que ouvida a parte contrária e inexistentes o espírito de ocultação premeditada e o propósito de surpreender o juízo" (*RSTJ*, 100/197. No mesmo sentido, REsp 1.176.440-RO, de 17-9-2013, rel. Min. Napoleão Nunes Maia Filho).

Admite-se, pois, a juntada extemporânea de documentos, desde que não fique evidenciado o propósito de surpreender a parte contrária ou o juízo, nem o de provocar um retardamento indevido do processo.

A juntada de documentos na fase recursal, embora admitida na decisão acima mencionada, deve ficar restrita a hipóteses excepcionais, quando efetivamente estiverem preenchidas as exigências do art. 435, isto é, tratar-se de documentos novos, destinados a fazer prova de fatos ocorridos depois dos articulados ou para contrapô-los aos que foram produzidos nos autos.

Por força do princípio do contraditório, sempre que uma das partes juntar aos autos um documento, o juiz ouvirá o adversário, no prazo de quinze dias. Haverá cerceamento de defesa, e nulidade da sentença, se uma das partes não teve oportunidade de manifestar-se sobre documentos que foram relevantes na formação do convencimento judicial. Se os documentos forem irrelevantes, e não tiverem nenhuma importância para o julgamento, a audiência da parte contrária poderá ser dispensada.

Não se consideram documentos novos, para fins do CPC, art. 437, § 1º, as cópias de sentenças ou acórdãos, proferidos em outros processos, os pareceres de juristas e outros que sirvam apenas para a comprovação de teses de direito. Os documentos prestam-se à prova de um fato, e não de teses jurídicas.

12. A ATA NOTARIAL

Entre os meios de prova, o legislador incluiu expressamente a ata notarial. Dispõe o art. 384 que "a existência e o modo de existir de algum fato podem ser atestados ou documentados, a requerimento do interessado, mediante ata lavrada por tabelião". Da ata poderão constar dados representados por imagem ou sons gravados em arquivos eletrônicos.

A ata notarial é o documento lavrado por tabelião público, que goza de fé pública e que atesta a existência ou o modo de existir de algum fato. Para que o tabelião possa atestá-lo, é necessário que ele tenha conhecimento do fato. Por isso, será necessário que ele o verifique, o acompanhe ou o presencie. Ao fazê-lo, deverá descrever o fato, apresentando as circunstâncias e o modo em que ele ocorreu, com as informações necessárias para que o fato seja esclarecido. A ata notarial não é a atestação de uma declaração de vontade, como são as escrituras públicas, mas de um fato cuja existência ou forma de existir é apreensível pelos sentidos (pela visão, pela audição, pelo tato etc.).

Ela não é produzida em juízo, mas extrajudicialmente, com a atuação de um tabelião. No entanto, como ele goza de fé pública, presume-se a veracidade daquilo que ele, por meio dos sentidos, constatou a respeito da existência e do modo de existir dos fatos.

Já antes da entrada em vigor do CPC atual, a ata notarial vinha sendo utilizada por aqueles que pretendiam documentar um fato, valendo-se da ata como prova, o que era admissível porque tal como agora, também na legislação anterior vigorava o princípio da atipicidade dos meios de prova. Eram comuns, assim, as situações em que o tabelião era chamado para atestar determinado acontecimento, como a realização de uma assembleia condominial ou societária, ou para verificar a situação de determinado bem.

13. PROVA PERICIAL

13.1. Introdução

Pode ocorrer que a apuração de fatos relevantes para o processo dependa de conhecimentos técnicos, que exigem o auxílio de profissionais especializados.

São comuns os casos em que há necessidade de comprovação de fatos que exigem conhecimento de ciências específicas, como medicina, engenharia, contabilidade, psicologia, entre outras.

A prova pericial, que pode recair sobre pessoas ou coisas, faz-se necessária quando se tornar relevante a obtenção de informações sobre fatos controversos que dependem de conhecimento técnico. É uma prova passiva e real, porque recai sobre coisas ou pessoas que, por si sós, não comunicariam ao juízo aquelas informações relevantes para o julgamento do processo.

O perito é aquele que detém os conhecimentos técnicos para fornecer as informações necessárias sobre os assuntos de sua especialidade. O CPC, art. 156, § 1º, estabelece que eles devem ser escolhidos entre os profissionais legalmente habilitados e os órgãos técnicos ou científicos devidamente inscritos em cadastro mantido pelo tribunal ao qual o juiz está vinculado. Mas essa exigência não é inafastável e poderá ser contornada se, na comarca, não houver profissionais com tal habilitação (CPC, art. 156, § 5º).

13.2. Espécies de perícia

O CPC, art. 464, menciona três espécies: o exame, a vistoria e a avaliação. O exame consiste na análise e observação de pessoas ou coisas, para delas extrair as informações que se deseja. Uma pessoa pode ser examinada, para verificar se goza de boa saúde, física ou mental; o seu material genético pode ser analisado, em exame de investigação de paternidade; uma coisa pode ser examinada, para se verificar se apresenta defeito etc.

A vistoria é a análise que tem por objeto bens imóveis, como quando se quer constatar se eles estão danificados.

A avaliação tem por fim atribuir ao bem o seu valor de mercado.

13.3. Admissibilidade da prova pericial

A prova pericial só se justifica quando as questões de fato duvidosas exigirem uma análise feita por pessoa que tenha conhecimentos específicos e técnicos que ultrapassem o conhecimento que se espera das pessoas comuns.

O CPC, art. 156, *caput*, qualifica o perito como aquele que assistirá o juiz sempre que a prova do fato depender de conhecimento técnico ou científico. Aquele que for do conhecimento comum, ou que decorra das máximas de experiência, não justifica a determinação de perícia.

Por isso, o CPC, art. 464, § 1º, enumera as hipóteses em que o juiz a indeferirá. São elas: a) quando a prova do fato não depender do conhecimento especial de técnico; b) for desnecessária em vista de outras provas produzidas; c) quando a verificação for impraticável.

A perícia faz-se necessária quando a matéria *sub judice* exigir conhecimento técnico, mesmo que o juiz da causa tenha tais conhecimentos. Há casos de juízes que têm outras qualificações, por terem-se formado em cursos de medicina, engenharia ou outros antes de enveredar para o direito. Mesmo assim, a perícia faz-se necessária, porque o magistrado não pode julgar com base em ciência própria, mas com fundamento naquilo que consta dos autos. Não justificam a realização de perícia aqueles conhecimentos técnicos que estão ao alcance de todos e não dependem de um aprofundamento que exija intervenção de especialistas. Há certas noções de matemática, biologia, química e física que são de domínio comum e prescindem da nomeação de um perito (CPC, art. 375).

O juiz indeferirá a perícia quando ela for desnecessária, porque, de todos os meios de prova, ela é a mais onerosa para as partes e possivelmente a de produção mais demorada. Por isso, se os fatos puderem ser provados por outro meio, o juiz deve preferi-los. Ela também será excluída quando a verificação for impraticável. Há duas razões para que tal ocorra: a) a impossibilidade de o perito ter acesso à coisa ou à pessoa, em razão de perecimento, falecimento ou desaparecimento. No caso da pessoa, há ainda a possibilidade de ela recusar submeter-se ao exame, não podendo o juiz obrigá-la. A questão já foi decidida pelo Pleno do Supremo Tribunal Federal: "Ninguém pode ser coagido ao exame ou inspeção corporal, para prova no cível" (STF, Pleno, HC 71.373-RS, rel. Min.

Marco Aurélio). Não há, por exemplo, como forçar a parte a fornecer material hematológico, para exame de DNA, em ação de investigação de paternidade. O Código Civil trouxe duas regras importantes a respeito do assunto, ao tratar das consequências que poderá sofrer aquele que se recusa a submeter-se a exame. O art. 231 dispõe que "aquele que se nega a submeter-se a exame médico necessário não poderá aproveitar-se de sua recusa", e o art. 232 estabelece que "a recusa à perícia médica ordenada pelo juiz poderá suprir a prova que se pretendia obter com o exame". Os dois dispositivos indicam que não há como obrigar a pessoa a se sujeitar ao exame ou prova pericial, mas a sua recusa será havida contra ele, como uma espécie de confissão ficta, que poderá dispensar a produção de qualquer outra prova. Caberá, no entanto, ao juiz examinar o contexto e as circunstâncias em que a recusa foi feita, bem como os demais elementos que constam dos autos, para então chegar a uma conclusão; b) quando a perícia exigir conhecimentos técnicos que ainda não estejam disponíveis no momento da sua produção, em virtude do estágio de evolução da ciência.

13.4. O perito

O perito é um dos auxiliares da justiça, que assistirão o juiz, quando a prova depender de conhecimento técnico ou científico. Nos termos do art. 156, § 1º, poderá ser uma pessoa física ou órgão técnico ou científico.

Os requisitos para a sua nomeação são: a) que se trate de profissional legalmente habilitado ou órgão técnico ou científico; b) que esteja devidamente inscrito em cadastro mantido pelo tribunal ao qual o juiz está vinculado. Caso não haja nenhum profissional ou órgão cadastrado, a nomeação é de livre escolha do juiz, mas deverá recair sobre profissional ou órgão técnico ou científico comprovadamente detentor do conhecimento necessário à realização da perícia; c) que estejam ausentes as causas de impedimento ou suspeição, que são as mesmas aplicáveis aos juízes (arts. 144 e 145).

Permite-se, ainda, que as partes capazes, de comum acordo, e desde que o processo permita a autocomposição, escolham o perito, indicando-o mediante requerimento.

Não são exigidos conhecimentos jurídicos do perito, mas apenas técnicos naquela área de conhecimento relevante para a comprovação dos fatos do processo.

O CPC, art. 478, estabelece que, "quando o exame tiver por objeto a autenticidade ou a falsidade de documento, ou for de natureza médico-legal, o perito será escolhido, de preferência, entre os técnicos dos estabelecimentos oficiais especializados, a cujos diretores o juiz autorizará a remessa dos autos, bem como do material sujeito a exame".

O perito não precisa prestar compromisso. A sua nomeação e a aceitação do encargo já são suficientes para impor-lhe o cumprimento de suas obrigações com cuidado e honestidade. Dispõe o art. 466, *caput*, que "o perito cumprirá escrupulosamente o encargo que lhe foi cometido, independentemente do termo de compromisso".

O CPC, art. 157, dispõe que "o perito tem o dever de cumprir o ofício no prazo que lhe designar o juiz, empregando toda sua diligência, podendo escusar-se do encargo alegando motivo legítimo". Essa escusa deve ser apresentada dentro de quinze dias, que serão contados do momento em que ele for intimado ou da suspeição ou do impedimento supervenientes, sob pena de renúncia ao direito de alegá-la. O perito pode escusar-se, mas também poderá ser recusado pelas partes, em caso de impedimento ou suspeição. As mesmas causas de impedimento ou suspeição que se aplicam ao juiz valem para o perito (CPC, art. 148, III). O incidente de impedimento ou suspeição do perito será processado na forma do art. 148, §§ 1º e 2º, em separado e sem suspensão do processo principal. Deverá ser formulado por petição fundamentada e devidamente instruída, sobre a qual o juiz ouvirá o perito, em quinze dias, determinando a produção de provas, quando necessário. Em seguida, julgará o incidente.

Poderá, ainda, haver a substituição do perito quando ele não se desincumbir a contento do seu encargo, seja por carecer de conhecimentos técnicos ou científicos, seja por deixar de cumprir, sem justo motivo, o encargo no prazo fixado pelo juiz (CPC, art. 468), caso em que se comunicará o fato à corporação profissional a que pertence o perito, podendo ainda o juiz aplicar-lhe multa, cujo valor será fixado em consideração ao valor da causa e aos prejuízos advindos em decorrência do atraso.

A lei processual mune o perito de alguns poderes que são indispensáveis para o desempenho de suas funções. Pode "valer-se de todos os meios necessários, ouvindo testemunhas, obtendo informações, solicitando documentos que estejam em poder de parte, de terceiros ou em repartições públicas, bem como instruir o laudo com planilhas, plantas, desenhos, fotografias e outros elementos necessários ao esclarecimento do objeto da perícia" (CPC, art. 473, § 3º).

O perito tem o poder de solicitar documentos e informações, mas não o de requisitar, pois não tem poder coercitivo, seja sobre as partes, seja sobre terceiros. Se precisar fazê-lo, solicitará ao juiz que expeça a determinação.

No desempenho de suas funções, porém, deverá ater-se às questões técnicas que lhe são submetidas e que sejam de relevância para a comprovação dos fatos controvertidos. Não cabe ao perito tirar conclusões jurídicas, nem examinar teses de doutrina ou jurisprudência. Ele não pode concluir pela procedência ou improcedência da ação, nem emitir opinião sobre qual das partes tem razão quanto ao pleito formulado. Sua função limita-se a fornecer subsídios técnicos ao juiz a respeito dos fatos.

Quando a perícia for complexa e envolver várias áreas de conhecimento especializado, o juiz poderá nomear mais de um perito e a parte indicar mais de um assistente técnico. Isso tem ocorrido com alguma frequência. Nas ações que versam sobre acidente de trabalho, por exemplo, costumam surgir questões de fato controvertidas que exigem conhecimento técnico a respeito de medicina (para apuração da incapacidade da vítima) e de engenharia do trabalho (para verificação das condições em que ele se realizava e do possível nexo de causalidade com os danos). Em casos assim, o juiz nomeará desde logo mais de um perito, cabendo a cada qual proceder aos exames e apresentar as conclusões referentes à sua área de conhecimento.

13.5. Assistentes técnicos

O perito é um auxiliar do juízo, e os assistentes técnicos são auxiliares da parte, contratados por ela em virtude da confiança que neles deposita. Por isso, a eles não se aplicam as regras sobre impedimento ou suspeição.

A sua função é acompanhar a produção da prova e emitir um parecer, concordando ou discordando das conclusões do perito. Quando discordar, o assistente fundamentará as razões do dissenso, buscando apontar eventuais equívocos no laudo pericial. Sobre as críticas apresentadas pelo assistente técnico, é facultado ao juiz ouvir o perito, podendo ele manter as suas conclusões ou eventualmente retificá-las, sanando alguns equívocos que haviam passado despercebidos.

No desempenho de seu mister, os assistentes técnicos têm o mesmo poder que os peritos (CPC, art. 473, § 3º). Além disso, o perito deve assegurar a eles o acesso e o acompanhamento das diligências e dos exames que realizar, com prévia comunicação, comprovada nos autos, com antecedência mínima de cinco dias.

13.6. O juiz e seu papel na produção da prova pericial

Compete ao juiz presidir a produção da prova e fiscalizar a sua realização. Ao promover o saneamento e organização do processo, indicará quais os fatos que serão objeto da produção da prova, fornecendo o norte que a orientará. Compete-lhe ainda formular os quesitos que lhe pareçam importantes e examinar aqueles que forem apresentados pelas partes, indeferindo os impertinentes. O juiz deverá também exigir do perito que cumpra no prazo o encargo e que se conduza de forma escrupulosa e com zelo. A prova pericial poderá ser determinada de ofício pelo juiz (CPC, art. 370) que a entender imprescindível para a apuração dos fatos.

13.7. Procedimento da prova pericial

Em regra, a prova pericial será requerida pelas partes já na fase postulatória. O autor, na petição inicial, e o réu, na contestação, farão o requerimento, indicando ao juiz o tipo de perícia que pretendem ver realizado. No entanto, é sabido que, nessa fase, as partes costumam limitar-se a um mero protesto genérico de provas. Por isso, na fase de providências preliminares, ele determina que elas especifiquem as provas que pretendem produzir, esclarecendo a sua pertinência. Esse é o momento para que requeiram a sua realização, indicando-lhe a natureza e a razão pela qual ela é indispensável. Se o requerimento não for formulado nesse momento, haverá preclusão, o que não impedirá o juiz, se entender necessário, de determinar a produção da prova de ofício.

No saneamento e organização do processo, o juiz decidirá sobre a admissibilidade da prova pericial e das demais requeridas pelas partes. Se a determinar, desde logo indicará o perito e fixará prazo para a entrega do laudo, intimando as partes do prazo de quinze dias para formular quesitos e indicar assistentes técnicos. O juiz e o Ministério Público que participe do processo como fiscal da ordem jurídica também poderão formular os seus quesitos, bem como eventuais intervenientes.

Os quesitos são questões colocadas ao perito e aos assistentes técnicos a respeito dos fatos que constituem objeto da prova. O juiz deve fiscalizar para que eles sejam pertinentes, isto é, para que digam respeito aos fatos controvertidos, e não desbordem dos limites da prova, como os que contêm indagações de cunho jurídico. Eles devem ser apresentados em quinze dias, mesmo prazo em que as partes devem indicar o assistente técnico. Tem predominado, porém, o entendimento de que esse prazo não é preclusivo: "Consolidado na jurisprudência do STJ o entendimento segundo o qual o prazo estabelecido no art. 421, § 1º, do CPC (atual art. 465, § 1º), não sendo preclusivo, não impede a indicação de assistente técnico ou a formulação de quesitos, a qualquer tempo, pela parte adversa, desde que não iniciados os trabalhos periciais. Orientação que melhor se harmoniza com os princípios do contraditório e da igualdade de tratamento às partes" (STJ, 3ª Turma, REsp 37.311-5-SP, rel. Min. Waldemar Zveiter; STJ, 4ª Turma, AgRg no AREsp 554.685-RJ, de 16-10-2014, rel. Min. Luis Felipe Salomão).

A formulação de quesitos e a indicação de assistentes técnicos são um ônus da parte. Se ela não o fizer, correrá o risco de que o perito não responda a alguma questão de seu interesse e de que não possa apresentar críticas técnicas ao laudo pericial.

Durante a diligência, isto é, antes da entrega do laudo, as partes poderão formular quesitos suplementares, entendendo-se como tal aqueles que não tenham sido formulados inicialmente, antes do início dos trabalhos. O juiz os analisará, verificando sua pertinência, e o escrivão deles dará ciência à parte contrária (CPC, art. 469).

O perito deve entregar o laudo no prazo fixado pelo juiz, que poderá prorrogá-lo, em caso de necessidade, por uma vez, pela metade do prazo originalmente fixado (CPC, art. 476). Para que se conceda a prorrogação, é preciso que o perito apresente um motivo justificado, que seja acolhido pelo juiz.

A lei não estatui um prazo determinado para a entrega do laudo, deixando ao juiz que o fixe. Deverá, portanto, ser estabelecido de acordo com o prudente arbítrio do magistrado, que levará em consideração a extensão e a complexidade da matéria a ser analisada.

É preciso, porém, que ele seja entregue com pelo menos vinte dias de antecedência da audiência, para que haja tempo hábil para que as partes se preparem para ela. Na prática, porém, os juízes têm deixado para designar a audiência de instrução e julgamento apenas depois de encerrada a prova pericial, porquanto é difícil antever qual o tempo que durará a sua produção, porque, embora o laudo tenha um prazo para ser apresentado, é possível que se tornem necessários novos esclarecimentos do perito ou manifestações a respeito das críticas argumentadas.

É possível que as partes que ainda desejem algum esclarecimento do perito ou dos assistentes técnicos requeiram ao juiz que os intime para a audiência, para que sejam ouvidos. É indispensável, no entanto, que as partes formulem suas perguntas sob a forma de quesitos, pois eles só são obrigados a prestar os esclarecimentos quando intimados com pelo menos dez dias de antecedência (CPC, art. 477, § 4º). O mais comum, porém, é que o juiz determine que tais esclarecimentos sejam prestados por escrito.

Como os assistentes técnicos têm o direito de acompanhar a realização da perícia, a lei manda que as partes sejam intimadas da data e local designados pelo juiz ou pelo perito para ter início a produção da prova (CPC, art. 474). A intimação é dirigida às partes, cabendo a elas informar os assistentes a respeito. O prazo para estes apresentarem o seu parecer é de quinze dias, depois que as partes sejam intimadas da juntada aos autos do laudo pericial. Aqui também a intimação será dirigida às partes, a quem caberá informar os seus auxiliares.

Compete ao juiz ponderar as críticas feitas pelos assistentes técnicos ao laudo do perito, se necessário determinando que ele preste novos esclarecimentos.

O CPC, art. 479, estabelece que "o juiz apreciará a prova pericial de acordo com o disposto no art. 371, indicando na sentença os motivos que o levaram a considerar ou a deixar de considerar as conclusões do laudo, levando em conta o método utilizado pelo perito". Este dispositivo é mais uma manifestação do acolhimento, entre nós, do princípio do livre convencimento motivado. A prova pericial, conquanto possa trazer esclarecimentos importantes sobre os fatos, não tem valor absoluto, não se sobrepõe a outras provas, devendo o juiz dar-lhe o valor que entenda merecer. Ao fazê-lo, deve examinar o conteúdo do laudo e as críticas do assistente, que, se pertinentes, poderão levar o magistrado a não acolher as conclusões do perito. Nada impede que o juiz forme a sua convicção levando em conta o parecer de um assistente, em detrimento do laudo do perito, quando aquele estiver mais bem fundamentado e as críticas forem pertinentes.

Pode ocorrer, ainda, que o juiz determine a realização de uma segunda perícia, quando a primeira não esclarecer suficientemente os fatos (CPC, art. 480). Ela pode ser determinada de ofício e versará sobre os mesmos fatos sobre que recaiu a primeira, destinando-se a corrigir eventual omissão ou inexatidão dos resultados a que esta conduziu.

Nos termos do CPC, art. 480, § 3º, a segunda perícia não substitui a primeira, cabendo ao juiz apreciar livremente o valor de uma e outra. Ele, mesmo tendo determinado a realização de nova perícia, pode valer-se da primeira na formação de sua convicção.

O art. 464, § 2º, buscou acelerar o andamento do processo, trazendo importante novidade: "De ofício ou a requerimento das partes, o juiz poderá, em substituição à perícia, determinar a produção de prova técnica simplificada, quando o ponto controvertido for de menor complexidade".

Essa prova técnica simplificada difere da comum porque não haverá apresentação de laudo, mas apenas a inquirição do especialista, pelo juiz, sobre o ponto controvertido da causa que demanda especial conhecimento científico ou técnico. Dessa inquirição as partes participarão, podendo formular indagações e solicitar esclarecimentos.

A perícia simplificada só se justifica quando as questões técnicas forem simples, sem grandes complexidades. O perito e os assistentes técnicos farão um exame informal na pessoa ou coisa e não apresentarão as suas conclusões por escrito, mas verbalmente em audiência, como se fossem testemunhas. A vantagem desse procedimento é a sua rapidez.

A lei ainda permite que o juiz dispense a prova pericial quando as partes, na inicial e na contestação, apresentarem sobre as questões de fato pareceres técnicos ou documentos elucidativos que considerar suficientes (CPC, art. 472). Trata-se novamente de aplicação do princípio do livre convencimento motivado (CPC, art. 371), cabendo ao juiz examinar o poder de persuasão que os pareceres e documentos têm. Embora a lei mencione que eles devam vir com a inicial e a contestação, a perícia poderá ser dispensada desde que sejam trazidos aos autos antes que seja decidida a produção da perícia. Também não é necessário que as duas partes tragam seus pareceres, bastando que uma o faça, desde que eles tenham poder de convencimento. O juiz deverá, no entanto, examinar com cautela a prova trazida por uma das partes, uma vez que dela a outra não terá participado. Nada impede, porém, que ele considere idôneo o parecer e suficiente para a dispensa de outras provas.

Por fim, a lei permite que, quando o exame tiver de ser realizado em outra comarca, o juiz expeça carta, podendo-se proceder à nomeação do perito e à indicação de assistentes técnicos no juízo deprecado.

13.8. Despesas com perícia

A parte vencida será condenada ao pagamento das despesas do processo, o que inclui a remuneração do perito e do assistente técnico da parte contrária. Mas é comum que o perito solicite a antecipação dos seus honorários, ou ao menos de uma parte, para que possa fazer frente aos gastos que decorrem da própria elaboração do laudo e da produção da prova. As regras quanto a isso estão fixadas no CPC, art. 95: "Cada parte adiantará a remuneração do assistente técnico que houver indicado sendo a do perito adiantada pela parte que houver requerido a perícia ou rateada quando a perícia for determinada de ofício ou a requerimento de ambas as partes". Aquele que antecipou poderá reaver do vencido o que despendeu, se ao final sair vencedor.

As determinações sobre os ônus de remunerar o perito são de grande relevância, porque geralmente são elevados os honorários e cara a realização dos exames.

Em regra, o juiz pede que o próprio perito estime os seus honorários provisórios, isto é, aqueles necessários apenas para o custeio das despesas que terá com a realização da perícia, o que deverá ser feito em até cinco dias. As partes serão ouvidas, e o juiz os fixará, determinando o recolhimento antecipado de até 50% do valor, observado o art. 95 do CPC. O restante será pago ao final, depois da entrega do laudo e prestados os esclarecimentos necessários. A sanção para a não apresentação dos honorários do perito é a não realização da prova. Não se justifica que o juiz extinga o processo sem resolução de mérito apenas porque eles não foram recolhidos, já que a perícia é apenas uma prova, não sendo a sua realização indispensável para o andamento do processo.

Depois de apresentado o laudo, o perito estimará seus honorários definitivos, cabendo à parte que requereu a perícia complementar os que já pagou. Se ela não o fizer, o juiz determinará a expedição de certidão em favor do perito, que valerá como título executivo judicial (CPC, art. 515, V).

Aquele que antecipou os honorários do perito terá o direito de ser deles ressarcido caso seja vencedor da ação. O juiz condenará o vencido a pagar ao vencedor as despesas processuais, que incluem o que ele teve de pagar a título de remuneração ao perito, e o que o juiz fixar a título de remuneração do assistente técnico contratado pelo vencedor.

Um problema de difícil solução ocorrerá quando a parte que requerer a perícia for beneficiária da justiça gratuita. Em casos assim, não haverá antecipação dos honorários: se ela afinal sair vencedora, o valor dos honorários poderá ser cobrado do vencido; mas se este for o beneficiário, como fará o perito para receber os seus honorários? Quando possível, tem sido determinado que a perícia seja realizada por integrantes de órgãos públicos que prestem assistência judiciária gratuita (como o IMESC), para que o problema seja evitado.

14. INSPEÇÃO JUDICIAL

14.1. Introdução

Consiste no exame, feito direta e pessoalmente pelo juiz, em pessoas ou coisas, destinado a aclarar fatos que interessam à causa.

Controverte-se sobre a sua natureza jurídica e se pode ser qualificada como meio de prova. Predomina o entendimento de que sim, mas de que se trata de um meio especial, porque o juiz não se vale de intermediários, pessoas ou coisas, para conhecer os fatos, mas procede a exames *ictu oculi*.

Distingue-se a inspeção da perícia, porque nesta há nomeação de pessoa estranha ao processo, que tenha conhecimentos técnicos, para prestar informações ao juiz, ao passo que na inspeção o conhecimento dos fatos é obtido diretamente, dispensando qualificação técnica.

14.2. Procedimento

O juiz fará a inspeção judicial, de ofício ou a requerimento da parte, em qualquer fase do processo (CPC, art. 481). Em regra, ela acaba realizando-se depois que as demais provas tiverem sido produzidas, e o juiz verificar que elas ainda não são suficientes para aclarar determinados fatos, sendo necessários esclarecimentos que poderão ser obtidos com o exame de pessoas ou coisas. Por isso se diz que a inspeção judicial, ao menos em regra, tem caráter complementar. Mas nada impede que ela seja determinada anteriormente, quando o juiz verificar, por exemplo, que talvez ela torne dispensáveis outras provas, mais demoradas ou dispendiosas.

As partes serão intimadas do dia, hora e local em que a diligência será realizada, podendo dela participar. A coisa ou pessoa poderá ser apresentada em juízo. Pode ocorrer, no entanto, que o exame tenha de ser feito no local em que elas se encontram (CPC, art. 483).

Se necessário, o juiz poderá ser assistido por um ou mais peritos, o que ocorrerá sempre que sejam necessários esclarecimentos técnicos. As partes poderão fazer-se acompanhar de seus assistentes técnicos.

Realizada a diligência, será lavrado um auto circunstanciado, que deverá mencionar tudo o que seja de relevo para o julgamento, podendo vir instruído com desenhos, gráficos ou fotografias (CPC, art. 484).

Sem o auto a inspeção judicial será ineficaz.

15. PROVA TESTEMUNHAL

15.1. Introdução

É aquela produzida pela inquirição de pessoas estranhas ao processo a respeito dos fatos que sejam relevantes para o julgamento.

É um meio ativo e pessoal de prova, porque é a própria testemunha quem fornece as informações ao juiz. Já há muito que ela sofre críticas da mais variada espécie. A memória das pessoas está sujeita às mais diversas interferências, que podem decorrer do transcurso do tempo ou de fatores de natureza psíquica ou emocional. Por isso que, muitas vezes, tem-se restringido a prova testemunhal, ou, eventualmente, tem-se dado a ela valor menor que ao das outras provas.

Mas ainda hoje a oitiva de testemunhas é meio de prova indispensável. Há certos fatos que não podem ser comprovados por outro meio. Ademais, com exceção daquelas hipóteses em que a lei restringe a prova testemunhal (arts. 406, 443 e 444, todos do CPC), deve prevalecer o princípio do livre convencimento. O juiz deve analisar os depoimentos colhidos e dar a eles o valor que possam merecer, cotejando-os com as demais provas produzidas.

Todavia, é inegável que a prova testemunhal é a que está mais sujeita a possíveis distorções, sejam as advindas de eventuais mentiras, sejam as que provêm de falha de memória ou de uma falsa percepção da realidade.

Ao avaliar a prova testemunhal, o juiz não deve importar-se propriamente com o número de depoimentos, podendo embasar a sua convicção nas declarações de uma só testemunha, desde que ela seja idônea e insuspeita, tenha conhecimento dos fatos e preste declarações verossímeis.

15.2. Admissibilidade e valor da prova testemunhal

Uma demonstração de que o legislador atribuiu menor confiabilidade à prova testemunhal do que às demais está nas restrições que a lei estabelece para a sua admissibilidade.

Como todas as outras, ela fica restrita à demonstração de fatos controvertidos, dos quais a testemunha tenha conhecimento direto ou indireto.

Não se ouvem testemunhas sobre questões jurídicas, nem técnicas ou científicas. A lei processual veda a inquirição de testemunhas a respeito de fatos: "I – já provados por documento ou confissão da parte; II – que só por documento ou por exame pericial puderem ser provados" (CPC, art. 443).

Questão de grande relevância é a relativa à comprovação da existência e conteúdo dos negócios jurídicos. Há os que, para sua celebração, não exigem forma escrita e podem ser celebrados sem a observância de forma específica (contratos não solenes). E há os que exigem forma escrita, como o de fiança (CC, art. 819), o de depósito voluntário (CC, art. 646) e o de seguro (CC, art. 758), por exemplo.

O art. 227, *caput*, do CC só autorizava o uso de prova exclusivamente testemunhal para negócios jurídicos de até dez salários mínimos, e essa regra estava em consonância com o disposto no art. 401 do CPC de 1973, mas o art. 227, *caput*, do CC e o art. 401 do CPC de 1973 foram revogados. Permanece em vigor o art. 227, parágrafo único, do CC: "Qualquer que seja o valor do negócio jurídico, a prova testemunhal é admissível como subsidiária ou complementar da prova por escrito". Esse dispositivo está em consonância com o art. 444 do CPC atual: "Nos casos em que lei exigir prova escrita da obrigação, é admissível a prova testemunhal quando houver começo de prova por escrito, emanado da parte contra a qual se pretende produzir a prova". E o art. 445 autoriza expressamente a prova testemunhal quando o credor não pode ou não podia, moral ou materialmente, obter a prova escrita da obrigação, em casos como o de parentesco, de depósito necessário ou de hospedagem em hotel ou em razão das práticas comerciais do local onde contraída a obrigação.

Desses dispositivos extrai-se que: a) se o contrato só pode ser celebrado por escritura pública, que é da substância do negócio, nenhuma outra prova pode ser admitida (art. 406); b) se o contrato pode ser celebrado por qualquer forma, inclusive verbal, a prova testemunhal pode ser usada sem restrições, independentemente do valor do negócio; c) se o contrato exige forma escrita, a prova testemunhal pode ser utilizada, desde que haja começo de prova por escrito, emanado da parte contra a qual se pretende produzir a prova (art. 444) ou quando o credor não podia, moral ou materialmente, obter a prova escrita da obrigação, nas hipóteses do art. 445.

O começo de prova por escrito a que alude o art. 444 é o documento escrito, produzido pelo adversário, ainda que não esteja por ele assinado. É preciso que ele seja escrito, não valendo, portanto, fotografias ou gravações. E é importante que contenha informações relevantes, que tragam indícios sobre a existência do contrato.

Também se admite a prova testemunhal requerida pela parte inocente, para demonstrar a existência de simulação, em que há divergência entre a vontade real e a declarada, e de vícios de consentimento (CPC, art. 446).

15.3. A testemunha

É a pessoa física estranha ao processo que tem conhecimento de fatos relevantes e que comparece perante o juiz para prestar informações a respeito deles. Somente a pessoa física pode testemunhar, sendo de rigor que ela seja alheia ao processo. O interesse da testemunha tem de se limitar ao de fornecer informações verdadeiras, colaborando com o juízo.

Ela é a pessoa que fornece as informações ao juízo. O ato de prestar o depoimento é denominado testemunho.

Em princípio, não se exigem requisitos especiais de quem será ouvido, mas a lei veda o depoimento de pessoas incapazes, impedidas ou suspeitas. Essas restrições existem para que não se proceda à ouvida daqueles que não tenham condições físicas ou morais de prestar depoimento.

De acordo com o art. 447, § 1º, do CPC, são incapazes de depor: a) o interdito por enfermidade ou retardamento mental; b) o que, acometido por enfermidade, ou retardamento mental, ao tempo em que ocorreram os fatos, não podia discerni-los, ou, ao tempo em que deve depor, não está habilitado a transmitir percepções. A Lei n. 13.146/2015 alterou a redação do art. 228, § 2º, do CC, e estabeleceu que a pessoa com deficiência poderá testemunhar em igualdade de condições com as demais pessoas. Mas esse dispositivo, parece-nos, deve ser aplicado em consonância com o disposto no Código de Processo Civil. Ainda que a lei tenha considerado os portadores de deficiência ou enfermidade mental plenamente capazes, o juiz deverá verificar a viabilidade de que prestem depoimento, exprimindo-se sobre os fatos controvertidos da causa. A simples deficiência, por si só, não tornará a pessoa incapaz de depor. Mas haverá casos de deficiência profunda, em que o testemunho será completamente inviável, o que impedirá a ouvida. A razão é evidente. A prova é colhida para que a testemunha preste informações a respeito de um fato. Se ela não tem discernimento, ou não pode perceber ou transmitir informações, a prova não terá nenhuma utilidade. A deficiência física, em princípio, não impede a testemunha de depor, salvo no que se refere àquilo que seja relacionado ao sentido deficiente. Um cego não pode depor sobre o que viu, mas sobre o que ouviu, ao contrário do que ocorre com o surdo (CPC, art. 447, § 1º, I, II e IV).

É também incapaz de depor o menor de 16 anos. Essa incapacidade não coincide com a civil, que termina aos 18 anos. O relativamente incapaz já pode ser ouvido como testemunha, e o seu depoimento não sofre qualquer restrição. Por isso, não é necessário que durante o seu depoimento seja assistido pelos pais ou tutor (CPC, art. 447, § 1º, III).

São impedidos de figurar como testemunhas as partes, aqueles que intervêm em nome de uma delas (representante legal dos incapazes e das pessoas jurídicas), o cônjuge, o companheiro, e as pessoas que com elas mantêm relação de parentesco próximo, até o terceiro grau, por consanguinidade ou afinidade. A lei processual permite, porém, que os parentes sejam ouvidos se o exigir o interesse público, tratando-se de causa relativa ao estado da pessoa, quando não se puder de outro modo obter a prova que o juiz repute necessária para o julgamento do mérito. Por fim, são também impedidos de depor o juiz, os advogados das partes ou quem as assista ou tenha assistido (CPC, art. 447, § 2º, I, II e III). O juiz que tenha conhecimento pessoal dos fatos deve declarar-se impedido, passando a presidência do processo para seu substituto automático, caso em que poderá ser ouvido como testemunha. Se ele for arrolado por uma das partes, mas não tiver conhecimento dos fatos, mandará excluir o seu nome. Se, arrolado, tiver conhecimento, declarar-se-á impedido, hipótese em que será defeso à parte que o incluiu no rol desistir de seu depoimento (CPC, art. 452).

Por fim, é suspeita a testemunha: a) que for inimiga da parte ou sua amiga íntima; b) que tiver interesse no litígio.

Para que a testemunha se torne suspeita, não basta a mera amizade ou inimizade. É preciso que se verifique uma desavença de tal ordem, ou um relacionamento tão próximo, que o depoimento perca a credibilidade. Há uma certa subjetividade na avaliação do que seja amizade íntima, mas a análise do juiz deverá embasar-se em circunstâncias tais como o tempo de sua duração, a constância com que a parte e a testemunha se encontram, o fato de frequentarem uma a casa da outra, e outras, dessa natureza, que sejam indicativas de um relacionamento próximo. Da mesma forma com a inimizade. O fato de, no passado, terem ocorrido desavenças não é suficiente. É preciso que elas sejam de tal ordem que seja razoável esperar que a raiva, o descontentamento e a insatisfação da testemunha com a parte perdurem e sejam capazes de influir no depoimento. O fato de existir uma ação em curso entre a parte e a testemunha não é suficiente para considerá-la suspeita. É preciso verificar a natureza e o grau de litígio que as envolvem.

O interesse da testemunha no litígio, capaz de torná-la suspeita, pode ter várias origens. É possível, por exemplo, que ela possa vir a ser demandada, no futuro, por uma das partes, para a cobrança do direito de regresso. Em uma ação ajuizada em face do patrão, por danos causados a terceiro pelo seu empregado, este terá interesse no litígio, não podendo ser ouvido como testemunha.

Causa muito frequente de arguições de suspeição de testemunha é o fato de ela trabalhar para a parte. A relação de subordinação obstaria a testemunha de prestar depoimento com liberdade. Mas, como ensina Arruda Alvim, "há decisões considerando suspeita a testemunha que é empregada da parte. Com acerto, o STF decidiu que o simples fato de a testemunha ser empregado, o que evidentemente não lhe anula o conhecimento eventual dos fatos, não o impede de depor, sendo que o interesse pessoal na causa é o condenado pela lei e que não se confunde com opiniões ou convicções pessoais sobre a matéria, em tese"[8].

É preciso que o juiz analise no caso concreto a relação de emprego da testemunha com a parte e verifique se ela pode influir no julgamento. Só em caso afirmativo é que a considerará suspeita.

A testemunha é qualificada, antes do início do seu depoimento, quando será indagada se tem relações de parentesco com as partes ou interesse no objeto do processo. Sempre que o fizer, o juiz poderá dispensar o seu depoimento, em virtude de impedimento ou suspeição.

Se não o fizer, a parte poderá contraditá-la. A contradita é a oposição do adversário da parte que arrolou a testemunha, fundada na alegação de sua incapacidade, impedimento ou suspeição.

O momento oportuno para requerê-la é o que antecede àquele em que o juiz adverte a testemunha da necessidade de dizer a verdade, para

8. Arruda Alvim, *Manual*, cit., v. 2, p. 483.

então iniciar a tomada do depoimento. Se ela já foi advertida, ou o seu depoimento já iniciou, não cabe mais a contradita.

A parte que a suscitar exporá as razões pelas quais entende que a testemunha não deve ser ouvida, podendo instruir o seu pedido com documentos que comprovem as suas alegações. O juiz indagará então a testemunha sobre a contradita, podendo ela confirmar os fatos ou negá-los, caso em que será permitido ao suscitante comprovar as suas afirmações ouvindo até três testemunhas, que deporão sobre os fatos da contradita. Em seguida, ele decidirá o incidente. Se rejeitá-lo, determinará que a testemunha seja ouvida, advertindo-a das penas do falso. Se acolhê-lo, a dispensará ou a ouvirá sem compromisso.

O CPC, art. 447, § 4º, autoriza que o juiz, sempre que necessário, ouça as testemunhas menores, impedidas ou suspeitas, que deporão sem compromisso. Nesse caso, dará aos depoimentos o valor que eles possam merecer, que certamente não será o mesmo daqueles colhidos sob compromisso.

15.4. Deveres e direitos das testemunhas

A testemunha é um terceiro, alheio ao processo, que presta um serviço público, ao comparecer em juízo para prestar informações (CPC, art. 463). Em virtude de sua condição, ela tem deveres que são inafastáveis. O primeiro é o de comparecer em juízo no dia e hora designados pelo juiz. O depoimento é colhido na audiência de instrução, perante o juiz da causa. Ressalvam-se aquelas hipóteses em que a prova tenha sido colhida antecipadamente (produção antecipada de provas), ou por carta (CPC, art. 453), ou quando, por doença, ou outro motivo relevante, ela esteja impossibilitada de comparecer em juízo (CPC, art. 449, parágrafo único).

Em caso de enfermidade ou incapacidade de locomoção, o juiz poderá ouvir a testemunha em sua residência ou no hospital em que estiver internada, respeitadas as determinações médicas em contrário.

Também são dispensadas de comparecer em juízo as pessoas que, em virtude do cargo que ocupam, têm o direito de ser ouvidas em sua própria residência. O CPC, art. 454, enumera quais são elas, às quais o juiz dirigirá solicitação, para que designem dia, hora e local para serem ouvidas. Além das mencionadas nesse dispositivo, os juízes de direito e os promotores de justiça também têm a prerrogativa de indicar dia, hora e local em que poderão ser ouvidos, conforme consta das respectivas leis orgânicas.

Caso a testemunha, intimada a comparecer, não o faça, o juiz determinará a sua condução coercitiva, "sob vara", condenando-a ao pagamento das despesas decorrentes do adiamento. A recusa ao comparecimento poderá ainda configurar crime de desobediência.

O segundo dever que ela tem é o de prestar depoimento. De nada adianta comparecer em juízo e recusar-se a falar. O silêncio da testemunha constitui crime, por isso, antes de prestar depoimento, ela será advertida na forma do CPC, art. 458. Ela, no entanto, não é obrigada a depor sobre fatos: a) que lhe acarretem grave dano, bem como ao seu cônjuge, companheiro e aos seus parentes, consanguíneos ou afins, em linha reta ou na colateral em terceiro grau; e b) a cujo respeito, por estado ou profissão, deva guardar sigilo. São exemplos de sigilo profissional o de um advogado a respeito do que lhe foi contado pelo cliente, o do psicólogo, o do padre ou ministro de confissão religiosa, entre outros.

A testemunha prestará declarações ao juiz, oralmente, não podendo fazê-lo por escrito. A lei processual faculta-lhe, apenas, a breve consulta a apontamentos. O depoimento versará acerca dos fatos que tenham relevância para o julgamento. Não se permite à testemunha emitir opiniões pessoais, nem manifestações de caráter subjetivo. Mas há casos em que o juiz poderá indagá-la sobre impressões a respeito de fatos. Por exemplo, ele pode perguntar se uma das partes aparentava embriaguez, parecia nervosa, descontrolada, abalada ou com raiva.

O último dos deveres da testemunha é o de dizer a verdade. Antes de iniciar o depoimento, ela prestará o compromisso de dizer a verdade do que souber e lhe for perguntado, devendo o juiz adverti-la de que incorrerá em sanção penal se fizer afirmação falsa, calar ou ocultar a verdade.

A falta da tomada de compromisso e da advertência constitui mera irregularidade, que não afasta esse dever. O seu descumprimento tipifica o crime de falso testemunho (CP, art. 342). Quando a testemunha for menor relativamente incapaz, o juiz não a advertirá da possibilidade de incorrer em sanção penal, mas de praticar ato infracional, que poderá sujeitá-la às medidas socioeducativas do Estatuto da Criança e do Adolescente.

O juiz deve ter uma certa tolerância quanto a pequenos equívocos no depoimento, porque, como já ressaltado, as testemunhas estão sujeitas a falhas de memória e falsas percepções da realidade. As sanções penais só caberão quando ficar evidenciado o intuito de mentir ou calar a verdade. Além da punição criminal, haverá ato atentatório à dignidade da justiça, sancionado na forma do CPC, art. 77, § 2º.

A testemunha tem o direito de reembolsar-se das despesas efetuadas com o comparecimento. Não seria justo que ela tivesse de suportá-las do próprio bolso, por isso, a lei permite ao juiz que determine à parte que a arrolou o seu ressarcimento, no prazo de três dias, a contar da data em que ele arbitra o seu valor (CPC, art. 462). Como ela presta um serviço público, não é lícito que, quando sujeita ao regime da legislação trabalhista, sofra perda ou desconto de salário no dia em que comparecer à audiência.

A testemunha tem o direito de escusar-se de depor, nas hipóteses do art. 448, e de ser ouvida em dia, hora e local designados, nas situações do art. 454.

Ao ser ouvida, pode fazer breves consultas a apontamentos e deve ser tratada com urbanidade pelo juiz e pelas partes (CPC, art. 459, § 2º).

15.5. Produção da prova testemunhal

15.5.1. Requerimento da prova

Na petição inicial e na contestação, autores e réus deverão manifestar a sua intenção de ouvir testemunhas. Mas é sabido que, nessas ocasiões, os requerimentos de provas constituem protestos genéricos, o que se justifica, porque, nesse momento, ainda não se conhecem quais os fatos que se tornarão controvertidos.

Mais tarde, quando das providências preliminares, o juiz determinará que as partes especifiquem as provas que pretendem produzir, sendo essa a ocasião para que manifestem a intenção de ouvir testemunhas, embora não seja ainda necessária a apresentação do rol.

É comum que, nesse momento, uma das partes o requeira, e a outra postule o julgamento antecipado do mérito. O juiz terá de verificar, então, se as questões de fato dependem ou não de prova. Em caso negativo, procederá desde logo ao julgamento. Em caso afirmativo, proferirá decisão de saneamento e organização do processo, na qual decidirá sobre as provas e, se deferir a oitiva de testemunhas, marcará data para a audiência de instrução e julgamento. Mesmo a parte que não requereu provas e postulou o julgamento antecipado pode aí arrolar testemunhas.

15.5.2. Prazo

As partes têm o ônus de arrolar testemunhas. Ao proferir a decisão saneadora, se o juiz designar audiência de instrução e julgamento, fixará o prazo comum no qual as partes deverão arrolar suas testemunhas, prazo que será de até quinze dias. Pode ser menor, mas não maior do que quinze dias.

Mas se a causa for complexa e o juiz designar audiência para promover o saneamento do processo em cooperação com as partes (art. 357, § 3º), elas já deverão levar o rol de testemunhas para a audiência (art. 357, § 5º). Os prazos estabelecidos no art. 357, §§ 4º e 5º, são preclusivos, e devem ser observados, ainda que a testemunha compareça independentemente de intimação, pois é preciso que a parte contrária conheça o seu nome e qualificação para, querendo, oferecer contradita.

O rol deve indicar o nome, a profissão, o estado civil, a idade, o número de inscrição no Cadastro de Pessoas Físicas, o registro de identidade e o endereço completo da residência e local do trabalho da testemunha. Enfim, aquilo que permita a sua intimação e identificação. Não será ouvida a testemunha que não tiver sido qualificada no rol, porque a parte contrária não terá tido oportunidade de identificá-la, preparando sua contradita com antecedência. No entanto, tem-se entendido que a falta de um ou mais elementos da qualificação constitui mera irregularidade, não constituindo óbice para que seja ouvida, salvo se ficar comprovado prejuízo.

15.5.3. Substituição das testemunhas

Depois que o rol é apresentado em juízo, as partes não poderão mais alterá-lo, senão excepcionalmente. O art. 451 indica quais são as circunstâncias que a autorizam. Podem ser substituídas as testemunhas que falecerem, as que, por enfermidade, não estiverem em condições de depor e as que se mudarem de residência ou de local de trabalho, não podendo ser encontradas.

Mas a esse art. 451 tem sido dada uma interpretação liberal. Mesmo depois de apresentado o rol, admite-se a livre substituição de testemunhas, desde que ela se faça dentro do prazo para arrolá-las. Por exemplo, se o juiz determina que o rol deva ser apresentado em quinze dias, e a parte o protocola em dez dias, nada impede que substitua livremente as testemunhas arroladas, desde que ainda dentro do prazo para oferecer o rol.

15.5.4. Número de testemunhas

O CPC, art. 357, § 6º, permite que cada uma das partes arrole até dez testemunhas, sendo três, no máximo, para cada fato.

O juiz pode, ainda, de ofício ou a requerimento da parte, inquirir as testemunhas referidas, isto é, aquelas que não tenham sido arroladas, mas cujo nome tenha sido mencionado pelas partes ou pelas testemunhas. Para tanto, é preciso que ele verifique a possibilidade de ela elucidar algum ponto que ainda continue controverso.

15.5.5. Acareação

A lei faculta ao juiz a possibilidade de ordenar, de ofício ou a requerimento da parte, a acareação de duas ou mais testemunhas ou de alguma delas com a parte. A acareação caberá quando houver divergências nas declarações a respeito de determinado fato que possa influir na decisão da causa. O juiz colocará as testemunhas, ou a testemunha e a parte, que prestaram as declarações divergentes frente a frente, novamente as advertirá das penas do falso testemunho, mostrará os pontos de divergência e inquirirá se elas mantêm ou modificam suas declarações anteriores. Na prática, as acareações têm tido pouco êxito, sendo mais frequente que cada um dos participantes mantenha sua versão anterior, persistindo, destarte, a controvérsia.

A acareação pode ser realizada por videoconferência ou por outro recurso tecnológico de transmissão de sons e imagens em tempo real.

15.5.6. Intimação das testemunhas

Se a parte que arrolou a testemunha não se comprometer a levá-la, ela deverá ser intimada. Cabe ao advogado da parte informar ou intimar a testemunha por ele arrolada do dia, da hora e do local da audiência, por carta com aviso de recebimento, dispensando-se a intimação judicial. Para comprovação de que a intimação foi realizada, o advogado deverá juntar aos autos cópia da correspondência de intimação e do aviso de recebimento com antecedência de, pelo menos, três dias da data da audiência, sob pena de considerar-se que houve desistência de sua inquirição.

A intimação só será feita pela via judicial quando: a) frustrada a intimação pelo advogado; b) a parte demonstrar a sua necessidade; c) figurar do rol servidor público ou militar; d) a testemunha for arrolada pelo Ministério Público ou Defensoria Pública; ou e) for daquelas que devem ser ouvidas em sua residência ou onde exercerem sua função (art. 454).

Quando a testemunha for servidor público civil ou militar, terá de ser requisitada ao chefe da repartição ou ao comando do corpo em que servir (CPC, art. 455, § 4º, III).

A intimação não será necessária se a parte se comprometer a levar a testemunha à audiência; caso esta não compareça, presume-se que aquela desistiu de ouvi-la. Essa presunção desfaz-se, porém, se a parte provar que a ausência se deve a um evento de força maior ou em virtude de justo motivo.

15.5.7. Inquirição das testemunhas

Elas são ouvidas na audiência de instrução (salvo as hipóteses do art. 453, I e II) diretamente pelo juiz da causa. A audiência será realizada em dia útil, e durante o expediente, que se estende das 6 às 20 horas, podendo avançar para além desse horário, para concluir os atos iniciados antes, quando o adiamento puder prejudicar o ato ou causar grave dano (CPC, art. 212, § 1º).

As perguntas às testemunhas serão feitas diretamente pelas partes (e pelo Ministério Público, quando fiscal da ordem jurídica), começando pela parte que arrolou a testemunha. O Ministério Público que atue como fiscal da ordem jurídica fará suas perguntas por último. Se houver denunciação da lide, o denunciado será considerado litisconsorte do denunciante (CPC, arts. 127 e 128, I). Se a testemunha for arrolada pelo denunciado, será ele o primeiro a inquiri-la, seguido pelo denunciante e por seu adversário. Se a testemunha for do denunciante, ele a inquirirá primeiro, sendo seguido pelo denunciado e pela parte contrária.

Quando o processo versar sobre interesse disponível e houver a concordância do réu, nada impede que haja inversão na ordem de inquirição das testemunhas. É comum que isso ocorra quando algumas são ouvidas por precatória, o que não causará nenhuma nulidade, salvo se ficar provado que dessa inversão adveio algum prejuízo efetivo ao réu.

O juiz não admitirá as perguntas que possam induzir a resposta ou não tiverem relação com a questão de fato objeto da atividade probatória ou importarem repetição de outra já respondida, velando para que as testemunhas sejam tratadas com urbanidade e impedindo que lhes sejam dirigidas perguntas ou considerações impertinentes, capciosas ou vexatórias. Antes ou depois das perguntas feitas pelas partes, o juiz poderá inquirir a testemunha, formulando-lhe as indagações que entende relevantes para a formação de seu convencimento.

As testemunhas são qualificadas antes de depor, devendo declarar e confirmar os seus dados, bem como informar se mantêm relação de parentesco com as partes ou interesse no objeto do processo (CPC, art. 457, *caput*). É essa a fase para ser suscitada eventual contradita. Antes do início do depoimento, o juiz tomará o compromisso de dizer a verdade e advertirá a testemunha das sanções penais em que incorrerá se prestar afirmação falsa, calar ou ocultar a verdade.

As testemunhas são ouvidas separadamente, e uma não pode ouvir o depoimento da outra (CPC, art. 456). Por isso, aquela que já depôs não pode ter contato com as que ainda não o fizeram. Nem sempre é possível evitar a comunicação, porque às vezes nem todas as testemunhas podem ser ouvidas no mesmo dia, mas isso não trará nenhum tipo de nulidade. As testemunhas também não podem acompanhar o depoimento das partes.

As declarações da testemunha são reduzidas a escrito, e o juiz, em regra, dita o depoimento ao escrevente, que o digita. Poderá haver o uso de taquigrafia ou estenotipia, caso em que o escrevente registra diretamente as declarações, além de outros meios idôneos de documentação. É facultada a gravação dos depoimentos (CPC, art. 460). O termo é assinado pelo juiz, pelo depoente e seus procuradores.

Se a testemunha residir em comarca, seção ou subseção judiciária, diferente daquela em que corre o processo, a ouvida será feita por precatória. Mas o art. 453, § 1º, permite que seja feita por videoconferência ou outro recurso tecnológico de transmissão e recepção de sons e imagens em tempo real, o que pode ocorrer, inclusive, durante a audiência de instrução e julgamento.

16. DEPOIMENTO PESSOAL

16.1. Introdução

O depoimento pessoal é um meio de prova em que o juiz, a pedido de uma das partes, colhe as declarações do adversário com a finalidade de obter informações a respeito de fatos relevantes para o processo.

Em regra, as declarações das partes não deveriam ter interesse para o processo, porque elas estão diretamente envolvidas no litígio. Não se há de esperar delas a imparcialidade e o compromisso com a verdade que têm as testemunhas. Por isso, em princípio, elas não podem fazer prova em seu próprio favor, razão pela qual o depoimento pessoal nunca pode ser requerido pela própria parte, mas sempre pelo adversário, que procura obter a confissão de um fato, isto é, o reconhecimento, pelo depoente, da veracidade de algo que seja contrário aos seus interesses. Mas, em decorrência do princípio do livre convencimento motivado do juiz, nada impede que este também leve em consideração informações dadas pela parte que revertam em seu próprio benefício. Não seria legítimo que ele só considerasse o que a parte declarou em seu desfavor, sem levar em conta as informações que prestou que sejam relevantes e coerentes com os demais elementos de convicção. Por isso que atualmente não se pode mais atribuir como única finalidade do depoimento pessoal a de extrair a confissão da parte. Talvez seja essa ainda a sua principal razão, mas não a única, pois o juiz não deverá desconsiderar desde logo as demais declarações das partes, devendo dar a elas o valor que possam merecer.

Com o depoimento pessoal não se confunde o interrogatório informal das partes. O primeiro é sempre requerido pelo adversário, colhido na audiência de instrução e tem por finalidade extrair do depoente uma confissão. O interrogatório é determinado pelo juiz, de ofício, e não tem por intuito obter a confissão das partes, mas tentar aclarar, por meio de seus depoimentos, fatos que ainda continuem confusos ou obscuros, podendo ser realizado em qualquer momento do processo.

O depoimento pessoal pode ser requerido em qualquer tipo de processo de conhecimento e será deferido pelo juiz sempre que puder ser útil ao esclarecimento de fatos controvertidos.

16.2. Quem pode requerê-lo e prestá-lo

O depoimento pessoal é sempre requerido pelas partes. Por isso, o CPC, art. 385, contém uma impropriedade, ao estabelecer que as partes poderão requerê-lo, sem prejuízo de ser determinado de ofício. Na verdade, o que pode ser determinado de ofício é o interrogatório informal das partes pelo juiz, não o depoimento pessoal. Este é sempre requerido, e a legitimidade para fazê-lo é do adversário de quem irá depor.

Não se admite o requerimento pela própria parte, ou por seu litisconsorte, mas somente por alguém que esteja no polo contrário da relação processual. Permite-se ainda o depoimento pessoal a requerimento do Ministério Público. Quando ele é parte, pode requerer o depoimento do adversário; quando fiscal da ordem jurídica, de qualquer das partes.

Quem presta depoimento pessoal é sempre a pessoa física que figura como parte no processo. Se a parte for pessoa jurídica, o depoimento será prestado por seus representantes legais. Vigora, portanto, o princípio da pessoalidade.

Prevalece, entre nós, o entendimento de que o depoimento pessoal, ainda que de pessoa física, pode ser prestado por procurador, desde que tenha poderes especiais para transigir. Não basta a mera qualidade de preposto, sendo necessários os poderes especiais, já que a finalidade precípua do depoimento é tentar obter uma confissão. A questão, porém, é controversa, havendo respeitáveis opiniões no sentido de que, por ser ato personalíssimo, o depoimento pessoal da pessoa física não pode ser delegado[9].

No caso das pessoas jurídicas, o depoimento pessoal poderá ser prestado não pelos representantes legais, mas por prepostos que tenham poderes especiais para confessar e conhecimento dos fatos. É comum que

9. Arruda Alvim, *Manual*, cit., v. 2, p. 497, e João Batista Lopes, *A prova*, cit., p. 95.

os representantes legais de uma empresa nada saibam a respeito dos fatos que envolvem o litígio, caso em que o depoimento poderá ser prestado pelo preposto que deles tem ciência. Mas é preciso que este também tenha poderes especiais para confessar.

O depoimento pessoal dos absolutamente incapazes é prestado por seus representantes legais. O dos relativamente incapazes, por eles mesmos. O advogado das partes não está legitimado a prestar depoimento pessoal no lugar delas.

16.3. Pena de confissão

O CPC, art. 385, § 1º, estabelece que contra a parte que se recusar a depor presumir-se-ão confessados os fatos contra ela alegados. Há, portanto, um ônus de prestar depoimento pessoal, desde que ele seja requerido pelo adversário. O descumprimento implica uma consequência negativa àquele que se recusa, qual seja, a aplicação da pena de confesso. O juiz não tem como obrigar a parte a prestar depoimento pessoal. Ela presta se o quiser, ciente das consequências negativas que advirão de sua recusa.

A pena de confesso será aplicada quando não houver o comparecimento da parte, mas também quando ela se recusar a depor, calar-se, recusar-se a responder adequadamente ao que lhe foi perguntado ou somente der respostas evasivas (CPC, art. 386). Isso fará presumir verdadeiros (presunção relativa) os fatos alegados contra ela. Mas, para tanto, é necessário que tenha sido pessoalmente intimada para prestar o depoimento, com a advertência da pena de confesso. Tem sido considerado descumprido o ônus de depor quando o depoimento pessoal de pessoa jurídica é prestado por preposto que desconhece os fatos. Nesse sentido: "O depoimento pessoal de pessoa jurídica deve ser prestado por mandatário com poderes especiais e com os necessários conhecimentos técnicos da causa. A simples preposição, aliada à vacuidade do depoimento do preposto, caracteriza verdadeira confissão quanto à matéria de fato" (*RT*, 672/123).

O CPC, art. 388, dispensa a parte de depor sobre fatos: a) criminosos ou torpes que lhe forem imputados; b) a cujo respeito, por estado ou profissão, deva guardar sigilo; c) acerca dos quais não possa responder sem desonra própria, de seu cônjuge, de seu companheiro ou de parente em grau sucessível; d) que coloquem em perigo a vida do depoente ou das pessoas referidas no inciso III. Mas essas hipóteses não se aplicam às ações de estado e de família.

16.4. Procedimento

O depoimento pessoal costuma ser requerido pelas partes já na inicial e na contestação, por meio de protestos genéricos. Todavia, a oportunidade em que elas devem formular o requerimento é a da especificação de provas, na fase das providências preliminares. Não requerido nesse momento, o depoimento pessoal não será deferido pelo juiz. Na decisão saneadora, ele decidirá sobre sua pertinência, considerando a sua utilidade e os fatos que ainda restam controvertidos.

Ele será colhido na audiência de instrução, e a parte será pessoalmente intimada, com a advertência da pena de confesso. Não basta a intimação do advogado.

A inquirição da parte, no depoimento pessoal, é feita pelo juiz, e não diretamente pela parte contrária (não há inquirição direta, como na colheita da prova testemunhal. Em sentido contrário, a nosso ver equivocadamente, o Enunciado 33 da I Jornada de Direito Processual da Justiça Federal). As perguntas, dirigidas ao depoente pelo juiz, serão formuladas apenas por ele, pelo Ministério Público enquanto fiscal da ordem jurídica e pelo adversário do depoente. O advogado da pessoa que está depondo não poderá formular reperguntas.

Havendo necessidade de colher o depoimento pessoal do autor e do réu, o daquele precederá o deste. Enquanto o autor estiver depondo, o réu deverá ausentar-se da sala da audiência, para que não ouça o que está sendo declarado. Terminado o depoimento do autor, o réu retornará à sala para ser ouvido, não havendo agora necessidade de que o primeiro se retire, já que o seu depoimento não poderá mais ser alterado.

Os depoimentos são colhidos na audiência de instrução, salvo as hipóteses do art. 453, I e II, que, embora digam respeito às testemunhas, aplicam-se, por analogia, ao depoimento pessoal. As partes que residem em outra comarca serão ouvidas por carta precatória, não sendo exigível que compareçam à sede do juízo em que corre o processo. O depoimento pessoal também pode ser antecipado, nas situações em que isso se faça necessário, e pode ser colhido no domicílio do depoente ou local em que esteja internado, em caso de doença ou impossibilidade de locomoção.

Ao depor, a parte responderá oralmente às perguntas que lhe forem formuladas, não podendo trazer por escrito as suas declarações. A lei faculta, porém, a consulta a notas breves, com a finalidade de completar os esclarecimentos (CPC, art. 387).

17. INTERROGATÓRIO DAS PARTES

17.1. Introdução

O interrogatório não se confunde com o depoimento pessoal. É determinado de ofício pelo juiz, a qualquer tempo, e tem por finalidade obter informações sobre fatos que permaneçam confusos ou obscuros. O depoimento pessoal é sempre requerido pelo adversário e tem por finalidade principal extrair da parte uma confissão, devendo ser prestado na audiência de instrução.

Ambos, porém, têm em comum o fato de constituírem meios de prova que têm por fonte as partes ouvidas em juízo.

O interrogatório tem caráter complementar, devendo ser determinado quando o juiz necessite de alguns esclarecimentos das partes a respeito de fatos que ainda não tenham sido bem aclarados. Por isso, embora possa realizar-se a qualquer tempo, no curso do processo, é comum que seja determinado após o encerramento da instrução, quando o juiz verifica que resta algo a ser elucidado.

17.2. Procedimento

O juiz mandará intimar pessoalmente as partes para interrogatório. Em caso de não comparecimento, não pode determinar a sua condução coercitiva, porque não há dever, mas apenas ônus de atender a determinação judicial. O juiz não aplicará a pena de confesso, já que ela só está prevista para a recusa de prestar depoimento pessoal. No entanto, se ele determinou o interrogatório, é porque necessitava de esclarecimentos da parte. Se ela não comparecer, o juiz decidirá sem eles, o que poderá prejudicar o omisso, tudo de acordo com o princípio do livre convencimento motivado.

Determinado o interrogatório de uma ou de ambas as partes, o juiz as indagará sobre os fatos ainda obscuros. Os advogados das duas partes poderão participar e formular perguntas.

18. CONFISSÃO

18.1. Introdução

É uma declaração da parte que reconhece como verdadeiros fatos que são contrários ao seu próprio interesse e favoráveis aos do adversário. Não pode ser considerada como um meio de prova, porque não constitui mecanismo colocado à disposição das partes para obter informações a respeito de fatos relevantes para o processo. Sua natureza jurídica é de declaração unilateral de reconhecimento de fatos, pois só estes podem ser objeto de confissão.

No entanto, ela costuma ter forte influência na convicção do juiz, já que, a partir dela, não haverá mais controvérsia quanto ao fato discutido.

A confissão não se confunde com a renúncia ao direito, nem com o reconhecimento jurídico do pedido. Nestes, o autor ou o réu abrem mão do direito sobre o qual se discute no processo, que se extingue, com resolução de mérito, em favor do réu, em caso de renúncia do autor, ou em favor deste, quando há reconhecimento jurídico do pedido. A confissão não implica, necessariamente, o acolhimento do pedido do adversário, mas a admissão da verdade de um fato, cabendo ao juiz, com fundamento no princípio do livre convencimento motivado, estabelecer quais as consequências disso. O fato ter-se-á tornado incontroverso, mas nem sempre isso resultará no acolhimento do pedido do adversário, pois pode haver outros elementos de convicção nos autos que o impeçam.

Embora a confissão não seja uma declaração de vontade, mas de ciência de um fato, a lei processual a considera como um negócio jurídico, tanto que permite a sua anulação nos casos de vício de consentimento (CPC, art. 393).

18.2. Espécies de confissão

A confissão pode ser judicial ou extrajudicial. A primeira é a que se verifica no processo, e a segunda, a que ocorre fora, mas nele produz efeitos.

A judicial pode ocorrer no processo a qualquer tempo, por escrito ou oralmente, durante o depoimento da parte. Por escrito, pode vir em qualquer manifestação das partes, como contestação, réplica ou petição apresentada aos autos. A extrajudicial é feita fora do processo e deverá ser provada nos autos, seja por documentos, seja por testemunhas. Pode ser feita por escrito, em instrumento próprio, ou em cartas, testamentos ou quaisquer apontamentos das partes. E pode ser oral, caso em que só terá eficácia quando a lei não exija prova literal (CPC, art. 394).

A confissão judicial pode ser espontânea ou provocada. A provocada é aquela que ocorre durante o depoimento pessoal, quando a parte responde às indagações formuladas pelo juiz ou pelo adversário e reconhece a veracidade de um fato contrário aos seus interesses. A espontânea é a que se dá fora do depoimento pessoal.

A confissão judicial e a extrajudicial podem ser feitas pela própria parte ou por representante com poder especial (CPC, art. 390, § 1º).

A confissão pode ainda ser expressa ou ficta. A primeira é a manifestada pela parte, por escrito ou verbalmente, e a segunda, a que decorre da falta de contestação ou do cumprimento do ônus da impugnação especificada dos fatos constantes da inicial.

18.3. Eficácia da confissão

A confissão torna incontroversos os fatos sobre os quais ela versa, o que faz desnecessário prová-los (CPC, art. 374, II). Mas essa não é mais considerada uma regra absoluta, devendo prevalecer sempre o princípio do livre convencimento motivado do juiz, que verificará a sinceridade com que ela é feita e a cotejará com os demais elementos de convicção que constam dos autos. Tanto a confissão expressa quanto a ficta geram uma presunção de veracidade dos fatos. Mas ela é relativa, e não absoluta, podendo ser contrariada por outros elementos de convencimento.

A confissão é mais um deles, que deve ser somado aos demais, no momento em que o juiz fará a sua apreciação dos fatos. Não mais se considera a confissão como uma prova absoluta, a "rainha das provas", cabendo ao juiz decidir se reputa os fatos sobre os quais ela versa incontroversos, dispensando outras provas, ou se ainda não os considera como tais, determinando-as.

Há ainda algumas restrições à eficácia da confissão. A extrajudicial, quando feita oralmente, só terá eficácia nos casos em que a lei não exigir prova literal. Não se poderão provar por confissão atos ou negócios jurídicos para os quais a lei exige forma escrita como da substância do ato.

Toda confissão, não apenas a extrajudicial, feita por escrito a terceiro tem a sua eficácia livremente apreciada pelo juiz. O que será objeto de apreciação judicial nesse caso específico é a existência, e não a eficácia da confissão. O juiz decidirá livremente se ela ocorreu ou não.

Seja qual for o tipo de confissão, ela não será eficaz para a prova de ato jurídico para o qual a lei exija instrumento público como de sua substância (CPC, art. 406). A razão é que, nesses casos, a forma solene não é usada para provar o negócio, mas constitui a própria substância do ato.

Quando houver litisconsórcio, qualquer dos litisconsortes pode confessar, não sendo necessária a anuência dos demais. Porém, a confissão de um só faz prova contra o confitente, jamais contra os outros litisconsortes (CPC, art. 391). Na verdade, a confissão de um fato por um dos litisconsortes provavelmente não será eficaz nem mesmo em relação ao próprio confitente, porque se o fato por ele confessado for impugnado pelos demais, ter-se-á tornado controverso e exigirá a produção da prova. Só haverá a sua dispensa se o litisconsorte confessar um fato que seja relacionado exclusivamente a ele e a seus interesses, mas não aos demais litisconsortes, o que apenas é possível no litisconsórcio simples. No unitário, como a solução tem de ser comum, os fatos relevantes para um sempre dirão respeito a todos. A regra do CPC, art. 391, vale para a confissão expressa e para a ficta.

O CPC, art. 391, parágrafo único, estabelece que, "nas ações que versarem sobre bens imóveis ou direitos reais sobre imóveis alheios, a confissão de um cônjuge ou companheiro não valerá sem a do outro, salvo se o regime for o da separação absoluta de bens". A preocupação do legislador, aqui, é não permitir que, por vias transversas, sejam burladas as regras civis que exigem outorga uxória nas demandas que versem sobre bens imóveis.

A confissão não será eficaz se recair sobre fatos relacionados a direitos indisponíveis, que são, em regra, aqueles de natureza extrapatrimonial e pública. Por isso, nas demandas que versem sobre esse tipo de direito, ainda que haja confissão, o juiz não considerará incontroversos os fatos, nem dispensará a produção de provas a seu respeito.

A eficácia da confissão está restrita à prova de fatos, jamais de direitos. Caberá ao juiz extrair as consequências jurídicas dos fatos que por ela tornaram-se incontroversos.

18.4. Perda de eficácia

O art. 393 considera irrevogável a confissão, mas permite que ela seja anulada, caso decorra de erro de fato ou de coação. Esse dispositivo está em consonância com o art. 214 do Código Civil, que também alude apenas a erro e coação. Mas parece-nos que cabe anulação ainda em caso de dolo, que nada mais é do que uma espécie de erro provocado.

A anulação deve ser obtida em ação própria, proposta exclusivamente pelo confitente. Se ele já a tiver proposto e falecer no curso do processo, a ação será transferida a seus herdeiros. Mas se ele falecer antes da propositura, os herdeiros não terão legitimidade (art. 393, parágrafo único, do CPC).

Não nos parece, porém, que, enquanto pendente o processo em que a confissão foi feita, haja qualquer óbice para que, no seu curso, o confitente demonstre que ela não emanou de uma declaração de vontade livre e consciente. A ineficácia será decidida, nesse caso, *incidenter tantum*, sem força de coisa julgada, pelo próprio juiz da causa em que a confissão foi feita. Demonstrado que ela foi obtida de forma viciosa, o juiz negar-lhe-á eficácia probatória, deixando de levá-la em conta na formação de seu convencimento.

18.5. Indivisibilidade da confissão

O CPC, art. 395, estabelece que "a confissão é, em regra, indivisível, não podendo a parte, que a quiser invocar como prova, aceitá-la no tópico que a beneficiar e rejeitá-la no que lhe for desfavorável, porém cindir-se-á quando o confitente a ela aduzir fatos novos, capazes de constituir fundamento de defesa de direito material ou de reconvenção".

A redação não é das mais felizes. Quem lê o dispositivo pode ter a falsa impressão de que compete à parte invocar ou não, como prova, a confissão do seu adversário, mas ela está nos autos, cabendo ao juiz levá-la em consideração, de acordo com as regras do livre convencimento, independentemente de qualquer invocação.

A indivisibilidade significa que, se o ato de confissão contiver vários tópicos, alguns admitindo fatos contrários aos interesses do confitente, e outros não, não se poderá levar em conta apenas aqueles, isoladamente. O ato de confissão deve ser considerado como um todo, de maneira que aqueles tópicos contrários ao interesse do confitente (únicos que podem ser chamados propriamente de confissão) devem ser apreciados conjuntamente com os demais.

Caberá ao juiz, de acordo com a regra do livre convencimento, considerar o poder de persuasão do ato como um todo, dispensando ou não a produção de provas a respeito dos fatos confessados.

Haverá a cisão, porém, quando o réu confessar na contestação, ou o autor na reconvenção, mas aduzindo fatos novos que constituam fundamento de defesa.

Assim, se na contestação o réu confessa que contraiu a dívida, mas alega que houve compensação, o juiz considerará incontroversa a existência do débito, mas não a compensação, que deverá ser comprovada. A razão disso é que ninguém pode confessar em seu próprio favor, mas apenas sobre fatos contrários ao seu interesse.

19. AUDIÊNCIA DE INSTRUÇÃO E JULGAMENTO

19.1. Introdução

Quando há necessidade de produção de prova oral, o juiz designa a audiência de instrução e julgamento. Nela, ele novamente tentará a conciliação, promoverá a colheita da prova oral, dará a palavra às partes para que apresentem suas alegações finais e, se tiver condições, proferirá o julgamento.

A expressão "audiência de instrução e julgamento" foi usada pelo próprio legislador (CPC, art. 357, V), mas os atos nela praticados não se resumem apenas à colheita de provas e sentença. A tentativa de conciliação, que já havia sido feita na audiência do art. 334, deve ser renovada ao seu início.

Para ela são intimados os procuradores das partes e as testemunhas. As partes não são pessoalmente intimadas, a não ser que o seu advogado não tenha poderes para transigir, ou tenha havido requerimento do adversário, para depoimento pessoal, sob pena de confesso, caso em que se deverá observar o disposto no CPC, art. 385, § 1º. A parte propriamente só participa dessa audiência no momento em que há a tentativa de conciliação e quando presta depoimento pessoal. Daí por que, se o seu advogado tiver poderes para transigir, e se não tiver havido requerimento para que ela deponha, a sua presença não é necessária, e ela não será pessoalmente intimada. No entanto, é direito dela assistir à audiência, durante a qual poderá fornecer informações e orientar o seu advogado.

Toda a prova oral é colhida na audiência de instrução, ressalvadas as hipóteses do CPC, art. 453, I e II (quando a prova for antecipada ou colhida por carta). Excepcionalmente, pode ser intimado para a audiência o perito que elaborou o laudo ou o assistente técnico que tenha apresentado parecer. Isso ocorrerá quando a parte desejar esclarecimentos, que serão formulados por escrito, e dos quais eles serão intimados com dez dias de antecedência.

Depois de colhida a prova oral, o juiz dará a palavra aos advogados das partes, para que apresentem as suas alegações finais. Ao fazê-lo, eles buscarão convencê-lo de que os elementos de prova são suficientes para demonstrar o acerto do seu pleito. Por fim, o juiz proferirá sentença.

Como há vários atos praticados na mesma audiência, ela pode ser qualificada como um ato processual complexo.

19.2. Procedimento da audiência de instrução e julgamento

A audiência de instrução e julgamento é pública, realiza-se de portas abertas, conforme o art. 368 do CPC. Ficam ressalvados os processos que correm em segredo de justiça, nos quais a audiência só pode ser acompanhada pelas partes e seus procuradores e pelo Ministério Público, quando intervém.

Compete ao juiz zelar para que ela se realize sem incidentes. Para tanto, a lei lhe atribui poder de polícia, competindo-lhe manter a ordem e o decoro, ordenar que se retirem da sala aqueles que não se comportarem adequadamente e requisitar, se necessário, força policial (CPC, art. 360). Os atos praticados durante a audiência são: pregão inicial, tentativa de conciliação, colheita de prova oral, debates e sentença.

a) Pregão inicial: a data da audiência de instrução e julgamento é designada, em regra, na decisão saneadora. Verificando o juiz a necessidade de colheita de prova oral, marcará a data, ordenando as intimações necessárias. Porém, quando há determinação para que se realize prova pericial, o mais comum é que o juiz não a designe desde logo na decisão de saneamento. Primeiro, é realizada a perícia. Depois de encerrada é que os juízes marcam a data para a audiência de instrução e julgamento, devendo ser respeitado o prazo de vinte dias, que deve mediar entre a entrega do laudo e a sua realização.

No dia e hora designados, o juiz declarará aberta a audiência e determinará que as partes e seus advogados sejam apregoados (CPC, art. 358). O pregão deverá ser feito em voz suficientemente alta, para que os presentes sejam informados de que a audiência está iniciando e apresentem-se. Se houver, no processo, a participação do Ministério Público, o promotor de justiça também deverá ser alertado. Feito o pregão, as partes e advogados que estiverem presentes, bem como o promotor de justiça, ingressam no recinto da sala das audiências e tomam assento.

b) Tentativa de conciliação: em seguida, o juiz tenta novamente a conciliação entre as partes. Se a audiência de instrução está sendo realizada, é porque foi infrutífera a tentativa de conciliação na audiência inicial do art. 334. Mas pode acontecer que, transcorrido algum tempo desde lá, as partes estejam dispostas, agora, a fazer um acordo que antes não as interessava. Por isso, o juiz deve tentá-lo novamente. Desnecessário mencionar que a tentativa de conciliação será dispensada se a causa versar sobre interesses indisponíveis, sobre os quais as partes não podem transigir.

Celebrado, o acordo será reduzido a termo e implicará a extinção do processo com resolução de mérito. A audiência então se encerrará. A tentativa de conciliação deverá ser feita mesmo que os advogados das partes não estejam presentes. A transação é negócio jurídico que exige capacidade para os atos da vida civil, mas não capacidade postulatória.

Caso a parte esteja ausente, mas à audiência tenha comparecido o seu advogado, com poderes para transigir, as negociações serão feitas entre ele e o adversário. A falta de tentativa de conciliação enseja a nulidade da audiência, mas desde que dela resultem prejuízos. Se ficar evidenciado, pelas manifestações das partes, que não havia nenhuma possibilidade de acordo, não será anulada.

c) Prova oral: depois de tentada a conciliação, inicia-se a colheita de prova oral, que deverá observar uma sequência determinada.

Primeiro, o juiz ouvirá o perito a respeito dos esclarecimentos solicitados por escrito pelas partes, na forma do CPC, art. 477, §§ 3º e 4º, que serão prestados oralmente, na audiência. Novas perguntas, que não as formuladas antecipadamente, só serão admitidas se estritamente relacionadas com as respostas dadas por ele. Mesmo que o advogado de apenas uma das partes tenha solicitado esclarecimentos, o juiz permitirá que o outro também formule perguntas, desde que referentes às respostas dadas pelo perito. Primeiro perguntará o advogado que solicitou os esclarecimentos, e depois o outro. O promotor de justiça que participe do processo como fiscal da ordem jurídica perguntará depois de todos. Em síntese, o perito só está obrigado a responder o que lhe foi perguntado por escrito, com antecedência, e outras questões que estejam relacionadas com essas respostas.

Depois que ele depuser, serão ouvidos os assistentes técnicos, primeiro os do autor e depois os do réu, desde que se tenham cumprido os mesmos requisitos (CPC, art. 477, §§ 3º e 4º). As reperguntas ao assistente técnico serão feitas primeiro pelo advogado da parte que o indicou, e depois pelo adversário.

Depois de prestados os esclarecimentos pelo perito e assistentes técnicos, passa-se ao depoimento pessoal das partes. Se ambas tiverem requerido o depoimento do adversário, será colhido primeiro o do autor (ou autores, em caso de litisconsórcio), e depois o do réu. Enquanto o autor presta depoimento, o réu deve sair da sala, para que não ouça o que está sendo falado. Quando o réu depõe, não há necessidade de que o autor saia, pois ele já depôs (CPC, art. 385, § 2º). As perguntas serão sempre dirigidas à parte pelo juiz, podendo ser formuladas por ele mesmo ou pelo advogado da parte contrária.

Por fim, são ouvidas as testemunhas, primeiro as do autor e depois as do réu. A inquirição é feita diretamente pelos advogados das partes e pelo Ministério Público, quando oficiar. Cada parte ouvirá as suas na ordem que preferir. Deve o juiz providenciar para que elas não ouçam os depoimentos umas das outras, nem tomem conhecimento do seu teor.

Por isso é que se tem com frequência adiado audiências sem ouvir nenhuma testemunha, quando apenas algumas estão presentes e outras não. Diz-se que há cisão da prova, e que as testemunhas ouvidas posteriormente poderão ter conhecimento do que disseram as demais. É preciso considerar, porém, que muitas vezes não haverá como preservar a sua incomunicabilidade, como, por exemplo, quando necessária a oitiva antecipada de testemunha ou não for possível terminar a audiência no mesmo dia, com necessidade de prosseguimento na primeira oportunidade.

A testemunha será advertida na forma do CPC, art. 458, parágrafo único, e o juiz, os advogados e o Ministério Público formularão as perguntas que lhe parecerem pertinentes.

d) Debates: finda a colheita de prova oral, o juiz passará a palavra para as partes, para as suas alegações finais. Falará primeiro o advogado do autor, depois o do réu e o Ministério Público, sendo concedido a cada um o prazo de vinte minutos, prorrogável por mais dez, a critério do juiz.

Quando houver litisconsórcio, ou participação de terceiro, o prazo inicial unido ao da prorrogação será dividido entre os do mesmo grupo, se não ficar convencionado de modo diverso. A lei permite a substituição dos debates orais por memoriais escritos, quando "a causa apresentar questões complexas de fato ou de direito". O juiz verificará a necessidade da substituição, levando em conta a complexidade das questões e até o volume de prova que tenha sido produzida na audiência. Seria mesmo difícil, em algumas situações, que as partes pudessem, em apenas vinte minutos, manifestar-se sobre questões de alta complexidade ou sobre um volume extenso de material probatório colhido na audiência ou antes dela.

A lei determina que, havendo a substituição dos debates por razões finais escritas, elas sejam apresentadas pelo autor, pelo réu, e pelo Ministério Público, quando ele intervir, em prazos sucessivos de quinze dias, assegurada vista dos autos.

e) Sentença: depois de apresentadas as alegações finais, o processo estará pronto para sentença, que poderá ser proferida na própria audiência, se o juiz tiver condições de fazê-lo. Se não, deverá determinar que os autos venham conclusos, para que a sentença seja prolatada no prazo de trinta dias. Se o julgamento for feito na audiência, as partes sairão intimadas, passando a fluir, desde então, o prazo de recursos. Do contrário, elas deverão ser intimadas pela imprensa.

19.3. Decisões proferidas em audiência

A audiência é ato complexo, em que são praticados diferentes atos. É comum que o juiz profira, antes da sentença, decisões interlocutórias, a respeito de questões que surgem no seu curso. Por exemplo, contraditas das testemunhas, requerimentos das partes, pedidos de adiamento, e outros.

Se tais decisões forem daquelas que comportam agravo de instrumento (art. 1.015), contra elas a parte prejudicada deverá interpor o recurso, sob pena de preclusão. Se não, a questão só poderá ser reexaminada pelo Tribunal, se suscitada como preliminar nas razões ou nas contrarrazões de apelação.

19.4. Termo de audiência

O CPC, art. 367, estabelece que "o servidor lavrará, sob ditado do juiz, termo que conterá, em resumo, o ocorrido na audiência, bem como, por extenso, os despachos, as decisões e a sentença, se esta for proferida no ato".

A prova oral colhida na audiência também é reduzida a termo, devendo ser ditada pelo juiz ao servidor, que a datilografará ou digitará. Poderá ainda ser documentada por meio eletrônico, estenotipia e taquigrafia.

Do termo de audiência constarão as presenças e as ausências das partes, advogados e testemunhas, o resultado da tentativa de conciliação, um histórico resumido de tudo o que ocorreu na audiência – se foram ouvidos o perito e o assistente técnico, colhidos os depoimentos pessoais e ouvidas as testemunhas, se houve contradita, se as partes desistiram de uma ou algumas das testemunhas arroladas –, bem como as decisões nela proferidas, de ofício ou a requerimento das partes, as alegações finais orais e a sentença que tenha sido prolatada no ato.

O termo será assinado pelo juiz, pelos advogados, pelo membro do Ministério Público e pelo escrivão ou chefe de secretaria. As folhas serão rubricadas pelo juiz e incorporadas aos autos.

19.5. Unidade da audiência

Nos termos do CPC, art. 365, "a audiência é una e contínua, podendo ser excepcional e justificadamente cindida na ausência de perito ou de testemunha, desde que haja concordância das partes".

A colheita de prova oral deve ser concentrada em um único ato, para que os atos instrutórios fiquem próximos entre si e não se apaguem da memória do juiz. A concentração dos atos o aproxima das provas, atendendo as exigências do princípio da imediação. Por isso, quando o juiz suspende uma audiência, porque não foi possível terminá-la no mesmo dia, não designa uma segunda, mas uma audiência em continuação. Terá havido uma audiência só, embora fragmentada no tempo.

A unidade é da audiência de instrução e julgamento. Não há unidade entre esta e a de tentativa de conciliação, pois são atos diferentes. Há, pois, duas audiências no procedimento comum: a de tentativa de conciliação e a de instrução e julgamento, sendo cada qual una e contínua.

Por força da regra da unidade, a audiência, dentro do possível, deverá ser concluída no mesmo dia em que se iniciou. Mas a própria lei ressalva a possibilidade de cisão, quando a conclusão não for possível. Às vezes, por exemplo, o número de testemunhas é tal que não é possível inquiri-las todas no mesmo dia, caso em que o juiz aplicará o disposto no CPC, art. 365, parágrafo único.

19.6. Adiamento da audiência

O CPC, art. 362, aponta três hipóteses em que a audiência não será realizada na ocasião inicialmente designada pelo juiz, mas elas não exaurem aquelas em que o adiamento será necessário. A primeira é a convenção das partes, que só será admitida uma vez. O art. 313, II, prevê a possibilidade de, por convenção, o próprio processo ficar suspenso, por um período de até seis meses. Em regra, ela é feita quando as partes vislumbram a possibilidade de uma composição e pretendem um prazo para a efetivação de outras negociações.

A segunda causa de adiamento é a ausência, por motivo justificado, de qualquer pessoa que dela deva necessariamente participar. O não comparecimento do advogado provocará o adiamento, se decorrer de motivos importantes que constituam justa razão. As causas mais frequentes são motivos de saúde relacionados ao próprio advogado ou a pessoas de sua família. É comum, ainda, que seja solicitado adiamento, em virtude de o advogado ter de participar de outra audiência, no mesmo horário. O juiz só o deferirá se esta tiver sido designada anteriormente.

Se a parte tiver constituído mais de um advogado, todos com iguais poderes e domicílio na comarca em que a audiência será realizada, a impossibilidade de comparecimento de apenas um não adiará a audiência.

A terceira causa de adiamento é atraso injustificado de seu início em tempo superior a 30 minutos do horário marcado. Só justifica o adiamento o atraso que não for justificado.

É requisito indispensável para o adiamento que o advogado prove o impedimento até a abertura da audiência (CPC, art. 362, § 1º). Esse dispositivo, entretanto, não pode ter interpretação literal, pois só se pode exigir que ele o faça se isso for possível. Nos casos em que toma conhecimento do fato impeditivo com antecedência, a comunicação prévia faz-se necessária. Todavia, há situações em que não é possível fazer a prova do impedimento senão *a posteriori*. É o caso do advogado que sofre um acidente a caminho do fórum ou, dirigindo-se à audiência, torna-se vítima de sequestradores.

Em casos de manifesta impossibilidade de comunicação prévia, admite-se a justificativa posterior. Como o juiz possivelmente terá realizado a audiência, ela deverá ser renovada, agora com a participação do advogado ausente.

Daí, como ensina Athos Gusmão Carneiro, "a inconveniência de o juiz, quando ausente o advogado de qualquer das partes, proferir a sentença em audiência; ao contrário, em determinando a conclusão dos autos, com a utilização do decêndio (o prazo atual é de trinta dias) previsto no art. 456 do CPC (atual art. 366), dará tempo à comunicação de eventual justificativa. É que a justificativa de impedimento surgido à última hora pode ser, evidentemente, apresentada com razões de apelação, e, se encontrar provados os fatos impeditivos do comparecimento, o Tribunal anulará a sentença e a audiência, determinando sua renovação"[10].

Se o advogado não comparece à audiência de instrução e julgamento e não apresenta a prova do seu impedimento, o juiz procede à instrução sem a sua presença. A audiência realiza-se normalmente, com ressalva de que o magistrado poderá dispensar a produção das provas requeridas pela parte cujo advogado estava ausente (CPC, art. 362, § 2º), valendo a mesma regra para o defensor público e para o Ministério Público. A ausência do advogado do autor não enseja a extinção do processo, nem a do réu a revelia, mas apenas a dispensa das provas requeridas, se o juiz entender que é caso.

A dispensa das provas é apenas uma faculdade atribuída por lei ao juiz. Se este verificar que, apesar da ausência do advogado, a oitiva de testemunhas arroladas pela parte que ele representa ajudará a elucidar os fatos, ele o fará. Também não haverá dispensa de provas quando o processo versar sobre direito indisponível.

A ausência da parte, em regra, não levará ao adiamento da audiência. A sua presença só é necessária para a tentativa de conciliação e o depoimento pessoal. Portanto, se este não for requerido, e se o advogado tiver poderes para transigir em seu nome, a presença da parte será dispensável.

No entanto, a parte tem o direito de presenciar a audiência, na qual poderá orientar o advogado e sugerir perguntas que ele deva fazer às testemunhas, ao perito ou à parte contrária. Por isso, se ela desejar comparecer e não puder, por justo motivo, devidamente comprovado, o juiz adiará a audiência. Se não houver razão justa, a audiência será realizada sem a parte, à qual será aplicada a pena de confissão, se tiver havido intimação para depoimento pessoal, na forma do art. 385, § 1º.

O não comparecimento de perito ou testemunha que estejam intimados para a audiência levará ao seu adiamento, desde que as partes que requereram a sua inquirição nela insistam. A audiência seria adiada seja a ausência motivada ou não. A diferença é que, se motivada, o ausente não arcará com as custas do adiamento, nem sofrerá condução coercitiva. A ausência do assistente técnico só provocará o adiamento quando justi-

10. Athos Gusmão Carneiro, *Audiência de instrução e julgamento*, p. 103.

ficada. Quando não, a audiência realizar-se-á, ficando a parte que o indicou privada da possibilidade de ouvi-lo.

Além dos motivos de adiamento expressos no CPC, art. 362, há outros. A ausência do juiz e do Ministério Público, justificada ou não, provocará o adiamento. Se injustificada, poderá ainda trazer sanções administrativas aos ausentes.

Outra causa é a não intimação daqueles que dela deverão participar ou, ainda, a não observância da antecedência mínima entre a entrega do laudo pericial e a sua realização, que deve ser de vinte dias (CPC, art. 477).

Sempre que houver adiamento, o juiz designará desde logo a data para a continuação, da qual os presentes sairão cientes.

Capítulo V
PROCEDIMENTO COMUM (FASE DECISÓRIA)

1. SENTENÇA

1.1. Introdução

Inúmeras foram as alterações trazidas pelo Código de Processo Civil de 1973. Dentre elas, das mais importantes foi a que conceituou sentença como ato que põe fim ao processo, decidindo ou não o mérito da causa. Conquanto a redação pudesse merecer reparos, já que a sentença só punha fim ao processo no primeiro grau de jurisdição, a novidade foi bem recebida, em especial porque facilitou sobremaneira a interposição do recurso adequado: contra o ato judicial que punha fim ao processo cabia apelação.

A lei não levava em consideração o conteúdo do ato para conceituá-lo como sentença, mas sim sua finalidade. Não era relevante que o juiz tivesse apreciado o mérito, bastando que extinguisse o processo. Com isso, ficavam superadas as notórias dificuldades do CPC de 1939, que utilizava como critério o conteúdo do ato. Como este gerava frequentes divergências, eram comuns as dificuldades em relação ao recurso apropriado.

A Lei n. 11.232, de 22 de dezembro de 2005, alterou a redação do art. 162, § 1º, do CPC de 1973, e o conceito de sentença passou a ser "o ato do juiz que implica alguma das situações previstas nos arts. 267 e 269 desta lei". O art. 267 cuidava da extinção do processo sem resolução de mérito. Sempre que o juiz, sem examinar o pedido, pusesse fim ao processo, proferia sentença, contra a qual caberia apelação. Mas o art. 269 não falava em extinção. Dizia apenas que, nas hipóteses nele mencionadas, haveria resolução de mérito.

Disso resultaria que em duas hipóteses haveria sentença: sempre que o juiz extinguisse o processo, sem resolução de mérito; ou quando acolhesse ou rejeitasse os pedidos do autor (ou procedesse conforme os demais incisos do art. 269), ainda que sem extingui-lo.

Era compreensível a opção do legislador: quando proferida sentença condenatória, não havia mais um processo de execução subsequente, mas tão somente uma fase, e não seria correto dizer que a sentença punha fim ao processo, que poderia prosseguir, com a fase de cumprimento de sentença.

Mas, ainda sob a vigência do CPC de 1973, sustentávamos que, sob pena de gravíssimas consequências para todo o sistema recursal, era preciso acrescentar ao conceito atual de sentença a sua aptidão, senão para pôr fim ao processo, ao menos para pôr fim à fase cognitiva em primeira instância.

Só com a conjugação dos dois aspectos, o relacionado ao conteúdo e à aptidão para pôr fim à fase cognitiva, poder-se-ia formular o conceito adequado para sentença. A entender-se de outra forma, seria necessário considerar como tal atos praticados no curso da fase cognitiva que não poriam fim a ela, o que levaria a situações esdrúxulas, como a existência de sentenças interlocutórias, contra as quais não se saberia que recurso interpor.

Nesse sentido, afigurava-se exata a lição de Nelson Nery Junior e Rosa Nery, para quem "o pronunciamento do juiz só será sentença se a) contiver uma das matérias previstas no CPC 267 ou 269 (CPC 162, § 1º) e, cumulativamente, b) extinguir o processo (CPC 162, § 2º, 'a contrario sensu'), porque se o pronunciamento for proferido no curso do processo, isto é, sem que se lhe coloque termo, deverá ser definido como decisão interlocutória, impugnável por agravo (CPC 522), sob pena de instaurar-se o caos em matéria de recorribilidade desse mesmo pronunciamento"[1]. Faz-se apenas a ressalva de que eventualmente a sentença não porá fim ao processo, mas à fase cognitiva.

Essa solução impede que um processo possa ter mais de uma sentença, o que, se possível fosse, traria enormes dificuldades, seja do ponto de vista do recurso cabível, seja do ponto de vista do próprio cumprimento do que foi determinado.

A apelação, sendo recurso cabível contra a sentença, deverá ser apresentada quando o juiz puser fim ou ao processo ou à fase cognitiva.

O CPC de 2015 põe fim ao problema, ao conceituar a sentença, no art. 203, § 1º, como o pronunciamento por meio do qual o juiz, com fundamento nos arts. 485 e 487, põe fim à fase cognitiva do procedimento comum, bem como extingue a execução. Assim, volta a fazer parte da conceituação legal da sentença a sua aptidão de pôr fim ao processo ou à fase cognitiva. Os arts. 485 e 487 a que o dispositivo alude tratam das hipóteses de extinção sem e com resolução de mérito.

O legislador valeu-se da conjugação dos dois critérios para defini-la. Ela é o pronunciamento judicial que se identifica: a) por seu conteúdo, que deve estar em consonância com o disposto nos arts. 485 e 487 do CPC; b) por sua aptidão ou de pôr fim ao processo, nos casos de extinção sem resolução de mérito ou em que não há necessidade de execução ou ainda nos processos de execução por título extrajudicial, ou à fase cognitiva, nos casos de sentença condenatória, que exige subsequente execução.

Há outros pronunciamentos judiciais no sistema atual, nos quais o juiz pode resolver o mérito, que não têm natureza de sentença. Ao proferir o julgamento antecipado parcial de mérito, ele examinará, em cognição exauriente e com força definitiva, um ou alguns dos pedidos ou parte deles, que seja incontroverso ou que não dependa de outras provas. Mas, se, ao fazê-lo, o juiz não puser fim ao processo, nem à fase de conhecimento, porque há necessidade de que ele prossiga em razão dos demais pedidos,

---

1. Nelson Nery Junior e Rosa Nery, *Código de Processo Civil comentado*, 10. ed., p. 427.

o pronunciamento terá natureza de decisão interlocutória de mérito, a desafiar a interposição de agravo de instrumento, não de sentença. Só haverá sentença se o pronunciamento estiver fundado nos arts. 485 e 487 do CPC e puser fim ao processo ou à fase de conhecimento.

1.2. Espécies de sentenças

Do disposto no art. 203, § 1º, do CPC, resulta que há dois tipos de sentenças: as que resolvem o mérito e as que não o fazem. Ambas têm o condão de pôr fim, ou ao processo ou à fase de conhecimento. As que apreciam o mérito são denominadas definitivas; as outras, terminativas. As primeiras estão indicadas no art. 487, e as demais, no art. 485.

Entre as sentenças de mérito a lei inclui não apenas aquelas que decidem a pretensão formulada pelo autor, mas também as que reconhecem a prescrição e a decadência, e as que homologam o acordo celebrado pelos litigantes, o reconhecimento jurídico do pedido e a renúncia ao direito em que se funda a ação. Em sentido estrito, só haveria sentença de mérito propriamente nos casos em que o juiz decide sobre a pretensão formulada. Nos demais, ela é considerada de mérito não pela sua natureza, mas por força de lei. O legislador optou por considerá-la como tal para que pudesse revestir-se da autoridade da coisa julgada material, obstando a propositura de demandas idênticas.

A classificação de uma sentença como definitiva ou terminativa terá diversas consequências. Não, entretanto, em relação à identificação do recurso apropriado para atacá-la, que será sempre o de apelação. Mas será relevante para a formação da coisa julgada material, cuja autoridade só reveste as sentenças de mérito, bem assim para a viabilidade do ajuizamento de ação rescisória, que também só cabe contra estas.

1.3. A preferência pela resolução do mérito quando possível (art. 488)

O processo terá alcançado sua finalidade principal se o juiz puder resolver o mérito, proferindo seja sentença de acolhimento ou rejeição da pretensão posta em juízo, seja qualquer outra das sentenças previstas no art. 487. Nesse caso, a sentença será definitiva e terá força de coisa julgada material. O processo que tiver de ser extinto sem resolução de mérito, nas hipóteses do art. 485, não terá atingido a sua finalidade última. A sentença será meramente terminativa, sem força de coisa julgada material.

O art. 488 do CPC, valendo-se do princípio da instrumentalidade das formas, estabelece que "desde que possível, o juiz resolverá o mérito sempre que a decisão for favorável à parte a quem aproveitaria eventual pronunciamento nos termos do art. 485". Se o juiz teria de acolher uma preliminar arguida pelo réu na contestação, daquelas enumeradas no art. 337, que levam à extinção sem resolução de mérito, mas percebe que, não fosse a preliminar, seria possível julgar o mérito, pois estão nos autos todos os elementos para tanto, e a sentença seria de improcedência (portanto favorável ao réu, a quem aproveitaria o acolhimento da preliminar), o juiz prolatará a sentença de mérito. Afinal, se ele já sabe que o pedido não pode ser acolhido, melhor que já profira sentença definitiva, que examine a questão de fundo. Com isso, o processo alcançará o seu objetivo final, o que não ocorreria com a mera extinção sem resolução de mérito. A regra do art. 488 guarda estreita relação com a do art. 282, § 2º, também fundada no princípio da instrumentalidade das formas e no da economia processual: "Quando puder decidir o mérito a favor da parte a quem aproveite a decretação da nulidade, o juiz não a pronunciará nem mandará repetir o ato ou suprir-lhe a falta".

1.4. Elementos estruturais da sentença

O art. 489 do CPC exige que a sentença seja composta por três partes bem diferenciadas: o *relatório*, a *motivação* e o *dispositivo*. Isso decorre da importância que o ato assume no procedimento, como veículo no qual o juiz pode apreciar a pretensão formulada pelo autor. Para os demais atos judiciais, não há exigência semelhante.

As partes, embora distintas, devem formar um todo harmônico e coerente. A falta de uma delas, ou sua desarmonia, ensejará a nulidade da sentença.

1.4.1. Relatório

É a parte inicial da sentença, na qual o juiz, de forma resumida, descreve o que se passou no processo desde o princípio. De acordo com o art. 489, I, do CPC, o relatório deve conter "os nomes das partes, a identificação do caso, com a suma do pedido e da contestação, e o registro das principais ocorrências havidas no andamento do processo".

É indispensável que a sentença indique o nome de todas as partes, e que contenha um resumo da pretensão do autor, de seus fundamentos e da defesa do réu, sob pena de nulidade. Assegura-se, com isso, que o julgador tome conhecimento de todas as alegações das partes antes da decisão. Trata-se de uma garantia do devido processo legal.

O relatório deve, por fim, conter o registro das principais ocorrências relevantes para o processo, dos incidentes processuais (por exemplo, de falsidade documental ou de exibição de documento), das provas produzidas e do conteúdo das alegações finais.

1.4.2. Motivação

São os fundamentos de fato e de direito, sobre os quais o juiz apoiará sua decisão. A Constituição Federal determina que todos os atos judiciais sejam fundamentados (art. 93, IX). Isso se torna particularmente importante nas sentenças, em que se decide a pretensão do autor. O princípio da necessidade de motivação das decisões judiciais foi ainda reforçado pela determinação contida no art. 20 e parágrafo único, da Lei de Introdução às Normas do Direito Brasileiro, introduzido pela Lei n. 13.655/2018.

A motivação deve manter estreito vínculo com o relatório e, principalmente, com o dispositivo. Devem ser apreciadas pelo juiz as razões, de fato e de direito, trazidas pelas partes e mencionadas no relatório. Ao examiná-las, o juiz deverá extrair, com coerência, a conclusão contida no dispositivo.

O § 1º do art. 489 do CPC enumera, em seis incisos, hipóteses em que não se considera fundamentada não apenas a sentença, mas qualquer decisão judicial. A solução do legislador foi bastante engenhosa, pois seria difícil indicar quais as exigências para que a decisão se considerasse fundamentada, sendo mais fácil enumerar quando ela não será reputada como tal. São elas:

1) a decisão que se limitar à indicação, à reprodução ou à paráfrase de ato normativo, sem explicar sua relação com a causa ou a questão decidida: será preciso que o juiz, ao aplicar a lei ou ato normativo ao caso

concreto, esclareça a pertinência da sua aplicação. Ao proferir a sentença, o juiz desenvolve um raciocínio silogístico, pois parte de uma premissa maior (o que dispõe o ordenamento jurídico) para uma premissa menor (o caso concreto) para poder extrair a conclusão. É preciso que a sentença indique com clareza em que medida aquela norma invocada pode funcionar como premissa maior, aplicável ao caso concreto *sub judice*.

2) a decisão que empregar conceitos jurídicos indeterminados, sem explicar o motivo concreto de sua incidência no caso: o mesmo que na situação anterior. É preciso que fique claro àquele que lê a sentença ou a decisão a razão pela qual determinado conceito jurídico foi invocado e de que forma se aplica ao caso concreto.

3) a decisão que invocar motivos que se prestariam a justificar qualquer outra decisão: o juiz examina um caso concreto que lhe foi submetido. Não pode ser considerada como fundamentada uma decisão que se vale de um molde ou modelo genérico, que possa servir não apenas para aquela situação concreta, mas de forma geral. É preciso que o juiz fundamente sua decisão de maneira específica para o caso em que ela foi proferida. Fórmulas genéricas do tipo "foram preenchidos os requisitos", sem a indicação concreta das razões pelas quais o juiz assim o considera não são admissíveis.

4) a decisão que não enfrentar todos os argumentos deduzidos no processo capazes de, em tese, infirmar a conclusão adotada pelo julgador: nem sempre será necessário que o juiz se pronuncie sobre todas as causas de pedir e fundamentos de defesa. Se uma das causas de pedir ficar desde logo demonstrada e for, por si só, suficiente para o acolhimento do pedido, o juiz proferirá sentença de procedência, sem precisar examinar as demais. Por exemplo: se alguém postula a anulação de contrato porque firmado por incapaz sem assistência, e porque foi coagido a assiná-lo, haverá um só pedido, mas duas causas de pedir, cada qual suficiente, por si só, para o acolhimento do pedido. Se uma ficar demonstrada desde logo, o juiz poderá julgar, sem examinar as demais; o mesmo em relação aos fundamentos da defesa: se um só ficar provado, e for suficiente para levar à improcedência do pedido, o juiz poderá sentenciar, afastando a pretensão inicial, sem examinar os demais. O que não é possível é o juiz rejeitar a pretensão do autor, sem examinar todos os fundamentos de fato

e de direito por ele invocados; ou acolher, sem examinar todos os fundamentos da defesa.

Também não há necessidade de examinar questões de somenos, que não guardam relação com as pretensões formuladas ou que nenhuma repercussão teriam sobre o resultado final, já que elas não podem ser consideradas capazes de infirmar a conclusão do julgador.

A sentença deverá apreciar todas as questões preliminares que ainda não tenham sido examinadas, bem como as prejudiciais. As preliminares são aquelas de cujo deslinde depende o julgamento do mérito ou a extinção sem exame do mérito. São as matérias enumeradas no art. 337 do CPC. Por exemplo, a falta de condições da ação ou de pressupostos processuais. As prejudiciais são aquelas cujo deslinde repercute no acolhimento ou rejeição do pedido, por exemplo, a paternidade, nas ações de alimentos.

Cumpre ao juiz atentar para que a fundamentação mantenha estreita correlação com o dispositivo. A atividade judicial é silogística: aplicação da lei ao fato concreto, extraindo disso as consequências adequadas. O dispositivo deve ser decorrência lógica da fundamentação.

5) a decisão que se limitar a invocar precedente ou enunciado de súmula, sem identificar seus fundamentos determinantes nem demonstrar que o caso sob julgamento se ajusta àqueles fundamentos: da mesma forma que é preciso que o juiz, ao aplicar determinado ato normativo (item 1 *supra*) esclareça a pertinência daquela regra em relação ao caso concreto, ele deverá fazê-lo quando invoca precedente ou enunciado de súmula. É preciso que o julgador explique ao leitor porque o precedente ou súmula podem ser aplicados naquele caso concreto que ele está julgando.

6) a decisão que deixar de seguir enunciado de súmula, jurisprudência ou precedente invocado pela parte, sem demonstrar a existência de distinção no caso em julgamento ou a superação do entendimento: essa hipótese pressupõe que uma das partes invoque súmula, jurisprudência ou precedente e que o juiz não os aplique. Ele deve justificar a razão de não os aplicar, demonstrando que não se ajustam ao caso concreto que está decidindo. Mas a redação do dispositivo merece crítica, já que o juiz pode deixar de acolher jurisprudência ou precedente invocado pela parte, por discordar da solução adotada, a menos que se trate de precedente vinculante. Só nesse caso é que o juiz, para deixar de aplicá-lo,

terá de demonstrar a distinção no caso em julgamento ou a superação do entendimento.

O art. 489, § 1º, do CPC, alude à necessidade de, na sentença, concluindo pela existência de colidência de normas, o juiz justificar o objeto e os critérios gerais da ponderação efetuada, enunciando as razões que autorizam a interferência na norma afastada e as premissas fáticas que fundamentam a conclusão. O dispositivo parece ter sido influenciado pela Teoria da Ponderação dos Princípios, do jurista alemão Robert Alexy, embora verse especificamente sobre colidência de normas e não de princípios. A ideia é de que, havendo conflito de normas, o juiz esclarece as razões pelas quais fez prevalecer uma delas em detrimento da outra, indicando ainda as premissas básicas em que se fundou a sua conclusão.

A respeito da incidência do dispositivo, confira-se importante precedente do Superior Tribunal de Justiça:

"Em síntese, propõe-se que sejam fixados os seguintes entendimentos a respeito do tema: a) o § 2º do art. 489 do CPC/2015 estabelece balizas para a aplicação da técnica da ponderação visando a assegurar a racionalidade e a controlabilidade da decisão judicial, sem revogar outros critérios de resolução de antinomias, tais como os apresentados na Lei de Introdução às Normas do Direito Brasileiro; b) apenas se configura a nulidade por violação do § 2º do art. 489 do CPC/2015 na hipótese de ausência ou flagrante deficiência da justificação do objeto, dos critérios gerais da ponderação realizada e das premissas fáticas e jurídicas que embasaram a conclusão, ou seja, quando não for possível depreender dos fundamentos da decisão o motivo pelo qual a ponderação foi necessária para solucionar o caso concreto e de que forma se estruturou o juízo valorativo do aplicador; c) o exame da validade/nulidade da decisão que aplicar a técnica da ponderação deve considerar o disposto nos arts. 282 e 489, § 3º, do CPC/2015, segundo os quais a decisão judicial constitui um todo unitário a ser interpretado a partir da conjugação de todos os seus elementos e em conformidade com o princípio da boa-fé, não se pronunciando a nulidade quando não houver prejuízo à parte que alega ou quando o mérito puder ser decidido a favor da parte a quem aproveite; d) em recurso especial, a pretensão de revisão do mérito da ponderação efetuada pelo Tribunal de origem pressupõe que se trate de matéria infraconstitucional, além da indicação, nas razões recursais, das normas conflitantes e das teses que embasam a sustentada violação/negativa de vigência da legislação federal; e) tratando-se de decisão fundamentada eminentemente na ponderação entre normas ou princípios constitucionais, não cabe ao STJ apreciar a correção do entendimento firmado pelo Tribunal de origem, sob pena de usurpação de competência do Supremo Tribunal Federal" (Recurso Especial 1.765.579, rel. Min. Ricardo Villas Bôas Cueva).

A falta de fundamentação é causa de nulidade da sentença. É preciso que o juiz se pronuncie sobre todas as questões essenciais, que repercutam na solução da lide, sob pena de a sentença ser considerada *citra petita*. A ausência de motivação não se confunde com fundamentação sucinta. A lei não exige que ela seja extensa, mas deve ser suficiente para tornar compreensíveis as razões que levaram o julgador a decidir daquela forma. Não haverá nulidade se o juiz silenciar sobre questões irrelevantes ou secundárias, sem influência sobre o julgamento. Nesse sentido, decidiu o Supremo Tribunal Federal: "A Constituição não exige que a decisão seja extensamente fundamentada. O que se exige é que o juiz ou tribunal dê as razões de seu convencimento" (STF, 2ª Turma, AI 162.089-8-DF, rel. Min. Carlos Velloso, j. 12-12-1995. No mesmo sentido, STJ, 2ª Turma, AgRg no AREsp 109.308-RS, j. 17-4-2012, rel. Min. Humberto Martins).

Ao fundamentar a sentença, o juiz deve indicar os fatos que ficaram comprovados, e os meios de que se valeu para formar sua convicção, além de apontar a regra jurídica abstrata aplicável. Da incidência desta sobre aqueles o juiz extrairá a regra jurídica concreta.

Sobre a motivação da sentença não recai a autoridade da coisa julgada material. Por isso, ela pode ser rediscutida em outro processo, ainda que entre as mesmas partes, desde que relacionada a objeto diferente.

1.4.3. Dispositivo

É a parte final da sentença, em que o juiz responde ao pedido formulado pelo autor, acolhendo-o ou rejeitando-o. Quando a sentença é meramente terminativa, o magistrado põe fim ao processo sem apreciar o mérito, isto é, sem analisar o pedido do autor, seja porque o processo não cumpriu os requisitos indispensáveis para seu desenvolvimento regular, seja porque faltava uma das condições para o exercício do direito de ação. Mas, quando definitiva, o juiz emite o comando concreto, que regerá a relação *sub judice*. O dispositivo não é lugar para expor razões ou indicar fundamentos, mas para decidir se o autor tem ou não razão, concedendo-lhe ou não o provimento postulado. Quando a resposta é afirmativa, a sentença é de procedência; quando negativa, de improcedência. E quando é parte uma, parte outra, é de procedência parcial.

Todos os pedidos formulados pelo autor (e pelo réu, nas ações em que isso é possível) devem ser analisados, sob pena de a sentença ser *citra petita*. No dispositivo, o juiz examinará o que foi postulado na petição inicial, na reconvenção, em incidente de falsidade documental, na denunciação da lide e no chamamento ao processo.

O art. 491 do CPC estabelece que nas ações relativas à obrigação por quantia, ainda que o pedido formulado seja genérico, o juiz definirá desde logo a extensão da obrigação, o índice de correção monetária, a taxa de juros, o termo inicial de ambos e a periodicidade da capitalização de juros, se for o caso, salvo se não for possível determinar de modo definitivo o montante devido ou se a apuração do valor devido depender da produção de prova de realização demorada ou excessivamente dispendiosa, assim reconhecida na sentença.

O dispositivo deve manter estreita correspondência com as partes anteriores, formando com elas um todo unitário e indissolúvel, e com os pedidos formulados, apreciando-os na dimensão em que foram delineados, sob pena de a sentença considerar-se *extra* ou *ultra petita*.

É sobre o dispositivo da sentença de mérito que recairá a autoridade da coisa julgada material quando não couber mais recurso. Só essa parte da sentença se torna imutável para as partes, não permitindo rediscussão nem naquele, nem em outro processo. Diante do que dispõe o art. 503, § 1º, do CPC, também será decidida no dispositivo da sentença a questão prejudicial, apreciada incidentemente, desde que preenchidos os requisitos do art. 503, § 1º, I, II e III, do CPC. Essa decisão terá força de coisa julgada material.

1.4.4. A sentença de improcedência liminar

Uma grande novidade foi introduzida no Código de Processo Civil de 1973 pela Lei n. 11.277/2006. Tratava-se do art. 285-A, assim redigido: "Quando a matéria controvertida for unicamente de direito e no juízo já houver sido proferida sentença de total improcedência em outros casos idênticos, poderá ser dispensada a citação e proferida sentença, reproduzindo-se o teor da anteriormente prolatada".

A autorização concedida ao juiz nesse dispositivo era inédita, pois pela primeira vez permitia-se que ele julgasse o pedido do autor inteiramente improcedente, sem a citação do réu. Havia uma verdadeira sentença de mérito, proferida sem que o réu fosse chamado a manifestar-se. No entanto, esse dispositivo mereceu, enquanto vigorou, duras críticas dos processualistas, pois as causas de improcedência de plano estavam associadas a julgamentos anteriores proferidos pelo mesmo juízo, sem preocupação se tais decisões estavam ou não em consonância com a jurisprudência dos Tribunais Superiores. Essa solução não favorecia a isonomia dos litigantes em juízo, nem a uniformização da jurisprudência. Afinal, dois litigantes que ajuizassem ações versando sobre a mesma questão jurídica, em juízos diferentes, poderiam obter resultados absolutamente díspares, porque se um dos juízos, em casos anteriores semelhantes, já tivesse dado pela total improcedência, poderia fazê-lo dispensando a citação do réu nos casos novos. E o outro juízo poderia ter entendimento diverso sobre a questão jurídica, decidindo de forma diferente, caso em que teria de determinar a prévia citação do réu. Em síntese, a solução do CPC de 1973 prestigiava a jurisprudência do próprio juízo, a solução por ele dada à mesma questão jurídica em processos anteriores. Atento a essas críticas, o CPC atual manteve a possibilidade de o juiz julgar liminarmente improcedente o pedido, mas modificou os requisitos para que ele possa fazê-lo. As causas de improcedência de plano estão previstas no art. 332. O juiz julgará liminarmente improcedente o pedido que contrariar enunciado de súmula do Supremo Tribunal Federal ou do Superior Tribunal de Justiça, acórdão proferido pelo Supremo Tribunal Federal ou Superior Tribunal de Justiça em julgamento de recursos repetitivos, entendimento firmado em incidente de resolução de demandas repetitivas ou de assunção de competência ou enunciado de súmula de tribunal de justiça sobre direito local, e também quando verificar, desde logo, a ocorrência da prescrição ou decadência.

As hipóteses de improcedência liminar não estão mais associadas aos precedentes do próprio juízo, mas à existência de entendimento pacificado sobre a questão jurídica controvertida, nas hipóteses supramencionadas. A solução dada pelo art. 332 favorece o princípio da isonomia e segurança jurídica, pois determina que todos os juízes julguem liminarmente improcedentes as pretensões, desde que presentes as hipóteses acima, todas elas – exceto a de prescrição e decadência – associadas à jurisprudência pacificada dos órgãos superiores. As hipóteses dos incisos I, II e III do art. 332 mantêm coerência com as hipóteses do art. 927, II, III e IV, consideradas como de jurisprudência vinculante.

Preenchidos os requisitos, o juiz deverá julgar liminarmente improcedente a pretensão, mas não sem antes cumprir o disposto nos arts. 10 e 11 do CPC. É certo que o art. 487, parágrafo único, ressalva a hipótese do art. 332, § 1º, permitindo que o juiz profira sentença de improcedência liminar sem ouvir as partes. De fato, não haverá como ouvir o réu, que nem sequer estará citado. Entretanto, parece-nos que terá de ouvir o autor, para que este não seja surpreendido com o reconhecimento da prescrição ou decadência, sem ter tido oportunidade de demonstrar ao juiz que ela não ocorreu.

1.4.4.1. Requisitos para a improcedência liminar

Só haverá sentença de improcedência liminar nas hipóteses previstas no art. 332 do CPC. Para tanto, é preciso, primeiramente, que a causa dispense a fase instrutória. A incidência do art. 332 pressupõe a existência de súmula ou julgamento repetitivo, o que implica controvérsia apenas sobre matéria jurídica, já que essa é que se pode repetir em uma multiplicidade de processos. Não matérias de fato, que são sempre específicas e próprias de cada processo. Ao dizer que poderá haver julgamento de improcedência liminar nas causas que dispensem instrução, o que o legislador quis dizer é que a questão de mérito deverá ser exclusivamente de direito. Trata-se da mesma situação que autorizaria o julgamento antecipado do mérito, nas hipóteses do art. 355, I, do CPC. A pretensão deve estar fundada em uma questão estritamente jurídica, por exemplo, na ação para declarar a inexigibilidade de um tributo, reputado inconstitucional. A questão de mérito é a constitucionalidade ou não do tributo, o que não envolve o exame de fatos. O juiz só deverá aplicar o art. 332 se a dispensa da fase instrutória puder ser verificada *ab initio*. Se houver alguma questão fática que possa tornar-se controvertida, o juiz não deverá valer-se do art. 332 e deverá mandar citar o réu. Se, após a resposta, não houver necessidade de instrução, ele então promoverá o julgamento antecipado da lide. Mas o julgamento liminar pressupõe que a questão de mérito seja só de direito, única situação em que, de plano, é possível verificar a desnecessidade da fase de instrução. Fica ressalvada a hipótese de prescrição e decadência, casos em que o processo pode versar sobre questão de fato. Contudo, a pretensão ou o direito estarão extintos pelo transcurso *in albis* do prazo prescricional ou decadencial. Nessa hipótese, e apenas nela, a existência de questão de fato que poderia tornar-se controvertida não impedirá a improcedência liminar do pedido.

A improcedência de plano exige, ainda, que esteja presente qualquer uma das hipóteses do art. 332, I a IV, ou a do art. 332, § 1º.

A aplicação do art. 332 do CPC limita-se às hipóteses de total improcedência. Nem poderia ser de outra forma, só assim se poderia dispensar a citação do réu, que não sofre nenhum prejuízo. Antes, só terá benefícios, pois obterá uma sentença inteiramente favorável sem nenhum ônus ou despesa, pois nem sequer terá de apresentar contestação. Se o caso não for de total, mas de parcial improcedência, a citação será indispensável.

Não há nenhuma inconstitucionalidade na dispensa da citação do réu, na hipótese do art. 332. É certo que não haverá contraditório, mas disso não resultará prejuízo.

A aplicação do dispositivo atribui ao juiz a possibilidade de julgar mais rapidamente processos que versam sobre determinada questão jurídica que, por sua repetição e multiplicidade, deu ensejo à edição de súmula ou ao julgamento repetitivo. São conhecidas as situações em que determinadas teses jurídicas dão ensejo a uma multiplicação de processos, nos quais se discute a mesma questão de direito. Para acelerar-lhes o julgamento é que o novo dispositivo foi introduzido.

Ao proferir a sentença de improcedência de plano, o juiz deverá fundamentá-la, indicando em qual dos incisos do art. 332 ela se funda e demonstrando que o caso sob julgamento se ajusta àquela estabelecida na súmula ou no julgamento repetitivo (art. 489, V). Se não o fizer, a sentença será considerada não fundamentada, dando ensejo à interposição de embargos de declaração.

A redação do art. 285-A do CPC de 1973 apenas permitia ao juiz dispensar a citação do réu e proferir de plano a sentença de total improcedência. Mas isso se ele assim o desejasse. Se não, poderia mandar citar o réu e, no momento oportuno, proferir o julgamento antecipado da lide.

O CPC, no art. 332, *caput*, faz uso do imperativo: nos casos por ele previstos, o juiz julgará liminarmente o pedido. Diante dos termos da lei, não resta dúvida sobre o caráter cogente do dispositivo. Verificadas as hipóteses dos incisos e do § 1º do art. 332, o juiz deverá julgar liminarmente improcedente o pedido. Nenhuma nulidade, no entanto, haverá se o juiz não aplicar o dispositivo e mandar citar o réu.

1.4.4.2. Apelação contra a sentença de improcedência liminar

Da sentença de improcedência liminar, cabe recurso de apelação, pelo autor. Esse recurso terá efeito regressivo, com a possibilidade de o juiz retratar-se no prazo de cinco dias, tornando sem efeito a sentença proferida, para determinar a citação do réu. Esse é o único caso em que o juiz poderá retratar-se de uma sentença de mérito. Das sentenças de extinção sem resolução de mérito, o juiz, havendo apelação, poderá sempre retratar-se.

Caso não haja a retratação, o réu será citado para apresentar contrarrazões. Se houver retratação, ele será citado para apresentar contestação. Com a subida do recurso, o Tribunal poderá manter a sentença de total improcedência, quando verificar que o juiz tinha razão ao proferi-la. O acórdão condenará o autor ao pagamento de honorários advocatícios dos quais ele estaria dispensado se não tivesse recorrido, pois o réu nem sequer teria comparecido aos autos; ou verificar que não era hipótese de aplicação do art. 332, seja porque ausentes as hipóteses previstas no dispositivo, seja porque o processo não é daqueles que dispensa instrução, caso em que o Tribunal anulará a sentença e determinará o retorno dos autos à primeira instância para que o réu tenha oportunidade de contestar, prosseguindo-se daí por diante.

Se o autor não apelar, a sentença de total improcedência transitará em julgado, sem que o réu tenha sido, ao menos, citado. Por isso, é importante que o juiz determine a sua intimação, para que dela possa tomar conhecimento (art. 332, § 2º).

1.5. Oportunidades em que pode ser proferida

São variados os momentos em que pode ser proferida a sentença. A ocasião propícia deverá levar em conta sua natureza – terminativa ou definitiva – e a necessidade ou não de produção de provas.

As sentenças terminativas podem ser proferidas a qualquer momento no curso do processo, desde a propositura da demanda. Quando o juiz constata vício insanável, que impede o prosseguimento e o exame do mérito, deve reconhecê-lo desde logo, pondo fim ao processo. Se puder detectá-lo de plano, indeferirá a petição inicial. Se não, declarará a extinção quando o vício se evidenciar. Como as matérias preliminares são de ordem pública e podem ser conhecidas de ofício, e a qualquer tempo, não estão sujeitas à preclusão, podendo ser examinadas ou reexaminadas a qualquer tempo.

A prolação das sentenças definitivas (exceto daquelas mencionadas no art. 332 e tratadas nos itens anteriores) possui uma oportunidade adequada, estabelecida no CPC, art. 366: "Encerrado o debate ou oferecidas as razões finais, o juiz proferirá a sentença em audiência ou no prazo de trinta dias".

Mas isso só ocorrerá se tiver sido necessária a designação de audiência de instrução e julgamento. Em alguns casos ela não se realiza, havendo julgamento antecipado do mérito. Se não houver provas a produzir em audiência, ou se a questão de mérito foi exclusivamente de direito, o juiz sentenciará na forma do art. 355 do CPC. Também se admite que o juiz sentencie logo após a conclusão da perícia, se não houver necessidade de provas em audiência, apesar de ter sido ultrapassada a fase do art. 355.

A sentença homologará o acordo assim que ele for celebrado, independentemente da fase em que esteja o processo, mesmo que em execução. A extinção, por prescrição e decadência, pode ocorrer a qualquer tempo, assim que o juiz as reconheça. Ainda depois da sentença, em grau de recurso, elas poderão ser invocadas, e apreciadas pela superior instância, na forma do art. 193 do Código Civil.

Nos termos do art. 356 do CPC, pode ainda haver o julgamento parcial do mérito por decisão interlocutória. Quando o juiz verificar que um ou mais dos pedidos ou parcela deles mostra-se incontroverso ou está em condições de imediato julgamento, proferirá decisão de mérito julgando-o, e determinará o prosseguimento do processo, em relação aos demais pedidos, que ainda não estavam prontos para serem decididos. Nesse caso, não haverá sentença, mas decisão interlocutória de mérito, suscetível de agravo de instrumento. Portanto, o exame do mérito poderá ser desmembrado. É possível que o juiz julgue um ou mais pedidos antecipadamente, por decisão interlocutória, e mande o processo prosseguir em relação aos demais, que serão julgados ao final, por sentença. Caberá ação rescisória não apenas contra a sentença e o acórdão, mas contra a decisão interlocutória de mérito. Mas o prazo de dois anos só correrá da última decisão proferida no processo.

1.6. Defeitos da sentença

A sentença é um ato processual, que deve preencher requisitos de forma e substância. A inobservância de uns e outros resultará em vícios de diversas naturezas, não particulares à sentença, mas que podem atingir todos os atos processuais. Em capítulo próprio já se tratou dos vícios dos atos processuais em geral (ver, no volume 1, Livro IV, Capítulo II, item 3).

No processo civil se reconhece a existência de dois tipos de nulidade: a *absoluta* e a *relativa*. Somente a primeira torna a sentença rescindível, pois a segunda é sanada no próprio processo.

Já se cuidou, em capítulo próprio, da distinção entre nulidades relativas e absolutas, não cabendo aqui tornar ao assunto. Mesmo as absolutas acabam por sanar-se, se ultrapassado o prazo bienal da ação rescisória.

A sentença nula reveste-se da autoridade da coisa julgada, mas pode ser rescindida.

A nulidade absoluta pode decorrer de vícios intrínsecos da própria sentença, ou de vícios processuais anteriores, não sanados, que nela repercutem.

Há, porém, alguns que a comprometem de forma mais profunda, e que são insuperáveis. Quando ocorrem, diz-se que a sentença é ineficaz. Ela existe fisicamente, e eventualmente produz efeitos, já que tem uma realidade, e pode produzir todos os efeitos naturais de um julgamento.

Mas a ineficácia distingue-se da nulidade porque persiste mesmo depois de ultrapassado o prazo da ação rescisória. Hoje se reconhece que a melhor forma de obter seu reconhecimento é a ação declaratória de ineficácia, não a rescisória.

As causas da ineficácia da sentença podem ser classificadas em três grupos, enumerados por Teresa Arruda Alvim Wambier: "As sentenças podem ser inexistentes: a) ou por provirem de processos que não se constituíram e que são, *ipso facto*, inexistentes (o CPC atual substitui a expressão 'inexistente' por 'ineficaz'); b) ou por se originarem de ações que foram propostas sem que tenha estado presente uma (ou mais) das condições da ação; c) ou por padecerem de defeitos intrínsecos tão graves a ponto de lhes tolher a identidade jurídica (= tipicidade)"[2].

Os vícios genéricos dos atos processuais já foram tratados na ocasião oportuna. Interessa-nos, agora, tratar dos que são próprios da sentença, denominados *vícios intrínsecos*.

1.6.1. Vícios intrínsecos

Como já ressaltado, a sentença compõe-se de três partes, que são essenciais: o relatório, a fundamentação e o dispositivo. A falta ou deficiência de alguma delas ensejará sua nulidade. Mas a ausência completa de dispositivo será causa de ineficácia.

Haverá nulidade por falta ou defeito de correlação entre o objeto da ação e a decisão. O juiz deve decidir a lide nos limites em que foi proposta, atendo-se ao que e ao quanto foi pedido. Nem poderia ser de outra forma, pois o réu se defende dos pedidos e fundamentos que foram formulados. A ausência de estrita correspondência entre a decisão e o pedido, com seus fundamentos, ofende o princípio da ampla defesa, do contraditório e do dispositivo. São raras, e devem estar expressamente previstas no ordenamento jurídico, as hipóteses em que se admite a falta dessa correlação. Uma delas é a das ações possessórias, que a lei considerou fungíveis entre si, no art. 554 do CPC, e outra é a das tutelas provisórias, em que o juiz deferirá a medida mais adequada, ainda que não corresponda à postulada.

---

2. Teresa Arruda Alvim Wambier, *Nulidades*, cit., p. 389.

Não basta que o juiz se atenha àquilo que foi pedido, nos limites em que foi pedido, mas também aos fatos em que o pedido está embasado, e que constituem um dos elementos identificadores da ação. O réu se defende do pedido e dos fundamentos expostos na petição inicial. Por isso, o juiz, ao sentenciar, deve ater-se aos fundamentos expostos, sob pena de decidir ação distinta daquela que foi proposta.

A sentença é *extra petita*, e nula, sempre que o juiz aprecia pedido ou causa de pedir distintos daqueles apresentados pelo autor na inicial, isto é, quando há pronunciamento judicial sobre algo que não foi pedido, ou embasado em fundamentos de fato que não foram trazidos pelas partes. Os fundamentos jurídicos e os legais não vinculam o juiz, por força do princípio do *jura novit curia*. Por isso, se ele decidir com fundamento jurídico ou legal diferente daquele exposto pelas partes, a sentença não terá qualquer vício. Mas, se ela estiver embasada em fundamento fático distinto daqueles apresentados, o vício se evidenciará (ver, no volume 1, Livro IV, Capítulo II, item 3.3). A sentença *extra petita* é nula. Se houver recurso de apelação, o tribunal o declarará, devolvendo os autos para que o juiz profira outra sentença, nos limites da lide proposta. Se não houver recurso, e ela transitar em julgado, restará o ajuizamento de ação rescisória.

Com a sentença *extra petita* não se confunde a *ultra petita*, na qual o juiz aprecia o pedido e os fundamentos apresentados, mas concede quantidade superior à postulada. Ela concede mais do que foi pedido, ao passo que a *extra petita* concede coisa diferente, ou com fundamento diverso.

Se houver apelação de sentença *ultra petita*, basta ao tribunal que a reduza aos limites do pedido. Depois do trânsito em julgado, caberá ação rescisória, que não rescindirá integralmente a sentença, mas afastará aquilo que ultrapassar os limites do pedido.

Há ainda as sentenças *infra* (ou *citra*) *petita*. São aquelas em que o juiz não apreciou um dos pedidos formulados. Ocorrem com frequência nos processos em que eles são cumulados, e nos quais o juiz se esqueceu de apreciar um ou mais. Parece-nos acertada a posição de Teresa Arruda Alvim Wambier, para quem "a sentença que aprecia mais de um pedido, seja caso de cumulação, de reconvenção, de oposição, etc., é formalmente una, mas materialmente dúplice e cindível. Portanto, se se decidiu 'um' dos pedidos, e se 'não se considerou o outro' (ou os outros), parece que estaremos, na verdade, em face de duas sentenças: uma delas não eivada do vício e a outra inexistente, fática e juridicamente"[3].

Sendo assim, com o trânsito em julgado da sentença *infra petita*, a melhor solução não será a ação rescisória, já que, naquilo que foi decidido, a sentença é válida. O autor deverá propor outra ação, formulando novamente o pedido que, na anterior, não foi apreciado.

É possível considerar a sentença decomponível em capítulos (ver item 1.9, *infra*), o que terá grande repercussão sobre as nulidades. Se ela for considerada um todo único, um vício que a macule comprometerá o todo. Mas se for possível decompô-la em capítulos, eventual vício que afete um deles não prejudicará os demais.

Será possível então recorrer apenas daquele capítulo determinado; ou, em caso de trânsito em julgado, postular a rescisão parcial da sentença.

A teoria dos capítulos da sentença permite analisá-la com mais clareza, e mapear melhor os eventuais vícios.

É a teoria dos capítulos que permite preservar uma sentença, transitada em julgado, na qual o juiz tenha deixado de apreciar uma das pretensões. Aquilo que ele apreciou é válido e será preservado; a omissão quanto ao restante não contamina o que foi validamente apreciado, cabendo ao interessado ajuizar nova demanda, reiterando o pedido a respeito do qual não houve pronunciamento.

Se a sentença for omissa, o autor oporá embargos de declaração. Se não o fizer, poderá apelar, reclamando do pedido não julgado. Se o tribunal já tiver elementos para apreciá-lo, o fará na forma do art. 1.013, § 3º, do CPC. Do contrário, declarará a nulidade da sentença e a devolverá para que, em primeira instância, sejam produzidas as provas necessárias e se realize o julgamento completo. Se transitar em julgado sem que um dos pedidos seja apreciado, a solução será a mencionada no parágrafo anterior.

A sentença que deixa de apreciar um dos pedidos é viciosa. Mas aquela que concede menos do que foi pedido é hígida. Trata-se, na verdade, de hipótese de parcial procedência, em que o juiz concede apenas uma parcela daquilo que foi postulado.

---

3. Teresa Arruda Alvim Wambier, *Nulidades*, cit., p. 244.

1.7. Correção da sentença

Ao publicar a sentença, o juiz só poderá alterá-la nas hipóteses do art. 494 do CPC. Não é necessária a intimação das partes para que ela se torne inalterável, bastando que seja publicada em cartório, o que não se confunde com a divulgação pela imprensa oficial.

Quando ela é proferida em audiência, a publicação ocorre na medida em que o juiz a vai ditando ao escrevente. Se não é proferida em audiência, a publicação ocorre quando a sentença é entregue em cartório.

Depois de publicada, é necessário que as partes sejam intimadas de seu conteúdo. Elas saem cientes, se o ato foi praticado em audiência. Do contrário, haverá a intimação quando a sentença for publicada no Diário Oficial.

Com a publicação em cartório, a sentença torna-se inalterável, não podendo o juiz modificá-la. A lei, porém, prevê duas situações em que ela poderá ser corrigida (CPC, art. 494). O inciso I trata da sentença que contém inexatidões materiais ou erros de cálculo, permitindo ao juiz corrigi-la de ofício ou a requerimento da parte. A retificação não pode alterar a decisão, nem modificar as conclusões, mas apenas corrigir defeitos de expressão ou erros de conta. São exemplos a indicação incorreta do nome das partes, ou de um dispositivo legal. Os erros de digitação também se incluem nessa categoria.

A correção não suspende nem interrompe o prazo para a interposição de recursos, e pode ser feita a qualquer tempo, mesmo depois do trânsito em julgado da sentença. Nesse sentido: "O trânsito em julgado da sentença de mérito não impede, em face de evidente erro material, que se lhe corrija a inexatidão" (STJ, Corte Especial, ED no REsp 40.892-4-MG, rel. Min. Nilson Naves). Pode ocorrer que a parte, porém, prefira valer-se dos embargos de declaração, para postular ao juiz a correção das inexatidões da sentença.

A segunda forma de alteração, mencionada no art. 494, II, do CPC, são os embargos de declaração. Eles têm natureza recursal, e se prestam a sanar eventuais obscuridades, contradições, omissões ou corrigir erros materiais da sentença. Ao contrário da hipótese do inciso I, os embargos de declaração dependem da iniciativa das partes, e têm prazo de interposição de cinco dias. Além disso, interrompem o prazo para a interposição de outros recursos. Por seu intermédio, admitem-se correções muito maiores na sentença do que as do inciso I. Permite-se até que, em determinadas circunstâncias, seu acolhimento resulte na modificação do resultado, ou em acréscimos substanciais a seu conteúdo.

Essas as duas formas essenciais de correção da sentença publicada com vícios. No entanto, há outras muito mais abrangentes. Uma delas é a interposição de recurso de apelação, que permitirá ao órgão *ad quem* reexaminar todas as matérias impugnadas. Pode o órgão *ad quem* sanar eventuais vícios não apenas formais, mas de julgamento. A sentença também pode ser alterada em remessa necessária, figura que não tem natureza recursal, mas se erige em condição de eficácia do decisório, nas hipóteses do art. 496.

Também a ação rescisória pode ser utilizada para correção da sentença que tenha transitado em julgado e contenha vícios, na forma do art. 966 do CPC.

1.8. Efeitos da sentença

Já foi dito que a sentença deve manter estreita correspondência com a pretensão formulada, que pode ser de natureza declaratória, constitutiva ou condenatória. Acolhido o pedido, a tutela terá a natureza da pretensão. Pontes de Miranda aponta ainda a existência de duas outras espécies de tutelas jurisdicionais: a mandamental e a executiva *lato sensu*. Não passam, porém, de subespécies de tutela condenatória, embora dispensem a fase autônoma de execução e se cumpram automaticamente, sem necessidade de nova citação do obrigado.

1.8.1. Tutela declaratória

Em todas as sentenças, mesmo as com pedido constitutivo ou condenatório, o juiz declara quem tem razão. Mas nestas últimas ele vai além, porque, além de declarar, constitui ou desconstitui relações jurídicas, ou impõe a alguém uma obrigação concreta de dar, fazer ou abster-se de alguma coisa. As sentenças declaratórias são mais simples que as demais, porque nelas o juiz se limita a declarar a existência ou inexistência de uma relação jurídica. O que se pretende obter é uma certeza jurídica sobre algo que, até então, era fonte de dúvidas, incertezas ou insegurança. A sentença declaratória não impõe obrigações aos contendores, por isso não constitui um título executivo, mas torna certa uma situação jurídica que, embora já existisse, não era reconhecida. Por exemplo, na investigação de paternidade, não é a sentença que torna o autor descendente do réu, mas ela faz desaparecer as dúvidas que havia a respeito.

A declaração será positiva quando o juiz reconhecer a existência da relação jurídica, ou negativa, quando concluir pela sua inexistência. Todas as sentenças de improcedência, nos processos de conhecimento, têm natureza declaratória negativa, porque nelas o juiz declara que o autor não tem direito à pretensão formulada na petição inicial. Mesmo nas ações com pedido condenatório ou constitutivo, a sentença de improcedência terá natureza declaratória negativa.

A tutela declaratória tem âmbito limitado pela própria lei. O art. 19 estabelece que o interesse para postulá-la está limitado à existência, inexistência ou modo de ser de uma relação jurídica ou à autenticidade ou à falsidade de documento, nunca à ocorrência ou não de fatos em geral. Mas a lei a admite ainda que tenha ocorrido a violação ao direito. Isto é, mesmo que já exista uma situação jurídica tal que permita o ajuizamento de ação com pedido condenatório ou constitutivo.

Uma característica fundamental das sentenças declaratórias é sua eficácia *ex tunc*. A situação de certeza só é obtida quando ela transita em julgado. Desde então, ela projeta os seus efeitos para o início da relação jurídica cuja existência foi discutida.

Tornando ao exemplo da ação de investigação de paternidade: só existirá a certeza jurídica depois que a sentença de procedência transitar em julgado. No entanto, considera-se que o autor é filho do réu desde o nascimento, isto é, desde o surgimento da relação jurídica que os vincula. Daí a natureza *ex tunc* da sentença.

1.8.2. Tutela constitutiva

Tal como as sentenças declaratórias, as constitutivas também não formam um título executivo. Por seu intermédio, o que se busca é a modificação de uma situação jurídica indesejada. Elas são mais complexas que as declaratórias, porque não se limitam a declarar a existência ou não de uma relação jurídica, mas constituem, extinguem ou modificam essa relação.

Duas situações podem ensejar o seu ajuizamento: a existência de um litígio a respeito de relação jurídica, que uma das partes quer constituir ou desfazer, sem o consentimento da outra; ou a exigência legal de ingresso no Judiciário, para que determinada relação jurídica possa ser modificada, mesmo quando há consenso dos envolvidos. No primeiro caso a ação constitutiva é voluntária; no segundo é necessária, como ocorre na separação e no divórcio consensual.

As sentenças constitutivas podem ser positivas ou negativas. As primeiras são as que criam relações jurídicas até então inexistentes; as segundas, as que as desconstituem. Há, ainda, as modificativas, que alteram as relações.

O que caracteriza a sentença constitutiva é a criação de um estado jurídico distinto do anterior.

A eficácia dessa espécie de sentença é *ex nunc*. A nova situação passa a valer a partir do presente, sem retroação, como nas sentenças declaratórias. Um exemplo: na ação de divórcio, o vínculo matrimonial está desfeito a partir do instante em que a sentença se torna definitiva, e não desde a propositura da demanda. Somente a partir do trânsito em julgado as sentenças constitutivas produzem seus efeitos, dado que não admitem execução, definitiva ou provisória. Elas operam por si mesmas, alterando a situação jurídica anterior, independentemente de execução.

1.8.3. Tutela condenatória

É aquela que resulta na formação de um título executivo judicial. Ao proferir uma sentença condenatória, o juiz não apenas declara a existência do direito em favor do autor, mas concede a ele a possibilidade de valer-se da sanção executiva, tornando realidade concreta aquilo que lhe foi reconhecido.

Como toda sentença, a condenatória também tem um conteúdo declaratório, pois o juiz reconhece em favor do autor a pretensão por ele buscada. Mas vai além, ao fornecer-lhe os meios (sanção) para a efetivação do seu direito. A sentença condenatória é a única que institui um título executivo judicial em favor do autor. Por isso, ela não deixa de ter, também, um caráter constitutivo, criando uma situação jurídica até então inexistente, consubstanciada no título.

Mas ela, por si só, não concede ao autor a satisfação de seu direito. Se o devedor não cumprir espontaneamente a obrigação, será preciso que o credor promova uma execução, pedindo ao Estado que realize atos materiais concretos de realização do direito. A ação com pedido condenatório tem por objetivo não a satisfação plena do direito postulado, mas a formação do título que permita aplicar a sanção executiva.

As sentenças condenatórias têm eficácia *ex tunc*, pois seus efeitos retroagem ao momento da propositura da demanda. Embora, como regra, elas só produzam efeitos a partir do trânsito em julgado (salvo recurso não dotado de eficácia suspensiva), estes retroagem ao momento inicial, sendo essa a razão pela qual os juros de mora são devidos desde a citação, se o devedor já não houver sido constituído em mora anteriormente.

Em geral, as sentenças condenatórias já indicam qual o bem devido pelo réu e sua quantidade. E reconhecem como existente, desde logo, o direito.

No entanto, admitem-se sentenças condenatórias alternativas, genéricas (ou ilíquidas) e condicionais. As primeiras são aquelas em que o juiz decide pela existência de uma obrigação de dar coisa incerta ou de uma obrigação alternativa, ambas previstas pelo direito material. O juiz as reconhecerá na sentença, e condenará o réu a entregar ao autor uma coisa ou outra, ou a dar-lhe coisa incerta (que não prescinde dos elementos bastantes para que, no momento oportuno, se torne certa). Quando da execução, antes dos atos propriamente constritivos, é necessário que, pelos meios previstos no ordenamento jurídico, a alternativa ou incerteza se resolva, seja pela escolha do devedor, seja do credor, conforme estabelecido em lei ou contrato.

A condenação genérica é aquela em que se estabelece o *an debeatur*, mas não o *quantum debeatur*. Há a indicação dos bens que são devidos, mas não da sua quantidade. A sentença deve passar por uma fase de liquidação, de cunho declaratório, no qual o juiz fixará o *quantum*, tornando possível a execução.

O art. 491 do CPC estabelece que, nas ações relativas à obrigação por quantia, ainda que o pedido formulado seja genérico, o juiz definirá desde logo a extensão da obrigação, o índice de correção monetária, a taxa de juros, o termo inicial de ambos e a periodicidade da capitalização de juros, se for o caso, salvo se não for possível determinar, de modo definitivo, o montante devido, ou se a apuração do valor devido depender da produção de prova de realização demorada ou excessivamente dispendiosa, assim reconhecida na sentença.

Há ainda a possibilidade de sentença condicional. É aquela em que o juiz reconhece a existência do direito, cuja exigência fica subordinada a um evento futuro, certo (termo) ou incerto (condição). Essa espécie é admitida no art. 514 do CPC, que trata das decisões que versam sobre relações jurídicas sujeitas a termo ou condição; o credor não pode executá-las se não provar que eles se verificaram.

Podem ser mencionadas como exemplos as ações em que o desistente do consórcio postula, em juízo, a restituição daquilo que pagou, com correção monetária. O juiz reconhece o direito de o autor reaver o que despendeu (Súmula 35 do STJ), mas após a dissolução do grupo, para que os demais consorciados não fiquem prejudicados. O direito do consorciado desistente é reconhecido desde logo, mas a possibilidade de execução fica subordinada à verificação do evento futuro e certo, o encerramento do grupo. Não se confunde essa hipótese com a do ajuizamento de ações para cobrança de dívida não vencida. Nessas, falta ao autor interesse de agir, porque é possível que, no vencimento, o devedor honre o débito, e satisfaça espontaneamente a obrigação. Diferente é a situação do consorciado que já desistiu do consórcio, e postulou de volta o seu dinheiro, sem tê-lo obtido. O juiz reconhece a ele o direito à devolução, mas o condiciona ao encerramento do grupo.

1.8.4. Tutela mandamental

As sentenças mandamentais são espécies das condenatórias, porque o juiz profere uma declaração, reconhecendo o direito do autor, e aplica uma sanção, constituindo um título executivo judicial. A diferença está no conteúdo da sanção imposta.

Nas mandamentais, o juiz emite uma ordem, um comando, que lhe permite, sem necessidade de um processo autônomo de execução, tomar medidas concretas e efetivas, destinadas a proporcionar ao vencedor a real satisfação de seu direito.

São exemplos de tutela mandamental a sentença proferida em mandado de segurança e aquelas proferidas nas ações que tenham por objeto obrigação de fazer ou não fazer, e de entrega de coisa (CPC, arts. 497 e 498; art. 84 do Código de Defesa do Consumidor).

Descumprida a ordem, o juiz pode determinar providências que pressionem o devedor, como a fixação de multa diária (*astreintes*). Caso a desobediência persista, pode tomar providências que assegurem um resultado prático equivalente ao do cumprimento.

Somente quando o credor prefira, ou quando a obrigação se torne prática ou juridicamente irrealizável, é que se admite a conversão em perdas e danos, passando-se então à execução por quantia.

1.8.5. Tutelas executivas lato sensu

As sentenças executivas *lato sensu* são as de natureza condenatória, mas que prescindem de uma fase de execução que lhes sobrevenha para que seu comando seja cumprido. Elas se executam sem a necessidade de uma fase própria para isso, ainda que não haja adimplemento voluntário por parte do réu. A satisfação do autor não é obtida em duas fases, de conhecimento e de execução, como nas ações com pedido condenatório em geral, mas em uma fase só. Assim que transitada em julgado, a sentença se cumpre desde logo, com a expedição de um mandado judicial, sem necessidade de um procedimento a mais, em que o réu tenha oportunidade de manifestar-se ou defender-se. São exemplos desse tipo de ação as possessórias e as de despejo. Não constituem regra, senão exceção ao sistema bifásico, e dependem, por isso, de previsão específica no ordenamento jurídico. Não se confunde a tutela executiva *lato sensu* com a mandamental, porque nesta a determinação não é cumprida por mandado judicial. Quem deve cumprir a ordem é o próprio devedor, cabendo ao juiz estabelecer medidas de pressão, ou determinar providências que assegurem resultado semelhante. Já nas executivas *lato sensu*, não havendo cumprimento espontâneo da obrigação, o próprio Estado, no lugar do réu, a cumprirá. Assim, se o réu não devolve a coisa, é expedido mandado que a retira do poder deste, e a entrega ao autor.

1.9. Capítulos da sentença

A sentença é um ato único que põe fim ao processo, ou à fase em que foi proferida. Porém, é possível decompô-la em capítulos, cada qual contendo o julgamento de uma pretensão distinta. Trata-se da teoria dos capítulos da sentença que, conquanto não mencionada explicitamente no nosso CPC, foi acolhida entre nós. É possível que a sentença examine numerosas pretensões. O autor pode formular mais de uma contra o réu; ou pode haver mais de um autor, cada qual com uma pretensão em relação ao réu; ou mais de um réu, contra o qual cada autor tem uma pretensão. Pode ainda haver pretensões em reconvenção, denunciação da lide, oposição, chamamento ao processo etc. O juiz, na sentença única que profere, examinará todas elas.

Mesmo quando há um único autor contra um único réu, sem pedidos cumulados, a sentença deverá examinar a pretensão principal e a verba de sucumbência.

A possibilidade de considerar a sentença decomponível em capítulos pode repercutir sobre inúmeras questões. Por exemplo, sobre a das nulidades. Se ela for considerada um todo único, vício que a macule comprometerá o todo. Mas, se for possível decompô-la em capítulos, eventual vício que afete um deles não prejudicará os demais.

Será possível, então, recorrer apenas daquele capítulo determinado; ou, em caso de trânsito em julgado, postular a rescisão parcial da sentença.

O mais importante nessa teoria não é que a sentença contenha numerosos capítulos, mas que eles possam ser considerados autônomos, estanques, para fins de recursos, ação rescisória, nulidades etc.

2. COISA JULGADA

2.1. Introdução

A coisa julgada é uma qualidade dos efeitos da sentença (ou da decisão interlocutória de mérito), que se tornam imutáveis quando contra ela já não cabem mais recursos. Ela não é propriamente um efeito da decisão – efeitos são a condenação, a declaração e a constituição, com as consequências daí decorrentes –, mas uma qualidade desses efeitos, qual seja, a imutabilidade. Foi a partir dos estudos de Enrico Tullio Liebman que se delineou com maior clareza a distinção entre a eficácia da sentença e a imutabilidade de seus efeitos.

Esgotados os recursos, a sentença transita em julgado, e não pode mais ser modificada. Até então, a decisão não se terá tornado definitiva, podendo ser substituída por outra.

A imutabilidade não coincide sempre com a produção dos efeitos da decisão. Há casos em que ela os produz ainda antes de ter-se tornado definitiva, quando os recursos pendentes não têm efeito suspensivo.

A razão jurídica da coisa julgada é a segurança das decisões, que ficaria seriamente comprometida se houvesse a possibilidade de rediscutir questões julgadas em caráter definitivo. Ela encerra, de uma vez por todas, a controvérsia ou o conflito levado a juízo.

Não há propriamente duas espécies de coisa julgada, como preconizam alguns. Ela é fenômeno único ao qual correspondem dois aspectos, um de cunho meramente processual, que se opera no mesmo processo no qual a sentença é proferida, e outro que se projeta para fora, tornando definitivos os efeitos da decisão. Isso impede que a mesma pretensão seja rediscutida em juízo, em qualquer outro processo. Ao primeiro aspecto dá-se o nome de *coisa julgada formal*. Todas as sentenças, mesmo aquelas em que não há resolução de mérito, tornam-se imutáveis em determinado momento, quando contra elas não cabe mais recurso. O segundo aspecto é denominado *coisa julgada material*, que recai apenas sobre as decisões interlocutórias e as sentenças de mérito, impedindo que a mesma pretensão venha a ser rediscutida posteriormente em outro processo. Com as sentenças meramente terminativas isso não ocorre, porque nelas o juiz não se pronunciou a respeito da pretensão posta em juízo. Por isso, elas se tornam definitivas no processo em que proferidas, mas não impedem que a pretensão venha a ser objeto de outra demanda. O mesmo não ocorre com as decisões de mérito, porque nelas o juiz apreciou o pedido. Assim que contra elas não couber mais recurso, a mesma pretensão não poderá mais ser levada a juízo.

2.2. Coisa julgada formal

É um fenômeno intraprocessual. Consiste na imutabilidade da sentença contra a qual não caiba mais recurso dentro do processo em que foi proferida. O ordenamento jurídico prevê um número limitado de recursos, que podem ser interpostos pela parte insatisfeita com a decisão judicial. Enquanto houver a possibilidade de recorrer, ela não se terá tornado definitiva, porquanto haverá a possibilidade de substituição por outra.

Mas haverá um momento em que todos os recursos terão se esgotado, e a sentença não poderá mais ser modificada, seja ela definitiva ou terminativa. Quando isso ocorre, diz-se que ela transitou em julgado. Naquele processo, tornou-se indiscutível. Todas as sentenças, de mérito ou terminativas, em determinado momento fazem coisa julgada formal, quando contra elas não caibam mais recursos. Isso não nos diz sobre a possibilidade do aforamento de nova demanda, com a mesma pretensão e os mesmos fundamentos.

Verifica-se, portanto, a coisa julgada formal quando tiver havido preclusão, temporal, consumativa ou lógica, para a interposição de recurso contra a sentença (ou acórdão). Findo o processo e preclusos todos os recursos, haverá a coisa julgada formal, por isso mesmo chamada preclusão máxima.

2.3. Coisa julgada material

É própria dos julgamentos de mérito, e consiste na imutabilidade não mais da decisão, mas de seus efeitos. Projeta-se para fora do processo em que ela foi proferida, impedindo que a pretensão seja novamente posta em juízo, com os mesmos fundamentos.

Quando o juiz acolhe a pretensão, concedendo uma tutela condenatória, constitutiva ou declaratória, ou a rejeita, a decisão se torna, quando não cabível mais nenhum recurso, definitiva, e resolve em caráter imutável o conflito. Aquilo que ficou decidido não pode mais ser discutido em juízo, não apenas naquele processo, mas em nenhum outro. A coisa julgada formal tem natureza processual; a material a transcende, e projeta suas consequências no aspecto substancial. Ela torna imutável a solução judicial dada para determinada situação jurídica que se tornara controversa.

O exame do mérito pode ser feito na sentença e também em decisão interlocutória, por meio da qual o juiz promova o julgamento antecipado parcial de mérito. Ambas terão força de coisa julgada material, depois de esgotados os recursos cabíveis. Daí o art. 502 do CPC definir a coisa julgada material como a autoridade que torna imutável e indiscutível a decisão de mérito não mais sujeita a recurso. A expressão "decisão de mérito" é usada em sentido amplo, abrangendo as decisões interlocutórias, as sentenças e os acórdãos que examinem os pedidos.

A segurança que dela advém é protegida pela Constituição Federal como um dos direitos e garantias individuais. Sua força preserva-se até mesmo contra a lei superveniente, que não pode retroagir para atingir situações jurídicas decididas em caráter definitivo (CF, art. 5º, XXXVI).

2.4. Limites objetivos da coisa julgada

De todas as partes da sentença, somente o dispositivo, que contém o comando emitido pelo juiz, fica revestido da autoridade da coisa julgada material. Os motivos e fundamentos não se tornam imutáveis, e podem ser rediscutidos em outro processo, por mais importantes que tenham sido para a formação da convicção do julgador. O mesmo vale em relação às decisões interlocutórias: apenas o comando que delas emerge a respeito da pretensão formulada, isto é, a parte dispositiva da decisão interlocutória de mérito, será alcançado pela coisa julgada.

A coisa julgada material acobertará os comandos emitidos pelo juiz a respeito das pretensões postas em juízo não apenas na petição inicial, mas em outras que tenham sido postas em juízo, no curso do processo, por meio de reconvenção, pedido contraposto, denunciação da lide e chamamento ao processo.

De acordo com o art. 503 do CPC, a decisão que julgar total ou parcialmente o mérito tem força de lei, isto é, faz coisa julgada material, nos limites da questão principal expressamente decidida. Esse dispositivo é de suma importância para delinear os contornos da coisa julgada material como pressuposto processual negativo da resolução de mérito. Ela impede a propositura de demanda idêntica, com os mesmos elementos da anterior: partes, pedido e causa de pedir. Se determinada pretensão foi rejeitada, por exemplo, nada impede que ela seja novamente trazida a juízo, desde que com fundamentos (causas de pedir) diferentes da anterior; se, posta em juízo, não foi apreciada, e as partes não opuseram embargos de declaração no momento oportuno, não ficará acobertada pela coisa julgada material, o que resultará na possibilidade de o autor, no futuro, voltar a juízo, para reformulá-la.

O art. 504 do CPC explicita que não fazem coisa julgada os motivos por mais relevantes que sejam e a verdade dos fatos, estabelecida como fundamento da sentença.

Antes de examinar o mérito, o juiz deve apreciar diversas questões prévias, isto é, pontos controvertidos, cuja análise deve preceder à da pretensão posta em juízo. Ao fundamentar sua decisão, ele examinará as questões prévias, que podem ser de duas naturezas: *preliminares* e *prejudiciais*. As primeiras são aquelas cuja apreciação repercute na possibilidade ou não do exame de mérito. Há pontos controvertidos de cujo deslinde isso depende. Por exemplo, da existência de determinada condição da ação, ou pressuposto processual, que se tenha tornado controvertida. Superadas as preliminares, devem-se então examinar as questões prejudiciais, isto é, as que dizem respeito ao mérito, e que vão repercutir no acolhimento ou não do pedido, isto é, na procedência ou improcedência da pretensão formulada. Elas são uma espécie de premissa sobre a qual assenta o julgamento, pois versam sobre a existência ou inexistência de relação jurídica que subordina o que será decidido a respeito da questão principal. Em ação de alimentos, por exemplo, o juiz terá de decidir, como questão prejudicial, se está ou não provada a relação de parentesco que embasa o pedido.

O CPC contém uma importante inovação a respeito dos limites objetivos da coisa julgada. Na legislação anterior, ela não recaía sobre a questão prejudicial, decidida incidentemente no processo. Para que a questão prejudicial fosse decidida com força de coisa julgada material e em caráter definitivo, era preciso que qualquer das partes ajuizasse ação declaratória incidental. No CPC atual, as questões prejudiciais poderão ser decididas com força de coisa julgada material, desde que preenchidos determinados requisitos.

Se preenchidos, automaticamente a coisa julgada se estenderá àquilo que constitui questão prejudicial. Essa é a razão para o CPC atual ter eliminado a ação declaratória incidental: ela não é mais necessária, perdeu a razão de ser, pois as questões prejudiciais serão decididas com força de coisa julgada material automaticamente. No exemplo da ação de alimentos, o juiz declarará a paternidade do réu em relação ao autor, com força de coisa julgada material. A questão prejudicial, embora decidida incidentalmente, é julgada em caráter definitivo.

A incidência do art. 503, § 1º, do CPC, que autoriza, preenchidos os requisitos a serem examinados no item seguinte, a extensão da coisa julgada à questão prejudicial, só se aplica aos processos já iniciados. Nesse sentido, decidiu o Superior Tribunal de Justiça:

"RECURSO ESPECIAL. PROCESSUAL CIVIL. APLICAÇÃO DO CPC/15. **AÇÃO DECLARATÓRIA INCIDENTAL** À **AÇÃO** DE **COBRANÇA** DE **DÉBITOS CONDOMINIAIS**. ART. 1.054 DO CPC/15. APLICAÇÃO DAS REGRAS DE CABIMENTO DA **AÇÃO DECLARATÓRIA INCIDENTAL** PREVISTAS NO CPC/73 (ARTS. 5º, 325 e 470 DO CPC/73) EM DEMANDAS AJUIZADAS ANTES DA VIGÊNCIA DO CPC/15. **AÇÃO DECLARATÓRIA INCIDENTAL.** OBJETIVO. JULGAMENTO. QUESTÃO PREJUDICIAL REFERENTE À RELAÇÃO JURÍDICA CUJA EXISTÊNCIA OU INEXISTÊNCIA DEPENDA A **AÇÃO** PRINCIPAL. DECLARAÇÃO DE CRITÉRIO DE **COBRANÇA** DE DÉBITO CONDOMINIAL NÃO VISA DECLARAR A EXISTÊNCIA OU INEXISTÊNCIA DE RELAÇÃO JURÍDICA ENTRE O CONDÔMINO E O CONDOMÍNIO. 1. **Ação declaratória incidental** à **ação** de **cobrança** de **débitos condominiais** ajuizada em 01/04/2009. Autos conclusos para esta Relatora em 19/02/2018. Julgamento sob a égide do CPC/15. 2. O CPC/15 suprimiu os dispositivos referentes ao cabimento da **ação declaratória incidental** constantes no CPC/73 (arts. 5º, 325 e 470, todos, do CPC/73), entretanto – ao discorrer sobre o tema coisa julgada – dispôs no art. 503, § 1º, do CPC/15 que haverá a formação de coisa julgada material sobre questão prejudicial desde que atendidos requisitos específicos previstos na legislação. O art. 1.054 do CPC/15, contudo, dispõe expressamente que a nova técnica processual referente à análise das questões prejudiciais – apenas – será aplicada nas ações ajuizadas após a vigência do CPC/15 (ocorrida em 18/03/2016, consoante o art. 1.045 do CPC/15)..." (REsp 1.723.570/MG, de 1º-9-2020, rel. Min. Nancy Andrighi).

2.4.1. Requisitos para que a questão prejudicial seja decidida com força de coisa julgada material

O primeiro requisito é que o réu ofereça contestação. Uma questão só será prejudicial se for controvertida, e, para tanto, é indispensável que o réu a tenha apresentado. O art. 503, II, esclarece que só haverá coisa julgada se a respeito da questão controvertida tiver havido contraditório prévio e efetivo, não se aplicando em caso de revelia.

O segundo requisito legal é que, da resolução da questão prejudicial, dependa o exame de mérito, o que constitui uma exigência desnecessária, já que é da essência da questão prejudicial que assim seja. Se não for assim, a questão não é prejudicial.

O terceiro requisito é que o juízo seja competente para conhecê-la. O juízo pode ser competente para decidir a questão prejudicial *incidenter tantum*, sem força de coisa julgada material. Mas, para que a decida com força de coisa julgada, é preciso que seja competente para examiná-la, como se a questão prejudicial fosse de mérito. Esse requisito também era exigido no CPC de 1973, para as ações declaratórias incidentais. Elas foram extintas, mas se continua exigindo que para o juiz decidir questão prejudicial com força de coisa julgada material ele seja competente para examiná-la.

Se o juízo for incompetente, mas a incompetência for relativa, não haverá óbice, pois esta pode ser modificada pela força da conexão que há entre a questão prejudicial e a principal. Mas se a incompetência for absoluta, a questão prejudicial não poderá ser decidida com força de coisa julgada material.

O quarto requisito é que a questão seja expressamente examinada pelo juiz, que deverá concluir pela existência ou inexistência da relação jurídica que constitui a prejudicial. No exemplo acima citado, da ação de alimentos de procedimento comum, em que a paternidade surge como questão prejudicial, o juiz precisará decidi-la expressamente, esclarecendo na sentença se existe ou não a relação jurídica de paternidade. Surge então o problema de saber se a questão prejudicial que preenche todos os requisitos para ser decidida com força de coisa julgada material deve ser decidida na fundamentação ou no dispositivo da sentença. Parece-nos que o melhor será que o juiz a decida no dispositivo, para deixar claro que a está examinando expressamente, e que sobre ela recairá a autoridade da coisa julgada material, afastando-a da mera fundamentação e da verdade dos fatos, que não fazem coisa julgada material.

O último requisito é que não haja restrições probatórias ou limitações à cognição que impeçam o aprofundamento da análise da questão prejudicial. A decisão do juiz a respeito da questão prejudicial só pode ser definitiva se feita em cognição ampla e exauriente, isto é, sem restrições a qualquer tipo de provas, permitindo ao juiz que se aprofunde na análise da questão. As questões decididas em caráter provisório, em cognição limitada ou superficial não receberão solução definitiva.

2.5. Limites subjetivos da coisa julgada

O art. 506 do CPC estabelece que a sentença faz coisa julgada às partes entre as quais é dada, não prejudicando terceiros. Tal como escrita a regra, a coisa julgada poderá beneficiar terceiros, mas não prejudicá-los. No Código de 1973, a vedação era de que a coisa julgada prejudicasse e beneficiasse terceiros.

Trata-se da adoção da coisa julgada *in utilibus*. Um exemplo é dado pelo art. 274 do Código Civil: "O julgamento contrário a um dos credores solidários não atinge os demais, mas o julgamento favorável aproveita-lhes, sem prejuízo de exceção pessoal que o devedor tenha direito de invocar em relação a qualquer deles". Assim, proferida sentença favorável a um dos credores solidários, todos, inclusive os que não participaram do processo, serão beneficiados. Mas a extensão da coisa julgada não alcança os devedores, ainda que solidários, que não tenham sido incluídos no polo passivo. A decisão favorece os demais credores solidários, mas não alcança devedores que não tenham sido demandados.

Essa é a regra fundamental a respeito dos limites subjetivos. São atingidos, portanto, os autores, os réus, os denunciados e os chamados ao processo. Não o são os terceiros que não participaram do processo e, por isso, não tiveram oportunidade de manifestar-se, de defender-se ou de expor suas razões (salvo na hipótese de eles serem beneficiados, como supramencionado). Se fossem atingidos pela coisa julgada, haveria ofensa à garantia constitucional do contraditório e do devido processo legal. Ademais, se alguém não participou do processo, é porque a pretensão posta em juízo não lhe dizia respeito. Como a coisa julgada é uma qualidade dos efeitos da sentença proferida a respeito da pretensão, o terceiro não poderia mesmo ser atingido.

Importante arguir se o assistente o é. Há dois tipos de assistência: a *simples* e a *litisconsorcial*. Esta mantém estreita relação com a legitimidade extraordinária, em que a lei autoriza uma pessoa a ir a juízo, em nome próprio, na defesa dos direitos e interesses de terceiro. Este não será parte, mas o próprio titular do direito alegado ou defendido em juízo. Ou seja, não será parte no sentido processual, mas no material, pois é sua a titularidade do direito alegado, de forma que a sentença o atingirá diretamente. Por isso, a lei lhe faculta o ingresso, como assistente litisconsorcial. Pode intervir, portanto, nessa qualidade, o substituído processual, que não era parte, mas o titular da relação jurídica subjacente, e, nessa condição, seria atingido pela coisa julgada material. Aquele que pode ingressar como assistente litisconsorcial – o substituído processual – será atingido pela coisa julgada, intervindo ou não.

No campo da legitimidade ordinária, a coisa julgada material só atinge aqueles que foram parte no processo. No da extraordinária, também o terceiro titular da relação jurídica subjacente alegada, que terá a faculdade de ingressar, como assistente litisconsorcial.

O mesmo não ocorre com o assistente simples. Ele não é o titular da relação jurídica subjacente, mas tem interesse jurídico em que a sentença seja favorável a uma das partes. Ele tem relação jurídica com uma das partes, distinta da que está sendo discutida em juízo, mas que sofrerá os efeitos indiretos da sentença, como o sublocatário, em ação de despejo ajuizada pelo locador em face do inquilino. O que está sendo discutido em juízo é a locação, e não a sublocação. Por isso, o sublocatário não é parte, mas tem interesse jurídico na solução do processo, uma vez que seu contrato sofrerá os efeitos reflexos da sentença, porque dependente da locação. Ele não é atingido diretamente pela sentença, mas reflexamente, porque não há como desconstituir a locação sem atingir a sublocação, dado o vínculo que existe entre elas. A existência da primeira é condição prejudicial para a da segunda.

Como o terceiro interessado não é o titular da relação jurídica *sub judice*, não sofrerá a coisa julgada material. Mas, se ingressar como assistente simples, e tiver a possibilidade de influir no resultado, será atingido pela justiça da decisão, mencionada no art. 123 do CPC: "Transitada em julgado a sentença no processo em que interveio o assistente, este não poderá, em processo posterior, discutir a justiça da decisão". Isso não ocorrerá se o terceiro ingressou em fase muito avançada do processo, ou não teve oportunidade de influir no resultado (art. 123, I e II).

A justiça da decisão não se confunde com a coisa julgada. Esta consiste na imutabilidade dos efeitos que emanam do comando judicial da sentença ou da decisão de mérito, isto é, na imunização dos efeitos que decorrem do dispositivo da sentença ou do comando da decisão. A justiça da decisão consiste na imunização daquilo que foi decidido na motivação da sentença, e que não poderá mais ser discutido em uma futura demanda entre aquele que participou como assistente simples e o assistido (ver, no volume 1, Livro III, Capítulo III, item 2.6).

2.5.1. Coisa julgada e o sucessor

Com a substituição processual não se confunde a *sucessão*. Naquela, alguém figura em juízo, em nome próprio, defendendo direitos cuja titularidade é atribuída a terceiros. O que figura como parte no processo chama-se *substituto processual*, e o titular do direito discutido em juízo é o *substituído*. Este, embora não seja parte, é atingido pela coisa julgada material como se o fosse, facultando-lhe a lei o ingresso no processo, na condição de assistente litisconsorcial. Diferente é o que ocorre com a sucessão, que pode ser *inter vivos* ou *mortis causa*.

Esta ocorre quando há o falecimento, no curso do processo, de qualquer das partes, sendo necessária sua substituição pelo espólio ou sucessores (CPC, art. 110), ou com a extinção da pessoa jurídica, sucedida por seus sócios.

Em casos assim, a coisa julgada estenderá seus efeitos ao sucessor, que se tornará titular dos direitos que anteriormente cabiam ao falecido.

A sucessão *inter vivos* ocorre quando há a alienação da coisa litigiosa (CPC, art. 109). Havendo a concordância das partes, o alienante será substituído no processo pelo adquirente, que ocupará a posição que era do primeiro. Não se trata de substituição processual, em que alguém defende, em nome próprio, interesses alheios, mas de verdadeira sucessão, pois o adquirente assume a qualidade de parte. O direito é defendido pelo titular, e a coisa julgada atinge o sucessor, que assumiu a condição de parte.

Pode ocorrer, porém, que, havendo alienação de coisa litigiosa, não haja concordância das partes em que o adquirente assuma a posição do alienante. Com isso, as partes permanecerão as mesmas, e haverá a substituição processual: o adquirente será o novo titular do bem, que continuará defendido em juízo pelo alienante. Este permanecerá como parte, postulando, em nome próprio, direito já transferido a terceiro. O adquirente, na qualidade de substituído processual, será atingido pela coisa julgada como se parte fosse, e poderá ingressar no processo como assistente litisconsorcial. Por isso, o disposto no art. 109, § 3º, do CPC: "Estendem-se os efeitos da sentença proferida entre as partes originárias ao adquirente ou ao cessionário".

2.5.2. Coisa julgada e interesses difusos, coletivos e individuais homogêneos

A regra fundamental a respeito dos limites subjetivos da coisa julgada, enunciada no art. 506 do CPC, é de que ela só atinge aqueles que figuraram no processo, não podendo prejudicar terceiros. Isso se aplica em plenitude no campo dos direitos individuais.

Mas, a partir de meados da década de 1980, quando ingressaram em nosso ordenamento jurídico mecanismos apropriados para a defesa de interesses difusos e coletivos, o fenômeno da coisa julgada teve de adaptar-se às características do novo sistema. Não cabe aqui um estudo aprofundado da coisa julgada nas ações civis públicas e no Código de Defesa do Consumidor, mas há duas características que merecem ser observadas. A primeira é que a eficácia da autoridade da coisa julgada deixou de ser *inter partes* e passou a ser *erga omnes*, nas ações civis públicas para a defesa dos interesses difusos e individuais homogêneos, e *ultra partes*, para os interesses coletivos (Código de Defesa do Consumidor, art. 103). A segunda é que a coisa julgada nas ações civis públicas é *secundum eventum litis*, pois fica restrita às sentenças de mérito, salvo a improcedência por insuficiência de provas.

2.6. Decisões sujeitas à coisa julgada material

Somente as decisões de mérito (que abrangem as decisões interlocutórias e as sentenças de mérito), isto é, aquelas em que o juiz decide sobre a pretensão posta em juízo, estão sujeitas à autoridade da coisa julgada material, ao passo que todas estão sujeitas à formal.

Não há falar-se em coisa julgada material da sentença que encerra o processo de execução, porque ela não é de mérito. O mérito na execução consiste na pretensão em obter satisfação a um direito, não uma sentença. A sua função na execução é apenas dar por terminado o processo, sem dar uma resposta à pretensão posta em juízo.

Também não há coisa julgada material nas decisões que apreciam tutelas provisórias, já que elas não resolvem o mérito.

A tutela provisória deve ser substituída, a seu tempo, pela definitiva, no processo de conhecimento ou de execução. Nela, a cognição é sempre superficial, o que impede que a decisão adquira caráter imutável.

A lei processual trata, ainda, da coisa julgada nas sentenças que decidem relações continuativas. Estabelece o art. 505, I, do CPC que o juiz não decidirá novamente as questões já decididas, relativas à lide, salvo "se, tratando-se de relação jurídica de trato continuado, sobreveio modificação no estado de fato ou de direito; caso em que poderá a parte pedir a revisão do que foi estatuído na sentença".

Essas relações são as que dizem respeito às obrigações que não se esgotam em um único ato, mas se prologam no tempo. Como exemplo podem ser citadas as de trato sucessivo, como a prestação de alimentos. A sentença, ao decidir sobre esse tipo de relação, dirá respeito não apenas às obrigações que já se venceram, mas também àquelas que se vencerão, e que se reputam incluídas no pedido, na forma do art. 323 do CPC. Ela é dada em consideração à situação fática que havia no momento em que foi proferida. Como a condenação inclui prestações futuras, podem ocorrer fatos supervenientes que atinjam a exigibilidade, ou o valor da obrigação. Não se trata propriamente de inexistência, mas de coisa julgada *rebus sic stantibus*, que permite a revisão ou modificação da sentença, alterada a situação fática.

O exemplo mais característico é o da ação de alimentos. O art. 15 da Lei n. 5.478/68 estabelece que "a decisão judicial sobre alimentos não transita em julgado e pode a qualquer tempo ser revista, em face da modificação da situação financeira dos interessados". A redação do dispositivo não é feliz, pois dá a impressão de que não recai coisa julgada sobre a sentença que decide sobre alimentos. Ela se torna imutável, desde que se mantenham as condições em que foi proferida.

Outro exemplo é o da sentença que decide a guarda dos filhos. Mantido o *status quo*, a sentença permanece imutável. Mas circunstâncias supervenientes podem justificar a revisão da decisão anterior.

2.7. Eficácia preclusiva da coisa julgada material

Uma das consequências da coisa julgada material, sobre a qual já se falou acima, é a impossibilidade de rediscutir aquilo que já foi decidido. Ela se erige em pressuposto processual negativo, cuja existência impede o seguimento do processo.

Proferida a sentença de mérito, com o trânsito em julgado, não se admite a propositura de ação com os mesmos elementos. No entanto, se um deles for modificado – partes, pedido ou causa de pedir – a ação será outra, e não se poderá falar em coisa julgada.

O que ficar decidido no dispositivo não pode ser novamente discutido, no mesmo ou em outro processo qualquer. Imagine-se que *A* ajuizou ação para declaração de inexigibilidade de uma duplicata em face de *B*. O processo teve regular seguimento, e o pedido foi julgado procedente, tendo o juiz declarado que o título é indevido. Com o trânsito em julgado, não se poderá mais discutir, entre as mesmas partes, que a duplicata é inexigível. Por isso, no futuro, não se permitirá, por exemplo, que *B* ajuíze em face de *A* ação de cobrança fundada na mesma duplicata. Embora essa demanda não mantenha tríplice identidade com a primeira, porque os pedidos são distintos, já foi decidido anteriormente, entre as mesmas partes, que a duplicata é inexigível.

A eficácia preclusiva da coisa julgada material impede não apenas a repropositura da mesma demanda, mas a discussão, em qualquer outro processo com mesmas partes, das questões decididas anteriormente. No exemplo mencionado, declarada a inexigibilidade da duplicata no dispositivo da primeira sentença, em nenhum outro processo essa questão poderá ser discutida.

Outro exemplo: imagine-se que *A* ajuíza em face de *B* ação de investigação de paternidade, julgada procedente. Mais tarde, se *A* ajuizar em face de *B* ação de alimentos, a questão da paternidade não voltará a ser discutida, porque já decidida com força de coisa julgada, entre as mesmas partes.

A extensão da eficácia preclusiva vem complementada pelo art. 508 do CPC, que assim dispõe: "Transitada em julgado a decisão de mérito, considerar-se-ão deduzidas e repelidas todas as alegações e as defesas, que a parte poderia opor tanto ao acolhimento quanto à rejeição do pedido".

Essa regra é denominada, por alguns, princípio do "deduzido e do dedutível". Quer significar que a autoridade da coisa julgada material impede a rediscussão não apenas das questões que tenham sido explicitamente decididas no dispositivo, porque expressamente alegadas pelas partes, mas também daquelas que poderiam ter sido alegadas, mas não foram.

Não se trata da impossibilidade de utilização de nova causa de pedir, que, como um dos elementos da ação, se alterada, a modifica. Mas se trata de, mantida a mesma pretensão e a mesma causa de pedir, reputarem-se discutidos e resolvidos todos os argumentos, as razões e as alegações que poderiam ter sido apresentadas pelas partes para o acolhimento de suas teses.

Dessarte, mantida a mesma ação, com o trânsito em julgado se reputam deduzidos todos os argumentos, razões e alegações que as partes poderiam ter feito ou produzido que pudessem auxiliar na obtenção de um resultado favorável. Isso inclui todos os fundamentos da defesa. Compete ao réu, na contestação, invocar o que possa levar à improcedência do pedido. Se entender que houve pagamento ou remissão da dívida, deverá alegá-los ambos. Se invocar apenas o primeiro, não poderá mais tarde postular a declaração de inexigibilidade da dívida, em ação própria, com fundamento na segunda. Na lição de Dinamarco: "Não se trata de causas de pedir omitidas, porque a coisa julgada material não vai além dos limites da demanda proposta, e, se houver outra *causa petendi* a alegar, a demanda será outra e não ficará impedida de julgamento; mas novos argumentos, novas circunstâncias de fato, interpretações da lei por outro modo, atualidades da jurisprudência, etc., que talvez pudessem ser úteis quando trazidos antes do julgamento da causa, agora já não poderão ser utilizados"[4].

---

4. Cândido Dinamarco, *Instituições de direito processual civil*, v. 3, p. 325.

2.8. Relativização da coisa julgada

A autoridade da coisa julgada material foi sempre considerada dogma absoluto do processo. A lei processual estabelece um mecanismo adequado para a desconstituição da sentença já transitada em julgado – a ação rescisória – e o prazo para que dele se possa utilizar. No entanto, ele só pode ser utilizado nos casos expressamente indicados, dentro do prazo de dois anos, depois do qual não se pode mais discutir a sentença (salvo aquelas que contêm um vício tão grave que devem ser tidas por ineficazes).

Atualmente, começa-se a admitir, tanto na doutrina como na jurisprudência, a possibilidade de, em circunstâncias excepcionais, mitigar-se a autoridade da coisa julgada material, quando ela contrariar valores que a ultrapassem em importância. Sua finalidade é dar segurança e estabilidade às relações jurídicas na busca da pacificação social. Mas ela não pode ser tal que imunize julgados violadores de garantias ou direitos constitucionais, ou que transgridam valores éticos ou jurídicos cuja ofensa fere gravemente o ordenamento jurídico.

A relativização deve ser aplicada em situações muito excepcionais. Do contrário, colocar-se-iam em risco a estabilidade e a segurança das decisões judiciais. Somente naquelas teratológicas, cujo cumprimento redundaria em grave ofensa a valores éticos e garantias constitucionais, ela deve ser utilizada. Nem sempre que haja *error in judicando* a mitigação deve ser invocada, mas naquelas circunstâncias em que do erro resultam situações insustentáveis.

Dois são os exemplos lembrados com maior frequência. Primeiro, o da investigação de paternidade. Até alguns anos atrás, não era possível apurar, com elevado grau de segurança, a paternidade daquele que não fora reconhecido. Havia exames de sangue, que, conquanto pudessem excluir a paternidade, não a apontavam com segurança suficiente. Hoje os exames de DNA esclarecem, com elevadíssimo grau de segurança, tais dúvidas. Há casos de ações julgadas procedentes em que, depois de ultrapassado o prazo da ação rescisória, constatou-se, por meio de exames de DNA, que o vencido não era pai do autor da ação. No entanto, fora-lhe reconhecida a paternidade, da qual advinham importantes consequências, de natureza patrimonial ou não, como a obrigação de prestar alimentos, e as de natureza sucessória.

Essa é uma das situações em que se poderia relativizar a coisa julgada (embora o STJ tenha decisões prestigiando, mesmo em casos assim, a autoridade da coisa julgada, sob o argumento de que, a entender de forma contrária, colocar-se-iam em risco a segurança das relações jurídicas e a preservação da paz social).

Tornou-se notório, ainda, o episódio das sentenças que, em ações de desapropriação, fixaram indenização extraordinariamente elevada, porque fundadas em laudos periciais tidos por fraudulentos, e que acabaram por transitar em julgado. Ora, seria imoral que, mesmo após o prazo da ação rescisória, esses julgados se tornassem imutáveis, obrigando a Fazenda Pública a despender quantias astronômicas, fundadas em fraude.

3. DA AÇÃO RESCISÓRIA

3.1. Introdução

A lei processual estabelece os recursos de que se podem valer as partes para impugnar as decisões judiciais. Esgotados todos eles, ou porque utilizados (preclusão consumativa), ou porque o interessado não os interpôs a tempo (preclusão temporal), a sentença transita em julgado. Trata-se da *coisa julgada formal*, que decorre da impossibilidade de discutir, no mesmo processo, a sentença prolatada. Mas a decisão ou a sentença de mérito fará também a material. Além de não se poder mais discuti-las no mesmo processo, haverá óbice para que outras demandas sejam propostas, versando sobre a questão já decidida.

A lei prevê uma ação autônoma de impugnação, que visa desconstituir a decisão transitada em julgado, postulando eventualmente a reapreciação daquilo que já estava decidido em caráter definitivo. É a última oportunidade que se dá ao interessado para tentar desfazer a decisão. Não se trata mais de um recurso, porque estes já foram esgotados, mas de uma ação autônoma, de cunho cognitivo e natureza desconstitutiva, que procura desfazer o julgado.

3.2. Requisitos de admissibilidade

São numerosos os requisitos da ação rescisória. O primeiro é que haja uma decisão de mérito (CPC, art. 966). Somente elas são rescindíveis. As meramente terminativas não fazem coisa julgada material, mas apenas formal, o que não impede que a questão seja novamente levada a juízo em outra demanda. As de mérito, se não forem rescindidas, impedem que a questão seja novamente discutida em qualquer outro processo. A expressão "decisão de mérito" abrange, além das sentenças e acórdãos, também as decisões interlocutórias, quando o juiz, em julgamento antecipado parcial, resolver alguns pedidos, ou parcela deles, que resultarem incontroversos ou puderem ser julgados de imediato.

Mas não cabe contra as sentenças homologatórias de acordo, de reconhecimento jurídico do pedido e de renúncia à pretensão inicial, ainda que a lei as considere como de mérito (CPC, art. 487). Estabelece o art. 966, § 4º, que "os atos de disposição de direitos praticados pelas partes ou por outros participantes do processo e homologados pelo juízo, bem como os atos homologatórios praticados no curso da execução, estão sujeitos à anulação, nos termos da lei". Se o acordo ou reconhecimento do pedido ou renúncia decorrem de um vício de vontade (erro, dolo, coação), e forem homologados em juízo, não caberá ação rescisória, mas anulatória. Nesse sentido, "quando a sentença não aprecia o mérito do negócio jurídico de direito material, é simplesmente homologatória, não ensejando a ação rescisória. A ação para desconstituir-se a transação homologada é a comum, de nulidade ou anulatória (art. 486 do CPC [atual art. 966])" (STF, *RT*, *605*:211. No mesmo sentido, STJ, 4ª Turma, REsp 1.150.745-MG, de 11-2-2014, rel. Min. Marco Buzzi).

Muito se discute se a sentença que reconhece a prescrição ou decadência, resolvendo o mérito (art. 487, II), seria rescindível. Embora seja considerada de mérito por força de lei, ela não chega a apreciar a pretensão posta em juízo. Parece-nos que se há de admitir a rescisória, porque tal sentença decorre de um pronunciamento judicial, e não de simples manifestação volitiva das partes, como no caso da homologação de acordo, e se reveste da autoridade da coisa julgada material, impedindo que demanda idêntica venha a ser proposta. Nesse sentido, em relação à prescrição, o acórdão da *RTFR*, *134*:3, e, em relação à decadência, STJ, 4ª Turma, REsp 43.431-9-RJ, rel. Min. Dias Trindade.

Sendo requisito indispensável da rescisória a coisa julgada material, não se pode admiti-la contra sentenças proferidas em ação de alimentos, em que ela pode ser alterada, se modificadas as premissas em que se fundou. Também não cabe contra as sentenças que julguem improcedentes a ação popular ou a ação civil pública por insuficiência de provas.

Também não cabe ação rescisória contra a sentença que extingue o processo de execução. É que elas não são de mérito, mas terminativas. Elas não julgam a pretensão do autor, mas apenas encerram o processo executivo. A proferida nos embargos à execução, ação autônoma de natureza cognitiva, poderá ser rescindida, desde que de mérito.

Como visto, a regra estabelecida no art. 966 do CPC é que o ajuizamento da ação rescisória se preste unicamente a atacar decisões de mérito. Mas há duas exceções previstas em lei. São aquelas tratadas no art. 966, § 2º: "Nas hipóteses previstas nos incisos do *caput*, será rescindível a decisão transitada em julgado que, embora não seja de mérito, impeça: I – nova propositura da demanda; ou II – admissibilidade do recurso correspondente". Para entendê-las, é preciso lembrar que o juiz pode proferir uma sentença de extinção sem resolução de mérito, sem força de coisa julgada material, mas que impede a repropositura da mesma ação. São as hipóteses previstas no art. 486, § 1º, sobretudo quando reconhecida a litispendência, a coisa julgada ou a perempção. Diante da vedação à repropositura, admite-se a ação rescisória, que também será cabível contra a decisão que impeça a admissibilidade de recurso pendente. Para que se compreenda essa segunda exceção, tome-se um exemplo: o Tribunal não admitiu a apelação por intempestividade ou falta de preparo. Com isso, a sentença transitou em julgado. Caberia ação rescisória contra a decisão que negou seguimento ao recurso ou não o conheceu? A resposta, em princípio, seria negativa, porque, se o recurso não foi admitido ou conhecido, prevaleceu a sentença de primeiro grau e a rescisória só poderia ter por objeto a sentença, e não a decisão de inadmissão do recurso. No entanto, pode ser que a sentença não contenha nenhum dos vícios elencados no art. 966, que não seja possível encaixá-la em nenhuma das hipóteses de cabimento. É possível que o vício esteja não na sentença (ou decisão interlocutória de mérito), mas na decisão que indeferiu ou não conheceu do recurso. Pode ser que a sentença não esteja fundada em erro de fato, mas a decisão que não admitiu o recurso sim, porque o considerou intempestivo ou sem preparo quando não o era. Não há outra solução senão admitir a rescisória não da decisão de mérito, mas da decisão interlocutória que não admitiu o recurso, permitindo-se agora que o recurso seja processado e a sentença reexaminada pelo Tribunal. Antes mesmo da entrada em vigor do CPC atual, o Superior Tribunal de Justiça já vinha admitindo a rescisória, em situações como essas.

Nesse sentido: "Precedentes da Corte considerando admissível a rescisória quando não conhecido o recurso por intempestividade, autorizam o mesmo entendimento em caso de não conhecimento da apelação por deserção" (STJ, 3ª Turma, REsp 636.251, rel. Min. Menezes Direito). Ou ainda: "Comprovada a tempestividade do recurso por certidão, cujo conteúdo foi admitido pelo réu, caracteriza-se o erro de fato, autorizando a rescisão do julgado" (STJ, 3ª Turma, REsp 122.413).

Contra sentenças ineficazes, como aquelas proferidas quando não houve citação válida, a medida mais adequada não é a ação rescisória, mas a ação declaratória de ineficácia (*querela nullitatis insanabilis*) que, ao contrário da rescisória, não tem prazo para ser ajuizada. Na lição de Vicente Greco Filho: "Há casos, também, de sentença inexistente que pode ser desconhecida ou afastada por qualquer juiz, independentemente da ação rescisória. São casos de simulacros de sentenças ou sentenças somente na aparência, como, por exemplo, a proferida por alguém não investido da função jurisdicional ou mesmo sentença proferida em processo em que não houve citação, caso em que o réu, em embargos de devedor, pode alegar o vício. No caso de aparência de sentença não fica, porém, excluída a possibilidade de ação declaratória para que a parte obtenha a declaração formal de sua ineficácia. Trata-se de caso de *querela nullitatis*"[5].

A ação rescisória cabe contra decisão ou sentença, se foi ela que transitou em julgado, ou contra o acórdão, se este as substituiu, no julgamento de recurso que foi conhecido pelo tribunal.

---

5. Vicente Greco Filho, *Direito processual*, cit., v. 2, p. 403.

Por fim, não cabe ação rescisória das decisões, das sentenças e dos acórdãos, proferidos no Juizado Especial Cível, por força do disposto no art. 59 da Lei n. 9.099/95.

Além da decisão de mérito, a ação rescisória depende do preenchimento de alguns pressupostos objetivos, elencados no art. 966 do CPC, que contém oito incisos. Na maior parte deles, a causa de rescisão é um defeito na decisão, que pode ter sido provocado pelo juiz ou pelas partes.

Mas há, como acentua Barbosa Moreira, um caso especial, no qual a decisão não contém nenhum defeito, mas é rescindível. A hipótese é a do inciso VII, que diz respeito a prova nova, ignorada, obtido depois do trânsito em julgado, e que por si só seria suficiente para assegurar um pronunciamento favorável.

As hipóteses de cabimento de ação rescisória previstas no art. 966 são:

a) Quando se verificar prevaricação, concussão ou corrupção do juiz que prolatou a sentença.

A prevaricação é o ato de "retardar ou deixar de praticar, indevidamente, ato de ofício, ou praticá-lo contra disposição expressa de lei, para satisfazer interesse ou sentimento pessoal" (CP, art. 319). A concussão consiste em "exigir, para si ou para outrem, direta ou indiretamente, ainda que fora da função ou antes de assumi-la, mas em razão dela, vantagem indevida" (CP, art. 316). E a corrupção passiva em "solicitar ou receber, para si ou para outrem, direta ou indiretamente, ainda que fora da função ou antes de assumi-la, mas em razão dela, vantagem indevida, ou aceitar promessa de tal vantagem" (art. 317).

Em todos esses casos, o julgador pratica ilícito penal, e profere uma decisão não de acordo com aquilo que ficou apurado nos autos, mas em consideração a seus interesses pessoais. O ilícito pode ser demonstrado e apurado na própria ação rescisória, não havendo necessidade de condenação criminal, e nem mesmo de ação penal contra o prolator da sentença. A decisão na ação rescisória não vinculará o juiz penal, e não haverá incompatibilidade entre a decisão que acolher a ação rescisória e a que julgar improcedente a ação penal. Da mesma forma, a improcedência por falta de provas nesta não impedirá eventual procedência daquela. Em contrapartida, a procedência, com trânsito em julgado, da ação penal vincula o julgamento da ação rescisória, já que comprovado o ilícito. Por isso, Barbosa Moreira entende possível que, em caso de correrem simultaneamente a ação penal e a ação rescisória, esta seja sobrestada (não obrigatoriamente, mas como faculdade dos que a estejam julgando) até que saia o resultado da primeira.

É ainda Barbosa Moreira quem lembra que só caberá ação rescisória com fundamento no inciso I do art. 966 contra decisão de órgão colegiado se ficar demonstrado que o voto do juiz que perpetrou os ilícitos tenha tido influência no julgamento. Se a modificação de seu voto não puder alterá-lo, a rescisória será inaceitável.

b) Quando a sentença for proferida por juiz impedido ou juízo absolutamente incompetente. A competência do juízo e a imparcialidade do juiz são pressupostos processuais de validade do processo. Mas há dois graus em ambas. Há a incompetência relativa e a absoluta, a suspeição e o impedimento. A incompetência relativa e a suspeição sanam-se dentro do próprio processo, antes que transite em julgado, porque não são de ordem pública. Compete às partes sua alegação (embora a suspeição possa ser reconhecida pelo juiz de ofício), sob pena de preclusão.

Diferente do que ocorre com a incompetência absoluta e o impedimento, eles são objeções processuais, de ordem pública. O vício deles decorrente projeta-se para além do processo, e enseja a ação rescisória.

c) Quando a sentença resultar de coação ou dolo da parte vencedora em detrimento da parte vencida, ou de simulação ou colusão entre a partes, a fim de fraudar a lei.

Ocorre o dolo da parte vencedora quando ela engana o juiz ou a parte contrária para influenciar o resultado do julgamento. E coação quando ela incute no adversário fundado temor de dano iminente e considerável à sua pessoa, à sua família ou a seus bens.

Um dos deveres dos litigantes é o de agir com lealdade e boa-fé. Se um deles emprega ardis para induzir em erro o adversário ou o juiz a respeito de fatos relevantes para a causa, que influenciam no julgamento, haverá o dolo. Barbosa Moreira oferece exemplos: "O autor obstou a que o réu tomasse conhecimento real da propositura da ação, ou de qualquer modo o levou a ficar revel; o litigante vitorioso criou empecilho, de caso pensado, à produção de prova que sabia vantajosa para o adversário, subtraiu ou inutilizou documento por este junto aos autos. Não basta a simples afirmação de fato inverídico, sem má-fé, nem o silêncio acerca de fato desfavorável relevante, nem a abstenção de produzir prova capaz de beneficiar a parte contrária"[6].

É indispensável que o ardil da parte vencedora tenha sido a causa de seu sucesso. Somente o dolo do vitorioso ensejará a rescisão, desde que se demonstre que foi a causa do êxito.

Não basta para a configuração do dolo "o simples fato de a parte silenciar a respeito de fatos contrários a ela, posto que tal proceder não constitui ardil do qual resulta cerceamento de defesa ou o desvio do juiz de uma sentença justa" (*RT*, 673:67).

Colusão é o conluio entre as partes, que utilizam o processo para fins ilícitos. O art. 142 do CPC trata do assunto: "Convencendo-se, pelas circunstâncias da causa, de que autor e réu se serviram do processo para praticar ato simulado ou conseguir fim vedado por lei, o juiz proferirá decisão que impeça aos objetivos das partes, aplicando, de ofício, as penalidades da litigância de má-fé". Pode ocorrer que o juiz não consiga evitar a colusão, ou que ela só seja descoberta depois do trânsito em julgado. Aquele que foi por ela prejudicado ajuizará a ação rescisória. Haverá colusão sempre que utilizarem o processo em conluio, para a obtenção de um fim fraudulento. Imagine-se, por exemplo, que alguém queira fugir da obrigação de pagar seus credores, e se conluie com um amigo para que este ajuíze ação como credor preferencial, para ter prioridade no recebimento. Percebendo o juiz a colusão, extinguirá o processo, impedindo que se atinja o resultado almejado. Mas, se ela não for percebida, e a sentença transitar em julgado, poderá ser rescindida. Nesse caso, as partes não têm interesse em propor a ação rescisória. Por isso, o CPC, no art. 967, II e III, atribui legitimidade ao terceiro interessado ou ao Ministério Público.

A simulação ocorre quando uma das partes se vale dos expedientes enumerados no art. 167, §§ 1º e 2º, do Código Civil, aplicando-se a ela as mesmas regras da colusão.

d) Ofender coisa julgada: se já há pronunciamento judicial a respeito de determinada pretensão, com trânsito em julgado, não pode haver

---

6. Barbosa Moreira, *Comentários*, cit., p. 147 e 148.

um novo. Para isso existe a coisa julgada material, que impede nova decisão, em outro processo, a respeito do que foi apreciado. Nem mesmo a lei pode retroagir para prejudicar a coisa julgada. Tampouco uma nova decisão. Será rescindível tanto a nova decisão que mantiver como a que modificar a anterior.

A coisa julgada só diz respeito ao dispositivo da sentença ou ao comando da decisão, isto é, àquilo que foi decidido a respeito da pretensão posta em juízo. Não recai sobre seus fundamentos, que poderão ser rediscutidos.

Vicente Greco Filho suscita interessante questão: "(...) o da validade da sentença proferida com ofensa à coisa julgada e que não foi rescindida porque se passaram os dois anos de decadência da ação rescisória". A solução dada pelo autor é: "Não rescindida, a despeito de ofender a coisa julgada, a segunda sentença terá eficácia como título autônomo, mesmo que seja contraditória com a primeira sentença. Portanto, será executada, sem que o juiz da execução possa evitar a sua eficácia, porque o trânsito em julgado da segunda impede que se discuta a sua validade"[7].

Não nos parece, porém, que essa seja a melhor solução, porque, em caso de coisas julgadas antagônicas, há de prevalecer a primeira, uma vez que a segunda foi prolatada quando já havia decisão definitiva a respeito. Essa a solução sugerida por Nelson e Rosa Nery: "Ultrapassado o prazo do CPC 495 [atual art. 975] e havendo conflito entre duas coisas julgadas antagônicas, prevalece a primeira sobre a segunda, porque esta foi proferida com ofensa àquela (CPC 471 – atual art. 505)"[8].

Situação interessante de cabimento da rescisória por ofensa ao inciso IV do art. 966 é a do acórdão prolatado em apelação intempestiva. Se já havia sido ultrapassado o prazo de recurso, a sentença estava trânsita em julgado. Se o acórdão o apreciou, ofende a coisa julgada, e enseja a rescisória.

e) Violar manifestamente norma jurídica: não cabe a rescisão por injustiça da sentença ou exame inadequado das provas. Essa regra vinha expressamente contida no art. 800, *caput*, do CPC/39: "A injustiça da

7. Vicente Greco Filho, *Direito processual*, cit., v. 2, p. 408.
8. Nelson Nery Junior e Rosa Nery, *Código*, cit., p. 699.

sentença e a má apreciação da prova ou errônea interpretação do contrato não autorizam o exercício da ação rescisória". Embora o Código atual não contenha expressamente essa regra, ela continua válida. Para que se aplique o inciso V do art. 966 do CPC é preciso que haja afronta direta e induvidosa à norma jurídica. A expressão "norma" foi usada em sentido amplo, como referência às normas jurídicas em geral, de natureza constitucional ou infraconstitucional.

Mas, se a sentença deu à lei uma interpretação razoável, ainda que não seja a predominante, ou que divirja de outras dadas pela doutrina ou jurisprudência, não cabe a rescisória. Não basta ofensa à súmula ou jurisprudência dominante: é preciso que a sentença seja incompatível com a norma jurídica, não podendo haver coexistência lógica das duas coisas. Nesse sentido, a Súmula 343 do STF: "Não cabe ação rescisória por ofensa a literal disposição de lei, quando a decisão rescindenda se tiver baseado em texto legal de interpretação controvertida nos tribunais". Essa súmula só se aplica se a interpretação for controvertida, ou for razoável.

Não cabe a rescisória se, na época em que a decisão foi proferida, a matéria era controvertida, embora posteriormente a interpretação se tenha pacificado no sentido da tese do autor.

É preciso que a violação da lei tenha nexo de causalidade com o resultado obtido. Se ela não repercutiu no julgamento, nada há a rescindir. A ofensa pode ser à lei material (*error in judicando*) ou processual (*error in procedendo*).

A redação desse inciso, ao mencionar *violação manifesta da norma jurídica*, pode gerar dúvida. A ofensa é apenas à letra da norma ou a seu espírito, seu sentido? Cabe rescisão sempre que a decisão não se conformar com o espírito da lei, com seu propósito. Theotonio Negrão alude a acórdão publicado em *RSTJ*, *27*:247, que trata do problema, dando-lhe a solução adequada: "O que o art. 485 [atual art. 966], V, do CPC, reclama para a procedência da rescisória é que o julgado rescindendo, ao aplicar determinada norma na decisão da causa (portanto, ao fazer incidir sobre o litígio norma legal escrita), tenha violado seu sentido, seu propósito: sentido e propósito que, como não pode deixar de ser, admitem e até mesmo impõem variada compreensão do conteúdo do imperativo legal, ao longo do tempo e ao sabor de circunstâncias diversas da ordem social, que a jurisprudência não pode simplesmente ignorar ou mesmo negligenciar"[9].

Por fim, é preciso que haja violação à norma que estava em vigor na data da decisão. Se a norma é superveniente, não cabe a rescisória.

f) Se fundar em prova cuja falsidade tenha sido apurada em processo criminal ou seja provada na própria ação rescisória: é indispensável que a prova falsa tenha nexo de causalidade com o resultado, isto é, que a sentença se tenha fundado nela, e não possa subsistir sem a prova falsa. Se ela se baseia em várias provas, de forma que a falsa não possa ser decisiva para o resultado, não haverá razão para rescisão.

A lei processual não distingue entre a falsidade material e a ideológica. Também não é relevante que ela pudesse ter sido detectada no processo de conhecimento no qual foi proferida a sentença que se quer rescindir. Mas, como acentua Barbosa Moreira, "em se tratando de falsidade documental, se a sentença proferida no respectivo incidente (art. 395 – atual art. 433) houver declarado autêntico o documento, fica excluída a possibilidade de rescindir-se, com base no art. 485 (atual art. 966), n. VI, a decisão sobre o mérito da causa principal, fundada no documento que se declarara autêntico, enquanto subsistir a *auctoritas rei iudicate* da sentença que o declarou tal"[10].

A falsidade pode dizer respeito à prova documental, pericial ou testemunhal, e sua apuração ser feita em processo criminal, ou na ação rescisória. A decisão criminal deverá ter transitado em julgado para ensejar a rescisão, e isso torna rara a hipótese, diante do prazo decadencial de dois anos.

A absolvição no processo criminal não impede a propositura da ação, devendo a prova ser nela produzida.

g) Depois do trânsito em julgado, se o autor obtiver prova nova, cuja existência ignorava, ou de que não pôde fazer uso, capaz, por si só, de lhe assegurar pronunciamento favorável: prova nova não é aquela que se formou após o trânsito em julgado, mas aquela anterior, cuja existência era ignorada pelo autor da ação rescisória, ou de que ele não pôde fazer uso. Não pode ser considerada como tal aquela que deixou de ser apre-

9. Theotonio Negrão, *Código*, cit., nota 26 ao art. 485.

10. Barbosa Moreira, *Comentários*, cit., p. 157.

sentada por desídia ou negligência, cuja existência se conhecia, ou cuja obtenção era acessível. Não cabe a ação rescisória se a parte interessada deixou de apresentar a prova por sua culpa. Nesse sentido:

"...7. O vício redibitório previsto no art. 966, VII, do CPC/2015 não se faz presente nos autos, pois não houve demonstração de que o documento indicado como novo, apesar de preexistente à coisa julgada, era ignorado pelo interessado ou de impossível obtenção para utilização no processo que formou o julgado ora rescindendo" (STJ, Ação Rescisória 5.196 – RJ, de 14-12-2022, rel. Min. Mauro Campbell Marques).

É indispensável que a prova seja de tal ordem que possa assegurar, por si só, um pronunciamento favorável.

O autor a que alude o inciso VII não é o da ação em que a decisão rescindenda foi proferida, mas o autor da ação rescisória, que pode ter ocupado o polo ativo ou o passivo do processo anterior.

Como acentua Barbosa Moreira, a lei refere-se a *prova*, e não a *fato novo*. Por isso, "o que se permite é que a parte produza agora a prova documental, que não pudera produzir, de fato alegado; não se lhe permite, contudo, alegar agora fato que não pudera alegar, mesmo por desconhecimento"[11].

h) Fundada em erro de fato, verificável do exame dos autos. Esse dispositivo é seguido de parágrafo que trata do tema e estabelece que "há erro de fato quando a decisão rescindenda admitir fato inexistente ou quando considerar inexistente um fato efetivamente ocorrido, sendo indispensável, em ambos os casos, que o fato não represente ponto controvertido sobre o qual o juiz deveria ter se pronunciado".

Vicente Greco Filho, comentando o parágrafo, ensina que "O texto é de difícil compreensão. Se não houve pronunciamento judicial sobre o fato, como é possível ter havido erro? O erro exatamente é o acolhimento de um fato inexistente como existente, ou o contrário. O que a lei quer dizer, porém, é o seguinte: o erro de fato, para ensejar a ação rescisória, não pode ser aquele que resultou de uma escolha ou opção do juiz diante de uma controvérsia. O erro, no caso relevante, é o que passou desper-

---

11. Barbosa Moreira, *Comentários*, cit., p. 164.

cebido pelo juiz, o qual deu como existente um fato inexistente ou vice--versa. Se a existência ou inexistência do fato foi ponto controvertido e o juiz optou por uma das versões, ainda que erradamente, não será a rescisória procedente"[12].

Para que o erro de fato embase a rescisória é indispensável que mantenha nexo de causalidade com o resultado, que a decisão esteja nele fundada.

É indispensável que ele possa ser apurado pelo exame dos atos. Não se admite, na ação rescisória fundada no inciso VIII, sejam produzidas novas provas do erro. Este já deve estar comprovado de plano.

É preciso, de acordo com o § 1º, que não tenha havido controvérsia nem pronunciamento judicial sobre o fato. Que ambas as partes estivessem de acordo quanto a sua existência ou inexistência, ou que estas não tivessem sido contestadas, e que não tenha havido pronunciamento judicial a respeito.

Esses são os fundamentos para o ajuizamento da ação rescisória. O rol do art. 966 é taxativo, e não comporta ampliações, nem a utilização da analogia para abarcar hipótese que não tenha sido expressamente prevista.

3.3. Procedimento da ação rescisória

A petição inicial deve preencher os requisitos do art. 319 do CPC, e indicar os três elementos da ação: as partes, o pedido e a causa de pedir.

Tem legitimidade para propô-la todo aquele que tenha sido parte no processo, ou seu sucessor, a título universal ou particular, o terceiro juridicamente interessado e o Ministério Público. Se houver mais de um interessado na rescisão, pode formar-se um litisconsórcio.

Os primeiros legitimados são as partes, o autor e o réu da ação em que se proferiu a decisão rescindenda. Se nesta havia litisconsórcio ativo ou passivo, qualquer deles terá legitimidade. Em caso de falecimento da parte, legitima-se o seu sucessor, e, em caso de alienação de coisa litigiosa, o adquirente ou o cessionário do direito (CPC, art. 109).

---

12. Vicente Greco Filho, *Direito processual*, cit., v. 2, p. 410.

Proposta por uma das partes, as demais ou seus sucessores serão réus da rescisória. Caso tenha havido denunciação da lide ou chamamento ao processo, o denunciado e os chamados terão também legitimidade. Até os assistentes poderão fazê-lo. O fato de, no processo principal, o réu ter ficado revel não o impede de ajuizar a ação. No entanto, como já foi decidido, "não lhe será possível pretender demonstrar serem inverídicos os fatos alegados pela parte autora da precedente ação e tomados como verdadeiros pelo juiz, por força do disposto no art. 319 [atual art. 344] do estatuto processual. Inviável, em outras palavras, utilizar a rescisória como sucedâneo de contestação" (*RSTJ*, *74*:229).

Também são legitimados os terceiros juridicamente interessados. Não basta o interesse meramente econômico. Trata-se do mesmo interesse que permitiria o ingresso de assistente no processo de conhecimento. O terceiro interessado é aquele que terá sua esfera jurídica reflexamente atingida pela decisão. Ou seja, o que tem relação jurídica com uma das partes, que será atingida pela decisão, de forma reflexa. Se quiser, poderá ingressar no processo ainda em andamento, como assistente simples. Mas, se não o fizer a tempo, poderá valer-se, no momento oportuno, da rescisória.

Por fim, a lei atribui ao Ministério Público legitimidade para propor a ação. Esse artigo refere-se ao *parquet* enquanto fiscal da ordem jurídica, já que, enquanto parte, terá legitimidade por força do inciso I do art. 967.

O Ministério Público tem legitimidade para o ajuizamento da ação rescisória em três situações. Quando não foi ouvido no processo anterior, em que sua intervenção era obrigatória, no caso de decisão oriunda de simulação ou colusão das partes, a fim de fraudar a lei ou nos demais casos em que se imponha a sua atuação (CPC, art. 967, III, *a*, *b* e *c*). Fora disso, não a terá. No primeiro e terceiro casos, a ação terá por fundamento o inciso V do art. 966, qual seja, aquele que a admite em caso de violação manifesta à norma jurídica. No segundo – simulação ou colusão – o Ministério Público poderá ajuizar a rescisória, independentemente de ter intervindo ou não no processo anterior, e de ser ou não necessária essa intervenção. Mesmo que se trate de processo sem participação do *Parquet*, se tiver havido colusão ele estará legitimado para postular a rescisão.

Essa legitimidade, em caso de colusão, não é exclusiva, já que terceiros interessados e as partes poderão ajuizá-la.

Na ação rescisória proposta por terceiro prejudicado, ou pelo Ministério Público, figurarão no polo passivo todos aqueles que foram parte no processo principal.

A petição inicial deve ainda conter a indicação precisa do pedido. Pode haver cumulação do pedido de rescisão e do de novo julgamento da causa. É preciso distinguir aqui o *iudicium rescindens* e o *iudicium rescissorium*. O primeiro diz respeito tão somente à rescisão do julgamento, e o segundo à prolação de uma nova decisão, que substitua a anterior. Nem sempre será o caso de cumulação das duas coisas. Barbosa Moreira dá exemplos: "A ressalva 'se for o caso' atende a que, por exceção, em certas hipóteses: ou (a) basta o pedido de rescisão da sentença – v.g., se o fundamento é a ofensa à 'auctoritas rei iudicatae' da sentença anterior sobre a mesma lide (art. 485 [atual art. 966], n. IV), quando nada mais se precisará fazer, no caso de procedência, que desconstituir a segunda decisão; ou (b) à rescisão não se há de seguir, *incontinenti*, o rejulgamento da causa pelo próprio tribunal, tornando-se necessária, em vez disso, a remessa a outro órgão – v.g., se o fundamento é a incompetência absoluta do que proferira a sentença (art. 485 [atual art. 966], n. II, *fine*), a menos que competente fosse o órgão mesmo que funcionou no *iudicium rescindens*"[13].

A rescisão pode não englobar a decisão toda, mas apenas um ou alguns capítulos, caso em que somente estes serão substituídos por nova decisão.

A inicial deve descrever a causa de pedir, que terá de corresponder a uma ou mais das hipóteses do art. 966. O pedido pode estar fundado em mais de uma causa de pedir.

O valor da causa, na ação rescisória, deve corresponder ao proveito econômico que se obterá com a desconstituição do provimento judicial. É possível, mas nem sempre certo, que coincida com o valor da causa antecedente, com o acréscimo de correção monetária. Se o interessado pretender rescindir integralmente uma sentença condenatória, o valor da rescisória coincidirá com o da condenação corrigida. Mas, se quiser rescindir apenas a parte referente aos honorários advocatícios fixados na sentença, o valor da causa na rescisória deverá ser o deles.

---

13. Barbosa Moreira, *Comentários*, cit., p. 208.

O valor da causa, na ação rescisória, assume particular relevância diante da exigência do art. 968, II, do CPC, que obriga o autor a "depositar a importância de 5% sobre o valor da causa, que se converterá em multa, caso a ação seja, por unanimidade de votos, declarada inadmissível, ou julgada improcedente".

A falta do depósito prévio é causa de indeferimento da inicial. A insuficiência também, desde que o autor, instado a recolher a diferença, não o faça. Esse dinheiro será restituído, caso a rescisória seja julgada procedente, ou se o resultado lhe for desfavorável, mas não por unanimidade de votos. Não haverá, porém, a restituição se o autor desistir da ação, ou se ela for extinta por abandono.

Esse depósito prévio não é exigido das pessoas jurídicas de direito público, nem do Ministério Público, tendo o STJ editado a Súmula 175, que assim estabelece: "Descabe o depósito prévio nas ações rescisórias propostas pelo INSS". Embora específica, ela se estende às demais autarquias e às fundações públicas. Não se exige, ainda, o depósito prévio, pelos beneficiários da justiça gratuita (art. 968, § 1º).

A função da multa, em caso de improcedência ou inadmissibilidade por unanimidade de votos, é desestimular a proliferação de rescisórias descabidas.

A propositura da rescisória não impede o cumprimento da decisão ou acórdão rescindendo, ressalvada a concessão de tutela provisória (CPC, art. 969). E a execução em curso não se torna provisória.

Cabível a postulação de tutelas provisórias para a atribuição de efeito suspensivo à ação rescisória, diante dos termos expressos do art. 969 do CPC.

A petição inicial da ação rescisória será indeferida nas mesmas situações das iniciais de outros tipos de ação (CPC, art. 330). Afora estas, haverá o indeferimento por falta do depósito exigido pelo art. 968, II.

O relator tem poderes para indeferir a inicial da rescisória, cabendo agravo interno para o órgão que seria o competente para julgar a ação. Nesse sentido, *RSTJ*, *148*:511. Discute-se sobre a possibilidade de algum recurso contra o indeferimento inicial da ação rescisória. Não cabe apelação, porque não houve sentença, mas acórdão, já que se trata de ação de competência originária de tribunal. Só se admitirão eventuais recursos previstos nos regimentos internos do tribunal.

Estando em termos a petição inicial, o relator determinará a citação dos réus, assinando-lhes prazo nunca inferior a quinze nem superior a trinta dias. Questão altamente controversa é a da aplicação dos arts. 180, 183, 186 e 229 do CPC, que determinam a dobra do prazo quando os réus forem o Ministério Público, a Fazenda Pública, a Defensoria Pública e os litisconsortes com advogados diferentes, de escritórios distintos, em processo que não seja eletrônico. A redação do art. 970 dá a impressão de que não, pois o dispositivo já concede ao juiz certo arbítrio na fixação do prazo, facultando-lhe ampliá-lo, conforme o caso, até trinta dias. Barbosa Moreira aduz que "será comum o prazo aos eventuais litisconsortes passivos, mas contar-se-á em dobro se tiverem procuradores diferentes (arts. 298, *caput*, e 191 [atuais arts. 335, § 1º, e 229 do CPC]). Inaplicável é o art. 188 (atual art. 180), que somente concerne aos prazos legais, não aos judiciais"[14]. Mas o STF, por sua Primeira Turma, já decidiu que o art. 180 é aplicável à ação rescisória, entendendo que o prazo fixado pelo art. 970 é legal, e não judicial, e reformando acórdão que havia decidido de maneira diversa, justamente da lavra do então Des. Barbosa Moreira (STF, 1ª Turma, RE 94.960-7-RJ, rel. Min. Rafael Mayer).

Não há peculiaridades quanto à citação nas ações rescisórias. No prazo estabelecido pelo juiz, os réus apresentarão sua resposta. A ausência de contestação não implica a presunção de veracidade dos fatos alegados na petição inicial, pois o autor não se exime de comprovar as hipóteses do art. 966.

Admite-se a reconvenção, desde que presentes os requisitos do art. 343. Barbosa Moreira exemplifica com as hipóteses de sucumbência recíproca, em que uma das partes ajuíza ação rescisória para rescindir a parte do julgado que lhe foi desfavorável, e o réu reconvém, para que seja rescindida a parte em que ele sucumbiu.

Apresentada ou não a resposta, o processo segue, no que couber, o procedimento comum.

Se houver necessidade de provas, o relator poderá delegar a competência para colhê-la ao órgão que proferiu a decisão rescindenda, com prazo de um a três meses para a devolução dos autos.

---

14. Barbosa Moreira, *Comentários*, cit., p. 222.

Concluída a instrução, será aberta vista sucessivamente ao autor e ao réu para que, em dez dias, apresentem suas razões finais. Em seguida, passar-se-á ao julgamento.

O Ministério Público só intervirá na ação rescisória como fiscal da ordem jurídica quando preenchidos os requisitos da sua intervenção, estabelecidos no art. 178 do CPC (art. 967, parágrafo único).

A competência para o julgamento de ação rescisória de decisão ou de sentença é do tribunal competente para o julgamento do agravo de instrumento ou da apelação que contra eles poderia ter sido interposto.

Compete ao STF e ao STJ, em caráter originário, conhecer e julgar as ações rescisórias de suas decisões, nos termos do art. 102, I, *j*, e do art. 105, I, *e*, da Constituição Federal.

A competência para o julgamento das ações rescisórias dos acórdãos proferidos pelos tribunais será dada pelos respectivos regimentos internos e normas de organização judiciária.

Se o acórdão for de não conhecimento do recurso interposto, não será ele que terá transitado em julgado, mas o julgamento da instância inferior. Por exemplo, se contra a sentença foi apresentada apelação, no julgamento da qual foi proferido acórdão de não conhecimento, o que deve ser rescindido é a sentença, e não o acórdão.

A forma do julgamento deve respeitar o que dispõem os regimentos internos dos tribunais e as normas de organização judiciária.

Estabelece o art. 974 que, "julgando procedente o pedido, o tribunal rescindirá a decisão, proferirá, se for o caso, novo julgamento e determinará a restituição do depósito a que se refere o inciso II do art. 968". O parágrafo único acrescenta que: "Considerando, por unanimidade, inadmissível ou improcedente o pedido, o tribunal determinará a reversão, em favor do réu, da importância do depósito, sem prejuízo do disposto no § 2º do art. 82".

No julgamento, cumpre ao tribunal verificar, primeiro, se estão presentes os requisitos para o exame do mérito. Em caso afirmativo, se cabe ou não rescindir a sentença (*iudicium rescindens*). Se não, a rescisória será julgada improcedente. Se sim, ela será rescindida e, se caso, passar-se-á ao novo julgamento, em substituição ao que foi rescindido. Como ensina Barbosa Moreira, "o fato de ser rescindida a sentença tampouco predetermina de modo necessário, sempre, a maneira por que o tribunal rejulgará a matéria: é perfeitamente possível que o conteúdo da nova decisão venha a ser idêntico ao da anterior, *v.g.* se esta, proferida com violação de alguma regra processual, fora, apesar disso, justa. Apenas quando a rescindibilidade da sentença decorre de sua injustiça (*v.g.*, art. 485, IX [atual art. 966, VIII]) é que o *iudicium rescindens* funciona como prejudicial do *iudicium rescissorium*"[15].

O acolhimento do pedido de rescisão tem sempre natureza desconstitutiva. Já o novo julgamento pode ter natureza condenatória, constitutiva ou declaratória, em consonância com o pedido do autor.

Em caso de improcedência ou inadmissibilidade, por unanimidade de votos, o depósito prévio reverterá em favor do réu. Caso contrário, poderá ser levantado pelo autor.

Contra acórdão proferido em ação rescisória podem caber os recursos de embargos de declaração, recurso especial e extraordinário.

Quando o resultado da ação rescisória for a rescisão da decisão por votação não unânime, o julgamento deverá prosseguir, com a inclusão de novos julgadores em número suficiente para uma potencial reversão do resultado, em sessão a ser designada, se não for possível o prosseguimento na mesma sessão. Trata-se da técnica de julgamento implementada pelo art. 942 do CPC, que se estende às ações rescisórias (art. 942, § 3º, I).

3.4. Prazo

De acordo com o art. 975 do CPC, "o direito à rescisão se extingue em dois anos, contados do trânsito em julgado da última decisão proferida no processo". Trata-se de exigência associada à segurança jurídica. Não seria concebível que ficasse, por tempo indeterminado, aberta a possibilidade de rescisão.

O prazo corre do trânsito em julgado, e é sempre de dois anos, seja qual for o fundamento da ação. Tem natureza decadencial, e não prescricional, porque as ações rescisórias não são condenatórias, mas constitutivas negativas. Por isso não se sujeita à suspensão ou prorrogação. Embora seja o despacho que ordena a citação, na ação rescisória, que impede a consu-

15. Barbosa Moreira, *Comentários*, cit., p. 237.

mação do prazo decadencial, sua eficácia retroage à data da propositura da demanda, desde que se aperfeiçoe no prazo previsto em lei. Basta, portanto, que a rescisória seja proposta dentro dos dois anos, e que a citação se realize no prazo legal, para que a decadência seja evitada.

Há duas exceções ao prazo de dois anos a contar do trânsito em julgado da última decisão: a hipótese do art. 966, VII, em que o prazo será contado da data da descoberta da prova nova, observado o prazo máximo de cinco anos contado do trânsito em julgado da última decisão proferida no processo. E a hipótese de simulação ou colusão, em que o prazo da rescisória para o terceiro prejudicado e para o Ministério Público que não interveio no processo correrá a partir do momento em que têm ciência da simulação ou colusão.

Como pode haver cisão do julgamento, nas hipóteses do art. 356 do CPC, que autoriza o julgamento antecipado parcial do mérito, o art. 975 estabelece que o prazo da ação rescisória corre do trânsito em julgado da última decisão proferida no processo. Assim, se, no curso do processo, o juiz proferiu decisões interlocutórias de mérito, o prazo da ação rescisória não correrá do trânsito em julgado delas, mas do trânsito em julgado da última decisão proferida no processo.

Caso o prazo se encerre em dia não útil, haverá prorrogação para o primeiro dia útil subsequente, como decidiu o c. Superior Tribunal de Justiça no Recurso Especial 1.112.864, rel. Min. Laurita Vaz, ao qual foi dada eficácia de recurso repetitivo:

"RECURSO ESPECIAL REPRESENTATIVO DA CONTROVÉRSIA. ART. 543-C DO CPC. PROCESSUAL CIVIL. AÇÃO RESCISÓRIA. TERMO A QUO. DATA DO TRÂNSITO EM JULGADO DA DECISÃO RESCINDENDA. TERMO FINAL EM DIA NÃO ÚTIL. PRORROGAÇÃO. POSSIBILIDADE. RECURSO PROVIDO. 1. O termo a quo para o ajuizamento da ação rescisória coincide com a data do trânsito em julgado da decisão rescindenda. O trânsito em julgado, por sua vez, se dá no dia imediatamente subsequente ao último dia do prazo para o recurso em tese cabível. 2. O termo final do prazo para o ajuizamento da ação rescisória, embora decadencial, prorroga-se para o primeiro dia útil subsequente, se recair em dia de não funcionamento da secretaria do Juízo competente. Precedentes. 3. 'Em se tratando de prazos, o intérprete, sempre que possível, deve orientar-se pela exegese mais liberal, atento às tendências do processo civil contemporâneo – calcado nos princípios da efetividade e da instrumentalidade – e à advertência da doutrina de que as sutilezas da lei nunca devem servir para impedir o exercício de um direito' (REsp 11.834/PB, rel. Min. Sálvio de Figueiredo Teixeira, 4ª Turma, julgado em 17-12-1991, DJ 30-03-1992). 4. Recurso especial provido, para determinar ao Tribunal de origem que, ultrapassada a questão referente à tempestividade da ação rescisória, prossiga no julgamento do feito, como entender de direito. Observância do disposto no art. 543-C, § 7º, do Código de Processo Civil, c.c. os arts. 5º, II, e 6º, da Resolução 08/2008".

O controle do prazo deve ser feito de ofício pelo órgão judicial responsável pelo julgamento da ação rescisória. Reconhecida a decadência, o processo será extinto, com resolução de mérito, nos termos do art. 487, II, do CPC.

Ultrapassado o prazo, a decisão, a sentença ou acórdão não poderão mais ser rescindidos. As sentenças homologatórias ou os atos judiciais que independem de sentença não são desconstituídos por ação rescisória, mas na forma do art. 966, § 4º. Não se lhes aplica o prazo de dois anos, mas o estabelecido na lei civil, para desconstituição dos atos jurídicos em geral. Não haverá prazo se tiver faltado ao processo algum dos pressupostos processuais de eficácia, caso em que a ação adequada para seu reconhecimento não é a rescisória, mas a declaratória de ineficácia.

Livro VIII
DOS PROCEDIMENTOS ESPECIAIS

Capítulo I
INTRODUÇÃO

O CPC atual, de forma mais técnica que o de 1973, não trata dos procedimentos especiais em Livro próprio, mas como um Título específico do Livro do Processo de Conhecimento e Cumprimento de Sentença (Título III do Livro I da Parte Especial). A solução é mais correta do que a do Código anterior, porque os procedimentos especiais são apenas tipos diferenciados de procedimento e não de processo. O tema dos procedimentos especiais deve compor o Livro relativo ao processo de conhecimento, já que este pode ter procedimento comum ou procedimentos especiais. O comum vem tratado no Título I do Livro I da Parte Especial e os especiais no Título III do mesmo Livro. Por essa razão, desde antes da edição do CPC atual preferiu-se tratar dos procedimentos especiais nos dois primeiros volumes desta obra, dedicados à teoria geral do processo e ao processo de conhecimento.

O CPC previu dois tipos de processo: o *de conhecimento* e o *de execução*.

O primeiro pode seguir pelo procedimento comum ou especial. Todos os processos a que a lei não atribua procedimento especial obedecem ao comum. Estes são identificados por exclusão. Não há no CPC e em nenhuma outra lei qualquer enumeração ou relação dos processos que sigam pelo procedimento comum, porque eles serão apurados por exclusão. O CPC e a legislação extraordinária só vão cuidar expressamente daquelas ações cujo processo segue o procedimento especial.

A razão utilizada pelo legislador para atribuir a determinado tipo de ação um processo de procedimento especial é a natureza instrumental do processo. Ele não é um fim em si, mas um instrumento para a postulação dos direitos substanciais. Por isso, o procedimento deve ser o mais adequado para a postulação destes.

As peculiaridades de cada um dos procedimentos especiais só poderão ser explicadas se se levar em consideração o direito material que está sendo discutido e a proteção jurídica que a lei lhe atribui. As ações possessórias, por exemplo, são dotadas de liminar, porque a lei civil estabelece que o esbulhado ou turbado há menos de ano e dia tem o direito de reaver ou manter a coisa desde logo.

O procedimento da consignação em pagamento também é diferenciado, porque leva em conta as peculiaridades do direito material. Há necessidade de que haja a oferta do valor que se quer pagar, com o depósito bancário ou judicial da quantia. Em caso de dúvida sobre a quem deva ser feito o pagamento, o procedimento da consignação tem particularidades que correspondem às necessidades do caso.

Em suma, procura o legislador adequar o procedimento ao tipo de tutela que se pretende obter. Há casos em que o especial se diferencia completamente do comum (por exemplo, o de inventário, ou de exigir contas). Há outros em que apenas uma fase inicial os distingue (ações possessórias).

O título do CPC que cuida dos procedimentos especiais divide-os entre aqueles de jurisdição contenciosa e os de jurisdição voluntária.

Nos capítulos que se seguem, será respeitada a ordem estabelecida na lei processual. Tratar-se-á, primeiro, dos procedimentos especiais de jurisdição contenciosa, na sequência estabelecida no CPC, e, depois, da jurisdição voluntária. Para melhor compreensão de cada um dos procedimentos especiais, foi necessário, com frequência, recorrer à análise do direito material, mormente quando ele funcionou como condicionante para determinar a adoção de tal ou qual peculiaridade.

Capítulo II
PROCEDIMENTOS ESPECIAIS DE JURISDIÇÃO CONTENCIOSA

1. DA AÇÃO DE CONSIGNAÇÃO EM PAGAMENTO

1.1. Introdução

A consignação é uma forma especial de pagamento, que tem por fim extinguir as obrigações.

A efetivação do pagamento depende da cooperação do credor, que precisa não só aceitá-lo, mas outorgar a quitação. Há casos em que ele, por motivos ilegítimos, recusa-se a fazer uma coisa ou outra, impedindo o devedor de cumprir sua obrigação e desonerar-se, afastando os efeitos da mora. Ocorrem ainda situações em que o devedor passa a ter fundada dúvida sobre quem deva receber o pagamento, porque duas ou mais pessoas reclamam esse direito, ou porque as circunstâncias tornam custosa a identificação do credor. Nessas situações, para que o devedor consiga desonerar-se, e para que evite fazer o pagamento à pessoa errada, deverá valer-se da consignação, efetuando o depósito judicial ou em estabelecimento bancário da coisa devida.

O art. 335 do Código Civil estabelece as hipóteses de pagamento por consignação.

Cabe quando o credor não puder ou, sem justa causa, recusar-se a receber o pagamento, ou dar quitação na forma devida. É a situação mais comum entre as que justificam a consignação. Em regra, a recusa do credor funda-se na insuficiência do valor ofertado. A segunda hipótese é a da dívida *quérable*, isto é, a que incumbe ao credor mandar receber no tempo, lugar e condições devidos, e ele não o faz.

A terceira decorre da inviabilidade de efetuar-se o pagamento porque o credor é incapaz de receber, é desconhecido, declarado ausente ou reside em lugar incerto ou de acesso perigoso e difícil.

A quarta é a da dúvida a respeito de quem deva legitimamente receber, e a última, a da existência de litígio sobre o objeto do pagamento.

Em síntese, o que justifica a consignação é o desejo de o devedor libertar-se da obrigação, e a impossibilidade de o fazer, seja porque o credor se recusa a receber, seja porque é desconhecido ou está em lugar inacessível, seja porque não se sabe ao certo quem é.

O rol do art. 335 do Código Civil não é taxativo, pois há outras hipóteses de consignação, previstas em lei especial. Entre elas, pode-se mencionar a do art. 17, parágrafo único, do Decreto-lei n. 58/37, as dos arts. 19 e 21 da Lei n. 492/37 e as dos arts. 33 e 34 do Decreto-lei n. 3.365/41.

A lei processual estabeleceu dois tipos de procedimentos para a consignação em pagamento. Um para a hipótese de recusa do credor em receber, ou em ir buscar o pagamento, ser desconhecido ou estar em local incerto ou não sabido. Outro para a hipótese de dúvida sobre quem deva legitimamente receber.

O pagamento por consignação consiste no depósito judicial ou extrajudicial do dinheiro ou da coisa que são os objetos da obrigação, e na citação do credor, para vir recebê-lo. Não se restringe às obrigações em dinheiro, podendo abranger a entrega de coisa determinada, móvel ou imóvel, como ocorre com frequência com as chaves de imóvel dado em locação, quando o locador se recusa a recebê-las de volta injustificadamente.

A causa mais comum da ação de consignação é a recusa do credor em receber o pagamento, ou em ir buscá-lo, na forma, lugar e condições avençados. É preciso que a recusa seja injusta. Não terá êxito aquele que ajuizar a consignação se ficar demonstrado que a recusa do credor era justa, seja porque o valor ofertado é insuficiente, seja porque não foram respeitadas as condições do contrato. Só não admitem consignação as obrigações de fazer ou não fazer que têm por objeto não uma coisa, ou determinada quantia, mas uma conduta humana, comissiva ou omissiva.

A consignação por recusa do credor em receber cabe enquanto o pagamento ainda lhe for útil. Mesmo aquele que está em mora pode obter a extinção da obrigação, por consignação em pagamento, desde que se verifiquem duas condições: que o pagamento ainda seja útil ao credor e que o devedor acresça ao valor depositado os encargos decorrentes da mora.

Se o cumprimento da obrigação não for mais útil ao credor, ou se este já tiver demandado o devedor em razão daquela dívida, não mais será possível purgar a mora, salvo nos casos em que haja previsão expressa em lei.

Se o devedor não paga na data aprazada, o credor não pode recusar o pagamento se aquele procurar pagar depois, desde que acresça ao principal o valor dos encargos decorrentes da mora. Mas, se o credor já tiver demandado o devedor por aquela dívida, ou se já tiver ajuizado a ação postulando a rescisão do contrato em virtude do inadimplemento, não terá o devedor oportunidade para purgar a mora, salvo expressa previsão legal, como nas ações de despejo por falta de pagamento. Não nos parece acertada a decisão do STJ segundo a qual "se o devedor está em mora não é cabível a ação de consignação em pagamento, embora o credor não tenha ainda se utilizado dos meios necessários à cobrança de seu crédito" (*RT*, *739*:220).

Mais correta aquela que concluiu: "Tempo para consignar. Enquanto ao devedor é permitido pagar, admite-se requerer o depósito em consignação. A consignação pode abranger inclusive os casos de *mora debitoris*, pois servirá a purgá-la. Ocorrida a mora do credor, irrelevante a questão do tempo, pela permanência da recusa" (*RSTJ*, *11*:319).

Como frequentemente a recusa do credor deriva da insuficiência do depósito, cumpre saber qual é o montante exato da dívida. Surgem, então, questões prejudiciais a respeito da validade de cláusulas contratuais, mormente daquelas que imponham encargos, juros ou multa. A discussão a respeito do *quantum debeatur* ou da validade de cláusulas contratuais que repercutam nesse *quantum* não impede o ajuizamento da consignação. Nela, é possível examinar tudo aquilo que influa na apuração do débito, para verificar se a recusa do credor era ou não justa. Nesse sentido, já foi decidido: "O pedido, na consignatória, será sempre de liberação da dívida. Para isso decidir, entretanto, haverá o juiz de examinar quantas questões sejam colocadas, para que possa verificar se o depósito é integral. Nada impede que a controvérsia abranja temas de alta indagação, pertinentes a matéria de fato, ou a interpretação de cláusulas contratuais ou normais legais" (*RSTJ*, *19*:520). No mesmo sentido, já se decidiu que: "Conquanto meramente liberatória a pretensão deduzida na consignação em pagamento, ao Judiciário impõe-se a apreciação incidental de todas as questões que se mostrem relevantes à sua solução, para aferir-se o *quantum* realmente devido e estabelecer correspondência com o valor depositado, restringindo-se o provimento judicial, contudo, à declaração de liberação de dívida" (*RSTJ*, 46:282). Ou ainda: "Civil e processual. Promessa de compra e venda de imóvel. Ação consignatória. Revisão de cláusula contratual tida como abusiva. Possibilidade. Medida cautelar incidental. Pretensão de recebimento das chaves do imóvel e lavratura de escritura definitiva. Objeto autônomo e não acessório. Impossibilidade jurídica do pedido. Depósito insuficiente. Provimento parcial da consignatória. Extinção do feito cautelar. CPC, art. 267, VI" (REsp 645.756-RJ, de 14-12-2010, rel. Min. Aldir Passarinho Junior).

A validade de cláusulas contratuais e outras questões que versem sobre o *quantum debeatur* são apreciadas pelo juiz em caráter incidente.

A recusa do credor em receber diz respeito às dívidas portáveis, isto é, aquelas em que compete ao devedor procurá-lo para o pagamento. Incumbe ao autor da consignação provar que efetivamente procurou o réu e ofertou a quantia consignada, havendo recusa injustificada no recebimento.

Quando a dívida for quesível (*quérable*), isto é, daquelas em que compete ao credor buscar o pagamento, caberá a consignação se ele não o fizer no tempo e modo convencionados.

1.2. Procedimento

Podem ser identificados três procedimentos distintos para a ação de consignação em pagamento, todos eles especiais. A adoção de um ou outro dependerá da causa da consignação.

Distinguem-se os procedimentos da consignação para as hipóteses do art. 335, I a III, do Código Civil (recusa do credor em receber ou dar quitação; recusa em buscar ou mandar buscar o pagamento, quando a dívida for quesível; credor desconhecido, declarado ausente ou que esteja em local de difícil ou perigoso acesso) da hipótese dos incisos IV e V (dúvida sobre quem deva legitimamente receber, ou litígio a respeito do objeto do pagamento).

Há, ainda, um terceiro procedimento, quando a consignação disser respeito a alugueres. Essa espécie é regida pela Lei n. 8.245/91. As peculiaridades de cada procedimento justificam que sejam estudados separadamente.

1.2.1. Consignação fundada na recusa em receber

a. Petição inicial

São as hipóteses do art. 335, I a III. Quando a dívida for portável, incumbe ao devedor procurar o credor para fazer o pagamento. Quando quesível, a obrigação é do credor. No primeiro caso, caberá a consignação se houver recusa do credor em receber ou dar quitação; no segundo, se ele não buscar ou mandar buscar o pagamento. Cabe, ainda, a consignação quando o credor for desconhecido, ou estiver em local ignorado ou de difícil ou perigoso acesso.

A legitimidade ativa para a consignação é do devedor. Em caso de falecimento, a demanda deverá ser aforada pelo espólio, desde que ainda não julgada, em definitivo, a partilha. Depois, pelos herdeiros ou sucessores. Em caso de incapacidade, o devedor será representado ou assistido em juízo. Reconhece-se, ainda, a legitimidade do terceiro interessado no pagamento da dívida, e até mesmo do terceiro não interessado, desde que ele faça o pagamento em nome e à conta do devedor (CC, art. 304 e parágrafo único). Nesse sentido, a lição de Adroaldo Furtado Fabrício, para quem "o terceiro desinteressado admitido não só ao pagamento, mas também ao emprego daqueles meios (um dos quais a consignação), é apenas aquele que oferece pagamento em nome e por conta do devedor. Aí se compreendem situações como a do procurador, gestor de negócios, preposto ou quem quer que pague em lugar do devedor, como se este mesmo fosse"[1]. O legitimado passivo é o credor, isto é, aquele que pode exigir e receber o pagamento, outorgando a quitação. Se não for conhecido, a petição inicial não precisará indicar-lhe o nome ou a qualificação, e a citação far-se-á por edital, na forma do art. 256, I, do CPC.

A competência variará conforme a natureza da dívida. Sendo esta portável, a ação deve ser proposta no foro do lugar do pagamento, nos termos do art. 337 do Código Civil e do art. 540 do CPC. Trata-se de competência relativa, e se admite a eleição de foro. Caso não haja foro de eleição, nem tenha sido estabelecido o local de pagamento, prevalecerá a

---

1. Adroaldo Furtado Fabrício, *Comentários ao Código de Processo Civil*, v. 3, t. 3, p. 26.

regra geral de competência para as ações pessoais, devendo a demanda ser aforada no foro do domicílio do réu.

Já se a dívida for quesível, o foro competente é o do domicílio do autor-devedor, pois é direito do devedor entregar o pagamento em seu domicílio.

Há consignação judicial e extrajudicial. O depósito extrajudicial é uma opção do devedor, que poderá preferir, desde logo, o judicial (há uma situação em que a consignação forçosamente será extrajudicial. É aquela de que trata a Lei n. 6.766, de 19-12-1979, nos arts. 33 e 38, § 1º, sobre prestações referentes a compromisso de compra e venda de lote urbano).

A consignação extrajudicial está restrita às obrigações em dinheiro, não sendo admissível para o depósito de coisas.

Deve ser feita em estabelecimento bancário oficial, onde houver, que esteja situado no lugar do pagamento, em conta com correção monetária, cientificando-se o credor por carta ou com aviso de recepção, com prazo de dez dias, para que ele possa manifestar eventual recusa (CPC, art. 539, § 1º).

Se houver estabelecimento bancário oficial, somente nele se poderá fazer a consignação. Onde não houver, ela poderá ser feita em estabelecimento particular.

O depósito extrajudicial é instrumento de direito material, e não de direito processual, sendo previsto expressamente no art. 334 do Código Civil. É forma de pagamento que independe de processo.

O prazo de dez dias que tem o credor para manifestar sua oposição conta-se do momento em que ele recebe a carta do credor. Por isso, a entrega deve ser feita pessoalmente, devendo o aviso de recebimento ser assinado pelo destinatário.

É preciso que a carta de cientificação esclareça ao credor a que se refere o depósito, e que lhe dê ciência do prazo de dez dias para a recusa, que deverá ser feita por escrito ao estabelecimento bancário em que o depósito tiver sido efetuado (CPC, art. 539, § 3º).

Discute-se sobre a necessidade de a recusa, dirigida ao estabelecimento bancário pelo credor, ser motivada. Parece-nos ser indispensável que assim seja, pois do contrário ela será ilegítima, e não ficará afastado o efeito liberatório do depósito. Nesse sentido, Theotonio Negrão: "A recusa do credor pode ser imotivada, ou deve dar as razões por que não aceita o depósito? Em homenagem ao princípio da boa-fé, deve expor ao depositante as suas razões, ainda que sucintamente, porém de maneira que este possa examinar se procedem ou não. Se entender que o depósito não é integral, deverá especificar a importância faltante"[2].

Se não houver recusa do credor, ou se ela for intempestiva, contado o prazo do retorno do aviso de recebimento, reputar-se-á liberado o devedor da obrigação, ficando à disposição do credor a quantia depositada (CPC, art. 539, § 2º).

Pode ocorrer que surja controvérsia entre devedor e credor a respeito da tempestividade da recusa, ou sobre a validade da cientificação. Não compete ao estabelecimento bancário decidir quem está com a razão. A questão deve ser dirimida em juízo, caso em que o depósito extrajudicial não terá sido bastante para evitar a propositura da demanda, na qual se discutirão as questões controvertidas. Com isso, o valor depositado permanecerá como está, não devendo o estabelecimento bancário permitir seu levantamento por qualquer das partes.

Quando houver a recusa do credor, manifestada no prazo oportuno ao estabelecimento bancário, o devedor ou o terceiro legitimado a efetuar a consignação proporá, no prazo de um mês, a ação de consignação em pagamento, instruindo a petição inicial com prova do depósito e da recusa do credor (art. 539, § 3º).

O prazo correrá da data em que o estabelecimento bancário a quem o credor comunicou a sua recusa dela cientificar o devedor depositante. A letra do § 3º do art. 539 pode trazer a falsa impressão de que o prazo de um mês corre da recusa. Mas, como esta é entregue ao estabelecimento bancário, o devedor, a quem incumbe propor a ação nesse prazo, não poderá tomar nenhuma providência enquanto não for cientificado pelo banco. Por isso, é preciso que os estabelecimentos bancários mantenham em perfeitas condições a documentação pela qual o credor comunicou sua recusa, e pela qual esta foi transmitida ao devedor. É conveniente que os bancos mantenham um protocolo que permita averiguar com segurança a data em que a recusa foi apresentada, e em especial a data em que

---

2. Theotonio Negrão, *Código*, cit., nota 11 ao art. 890.

foi comunicada ao devedor, pois é a partir dela que fluirá o prazo para a propositura da ação de consignação.

Caso não seja proposta em um mês, o depósito ficará sem efeito, e o dinheiro será restituído ao devedor. Isso não impede que, no futuro, ele ou terceiro insistam na consignação. A não propositura no prazo não faz perecer o direito de o devedor consignar. Apenas retira do depósito a sua eficácia liberatória.

Desde que o depósito seja efetuado, o devedor estará livre das consequências da mora, como a incidência de juros (salvo se a ação vier a ser julgada improcedente). Não proposta, porém, a ação em um mês, o depósito perde a eficácia liberatória, e os encargos terão de ser suportados pelo devedor, como se aquele depósito jamais tivesse sido realizado.

Embora a lei processual não o diga expressamente, parece-nos que o depósito extrajudicial não poderá ser repetido caso o primeiro tenha sido recusado, e o devedor não tenha ajuizado a consignação em um mês. Nada impedirá, porém, que o devedor se valha da ação judicial.

Antonio Carlos Marcato observa, com razão, que o depósito extrajudicial não é cabível nem quando haja dúvida sobre quem deva legitimamente receber nem quando penda litígio a respeito da prestação devida. Acentua o ilustre autor que, "caso o interessado na realização do depósito desconheça quem seja o credor, ou tenha dúvida quanto à titularidade do crédito, igualmente não poderá lançar mão do depósito extrajudicial, seja pela impossibilidade de cientificar-se o destinatário da providência (no primeiro caso), seja porque o depósito não pode ser condicional, devendo referir-se a credor (no segundo) (...) Finalmente, a existência de litígio envolvendo a prestação devida igualmente representa óbice ao depósito extrajudicial, pois, estando em curso processo em que o credor figure como parte – e versando o direito material do qual a prestação é oriunda –, opera-se, com a citação válida do réu, a litigiosidade da coisa (CPC, art. 219 [atual art. 240]); e o devedor, ciente da existência do litígio e da ocorrência daquele fenômeno processual, só poderá liberar-se da dívida através de depósito judicial, sob pena de, pagando diretamente a qualquer dos litigantes, correr o risco de pagar mal e ter, no futuro, de repetir o pagamento ao legítimo credor"[3].

A petição inicial deve preencher todos os requisitos do art. 319 do CPC. É preciso que o devedor indique qual o objeto do pagamento, declinando o valor da obrigação, os encargos acrescidos e o tempo, o modo e as condições do pagamento. É indispensável que ele demonstre como chegou ao valor que está sendo ofertado e aponte a recusa do credor em receber ou em mandar buscar o pagamento.

É preciso, ainda, que o autor requeira, na petição inicial, o depósito da quantia ou da coisa devida, que deverá ser efetivado no prazo de cinco dias, salvo se o valor tiver sido depositado previamente em estabelecimento bancário. Nada impede que com a petição inicial o autor já apresente o depósito da quantia ofertada, que deve incluir o principal, com todos os encargos que a ele devam ser acrescidos. Se o devedor já estava em mora quando consignou, é preciso, para que o depósito tenha efeito liberatório, que venha acrescido de correção monetária, juros de mora até a data do depósito e eventual cláusula penal.

Se não houver depósito extrajudicial e o judicial não for feito em cinco dias, o processo será extinto sem resolução de mérito.

O autor requererá a citação do réu para levantar o depósito ou apresentar resposta. O pedido consignatório pode ser cumulado com outros, desde que observados os requisitos do art. 327 do CPC. Têm sido comuns as ações de consignação com pedido indenizatório cumulado. Inexiste empecilho para esse tipo de cumulação, porque a consignação, após a resposta do réu, segue o procedimento comum.

Há duas situações peculiares que são tratadas especificamente pela lei processual, e que têm relevância na elaboração da petição inicial. A primeira delas é a mencionada no art. 543: "Se o objeto da prestação for coisa indeterminada e a escolha couber ao credor, será este citado para exercer o direito dentro de cinco dias, se outro prazo não constar da lei ou do contrato, ou para aceitar que o devedor a faça, devendo o juiz, ao despachar a petição inicial, fixar lugar, dia e hora em que se fará a entrega, sob pena de depósito".

---

3. Antonio Carlos Marcato, Da consignação em pagamento – o procedimento do CPC e da Lei n. 8.245 de 1991, *Revista do Advogado*, n. 63, p. 60.

Trata-se da obrigação de dar coisa incerta, não determinada em princípio, mas determinável. Mas a regra vale para as obrigações genéricas e para as alternativas.

Se a escolha couber ao devedor, ele a exercerá no momento da propositura da demanda e da efetivação do depósito. Mas, se couber ao credor, proceder-se-á na forma do art. 543. O credor não é citado para apresentar resposta desde logo, mas para exercer seu direito de escolha, ou para aceitar que o devedor o faça. Ao despachar a petição inicial, o juiz fixará lugar, dia e hora em que se fará a entrega, sob pena de depósito.

Outra situação especial tratada pela lei processual é a do art. 541: "Tratando-se de prestações sucessivas, consignada uma delas, pode o devedor continuar a depositar, no mesmo processo e sem mais formalidades, as que se forem vencendo, desde que o faça em até 5 (cinco) dias, contados da data do respectivo vencimento".

São muito comuns as obrigações constituídas por prestações sucessivas. Não haveria razão para que em relação a cada uma delas fosse ajuizada uma demanda diferente. Foi sábio o legislador ao permitir que, feito o depósito da primeira, as demais possam ser depositadas automaticamente. Mas, para isso, é preciso observar o prazo de cinco dias após o vencimento, estabelecido em lei. Se ele não for respeitado, será considerado insubsistente. Mas não ficarão prejudicados os depósitos anteriores, realizados dentro do prazo. Haverá liberação parcial da obrigação, referente às parcelas que foram depositadas. Há decisões no sentido de que, não realizado a tempo um dos depósitos, não poderão mais ser feitos os restantes, posteriores àquele. Nesse sentido: "Deve o autor promover os depósitos das prestações nos respectivos vencimentos, ficando implícito que a sua não efetivação no momento indicado pela lei acarretará, como efetivamente acarreta, o rompimento da cadeia dos depósitos no mesmo processo, inviabilizando o reconhecimento, ao final, do caráter liberatório de todos aqueles efetuados após o rompimento. Ou, se se preferir, o depósito efetuado a destempo deverá ser desconsiderado pela autoridade sentenciante, cabendo ao consignante, em tal contingência, promover nova ação consignatória, envolvendo a prestação causadora da ruptura, mais aqueles que venham a vencer posteriormente" (*RT*, *709*:109).

Uma questão tormentosa é a que diz respeito ao período que pode ser objeto da consignação e se as prestações só podem ser consignadas até a sentença, ou se podem estender-se até o trânsito em julgado.

As opiniões se dividem, havendo decisões do STJ nos dois sentidos. Das quatro câmaras daquele tribunal, três delas decidem pela possibilidade de consignar até o trânsito em julgado (são as decisões da primeira, segunda e quarta câmaras) e uma delas, a terceira, entende que só cabe a consignação até a sentença. As posteriores deverão ser objeto de ação própria[4].

Na Lei do Inquilinato há dispositivo expresso determinando que os depósitos só possam ser feitos até a sentença (art. 67, III). Por essa razão, Antonio Carlos Marcato entende que também só até a sentença é que se poderão fazer os depósitos, nos demais casos: "O Código é omisso quanto ao momento em que o processo não mais se prestará ao depósito das prestações vincendas, mas é lícito concluir-se, com base em disposição expressa da lei de locação predial urbana, que esse momento coincidirá com a prolação da sentença (art. 67, III); e, mesmo havendo recurso pendente contra ela (com a consequente extinção da litispendência), deverá o devedor ajuizar nova ação, caso ainda persista o estado de coisas determinante da propositura da anterior"[5].

Parece-nos que a consignação só pode estender-se até a sentença. Nas ações condenatórias é diferente, pois o pedido inclui as prestações vencidas e as vincendas até o término da obrigação. Mas o mesmo não ocorre na consignação, dada sua natureza distinta e seu caráter liberatório. Se se permitisse o depósito após a sentença, estar-se-ia projetando para o futuro uma eficácia liberatória de depósitos que ainda nem sequer foram realizados. Adroaldo Furtado Fabrício percebeu essa distinção entre as ações condenatórias e as consignações, quanto às prestações sucessivas: "Relativamente às ações condenatórias de prestação futura, tem-se admitido a condenação para além do momento da sentença, de modo a alcançar esta as prestações ainda não vencidas ao tempo de sua prolação e mesmo de seu trânsito em julgado. Quaisquer que sejam, entretanto, as razões em que se arrime esse entendimento, não parece sustentável se-

4. Theotonio Negrão, *Código*, cit., nota 2 ao art. 892.

5. Antonio Carlos Marcato, Da consignação..., *Revista*, cit., p. 68.

melhante solução para a ação consignatória. Com efeito, isso importaria em admitir-se que, para além da sentença e do seu trânsito em julgado, continuasse o devedor a depositar periodicamente as prestações à medida que se vencessem, no mesmo processo. Ora, se é verdade o que ficou dito sobre a natureza declaratória da sentença proferida em ação de consignação é certamente uma impossibilidade lógica a projeção dessa eficácia meramente declaratória para o futuro: seria preciso admitir-se como meramente declarado (= verificado, certificado, acertado) na sentença que os futuros depósitos são regulares e tempestivos, aptos à liberação do devedor"[6].

Somente até a sentença é que poderão ser feitos os depósitos. Depois, se o credor persistir na recusa, cumpre ajuizar nova ação de consignação.

O depósito das prestações sucessivas independe de pedido expresso na petição inicial (pedido implícito – CPC, art. 323).

O réu é citado para receber o valor depositado, ou oferecer resposta. Não há mais a audiência de oblação, como antigamente, que era mesmo desnecessária. Antes, o réu era citado para receber, ou mandar alguém para receber, a quantia ofertada, sob pena de efetivar-se o depósito. O réu podia comparecer à audiência e aceitar a oferta; comparecer e recusá-la; ou não comparecer. No primeiro caso, o pedido era julgado procedente, e o processo extinguia-se, com a condenação do réu ao pagamento das custas e honorários advocatícios. Nos demais casos, a oferta era convertida em depósito judicial, e só então se iniciava o prazo para o réu apresentar contestação.

Na forma atual, antes de o juiz determinar a citação do réu, o autor efetua o depósito, no prazo de cinco dias, a contar do recebimento da petição inicial. Feito o depósito, é o réu citado para levantá-lo, ou oferecer resposta.

A consignação quando desconhecido o credor não se confunde com a fundada em dúvida sobre a titularidade do crédito. No primeiro, não se sabe quem é o credor; no segundo, existe dúvida entre dois ou mais potenciais credores, cuja identidade é conhecida, e que disputam a titularidade do crédito. Sendo incerto o credor, a petição inicial não precisará indicar-lhe a qualificação, e a citação será feita por edital.

---

6. Adroaldo Furtado Fabrício, *Comentários*, cit., p. 90 e 91.

b. Contestação

O prazo de contestação é de quinze dias, devendo-se observar o art. 231 do CPC. A reconvenção é admissível.

O réu pode tomar uma entre várias atitudes possíveis. Pode concordar com o valor depositado e postular o levantamento, dando por quitada a obrigação. Nesse caso, o juiz julgará procedente o pedido, declarará extinta a obrigação e condenará o réu ao pagamento das custas e honorários advocatícios (CPC, art. 546, parágrafo único). A solução será idêntica se o réu deixar transcorrer *in albis* o prazo de contestação, e se verificarem os efeitos da revelia.

Pode ainda apresentar contestação e reconvenção.

O art. 544 enumera as matérias que poderão ser alegadas pelo réu em sua defesa. O rol não é taxativo. Como menciona Antonio Carlos Marcato, "Além das objeções processuais previstas no art. 301 [atual art. 337] do diploma processual civil (excetuado o compromisso arbitral), que podem ser arguidas a qualquer tempo e grau – e inclusive conhecidas *ex officio* (art. 301, § 4º) – é possível também ao réu alegar, por exemplo, a falsidade da afirmação do autor no sentido de que estava em local incerto ou inacessível, ou, ainda, que fosse ignorado por ele o verdadeiro titular do crédito objeto do depósito. E, uma vez provada qualquer dessas circunstâncias por último referidas, estaria caracterizada a mora do autor, impondo-se, por consequência, a rejeição do pedido"[7].

De acordo com o art. 544 do CPC, poderá o réu alegar que:

I – Não houve recusa ou mora em receber a quantia ou coisa devida. Quando isso ocorrer, incumbirá ao autor demonstrar a *mora accipiendi*. Essa defesa vale apenas para as dívidas portáveis, pois nas quesíveis incumbe ao credor buscar o pagamento. Como já foi decidido, "em ação de consignação em pagamento, a prova direta da injusta recusa no recebimento da quantia ou da coisa devida é extremamente difícil, razão pela qual deve o julgador guiar-se pelos indícios e provas circunstanciais" (*RT*, 668:119). Há casos em que o réu nega a recusa, mas apresenta longa explanação a respeito da insuficiência do valor ofertado. Ora, fica eviden-

---

7. Antonio Carlos Marcato, Da consignação..., *Revista*, cit., p. 65.

ciado, pela sua manifestação, que ele não aceita o valor apresentado pelo autor.

II – Que a recusa foi justa. Adroaldo Furtado Fabrício enumera algumas circunstâncias em que isso ocorre: "Pode-se alegar que a recusa foi justa por inexistir a relação jurídico-material invocada; ou que o contestante nunca foi credor, ou foi, mas já não era ao tempo da oferta; ou que ocorreu novação ou outra causa extintiva da obrigação, ou que a oferta foi anterior ao vencimento; ou que o ato jurídico é nulo de pleno direito (*aliter*, se é anulável, sem ter sido promovida a anulação), e assim por diante. Qualquer dessas situações, uma vez provada, caracteriza como justa a recusa"[8].

III – Que o depósito não se efetuou no prazo ou no lugar do pagamento. A mora do devedor não o impede de consignar, desde que a prestação ainda seja útil ao credor, e o depósito venha acompanhado de todos os encargos decorrentes da mora, como correção monetária, juros e multa. A prestação em dinheiro é sempre útil ao credor, que só poderá recusá-la caso já tenha ajuizado ação fundada no inadimplemento por parte do devedor. Mas, se a obrigação tiver por objeto coisa, é possível que ela já se tenha tornado inútil ao credor, caso em que será justa a eventual recusa. A defesa poderá estar fundada, ainda, no fato de o depósito não se ter efetuado no local do pagamento. Quando a dívida for portável, a recusa do credor será justa se o pagamento for oferecido em local diverso daquele convencionado. Sendo quesível, o local do pagamento coincidirá com o do domicílio do devedor, porque é lá que o credor deve buscá-lo.

IV – Que o depósito não é integral. Não basta ao réu impugnar o valor ofertado, sendo imprescindível que aponte o que entende devido (art. 544, parágrafo único, do CPC). Se não o fizer, a alegação será desconsiderada pelo juiz, como se não tivesse sido apresentada. O réu deve discriminar o valor do que entende devido, para que não haja dúvidas sobre as parcelas e valores que devam integrá-lo, permitindo que ele possa ser complementado. Essa forma de defesa terá consequências relevantes, que estão estabelecidas no art. 545. Alegada a insuficiência do depósito, será dada oportunidade ao autor para, em dez dias, complementá-lo, salvo se

---

8. Adroaldo Furtado Fabrício, *Comentários*, cit., p. 120.

corresponder à prestação cujo inadimplemento acarrete a rescisão do contrato. O réu poderá levantar desde logo a quantia ou coisa depositada, com a liberação parcial do autor. O processo prossegue apenas quanto à parcela controvertida.

Caso a única alegação do réu seja a insuficiência do depósito, a complementação implicará o julgamento do processo, surgindo a dúvida a respeito de a quem devam ser carreados os ônus da sucumbência. Parece-nos que o juiz deverá atribuí-los ao autor, porque o valor inicial era insuficiente, e exigiu a complementação. Sendo assim, a recusa do réu foi justa. O juiz resolverá o mérito, liberando o autor da obrigação, mas carreará a ele os ônus da sucumbência. Essa é também a opinião de Antonio Carlos Marcato, para quem é "interessante notar que a causa determinante da extinção do processo ora examinado não encontra correspondência com qualquer daquelas indicadas no artigo 269 [atual art. 487] do Código. De fato, a possibilidade de alteração do pedido, após a oferta da contestação, facultada pelo artigo 899 [atual art. 545], desvia-se do princípio da estabilidade do pedido, ou de sua *causa petendi* (CPC, artigo 264, parágrafo único [atual art. 329, II]), abrindo margem à prolação de uma sentença de mérito *sui generis*, já que fundada no reconhecimento pelo autor, da procedência da defesa, situação inconfundível com aquela indicada no inciso II do art. 269 do Código [atual art. 487, III, *a*]. Tratando-se de uma modalidade especial de sentença de mérito, sem correspondência, repita-se, com qualquer das situações enunciadas no artigo por último aludido, parece evidente ser do autor o ônus da sucumbência, por força do princípio da causalidade, na medida em que não teria havido a recusa por parte do credor, tornando desnecessário o ajuizamento da ação consignatória, se houvesse feito uma oferta integral, à época do pagamento"[9].

Só haverá julgamento de pronto se a insuficiência do depósito tiver sido a única defesa apresentada pelo réu. Se houver outras, o processo prosseguirá, para que possam ser apreciadas.

Se for insuficiente o depósito, o juiz, independentemente de pedido reconvencional, determinará, sempre que possível, o montante

---

9. Antonio Carlos Marcato, Da consignação..., *Revista*, cit., p. 67.

devido, condenando o autor ao pagamento da diferença, cabendo ao credor promover-lhe o cumprimento nos próprios autos. Daí a natureza dúplice da consignação. Nesse caso, a sentença será de parcial procedência, e a distribuição dos ônus da sucumbência deverá ser feita na forma do art. 86 do CPC, conforme já decidiu o STJ, por sua 4ª Turma, no REsp 94.425-SP, rel. Min. Ruy Rosado.

A sentença só condenará o autor no saldo remanescente quando possível apurar, com precisão, qual o valor devido. Há casos em que seria necessária prova técnica complexa para apurar o *quantum* devido.

Não sendo possível apurar o saldo, ainda assim o credor poderá levantar a parte incontroversa, caso em que a sentença será de parcial procedência, extinguindo-se em parte a obrigação. O saldo poderá ser cobrado pelo credor em ação própria, persistindo, quanto a ele, os efeitos da mora.

Apesar de dúplice, a consignação em pagamento admite a reconvenção. Não para o réu cobrar o saldo em aberto (CPC, art. 545, § 2º), mas para formular outros pedidos, inclusive o de rescisão de contrato, decorrente de inadimplemento. Nas ações de consignação em pagamento de alugueres, admite-se expressamente a reconvenção postulando o despejo e a cobrança daqueles que estiverem em atraso (Lei do Inquilinato, arts. 67, VI e VIII).

c. Fase instrutória e decisória

O juiz poderá determinar todas as provas necessárias para a apuração da verdade. Se, ao final, julgar procedente a consignação, declarará extinta a obrigação do autor, condenando o réu ao pagamento das custas e despesas do processo. O valor depositado ficará à disposição do réu, que poderá levantá-lo, abatida a verba de sucumbência a que foi condenado.

Em caso de improcedência, o depósito inicial não terá efeito liberatório, e será restituído ao autor (salvo em caso de insuficiência, quando o réu levantará a parte incontroversa, com a consequente liberação parcial da obrigação, fixando-se, se possível, na sentença, o valor do saldo).

A sentença na consignação é meramente declaratória. Ela reconhece a suficiência do depósito realizado pelo autor, e sua aptidão para extinguir o débito e liberar o devedor. Na hipótese do art. 545, § 2º, do CPC, além de declarar extinta a obrigação, o juiz condenará o devedor a pagar o saldo remanescente, e à eficácia declaratória da sentença se somará a condenatória.

1.2.2. Consignação em caso de dúvida quanto à titularidade do crédito

É a ação adequada quando o devedor não sabe, com segurança, a quem, entre dois ou mais possíveis credores, deve efetuar o pagamento. Para não assumir o risco de pagar mal, e, com isso, ter de fazê-lo novamente, pode liberar-se da obrigação depositando em juízo. Nessa hipótese, o procedimento será diferente da consignação comum, em que há recusa do credor, sendo regido pelos arts. 547 e 548.

Os legitimados passivos são todos aqueles que se apresentam como credores, disputando o pagamento.

Na petição inicial, o autor requererá o depósito da quantia ofertada, e a citação dos credores. Indicará, ainda, a razão da dúvida sobre quem deva legitimamente receber.

Nessa espécie de consignação não existe a *mora accipiendi*: o credor não se recusa a receber. A causa é a dúvida entre pagar a um ou a outro, e o temor de escolher um entre os pretendentes, e pagar mal.

Não é preciso que a dúvida decorra de duas ou mais pessoas terem se apresentado como credoras, pretendendo receber o pagamento.

Pode decorrer, por exemplo, de um contrato, redigido de forma obscura ou confusa, que não permita ao devedor identificar com segurança a quem o pagamento deve ser feito. Isso – a dúvida subjetiva do devedor que, por razões fundadas, não sabe a quem pagar – justifica a consignação, ainda que não haja disputa entre credores.

Mas é indispensável que a dúvida seja fundada e razoável. Na petição inicial o autor esclarecerá ao juiz as razões de sua hesitação. Ele as analisará, e, se concluir que a dúvida era infundada, indeferirá a petição inicial, por falta de interesse de agir do autor, porque a titularidade do crédito é indiscutível, bastando ao devedor procurar o legítimo credor.

Mas cumpre ao juiz ter certa tolerância com relação a essa dúvida. Ainda que ela seja pequena, ele não pode esquecer que o devedor quer afastar o risco de pagar mal, e que, se o fizer, terá de pagar novamente. Por isso, se houver algum risco, ainda que pequeno, ele admitirá a consignação. Só não o fará se for clara e indiscutível a titularidade do crédito, inexistindo razões para a hesitação do devedor.

Com maior razão, caberá a consignação se houver efetiva disputa, judicial ou extrajudicial, entre os potenciais credores. É o que ocorre quando o devedor é notificado por dois ou mais deles, exigindo o mesmo crédito, ou quando pende litígio entre dois credores sobre o objeto do pagamento (CC, art. 335, V). O art. 344 do Código Civil estabelece que "o devedor de obrigação litigiosa exonerar-se-á mediante consignação, mas, se pagar a qualquer dos pretendidos credores, tendo conhecimento do litígio, assumirá o risco do pagamento".

Embora o art. 547 não o diga expressamente, o prazo para se efetivar o depósito do valor que está sendo consignado é também de cinco dias após o recebimento da petição inicial. Feito o depósito, o juiz determinará a citação dos réus. Não feito, o processo será extinto sem resolução de mérito.

O procedimento que se segue à citação é o do art. 548 do CPC, e variará conforme a atitude tomada pelos réus.

Se nenhum comparecer, o juiz, se caso, aplicará a todos os efeitos da revelia e proferirá sentença, declarando a suficiência do depósito e a extinção da obrigação. Com isso, haverá a liberação do devedor. A quantia ou coisa depositada será arrecadada como coisa vaga, prosseguindo-se na forma dos arts. 746 e s. do CPC.

O CPC atual corrigiu a falha do anterior, que determinava a arrecadação como bem de ausente, solução contra a qual verberava Adroaldo Furtado Fabrício: "Muito mais adequada seria a adoção do procedimento prescrito para dar destino às coisas vagas – que essa é a verdadeira situação do depósito a cujo levantamento ninguém se habilitou. Aí sim se encontram regras jurídicas perfeitamente aplicáveis ao depósito em consignação que ninguém recolheu"[10]. O CPC atual acolheu a solução preconizada pelo ilustre processualista.

Pode ocorrer que, dos dois ou mais réus, apenas um apareça para reclamar o pagamento. Diz o art. 548 do CPC que, nesse caso, o juiz decidirá de plano, o que faz pressupor que, ante a omissão dos demais, o valor deva ser entregue àquele que compareceu. Mas o juiz só liberará

---

10. Adroaldo Furtado Fabrício, *Comentários*, cit., p. 143.

em seu favor o depósito se ele demonstrar que tem direito a recebê-lo. Da revelia dos demais não decorre que aquele que se apresentou seja o legítimo titular do crédito. Se ele não demonstrar seu direito, o valor continuará depositado, e se procederá como se ninguém tivesse se apresentado. Pode ainda acontecer que o único interessado que se apresentou aduza ser insuficiente o depósito, caso em que o juiz, verificando que lhe assiste razão, concederá ao autor prazo de dez dias para complementá-lo, aplicando-se, no mais, as regras da consignação comum, que permitem ao réu levantar a quantia incontroversa, e que autorizam o juiz, em sendo isso possível, já estabelecer, na sentença, o saldo remanescente, a ser executado pelo credor.

Finalmente, pode ser que apareçam dois ou mais interessados, todos dispostos a receber. Manda o art. 548 do CPC que o juiz declarará efetuado o depósito e extinta a obrigação, continuando o processo a correr unicamente entre os credores, caso em que se observará o procedimento comum.

É preciso que o valor depositado seja suficiente para a quitação do débito. O juiz declarará extinta a obrigação e liberará o devedor, que será excluído do processo, prosseguindo-se apenas entre os réus. Os credores, que, em princípio, eram sujeitos passivos unicamente, passarão a ser simultaneamente sujeitos ativos e passivos do processo.

Existe, ainda, a possibilidade de que os réus compareçam e contestem a existência de dúvida a respeito de quem deva legitimamente receber. Mas o comparecimento de mais de um réu, alegando que não há dúvida porque só a ele compete receber o pagamento, será forte argumento para demonstrar incerteza. Se duas ou mais pessoas se atribuem seriamente a qualidade de credor único, será justificada a dúvida do devedor, que não sabe em quem acreditar.

Se o juiz verificar, desde logo, que não existe a dúvida, ou que ela não é séria ou fundada, extinguirá o processo sem resolução de mérito, por falta de interesse de agir. Muito se discute a respeito da natureza jurídica do ato judicial que, declarando suficiente o depósito, extingue a obrigação e libera o credor, excluindo-o do processo.

As opiniões variam. Para Ovídio Araújo Baptista da Silva, "é correto sem dúvida o entendimento de que a decisão que declara efetuado o depósito e extinta a obrigação, segundo o art. 898 [atual art. 548], encerra a primeira fase do processo da ação de consignação em pagamento, reservada a fase seguinte ao exame e decisão da controvérsia entre os credores. Mas a demanda que prossegue – ou como diz o Código 'continua' – não é uma nova ação distinta da anterior. A ação de consignação em pagamento é uma só"[11]. O ato judicial teria a natureza de decisão interlocutória, já que não põe fim ao processo. No mesmo sentido, já foi decidido que: "Contra a decisão que exclui o autor do processo e determina seu prosseguimento entre os credores, o recurso cabível é o de agravo de instrumento" (*JTJ*, *200*:200). Nesse acórdão são ainda mencionadas as opiniões de Clóvis do Couto e Silva e Sérgio Sahione Fadel, no mesmo sentido.

Adroaldo Furtado Fabrício sustenta idêntica opinião, asseverando que "a decisão referida é, sem dúvida, julgamento de mérito: o mérito da ação consignatória propriamente dita. Contudo, curiosamente, o procedimento de primeiro grau não se encerra, devendo prosseguir com novo objeto. Essa particularidade impede que, no sistema do Código, seja apelável o ato judicial em causa, eis que não 'extingue o processo' e, pois, na terminologia do Código, não é sentença. O recurso cabível será o agravo de instrumento, pois na disciplina dos recursos o Estatuto sob comentário abandonou de todo os critérios relacionados com o envolvimento ou não do mérito da causa para indagar apenas, de modo estritamente pragmático, se ainda há ou não há mais o que processar em primeira instância: se há, os autos devem permanecer aí e o recurso é o de agravo; se não há, podem subir os autos, e o recurso é de apelação"[12].

Em sentido contrário é o entendimento de Antonio Carlos Marcato, para quem: "De fato, o ato judicial que declara válido o depósito e libera o autor original tanto da obrigação, quanto da relação jurídica processual, não é uma simples decisão – mesmo entendida esta como uma 'sentença interlocutória sobre o mérito' – mas, sim, verdadeira sentença que extingue a ação de consignação em pagamento e é, então, apelável"[13].

---

11. Ovídio Baptista da Silva, *Procedimentos especiais*, p. 64.
12. Adroaldo Furtado Fabrício, *Comentários*, cit., p. 139 e 140.
13. Antonio Carlos Marcato, *Ação de consignação em pagamento*, p. 115.

Parece-nos que a aptidão de pôr fim à fase de conhecimento em primeiro grau continua sendo inerente à sentença. Como a decisão que declara suficiente o depósito não põe fim a essa fase, pois se prossegue em primeiro grau para apurar a quem cabe o levantamento, melhor seria qualificá-la de decisão interlocutória, e não de sentença, o que abriria ensejo para a interposição de agravo de instrumento, e não de apelação, prosseguindo o processo em primeira instância.

A dificuldade se agrava porque, no regime do CPC atual, o agravo de instrumento é de cabimento restrito, pois a sua admissibilidade está condicionada à existência de uma das hipóteses do art. 1.015 do CPC. Mas pode-se considerar essa decisão como de mérito, já que extingue a obrigação do autor, com o que se abre a possibilidade de interposição do agravo de instrumento, com fulcro no art. 1.015, II, do CPC.

Diante da existência de dúvida objetiva a respeito do recurso cabível, como mostram as opiniões doutrinárias divergentes, parece-nos que essa seria uma hipótese de aplicação do princípio da fungibilidade dos recursos. Não se poderá qualificar como grosseiro o erro caso seja interposta apelação, devendo o juiz recebê-la como agravo de instrumento, e determinar o seu processamento.

Sendo suficiente o depósito, com a extinção da obrigação e sua exclusão, o devedor faz jus a receber honorários advocatícios. A responsabilidade pelo pagamento e o momento específico para sua cobrança são matérias a respeito das quais não há entendimento uniforme.

Parece-nos que o juiz, na decisão que declarar suficiente o depósito, fixará, em favor do devedor, honorários advocatícios, que deverão ser abatidos do valor por ele depositado. O depósito ficará desfalcado. Com o prosseguimento do processo entre os vários credores, o juiz decidirá dentre eles qual o legitimado para receber o valor. Os demais, que não tinham legitimidade, serão condenados ao pagamento da verba de sucumbência, incluindo os honorários. Estes serão compostos pelo necessário para recompor o depósito inicial, restituindo o valor desfalcado, já levantado pelo autor, e pelos honorários devidos ao advogado do credor vitorioso. Aquele que sucumbir terá de suportar os honorários devidos ao autor – que já haviam sido por ele retirados do valor depositado, e que precisam ser restituídos – e ao credor vitorioso. Este receberá o valor depositado, e poderá cobrar do credor derrotado os honorários devidos a seu advogado, mais o *quantum* de que ficou desfalcado o depósito originário, pelo levantamento dos honorários devidos ao advogado do autor. Nesse sentido têm sido as decisões dos tribunais, como mostra Theotonio Negrão: "Se o juiz declarar procedente o depósito, deve fixar honorários em favor do autor, que foi forçado a ir a juízo para exonerar-se de sua obrigação; mas, como nesse momento ainda não se sabe qual dos réus era o credor da quantia depositada, seria injusto condenar ambos em partes iguais; a solução acertada é ordenar que a verba honorária seja deduzida do depósito judicial (*JTA* 74/318); ao ser decidido entre os dois réus quem deve levantar a quantia consignada, o vencido pagará honorários de advogado ao vencedor, além de reembolsá-lo dos honorários já pagos ao autor, na primeira fase do processo (neste sentido: *RTJE* 134/130; em termos semelhantes: *RSTJ* 141/418)"[14].

De acordo com o art. 548 do CPC, se comparecer mais de um credor, arvorando-se em titular do crédito, o juiz deverá extinguir a obrigação e declarar a suficiência do depósito, prosseguindo-se entre os credores. Mas nos parece que essa segunda fase nem sempre será necessária.

Pode ser que, quando da propositura da demanda, houvesse dúvida fundada a respeito da titularidade do crédito. Mas que, com a citação dos credores, e suas manifestações, já tenha ficado aclarada a questão. Isto é, que não haja necessidade de produção de outras provas, porque um dos credores já demonstrou sua qualidade, afastando a pretensão dos demais. Aí não haverá razão para que se passe à segunda fase. Melhor será que o juiz, em uma sentença única, declare suficiente o depósito, libere o devedor e já atribua ao credor que demonstrou de forma segura sua qualidade o direito de levantar o depósito. Não se confunde essa situação com aquela em que o juiz verifica que não há qualquer dúvida, ou que esta é infundada, caso em que extinguirá o processo sem resolução de mérito, por falta de interesse de agir.

A segunda fase correrá pelo procedimento comum, e o juiz poderá deferir a produção de todas as provas que se façam necessárias para que se apure quem é o legítimo credor.

---

14. Theotonio Negrão, *Código*, cit., nota 3 ao art. 898.

Sua única peculiaridade é que todos os participantes serão simultaneamente autores e réus. Isso pode trazer alguns problemas a respeito da iniciativa para a prática de atos e diligências processuais. Estabelece a lei que as despesas com provas determinadas de ofício pelo juiz ou que foram requeridas pelo Ministério Público deverão ser suportadas pelo autor. Como todos são simultaneamente autores e réus, parece que o ideal será determinar que cada um dos credores arque com parte da antecipação das despesas, proporcionalmente ao número deles.

Outra dificuldade é a do ônus da prova. Dizem os incisos do art. 373 do CPC que incumbe ao autor o ônus da prova dos fatos constitutivos de seu direito, e ao réu a dos fatos impeditivos, modificativos ou extintivos do direito do autor. Ora, como todos os credores são simultaneamente autores e réus, a aplicação dessas regras ficará prejudicada. No entanto, o juiz poderá solucionar o problema, atribuindo o ônus da prova de determinado fato a quem o alega.

A segunda fase também será desnecessária sempre que a consignação for ajuizada quando pender litígio a respeito do objeto do pagamento (art. 335, V, do CC).

Se há litígio, é porque duas ou mais pessoas se arvoram em credoras, sendo prudente que o devedor se valha da consignação para não correr o risco de pagar mal. Feito o depósito, e declarada sua suficiência, não haverá necessidade de prosseguir para que se verifique qual delas tem razão, porque já existe em curso um processo, no qual se discute a titularidade do crédito, e cujo desfecho se deve aguardar. Com a apuração de quem tinha razão, será deferida em seu favor a liberação do depósito.

Nas ações de consignação em pagamento por dúvida quanto à titularidade do crédito pode ocorrer de o depósito inicial ser insuficiente para extinguir a obrigação. O juiz não poderá excluir o devedor de plano. Antes, deverá conceder-lhe o prazo de dez dias para a complementação. Se feita, o depósito tornar-se-á integral, procedendo-se na forma do art. 548, III, última parte, do CPC. Se não, o art. 545, §§ 1º e 2º, não poderá ser aplicado, porque pressupõe que não haja controvérsia quanto à titularidade do crédito. Se já se sabe quem é o credor, será autorizado o levantamento da parte incontroversa em favor dele, podendo a sentença condenar o autor ao pagamento do saldo devedor em aberto. Mas, quando duas ou mais pessoas disputam o crédito, e não é possível saber, ainda, qual delas tem razão, se o depósito for insuficiente, o juiz reconhecerá extinta apenas em parte a obrigação, e condenará o autor, se possível, ao pagamento do saldo em favor de quem, ao final, vier a ser reconhecido o crédito.

1.2.3. Consignação de alugueres

É uma terceira espécie de ação de consignação em pagamento, com peculiaridades que a distinguem das demais. O procedimento é regulado em lei especial – a Lei do Inquilinato, cujos arts. 67 e s. tratam do assunto.

Não há distinções profundas entre o procedimento da consignação nessa hipótese e os demais, mas as peculiaridades justificam um tratamento à parte.

Cabe exclusivamente quando o objeto de depósito é o pagamento de alugueres e encargos, provenientes de contrato de locação, regido pela Lei do Inquilinato.

Entre outras peculiaridades, a apelação interposta contra a sentença não tem efeito suspensivo, mas meramente devolutivo. A competência é a do foro de situação de imóvel, salvo eventual foro de eleição (Lei do Inquilinato, art. 58).

A petição inicial não difere das demais. Deve obedecer ao disposto nos arts. 319 e 320 do CPC, mas o autor deve apresentar, de forma especificada, os alugueres e acessórios da locação que estão sendo depositados. O valor da causa deve corresponder a doze meses de aluguel.

Estando em termos a petição inicial, o juiz determinará a citação do réu e, no mesmo despacho, ordenará que o autor seja intimado a, em 24 horas, depositar o valor ofertado, sob pena de extinção. Aqui o procedimento se aparta bastante da consignação tradicional. Nesta, o réu é primeiro intimado para depositar em cinco dias o valor ofertado. Só depois é que se determina a citação do réu. Na consignação de alugueres, a um só tempo se determina que o réu seja citado, e que o autor deposite não em cinco dias, mas em 24 horas. A falta do depósito implicará sempre a extinção do processo sem resolução de mérito.

Como se trata de consignação de alugueres, obrigações de natureza sucessiva, o pedido abrange a quitação das parcelas que se vencerem no curso do processo, até a sentença (art. 67, III, da Lei do Inquilinato), ainda que não conste explicitamente do pedido. Há uma diferença fundamental com a consignação tradicional. Nestas, o depósito das prestações periódicas, vencidas até a sentença, poderá ser feito até o quinto dia após o respectivo vencimento. Na consignação de alugueres, o depósito deve ser feito na data dos vencimentos.

Discute-se sobre a possibilidade de efetivação do depósito extrajudicial, nas consignações de alugueres, já que a Lei do Inquilinato não contém previsão expressa a respeito. Nelson e Rosa Nery entendem não ser possível, porque a norma que trata do assunto é de natureza material. Para eles, "somente foram modificados os dispositivos materiais sobre a consignação. Os processuais, previstos em lei especial, não foram alcançados pela Lei 8.953/94. De consequência, tal procedimento extrajudicial não é válido para as consignações de débitos fiscais (CTN 156, VIII, e 164) nem de depósitos oriundos de relação locatícia (Lei 8.245/91, art. 67)"[15].

Dessa opinião diverge Antonio Carlos Marcato: "Caso ele (o devedor) já tenha efetuado o depósito extrajudicial (e este foi recusado pelo credor e não levantado pelo depositante), ficarão evidentemente dispensados tanto a sua intimação, quanto o depósito judicial, devendo a inicial, nesse caso, ser instruída com os comprovantes de depósito e da recusa"[16].

Parece-nos não haver nenhuma incompatibilidade entre o depósito extrajudicial e a consignação de alugueres. Naquilo em que a Lei do Inquilinato é omissa, o CPC se aplica supletivamente. Como aquela não trata do depósito extrajudicial, que é compatível com o procedimento da consignação, não há razão para deixar de admiti-lo.

O extinto 2º Tribunal de Alçada Civil de São Paulo emitiu o Enunciado 41, com o seguinte teor: "O depósito bancário, a que alude o art. 890 [atual art. 539] do CPC, é instrumento de direito material e também se presta à exoneração de obrigações oriundas do contrato de locação". No mesmo sentido, STJ, REsp 618.295-DF, de 1º-8-2006, rel. Min. Felix Fischer.

Feito o depósito, o credor poderá tomar diversas atitudes. Poderá aceitá-lo, expressa ou tacitamente, deixando de apresentar contestação. O juiz acolherá o pedido, e extinguirá o processo, com resolução de mé-

15. Nelson Nery Junior e Rosa Nery, *Código*, cit., p. 940.

16. Antonio Carlos Marcato, Da consignação..., *Revista*, cit., p. 70.

rito (CPC, 487, III, *a*), declarando quitadas as obrigações, com a condenação do réu ao pagamento das custas e honorários advocatícios de 20% do valor dos depósitos.

Pode ser que o réu ofereça resposta. Não há novidades quanto às matérias que podem ser alegadas em contestação, que são as mesmas que na consignação comum: a) não ter havido recusa ou mora em receber a quantia devida; b) ter sido justa a recusa; c) não ter sido efetuado o depósito no prazo ou no lugar do pagamento; d) não ter sido o depósito integral. Em caso de insuficiência do depósito, deverá o réu justificar, de forma específica, o saldo devedor em aberto.

O prazo para o oferecimento de resposta é de quinze dias, porque a Lei do Inquilinato é omissa. Aplica-se supletivamente o procedimento da consignação comum. Discute-se sobre o seu *dies a quo*, havendo quem sustente que o prazo só poderia iniciar-se a partir do depósito liberatório, e não da juntada aos autos do mandado de citação. Parece-nos acertada a posição de Antonio Carlos Marcato, para quem: "O inciso II do artigo 67 da lei de locação não deixa qualquer margem a dúvida quanto ao momento do depósito: determinada a citação do réu, o autor será intimado a efetuar o depósito em 24 horas, ou seja, apenas se e quando deferir a inicial o juiz ordenará, no mesmo despacho, a citação do réu e a intimação do autor, para fim de depósito. Resulta, daí, que por ocasião da citação do réu, já estará efetivado o depósito pelo autor (sob pena de extinção do processo), não tendo qualquer sentido, portanto, entender-se que o prazo legal para a resposta começará a fluir daquele ato liberatório"[17].

Além de contestar, o réu poderá reconvir, postulando a decretação do despejo e a condenação do réu ao pagamento do saldo devedor em aberto, em caso de insuficiência do depósito. Não é aplicável o art. 545, § 2º, que transformou a consignação tradicional em ação de natureza dúplice, dispensando a reconvenção para cobrar o saldo em aberto. A consignação de alugueres não tem natureza dúplice, e tal condenação depende de reconvenção.

17. Antonio Carlos Marcato, Da consignação..., *Revista*, cit., p. 72 e 73.

Em caso de depósito insuficiente, o réu poderá levantar a qualquer momento a importância depositada, sobre a qual não pende controvérsia. Com isso, operar-se-á a liberação parcial do devedor (art. 67, parágrafo único, da Lei do Inquilinato).

Há também a possibilidade de complementação do depósito após a resposta, caso se verifique que o valor depositado é insuficiente. Há aqui algumas peculiaridades. A primeira é que o prazo para tal complementação não é de dez dias, como na consignação comum, mas de apenas cinco dias. A segunda é que o complemento deverá ser depositado com um acréscimo de 10%, uma espécie de sanção pelo fato de o depósito não ter sido feito integralmente desde o início. Só então o juiz declarará extinta a obrigação, liberando o devedor.

2. DA AÇÃO DE EXIGIR CONTAS

2.1. Introdução

Todo aquele que administra bens, negócios ou interesses alheios, a qualquer título, deve prestar contas de sua gestão. A prestação de contas consiste na apresentação, de forma detalhada, de todos os itens de crédito e débito que resultam da administração de negócios alheios, apurando-se se há ou não saldo devedor. Na lição de Adroaldo Furtado Fabrício, "prestar contas significa fazer alguém a outrem, pormenorizadamente, parcela por parcela, a exposição dos componentes de débito e crédito resultantes de determinada relação jurídica, concluindo pela apuração aritmética do saldo credor ou devedor, ou de sua inexistência"[18].

Aquele que presta contas pode ter saldo a receber ou débito a pagar, mas precisa aclarar o resultado de sua gestão. A possibilidade de ser credor não o exime de cumprir esse dever, porque só com a apresentação das contas é que se esclarecerão, item por item, os componentes positivos ou negativos da relação.

O Código Civil enumera diversas situações em que há o dever de prestar contas. Entre eles, pode-se mencionar a do tutor e do curador, em

---

18. Adroaldo Furtado Fabrício, *Comentários*, cit., p. 314.

face do tutelado e do curatelado (arts. 1.755 e 1.774 e s.); do sucessor provisório, em relação aos bens do ausente (art. 33, *caput*); do inventariante e do testamenteiro (arts. 2.020 e 1.980) e do mandatário em relação ao mandante (art. 668). Há ainda a hipótese em que, deferida a guarda unilateral dos filhos a um dos cônjuges, compete ao outro a obrigação de supervisão, podendo inclusive exigir contas do detentor da guarda (art. 1.583, § 5º). No CPC também há dispositivos impondo esse dever ao administrador da massa na insolvência, ao curador da herança jacente e, eventualmente, ao depositário judicial.

No direito comercial, a obrigação de dar contas é frequente nas sociedades e nos contratos de comissão e mandato mercantil. O administrador da falência também tem esse dever. Nas sociedades, qualquer sócio tem o direito de pedir aos demais que prestem contas da administração da sociedade aos outros sócios. Nesse sentido, *JTJ*, *171*:169 e *RT*, *740*:254.

As instituições financeiras também devem prestar contas aos titulares de contas bancárias a respeito do dinheiro depositado. Nesse sentido, a Súmula 259 do STJ: "A ação de prestação de contas pode ser proposta pelo titular de conta corrente bancária". Não se exime a instituição financeira por fornecer, todo mês, extratos de movimentação da conta, que tem por fim apenas permitir a conferência de dados. Já foi decidido que: "Ao correntista que, recebendo extratos bancários, discorde dos lançamentos deles constantes, assiste legitimidade e interesse para ajuizar ação de prestação de contas visando pronunciamento judicial acerca da correção ou incorreção de tais lançamentos" (*RSTJ*, *60*:219 e *103*:213).

O consorciado está legitimado a demandar a administradora para obrigá-la a dar contas, ainda que esteja inadimplente, e que o grupo não esteja encerrado. Em regra, o contrato condiciona a restituição das parcelas pagas, em caso de desistência, a que tenham decorrido trinta dias do encerramento do grupo. Mas essa condição não se impõe à prestação de contas. O 1º Tribunal de Alçada Civil de São Paulo decidiu: "A empresa administradora de grupos de consorciados, como gestora de bens alheios, tem a obrigação de prestar contas aos aderentes. Não basta que se limite a apresentar planilhas informatizadas, incompletas, de difícil entendimento. Na forma da lei, as contas devem ser apresentadas em forma mercantil, isto aliás como regra geral e como decorrência da boa-fé que deve imperar nos contratos em geral, de modo a mostrar, sem pálio de dúvida, a posição do consorciado (...). O fato de o consorciado estar inadimplente não lhe retira o direito de pedir prestação de contas. O mesmo se diga quanto ao fato de o grupo ainda não estar terminado. Não está obrigado o contratante a esperar a extinção do grupo para pedir a demonstração de contas" (*JTACSP*, *Lex*, *133*:149).

No condomínio em edifícios já ficou assentado que "o síndico, considerado tradicionalmente pela doutrina como um mandatário do condomínio, é quem, em nome deste, pode exigir contas do administrador, não os condôminos. Já o síndico, nos termos da Lei 4.591, de 1964, deve contas à Assembleia Geral (art. 22, § 1º, *f*) e ao Conselho Consultivo (art. 23), como consta, também, da Convenção Condominial, mas não as deve ao condômino individualmente. Se, porém, não as presta à Assembleia e ao Conselho Consultivo, nem esse órgão as pede, os condôminos, aí sim, podem exigi-las do síndico" (*JTJ*, *180*:41).

Na qualidade de mandatário, o advogado deve prestar contas de sua gestão ao cliente, e dos valores levantados em juízo. O STJ decidiu que "o recibo genérico de quitação não elide a obrigação do mandatário de prestar contas quanto aos valores que levanta judicialmente em causas de interesse de seu cliente, especialmente se o documento de quitação não contém elementos suficientes à apreciação do mandante, apresentando resultado final que não demonstra como foi alcançado, referente a período inflacionário" (*RSTJ*, *74*:212).

A ação de exigir contas pode ser proposta por quem tiver o direito de exigi-las. Há que se distinguir entre a ação de exigir contas e a de prestá-las. No CPC de 1973, ambas tinham procedimento especial. No atual, apenas a de exigir contas o terá. A de dar contas passou a ter procedimento comum.

Nos itens subsequentes, será estudado o procedimento especial da ação de exigir contas.

2.2. Natureza dúplice

Em geral, o juiz, ao sentenciar, limita-se a apreciar o pedido formulado pelo autor na petição inicial. Se é acolhido, a sentença é de procedência, e constituirá título executivo, quando condenatória. Se não, haverá improcedência, mas não se formará título em favor do réu. O juiz não o condenará, mas também não condenará o autor (salvo, se for o caso, nas verbas de sucumbência).

Há, no entanto, ações de natureza dúplice, em que o juiz, na sentença, aprecia não apenas o pedido formulado pelo autor, mas os formulados pelo réu na contestação. Há dois tipos de ação de natureza dúplice. Em primeiro, há aquelas em que se permite ao réu, na própria contestação, formular pedidos contra o autor, que serão apreciados na sentença. São dúplices porque a contestação não é local adequado para que o réu formule pedidos, senão o de improcedência dos pedidos do autor. Contestação é a sede da defesa do réu. Quando ele pretende fazer pedidos em face do autor, deve valer-se de ação própria, em processo autônomo, ou no mesmo processo (reconvenção). Há ações em que isso é desnecessário, porque a lei permite que o faça na própria contestação, sem necessidade de reconvir. É o que ocorre nas ações possessórias e nas do Juizado Especial Cível, por exemplo. Mas essas ações não são intrinsecamente dúplices, porque é preciso que, na contestação, o réu formule seus pedidos. Ele pode preferir apresentar tão somente sua defesa, sem nada requerer senão a improcedência, caso em que o juiz ficará adstrito a apreciar o pedido inicial.

Mas há ações que são intrinsecamente dúplices, em que a condenação do juiz pode dirigir-se contra o autor ou contra o réu, independente de este ter formulado requerimento nesse sentido, em sua contestação.

É o que ocorre com a de exigir contas. Nela, o juiz pode concluir, na sentença, pela existência de saldo em favor do autor, ou do réu, mesmo que este nada tenha pedido. Essa possibilidade é de tal ordem que o juiz pode reconhecer a existência de saldo em favor do réu, ainda que ele não tenha apresentado contestação. Adroaldo Furtado Fabrício menciona a seguinte hipótese: "O autor oferece contas (art. 916) com saldo favorável a ele; o réu, citado, mantém-se em silêncio; o juiz, confrontando as contas com os documentos e verificando os cálculos, conclui e julga que há saldo favorável ao réu. Este nada objeta, a nada anuiu e nada pediu, e, contudo, se vê beneficiado pelo título executivo sentencial. O caso traduz uma clara quebra do princípio dispositivo e só se explica por razões de ordem prática, a que o legislador deu prevalência sobre os princípios gerais e bases teóricas do processo civil"[19]. Ainda que o exemplo citado pelo ilustre processualista trate de ação de dar contas, a mesma solução aplica-se na ação de exigir contas.

2.3. Legitimidade e interesse

Aquele que administrou ou geriu bens alheios tem a obrigação de prestar as contas, e aquele que teve seus bens ou interesses administrados tem o direito de exigi-las. Este será o sujeito ativo e aquele o passivo da ação de exigir contas.

Além da legitimidade, é preciso que se tenha interesse, formado pelo binômio necessidade e adequação. Para que a ação seja necessária, é preciso que a parte contrária se tenha recusado a prestar contas. Ou, como diz Adroaldo Furtado Fabrício, "o emprego da ação em causa, sob qualquer de suas modalidades, pressupõe a divergência entre as partes, seja quanto à existência mesma da obrigação de dar contas, seja sobre o estado delas, vale dizer, sobre a existência, o sentido ou o montante do saldo"[20]. Se houver acordo entre quem deve prestar e a quem devem ser prestadas, as contas podem ser dadas extrajudicialmente.

É preciso que prestação de contas seja a ação adequada, o que ocorrerá sempre que houver necessidade de acertamento de uma relação crédito-débito, proveniente da administração ou gerência de negócios alheios. Não será cabível se não for necessário tal acertamento, porque já se conhece, com segurança, qual o valor do crédito. Falta interesse de agir, pois aquele que quiser receber deverá valer-se da ação de cobrança, mas nunca exigir contas, o que pressupõe o acertamento prévio, para verificar se há saldo em favor de qualquer das partes, e qual o seu valor. Ela não se presta à discussão de cláusula contratual, ou revisão ou modificação de contrato, como já foi decidido pelo c. Superior Tribunal de Justiça, no Recurso Especial n. 1.497.831, rel. Min. Paulo de Tarso Sanseverino, ao qual foi dada eficácia de recurso especial repetitivo, e que transitou em julgado em 28 de junho de 2017:

---

19. Adroaldo Furtado Fabrício, *Comentários*, cit., p. 359.
20. Adroaldo Furtado Fabrício, *Comentários*, cit., p. 322.

"Ante o exposto, proponho a consolidação das seguintes teses para os fins do art. 543-C do CPC nos seguintes termos: – Impossibilidade de revisão de cláusulas contratuais em ação de prestação de contas; – Limitação da cognição judicial na ação de prestação de contas ao conteúdo das cláusulas pactuadas no respectivo contrato".

2.4. Procedimento

Vem tratado no art. 550 do CPC. A ação de exigir contas é ajuizada por aquele que teve seus bens ou negócios administrados ou geridos por terceiros, e pretende que ele preste as contas de sua gestão.

O procedimento, em regra, está dividido em duas fases. Na primeira se discutirá se o réu tem ou não a obrigação de prestar contas ao autor. Não se discute a respeito do *quantum debeatur*, porque nesta as contas ainda não estão prestadas.

Decidido que o réu tem a obrigação de prestar as contas, passar-se-á à segunda fase. Decidido que não tem, o processo se encerrará com o término da primeira. Na segunda fase, o réu prestará as contas, e o juiz as examinará, verificando se há saldo em favor do autor ou do réu.

2.4.1. Primeira fase da ação de exigir contas

De acordo com o art. 550, *caput*, do CPC, "aquele que afirmar ser titular do direito de exigir contas requererá a citação do réu para que as preste ou ofereça contestação no prazo de quinze dias".

Na petição inicial, que deverá observar as exigências do art. 319 do CPC, o autor formulará o requerimento de que o réu seja compelido a prestar contas, e exporá as razões do pedido. Citado, o réu terá o prazo de quinze dias para decidir o que fazer. Poderá ter uma entre várias condutas possíveis: a) reconhecer, desde logo, sua obrigação e apresentar as contas em juízo; b) contestar a ação, seja impugnando a obrigação de prestar contas, seja reconhecendo tal obrigação, mas informando que as contas já foram prestadas anteriormente; c) manter-se revel.

O procedimento variará conforme a conduta adotada pelo réu. Caso ele preste desde logo as contas, sem oferecer contestação, o procedimento não mais se desmembrará em duas fases, porque a primeira terá sido superada. A finalidade desta é compelir o réu a prestá-las. Se ele o fizer, o procedimento dará um salto, passando à segunda etapa, em que caberá analisar as contas.

De acordo com o § 2º do art. 550 do CPC, "prestadas as contas, o autor terá quinze dias para se manifestar, prosseguindo-se o processo na forma do Capítulo X do Título I deste Livro".

Prestadas as contas, passa-se desde logo à fase de verificação, se elas são boas. Acontece, com frequência, que o réu apresente contestação, impugnando a obrigação que lhe é imputada, mas, apesar disso, preste as contas. Às vezes ele contesta, sob o argumento de que jamais se recusou fazê-lo, e de que as contas sempre estiveram à disposição do autor. E, para prová-lo, desde logo as apresenta com a contestação. O legislador não previu, no art. 550, essa possibilidade. A solução há de ser a mais consentânea com a instrumentalidade do processo. Se o réu apresentou as contas, não há mais necessidade de que se discuta se havia ou não o dever jurídico de apresentá-las. Mais conveniente que se passe, desde logo, à segunda fase, para que se possa verificar se elas são ou não boas.

Nesse sentido, decidiu-se o acórdão publicado em *RJTJESP*, *84*:156.

Essa opinião é sustentada por Adroaldo Furtado Fabrício: "Em tal emergência – que o legislador não previu e menos regulou – não há como fugir a uma fusão dos dois estágios procedimentais. Ter-se-á de prosseguir na forma do § 1º [atual § 2º], embora este só tenha contemplado a hipótese de não haver contestação, e o julgamento final definirá a correta composição das contas"[21].

Se o réu for revel, cumprirá ao juiz verificar se são ou não aplicáveis os efeitos da revelia. Em caso afirmativo, o juiz apreciará antecipadamente o mérito, proferindo sentença na qual determina ao réu que preste as contas.

Por fim, é possível que o réu conteste, sem apresentar as contas. Em princípio não se admite a reconvenção, dada a natureza intrinsecamente dúplice da ação. Mas não está excluída a possibilidade de apresentá-la, para pedir algo que não diga respeito à eventual existência de saldo em favor de qualquer das partes, mas que seja conexo com o requerimento

---

21. Adroaldo Furtado Fabrício, *Comentários*, cit., p. 336.

formulado na petição inicial. É possível, em uma ação de exigir contas decorrentes de um contrato, ajuizar reconvenção para pedir sua rescisão. Mas nunca para postular a cobrança de saldo. Não haverá óbice procedimental à reconvenção na prestação de contas, que, desde que contestada, segue o procedimento comum.

O fundamento principal da contestação, na primeira fase da prestação de contas, é a inexistência do dever de prestá-las, seja porque já foram apresentadas extrajudicialmente, seja porque não estão presentes os requisitos da obrigação.

O juiz pode determinar as provas necessárias para a instrução do processo. Nesta fase a questão controvertida dirá respeito exclusivamente à existência ou não da obrigação de prestar as provas.

2.4.2. Decisão que encerra a primeira fase na ação de exigir contas

Nos termos do art. 550, §§ 4º e 5º, do CPC, "se o réu não contestar o pedido, observar-se-á o disposto no art. 355"; "a decisão que julgar procedente o pedido condenará o réu a prestar as contas no prazo de quinze dias, sob pena de não lhe ser lícito impugnar as que o autor apresentar".

O ato que condena o réu a prestar contas não põe fim ao processo, marcando apenas a passagem para a segunda fase. Daí o art. 550, § 5º, referir-se a ele como "decisão". Mas se trata de uma decisão de mérito, já que o juiz define, por meio dela, se o réu deve ou não prestar contas, determinando que ele as preste. Daí contra ela caber agravo de instrumento, com fundamento no art. 1.015, II, do CPC.

Nesse sentido:

"RECURSO ESPECIAL. PROCESSUAL CIVIL. AÇÃO DE EXIGIR CONTAS. PRIMEIRA FASE. PEDIDO INICIAL JULGADO PROCEDENTE. TERMO INICIAL DO PRAZO PARA O RÉU PRESTAR AS CONTAS. INTIMAÇÃO DA DECISÃO. RECURSO ESPECIAL DESPROVIDO. 1. A controvérsia posta no presente recurso especial está em definir o termo inicial do prazo de 15 (quinze) dias, previsto no art. 550, § 5º, do CPC/2015, para o réu cumprir a condenação da primeira fase do procedimento de exigir contas. 2. Na vigência do CPC/1973, prevalecia a orientação de que a contagem do prazo de 48 (quarenta e oito) horas, que se abria ao réu para cumprir a obrigação de prestar contas, devia ser feita a partir do trânsito em julgado da sentença, independentemente de citação ou intimação pessoal. 2.1. O fundamento principal da referida tese era de que, nos termos do art. 915, § 2º, CPC/1973, o ato que condena o réu a prestar contas possui a natureza de sentença, impugnável por meio de apelação, dotada de efeito suspensivo. 3. À luz do atual Código de Processo Civil, o pronunciamento que julga procedente a primeira fase da ação de exigir contas tem natureza jurídica de decisão interlocutória de mérito, recorrível por meio de agravo de instrumento. Precedente. 4. Por essa razão, a contagem do prazo previsto no art. 550, § 5º, do CPC/2015 começa a fluir automaticamente a partir da intimação do réu, na pessoa do seu advogado, acerca da respectiva decisão, porquanto o recurso cabível contra o *decisum*, em regra, não tem efeito suspensivo (art. 995 do CPC/2015). 5. Em relação à forma da intimação da decisão que julga procedente a primeira fase do procedimento de exigir contas, a jurisprudência desta Corte firmou-se no sentido de que deve ser realizada na pessoa do patrono do demandado, sendo desnecessária a intimação pessoal do réu, ante a ausência de amparo legal. 6. Recurso especial conhecido e desprovido" (REsp 1.847.194, Rel. Min. Marco Aurélio Bellizze, de 16-03-2021).

Trata-se de decisão de mérito cominatória, que condena o réu a uma obrigação de fazer, consistente em prestar as contas ao autor, no prazo de quinze dias, sob pena de não poder impugnar as que sejam por ele apresentadas.

Discute-se a respeito do momento oportuno para a condenação em honorários advocatícios, no procedimento da ação de exigir contas. Na primeira fase, o juiz deverá impô-las ao sucumbente. Se ela for julgada improcedente ou extinta sem resolução de mérito, o juiz condenará o autor a pagar ao advogado do réu. Em caso de procedência, será o réu quem os pagará ao do autor. Nesse caso haverá uma segunda fase, cumprindo saber se há ou não a necessidade de fixação de novos honorários advocatícios. Dividem-se as opiniões a respeito, parecendo-nos que a mais acertada é a emitida em acórdão do STJ: "O vencedor das duas fases da ação de prestação de contas tem direito à majoração da verba honorária que lhe foi deferida na primeira sentença. O limite de 20% sobre o valor da causa, ou sobre o valor da condenação, o maior deles, pode ser um prudente critério para a fixação da verba" (STJ, 4ª Turma, REsp 154.925-SP, rel. Min. Ruy Rosado).

2.4.3. *Segunda fase da ação de exigir contas*

Na segunda fase da ação de exigir contas, o réu condenado a prestá-las será intimado para fazê-lo em quinze dias.

O réu, intimado, pode prestar ou não as contas. Se o fizer, o procedimento seguirá o do § 2º do art. 550 do CPC, isto é, o autor terá quinze dias para dizer sobre elas. Havendo necessidade de provas, o juiz designará audiência, mas se não houver, julgará desde logo.

Apresentadas as contas, o autor pode concordar com elas, caso em que o juiz as considerará boas. Pode silenciar, e disso se presumirá que houve concordância. Mas pode impugná-las, aduzindo que elas não foram prestadas na forma prescrita em lei (CPC, art. 551), que seu conteúdo não é correto, ou que houve a omissão de itens relevantes para a apuração do saldo.

Apresentada a impugnação, o juiz verificará a necessidade de produção de provas, determinando as que sejam pertinentes. Depois, proferirá sentença, julgando corretas ou não as contas prestadas, constituindo título executivo judicial em favor daquele a quem for devido o saldo. Contra essa sentença, que julga as contas, e reconhece o saldo devedor, caberá apelação, com efeito suspensivo.

Pode ocorrer que o réu, intimado pessoalmente para apresentar as contas, deixe transcorrer *in albis* o prazo de quinze dias, estabelecido em lei. De acordo com o art. 550, § 6º, do CPC, nesse caso "(...) apresentá-las-á no prazo de 15 (quinze) dias, podendo o juiz determinar a realização de exame pericial contábil, se necessário".

Na omissão do réu, ele perde o direito de apresentar as contas, e o de impugnar as que o autor apresentar. Em princípio o juiz admitirá como boas as contas apresentadas pelo autor, já que ao réu não será dado impugná-las. Mas deve o juiz agir com bastante cautela. Não pode aprovar as contas do autor sem examiná-las. Antes, deve fiscalizá-las cuidadosamente, para evitar que haja abuso do autor que, comodamente, queira valer-se da vedação a que o réu impugne as contas por ele apresentadas.

As contas serão apreciadas de acordo com o prudente arbítrio do juiz. Na dúvida, deve determinar que seja realizada a prova pericial. Ele deve examinar cuidadosa e detalhadamente as contas, determinando, se necessário, a prova de itens incluídos, que não estejam suficientemente demonstrados.

Se o réu não apresenta as contas, e, dada oportunidade ao autor, ele também não o faz, o processo não tem como prosseguir, devendo intimar-se o autor para dar andamento ao feito, sob pena de extinção, com fundamento no art. 485, III, do CPC.

2.5. Forma pela qual as contas devem ser prestadas

De acordo com o art. 551 do CPC, "as contas do réu serão apresentadas na forma adequada, especificando-se as receitas, a aplicação das despesas e os investimentos, se houver".

Não é necessário que elas sejam apresentadas sob forma mercantil, como exigia o CPC de 1973. Mas é preciso que o sejam de forma adequada, especificando-se as receitas e os investimentos. Caso o autor apresente as contas, porque o réu não as apresentou no prazo estabelecido pelo juiz, ele também deverá fazê-lo de forma adequada, instruídas as contas com os documentos justificativos, especificando-se as receitas, a aplicação das despesas e os investimentos, se houver.

Junto com as contas, o apresentante anexará os documentos que justifiquem as receitas e despesas. Para comprovar os gastos, ele deve juntar os respectivos recibos, sendo lícito ao adversário impugnar-lhes o conteúdo.

2.6. Prestação de contas por dependência

O art. 553 do CPC contém hipóteses específicas de prestação de contas, que não formam um processo autônomo, mas são prestadas no bojo de outros processos, em apenso aos autos principais: "As contas do inventariante, do tutor, do curador, do depositário e de outro qualquer administrador serão prestadas em apenso aos autos do processo em que tiver sido nomeado". O parágrafo único acrescenta que "se qualquer dos referidos no *caput* for condenado a pagar o saldo e não o fizer no prazo legal, o juiz poderá destituí-lo, sequestrar os bens sob sua guarda, glosar o prêmio ou a gratificação a que teria direito e determinar as medidas executivas necessárias à recomposição do prejuízo".

O dispositivo trata de pessoas nomeadas judicialmente para administrar bens ou interesses alheios. Trata-se de uma prestação de contas que incumbe àquele que foi nomeado em juízo, para que se verifique se atuou a contento. A determinação é do próprio juízo, de ofício ou a requerimento do Ministério Público, e não haverá ação autônoma, mas mero incidente em apenso. Daí por que as contas não serão julgadas por sentença, mas por decisão interlocutória agravável, não havendo necessidade de distribuição, por tratar-se de incidente processual. Se o administrador não restituir o saldo em favor daquele que teve os bens administrados, serão aplicáveis as sanções do parágrafo único, podendo o juiz destituí-lo, sequestrar-lhe os bens sob sua guarda e glosar o prêmio ou gratificação a que teria direito.

Pode acontecer que, independentemente da prestação de contas por determinação do juízo, um dos interessados queira exigir contas daquele que administrou seus bens. É comum, por exemplo, que os herdeiros queiram que o inventariante preste contas de sua gestão. O interessado poderá ajuizar uma ação autônoma de prestação de contas, que será distribuída por dependência à vara em que corre ou correu o processo principal. Nela, o réu será citado e o procedimento a ser observado será o dos arts. 550 e s. do CPC. Não se está aqui diante de um mero incidente, de cunho administrativo, mas de verdadeira ação de exigir contas.

Após a distribuição por dependência, os autos serão autuados em apenso aos do processo principal. A razão para a distribuição por dependência é que o juízo em que correu a causa principal é o que está mais bem aparelhado para analisar as contas, visto que tem a sua disposição o processo em que o encargo se constituiu.

3. AÇÕES POSSESSÓRIAS

3.1. Introdução

3.1.1. O problema da posse

Não contém o Código Civil brasileiro uma definição de *posse*, mas de *possuidor*. O art. 1.196 considera *possuidor* "todo aquele que tem de fato o exercício, pleno ou não, de algum dos poderes inerentes à propriedade".

A posse não se confunde com a propriedade, mas é protegida como uma exteriorização dela, o que evidencia o acolhimento, entre nós, da teoria objetiva da posse, desenvolvida por Rudolf von Jhering. Esse jurista "parte da observação de que, na linguagem popular, confundem-se os conceitos de posse e propriedade, para concluir que 'posse e propriedade se confundem em sua manifestação exterior na vida (...). Normalmente, o possuidor de uma coisa é, ao mesmo tempo, o seu proprietário'"[22]. Conclui que o correlato do poder jurídico da propriedade no mundo fático é a posse, e não a detenção, como supunham os subjetivistas. "A posse é a peculiar forma de exercício fático da propriedade. 'A propriedade sem a posse seria o mesmo que um tesouro sem a chave que o abrisse, uma árvore frutífera sem a escada necessária à colheita de seus frutos. A utilização econômica consiste, de acordo com a diferente natureza das coisas, em *uti, frui, consumere*... Resulta que retirar a posse é paralisar a propriedade, e que é um postulado absoluto da ideia de propriedade o direito a uma proteção jurídica contra o desapossamento. Não pode existir a propriedade sem essa proteção, sendo, pois, desnecessário buscar outro fundamento da proteção possessória: resulta da propriedade'"[23].

Com a posse não se confundem outros institutos que possam ter alguma semelhança. Não se há de confundir *posse* com *detenção*, nem com propriedade.

3.1.2. Posse e detenção

É de grande relevância que se possa distinguir com clareza os fenômenos da posse e da detenção, pois só a primeira é protegida. O possuidor pode valer-se dos interditos possessórios, usucapir, fazer seus os frutos colhidos enquanto estava de boa-fé, e haver indenização por benfeitorias, na forma da lei civil. O detentor não recebe a mesma proteção. Daí a

---

22. Rudolf von Jhering, *A teoria simplificada da posse*, p. 49.
23. Rudolf von Jhering, *A teoria*, cit., p. 53.

necessidade de que fiquem aclarados os lindes que distinguem os institutos.

Duas foram as teorias possessórias mais importantes que, surgidas no século XIX, permitiram distinguir com precisão os dois fenômenos. A primeira foi a teoria subjetiva da posse, sistematizada pelo jurista alemão Frederico Carlos de Savigny.

Para ele, a posse seria constituída por dois elementos indispensáveis. Partia-se da ideia de apreensão física da coisa (*corpus*), à qual se acrescentava um elemento subjetivo, denominado *animus*, a crença do possuidor, em sua condição de proprietário. Só teria posse aquele que, além da detenção física da coisa, acreditasse ser proprietário.

Desprovida do *animus*, a apreensão física da coisa constituía mera detenção, sem proteção legal. A teoria de Savigny permite distinguir *posse* de *detenção*. E o faz com base na existência ou não do elemento subjetivo, o *animus*. Se o agente tem apenas contato físico com a coisa, sem o elemento subjetivo, é detentor. Se a esse contato é acrescentado o *animus*, é possuidor.

Duas críticas foram formuladas a essa teoria. A primeira é que toda a distinção entre posse e detenção resultava da existência ou não do *animus*, elemento que, por subjetivo, é sempre de muito difícil verificação. E a segunda é que, a exigir-se que o tenedor tivesse a intenção de proprietário, que se acreditasse titular dessa condição, ficariam muito reduzidas as situações de posse. O locatário, por exemplo, não seria possuidor, pois tem ciência de sua condição, e sabe que não é titular do domínio.

Feitas essas críticas, Jhering propôs uma nova concepção de posse, e de sua distinção com a detenção. Para ele não há diferenças de natureza ou de estrutura entre uma e outra. Ambas constituem o poder de fato sobre a coisa, sem a necessidade de *animus* que as distinga. O que permite distinguir posse de detenção é a existência de uma norma jurídica que desqualifique o poder de fato sobre a coisa, considerando-o mera detenção.

Aquele que tem poder de fato sobre a coisa, isto é, a possibilidade de explorá-la economicamente, e de influir sobre ela, em princípio, tem posse. No entanto, pode a lei desqualificar esse poder de fato, considerando-o mera detenção. Não é possível distingui-las senão pelo exame da lei, quando será possível identificar as situações em que o agente tem poder de fato sobre a coisa (deveria ter, portanto, posse), mas que a lei considera como de mera detenção.

Pode o legislador, a seu critério, desqualificar certas situações em que o agente tem poder de fato sobre a coisa, atribuindo-lhe apenas detenção, que, para a teoria objetiva, é excepcional. A regra é que a exteriorização do domínio (poder de fato sobre a coisa) gere posse. Pode o legislador prever o contrário, desqualificando-a para detenção.

Os dois exemplos fundamentais de detenção mencionados no Código Civil estão nos arts. 1.198 e 1.208. Neles, descreve-se uma situação em que o agente tem poder de fato sobre a coisa, deveria ter posse, mas, por opção legislativa, houve desqualificação para detenção. Aquele que se encontra na situação desses dois dispositivos não se considerará possuidor, embora em tudo se pareça com ele. Não poderá valer-se das ações possessórias, nem usucapir, nem conseguir outro efeito qualquer que a lei atribua à posse.

3.1.3. Posse e propriedade

Em princípio, parte-se da ideia de que quem tem posse tem também propriedade, e se protege aquela como forma mais rápida de assegurar esta. Apesar disso, a posse adquiriu autonomia, e passou a ser protegida por si mesma, e até contra o proprietário. À posse que corresponde o direito real de propriedade dá-se o nome de *jus possidendi*, e àquela que se protege por si mesma, sem qualquer relação com o domínio, de *jus possessionis*.

A posse é protegida, mesmo que o seu titular não seja o proprietário, e até mesmo contra este.

Em princípio, a posse foi protegida como exteriorização do domínio. No entanto, dele se diferenciou e adquiriu autonomia, passando a ser protegida até contra o proprietário.

Daí a necessidade de fazer-se a distinção entre o juízo possessório e o petitório ou dominial. Em ambos, o que se busca é reaver o bem, mas há uma diferença substancial entre as razões invocadas para isso. Aquele que pretende recuperar o bem invocando, exclusivamente, sua qualidade de possuidor, e o fato de ter sido esbulhado, turbado ou ameaçado, deve valer-se do interdito possessório. Quem, por sua vez, pretende reaver o bem, com fundamento no fato de ser o seu proprietário, deve valer-se do juízo dominial ou petitório, ajuizando ação reivindicatória ou a de imissão de posse, espécie de reivindicatória ajuizada pelo adquirente de um bem em face do alienante para haver-lhe a posse. Trata-se de ação de natureza petitória e cunho dominial, porque o adquirente procura receber a coisa não com fundamento na posse, mas no domínio adquirido.

É grande a preocupação do legislador em não permitir que os dois juízos – o petitório e o possessório – se misturem. Desde que utilizada a via possessória, a questão da propriedade torna-se irrelevante, prescindindo-se de qualquer alegação a respeito, porque a posse é protegida por si mesma. A petitória permite ao agente reaver a posse de um bem, com base na titularidade do domínio (*jus possidendi*).

Se um é o possuidor e outro o proprietário, este acabará vencendo. Para tanto, é preciso que ajuíze uma ação reivindicatória em face daquele que tenha a coisa, levando a discussão para o campo dominial. Se procurar reavê-la por via irregular, fazendo uso de força, sem respeitar a posse do adversário, este poderá defender-se, pela via possessória, na qual será irrelevante que o proprietário invoque sua qualidade. O possuidor turbado ou ameaçado pode valer-se das ações possessórias, mesmo que o autor da agressão seja o proprietário da coisa. Este tem o direito de reavê-la pelas vias legais, com o ajuizamento de ação petitória, não o podendo fazer pelo emprego de força.

3.1.4. Natureza jurídica da posse

Muito se discutiu a respeito da natureza jurídica da posse, não sendo este o local apropriado para fazer um histórico de tais debates. Mas sempre se disputou se seria pessoal ou real. A questão é relevante, embora fosse mais própria em obra de direito material. Importante traçar algumas considerações a respeito do assunto, porque há repercussões processuais conforme a escolha feita.

Parece-nos que a posse se aproxima mais dos direitos pessoais do que dos reais. Primeiro porque ela não foi incluída pelo legislador no rol do art. 1.225 do Código Civil. Os direitos reais são enumerados de forma taxativa pela lei, e a posse não foi mencionada. Esse argumento, porém, não seria suficiente. Mas há também o fato de que a posse não tem eficácia *erga omnes* como os direitos reais. Uma das características mais essenciais dessa espécie de direito é seu caráter absoluto, que permite ao titular reaver a coisa de quem quer com ela esteja injustamente.

O mesmo poder não é dado ao possuidor, que não pode recuperar a coisa de terceiro de boa-fé. É o que decorre da leitura, *a contrario sensu*, do disposto no art. 1.212 do Código Civil: "O possuidor pode intentar a ação de esbulho, ou a de indenização, contra o terceiro, que recebeu a coisa esbulhada, sabendo que o era". Se o terceiro ignorar o vício que lhe impede a aquisição da coisa, não poderá ser demandado na via possessória. O direito de sequela do possuidor não é pleno, como é o do proprietário e dos titulares de direitos reais, de maneira geral.

A natureza da posse tem relevância processual. Se real, na demanda em que se a discute, e que verse sobre bem imóvel, exige-se outorga uxória ou marital, e a competência é do foro de situação da coisa. O legislador processual posicionou-se, de forma expressa, a respeito das duas questões.

Quanto à outorga uxória, a lei a dispensa nas ações possessórias. É o que dispõe o art. 73, § 2º, do CPC: "Nas ações possessórias, a participação do cônjuge do autor ou do réu somente é indispensável nas hipóteses de composse ou de ato por ambos praticado". Não há necessidade de autorização do outro cônjuge ou companheiro para o ajuizamento de ação possessória, salvo se compossuidor. Se um terreno é invadido por pessoa casada, basta o ajuizamento de ação de reintegração de posse em face dele, sendo desnecessário incluir sua esposa no polo passivo, salvo se ela também tiver participado da invasão. Nesse aspecto, o legislador considerou as ações possessórias como de natureza pessoal, pois do contrário obrigaria a que fosse apresentada a outorga uxória no polo ativo da ação, ou que se formasse o litisconsórcio necessário no passivo, na forma do art. 73, *caput* e § 1º.

Quanto à competência, vigora a regra de que as ações possessórias de bens imóveis sejam aforadas no foro de situação da coisa (CPC, art. 47, § 2º), no que elas se assemelham às ações reais, porque as pessoais devem, em regra, ser aforadas no foro do domicílio do réu.

3.1.5. *Classificação da posse*

Algumas das várias classificações podem facilitar a compreensão dos interditos possessórios; por essa razão, mencionaremos as mais importantes.

Distingue o legislador entre posse direta e indireta. De acordo com o art. 1.197 do Código Civil, "A posse direta, de pessoa que tem a coisa em seu poder, temporariamente, em virtude de direito pessoal, ou real, não anula a indireta, de quem aquele foi havida, podendo o possuidor direto defender a sua posse contra o indireto".

A posse é um fenômeno desmembrável, e a direta e a indireta são os frutos dessa divisão, provocada por um contrato ou direito real sobre coisa alheia, pelo qual haja a entrega temporária de um bem, como ocorre, por exemplo, com a locação, o comodato e o usufruto. Sempre que, por força de uma coisa ou outra, um bem, móvel ou imóvel, for transferido em caráter provisório a outrem, a posse se desmembrará: aquele que o receber terá posse direta; e o que o entregar, a indireta. Ambos são possuidores e poderão valer-se dos interditos possessórios, até mesmo contra o outro. Pode o locatário ou usufrutuário valer-se de proteção possessória contra o locador ou nu-proprietário, se estes não respeitaram os direitos que aqueles têm sobre a coisa.

É possível que haja vários desmembramentos sucessivos da posse. Imagine-se que o proprietário de um bem o entregue em usufruto a outrem. O usufrutuário o dá em locação, e o inquilino o subloca. O último integrante da cadeia, aquele que tem a coisa efetivamente consigo, será possuidor direto. Todos os demais serão indiretos, e ambos poderão valer-se dos interditos, contra terceiros que violem a posse.

Outra classificação, talvez a mais importante para os interditos, é a que distingue entre posse justa e injusta. De acordo com o art. 1.200 do Código Civil, "É justa a posse que não for violenta, clandestina ou precária".

Houve por bem o legislador enumerar os vícios da posse: violência, clandestinidade e precariedade. Esse rol não esgota as hipóteses em que a posse é injusta. Há casos de esbulho em que não se consegue classificar o vício entre os do art. 1.200. Imagine-se que alguém invada terreno alheio sem emprego de força ou grave ameaça, e sem ocultar-se. Não se enquadra essa situação entre aquelas mencionadas no art. 1.200. No entanto, é inegável que essa posse é injusta, porque obtida por meios ilegítimos. Melhor seria que a lei brasileira tivesse se inspirado na alemã, que não enumerou os vícios da posse. Dispõe o § 858 do BGB: "Quem, sem a vontade do possuidor, privá-lo da sua posse ou perturbá-lo na sua posse, procederá sempre que a lei não permitir a privação ou perturbação, antijuridicamente (força própria proibida). A posse obtida por força própria proibida é viciosa"[24].

A violência que vicia a posse consiste no emprego de força ou grave ameaça para haver a coisa. A clandestinidade é a sua obtenção às ocultas, às escondidas, com manobras tendentes a afastá-las das vistas alheias. E a precariedade existe quando há inversão da *causa possessionis*, quando alguém recebe determinada coisa com a obrigação de restituí-la e, no momento oportuno, recusa-se injustamente a fazê-lo. Há, portanto, abuso de confiança. O agente inverte seu *animus*, e passa a possuir como se dono fosse. Só a partir de então é que a posse passa a precária, não antes. Enquanto ele permanece na intenção de devolvê-la, sua posse é justa, mas passa a precária quando há a recusa inequívoca na restituição.

Uma característica fundamental dos vícios é seu caráter relativo. Uma posse pode ser justa em relação a alguém e injusta em relação a outrem. Por exemplo: se *A* tem um terreno que é esbulhado por *B*, a posse deste será injusta em relação à daquele. Mas, estando *B* já na coisa, se *C* tentar esbulhá-lo, será justa a posse daquele, e injusta a deste. No primeiro caso, *B* é o agressor, e no segundo, é vítima. Por isso, no primeiro sua posse é injusta, embora seja justa no segundo.

Isso é de suma importância para o julgamento das ações possessórias. O juiz deverá verificar se está ou não provado que a posse do réu é injusta em relação à do autor. Se for, a possessória será procedente; se não, improcedente. É do autor o ônus da prova de que a posse do réu é injusta em relação à sua.

Uma última classificação relevante da posse é a que distingue entre a de boa e de má-fé. Na verdade, quem está de boa ou má-fé não é a posse, mas o possuidor.

---

24. Código Civil alemão traduzido por Souza Diniz.

De acordo com o art. 1.201 do Código Civil, "É de boa-fé a posse, se o possuidor ignora o vício, ou o obstáculo que impede a aquisição da coisa", isto é, se ele desconhece que sua posse é viciosa. Imagine-se, por exemplo, que *B* esbulhou *A*. A posse de *B* será injusta (porque ele perpetrou o esbulho) e de má-fé (porque ele sabe que a coisa foi obtida injustamente). Mas, se *B* transferir a coisa para *C*, caberá verificar-lhe a boa ou má-fé. Estará de boa-fé se ignorar como a coisa chegou às mãos de seu antecessor, supondo que foi por meios lícitos. E de má-fé quando sabia dos vícios da posse do antecessor.

Essa distinção é de grande importância para os interditos possessórios, por força do que dispõe o art. 1.212 do Código Civil: "O possuidor pode intentar a ação de esbulho, ou a de indenização, contra o terceiro, que recebeu a coisa esbulhada sabendo que o era". À vítima de esbulho só será possível ajuizar, com êxito, ação possessória contra o terceiro que a recebeu de má-fé (a má ou boa-fé deve ser aferida, neste caso, no momento em que a coisa foi transferida ao terceiro). Se o esbulhador, que tem posse injusta, transfere a coisa a um terceiro que sabe dos vícios da posse (de má-fé), ele a receberá com a mesma natureza que a anterior. Será, portanto, injusta. Mas, se o terceiro estiver de boa-fé, a injustiça da posse não se lhe transmite, e a vítima não poderá ajuizar em face dele a ação possessória, com êxito. A ela caberá a opção entre valer-se da via petitória, se for titular de direito real sobre o bem, ou da reparação de danos em face do esbulhador.

3.1.6. Proteção possessória

A lei civil atribui àquele cuja posse está sendo agredida duas formas de defender-se. A autotutela e a heterotutela (ações possessórias).

A primeira vem tratada no art. 1.210, § 1º, do Código Civil: "O possuidor turbado, ou esbulhado, poderá manter-se ou restituir-se por sua própria força, contanto que o faça logo; os atos de defesa, ou de desforço, não podem ir além do indispensável à manutenção, ou restituição da posse".

Em regra, não se permite às pessoas que têm um direito ameaçado ou violado a justiça com as próprias mãos. Há muito o Estado assumiu para si, em caráter de exclusividade, o poder-dever de solucionar os conflitos de interesses, aplicando a lei ao caso concreto. Mas, como ele não é onipresente, há casos, reconhecidos pelo legislador, em que poderá o jurisdicionado defender-se com as próprias mãos, já que seria inexigível aguardar a intervenção estatal. O exemplo mais conhecido é a legítima defesa da pessoa, tratada no Código Penal.

O Código Civil permite a autotutela da posse. O art. 1.210, § 1º, contém duas situações, que devem ser diferenciadas. Ele trata da hipótese de a posse estar sendo agredida, ou na iminência de o ser, autorizando o possuidor a defendê-la por sua própria força. Trata-se da "legítima defesa da posse", que é idêntica à da pessoa, do Código Penal. Exige-se uma agressão atual ou iminente, e injusta, e que a vítima se defenda, fazendo uso moderado dos meios necessários.

Mas o Código Civil vai além, autorizando aquele que perdeu a coisa a reavê-la, por sua própria força, contanto que o faça logo. Essa situação não pode ser qualificada como legítima defesa, porque nela o possuidor já perdeu a posse, e a agressão já cessou. Não é mais atual ou iminente, como se exige para a legítima defesa, mas pretérita. Ainda assim, permite-se que o possuidor recupere a coisa por sua própria força, contanto que o faça logo. Essa situação denomina-se "desforço imediato", e exige que a intervenção do possuidor se faça logo, no calor dos acontecimentos. Estão legitimados para a autotutela os possuidores, diretos e indiretos. Admite-se, ainda, que dela faça uso o servidor ou fâmulo da posse, isto é, aquele que tem a coisa consigo numa relação de dependência para com outro, conservando a posse em nome dele e em cumprimento de ordens ou instruções suas. É o caso de um caseiro de sítio, ou de um empregado, em relação a seus instrumentos de trabalho. Apesar de não ser possuidor (CC, art. 1.198), reconhece-se que ele possa fazer uso da autotutela: "Não se pode negar ao servidor da posse a possibilidade de fazer uso da autotutela, embora seja ele mero detentor, nos termos do art. 487, do Código Civil. A justificativa encontra-se na relação de subordinação e dependência do servidor da posse, para com o possuidor, o que faz com que a defesa da coisa se encontre entre as funções do servidor. O servidor age como lhe determina o possuidor. E é de se presumir que o possuidor determine que posse da coisa seja protegida contra atos ilícitos"[25].

---

25. Marcus Vinicius Rios Gonçalves, *Vícios da posse*, p. 64.

Não sendo mais possível fazer uso da autotutela, pode o possuidor defender a coisa por meio da heterotutela, isto é, das ações possessórias.

3.1.7. Ações possessórias e afins

O CPC menciona apenas três ações, ou interditos possessórios: a de reintegração de posse, a de manutenção de posse e o interdito proibitório, que devem ser utilizados em caso de esbulho, turbação ou ameaça à posse, respectivamente. Apenas essas podem ser qualificadas como tal, porque nelas se procura reaver a posse de um bem com base no fato de o requerente ter, ou ter tido, posse que foi perdida, ou está sendo violada ou ameaçada.

Há outras ações que, com frequência, são confundidas com a possessória, mas que têm natureza distinta, e que com elas não se confundem. Entre outros, podem ser mencionados os seguintes exemplos:

a) Ação de imissão de posse. Trata-se de ação petitória, ou dominial, ajuizada por quem adquiriu a coisa para havê-la do alienante. Seu fundamento não é a posse, como nos interditos possessórios. Ao contrário, o autor da imissão de posse nunca a teve, e quer ingressar na coisa, pela primeira vez, por ter se tornado titular da propriedade. A imissão de posse nada mais é que uma espécie de reivindicatória, em que o adquirente postula em face do alienante a posse da coisa, por ter-se tornado seu atual proprietário. Quando há um contrato de compra e venda, o comprador adquire a propriedade da coisa, mas não necessariamente a posse, daí por que não pode valer-se da ação possessória. Mas, como a posse pode ser transmitida apenas por documentos (posse civil), é admissível que, no contrato de compra e venda, as partes façam inserir uma cláusula pela qual fica transferida também a posse da coisa. Trata-se da cláusula *constituti*, pela qual o vendedor transfere ao comprador a posse civil da coisa, ainda que não haja a efetiva entrega do bem. Nesse caso, o adquirente poderá valer-se da ação possessória para ingressar na coisa, pois a posse civil lhe foi transferida. Nesse sentido, já foi decidido: "A posse pode ser transmitida por via contratual antes da alienação do domínio e, depois desta, pelo constituto possessório, que se tem por expresso na respectiva escritura em que a mesma é transmitida ao adquirente da propriedade imóvel, de modo a legitimar, de logo, para o uso dos interditos possessórios, o novo titular do domínio, até mesmo em face do alienante, que continua a deter o imóvel, mas em nome de quem o adquiriu" (*RSTJ*, *36*:473).

b) Ação reivindicatória. É a ação petitória por excelência, em que o proprietário procura reaver a coisa de quem quer que com ela esteja injustamente. Tem em comum com a possessória o desejo de reaver a posse do bem. Mas os fundamentos de ambas são diferentes. Enquanto na possessória se busca reaver o bem com fulcro na posse mesma, que foi esbulhada, turbada ou ameaçada, na reivindicatória o autor postula de volta a coisa com fundamento em seu direito de propriedade.

c) Ação de nunciação de obra nova. É atribuída ao proprietário ou ao possuidor. Sua finalidade é muito distinta da dos interditos possessórios, pois não busca reaver a coisa, mas impedir a realização de obra nova em imóvel vizinho que seja prejudicial, ou em condomínio, ou que viole as posturas da Administração Pública. Não há como considerá-la possessória, pois não está fundada na posse, nem tem por objeto sua recuperação.

d) Ação de embargos de terceiro. É aquela que mais se aproxima dos interditos possessórios. Visa a permitir que quem não é parte em processo recupere a posse que lhe foi tirada, por força de determinação nele proferida. Não pode ser considerada possessória, porque não é atribuída apenas aos possuidores, mas também aos proprietários da coisa. Daí falar-se em embargos de terceiro senhor ou possuidor. E porque não decorre de uma agressão ilícita à posse, mas de um ato de apreensão judicial, que atingiu o bem do terceiro, visando seu desfazimento.

3.2. Ações possessórias

São apenas três: a reintegração de posse, adequada em caso de esbulho; manutenção de posse, em caso de turbação, e a do interdito proibitório, quando houver ameaça. Não se pode confundir *interditos possessórios*, expressão equivalente a ações possessórias, o gênero, com *interdito proibitório*, uma das espécies.

É preciso distinguir ameaça, turbação e esbulho. Na primeira ainda não há atos concretos de agressão à posse. Ela ainda não se consumou, mas existe um fundamento sério para que ocorra. A ameaça tem de ser tal que incuta na vítima o temor de que possa vir a concretizar-se. Na turbação já existem atos concretos de agressão, mas a vítima ainda não foi desapossada. Se um potencial invasor, acompanhado de várias pessoas, todas elas munidas de armas, posta-se na vizinhança do imóvel, e, por sua atitude, deixa entrever a intenção de invadir, haverá ameaça. Mas, se tais pessoas derrubarem a cerca, ou postarem-se na frente do portão, dificultando o ingresso, haverá turbação. Ocorrerá o esbulho quando a vítima for desapossada do bem. É o que ocorre se o imóvel foi invadido e a vítima expulsa, ou se o agressor se posta na entrada do imóvel e não permite mais que ela ingresse.

Nem sempre é fácil distinguir turbação de esbulho. Há casos que ficam em uma zona cinzenta. Imagine-se, por exemplo, que houve invasão de pequena parte de um imóvel alheio, sem que do restante o antigo possuidor fosse expulso. Sendo mínima a parte invadida, terá havido turbação ou esbulho? O legislador civil não estabeleceu com precisão quais os limites de um e outro. Há casos em que evidente o esbulho, outros em que clara a turbação. Mas nem sempre essa distinção será tão fácil. A solução é dada pela fungibilidade dos interditos, que será estudada no capítulo seguinte.

3.3. Peculiaridades das ações possessórias

3.3.1. Fungibilidade

Cada uma das ações possessórias deve ser manejada de acordo com o tipo de agressão que a posse sofreu. A reintegração de posse será a adequada em caso de esbulho; a manutenção, quando houver turbação, e o interdito proibitório, em caso de ameaça. Mas nem sempre é fácil distinguir cada um dos vícios. Pode haver dúvida para classificar um ato como esbulho ou turbação, esta ou ameaça, e até entre ameaça e esbulho. Por exemplo, se a ameaça incutir tamanho temor à vítima que ela se vê obrigada a abandonar o imóvel, haverá a dúvida sobre a natureza da agressão.

Como o direito material não fornece critérios precisos para distinguir, com segurança, entre as diversas formas de violação à posse, o legislador processual valeu-se do princípio da fungibilidade das ações possessórias.

A fungibilidade foi tomada de empréstimo pelo legislador processual ao civil. No direito civil, são fungíveis os bens que podem ser substituídos por outros do mesmo gênero e quantidade. No processo, é aplicada para amenizar a regra de que o juiz fica adstrito, no julgamento, àquilo que foi pedido, não podendo julgar nem a mais nem além.

Vale-se o legislador da fungibilidade não apenas em relação às ações possessórias, mas também aos recursos e às tutelas provisórias. Em todos eles há um elemento comum: a possibilidade de haver dúvidas do julgador e do jurisdicionado a respeito de qual a medida mais adequada para a situação. Admite-se, por exemplo, a fungibilidade entre apelação e agravo de instrumento, porque continuam existindo atos judiciais sobre cuja natureza paira dúvida objetiva, havendo aqueles que os consideram como sentença e outros que os qualificam como decisão interlocutória. Há fungibilidade entre tutelas provisórias porque em muitos casos haverá dúvida sobre qual a medida protetiva mais adequada.

É essa mesma razão que justifica sejam fungíveis entre si as ações possessórias: a dúvida a respeito de qual o tipo de agressão que a posse sofreu, se esbulho, turbação, ou ameaça, e de qual a ação apropriada.

Com a fungibilidade, o juiz pode julgar uma ação possessória pela outra, sem que sua sentença seja tida por *extra petita*. Imagine-se que *A* teve uma pequena porção de seu terreno invadida por *B*. Ele entendeu que tinha sofrido uma turbação, não um esbulho, e, por isso, ajuizou ação de manutenção de posse. O juiz da causa entende o contrário. Basta-lhe conceder a reintegração de posse, embora tenha sido postulada apenas a manutenção. Nem por isso sua sentença será considerada *extra petita*, pois as possessórias são fungíveis entre si. Mas, para que se aplique a fungibilidade, é necessário que não haja erro grosseiro, inescusável.

Ela pode ser usada ainda em outra situação. Imagine-se que, no momento da propositura da demanda, o invasor se tenha limitado a derrubar a cerca do imóvel da vítima. Isso constitui turbação. A vítima ajuíza ação de manutenção de posse. Posteriormente o invasor consuma seu intento, e toma o imóvel da vítima. Bastará que ela comunique o fato ao juízo, para que ele conceda, ao final, a reintegração de posse. Tal comunicação poderá ser feita até a sentença.

Não se exige o aditamento da petição inicial, nem a conversão de uma ação em outra. Basta que o juiz conceda a medida possessória que lhe pareça a mais pertinente.

O princípio da fungibilidade vem tratado no art. 554 do CPC, que assim dispõe: "A propositura de uma ação possessória em vez da outra não obstará a que o juiz conheça do pedido e outorgue a proteção legal correspondente àquela cujos pressupostos estejam comprovados". Mas a fungibilidade restringe-se às ações possessórias entre si. Não há entre a ação possessória e a ação reivindicatória, ou de imissão de posse.

3.3.2. Cumulação de demandas

Outra particularidade das ações possessórias vem mencionada no art. 555 do CPC: "É lícito ao autor cumular ao pedido possessório o de: I – condenação em perdas e danos; II – indenização dos frutos". Acrescenta o parágrafo único: "Pode o autor requerer, ainda, imposição de medida necessária e adequada para: I – evitar nova turbação ou esbulho; II – cumprir-se a tutela provisória ou final".

O art. 327 permite a cumulação de pedidos, desde que preenchidos os requisitos. A peculiaridade das possessórias é que os pedidos mencionados no art. 555 podem ser cumulados, sem que haja prejuízo ao procedimento especial e à concessão da liminar.

Também outros pedidos podem ser, em princípio, cumulados, desde que se observe o procedimento comum. Isso, *a priori*, também não obsta o emprego de técnicas processuais diferenciadas, desde que não haja incompatibilidade com o procedimento comum (art. 327, § 2º, do CPC).

Tem prevalecido o entendimento de que se o contrato de aquisição do bem ou de compromisso de compra e venda continha cláusula resolutória expressa, não há necessidade de postular-se expressamente, como pedido cumulado, a rescisão do contrato. Nesse sentido, decidiu o STF, conforme noticia Theotonio Negrão: "Havendo cláusula resolutória expressa, pode o promitente vendedor propor ação de reintegração de posse, independentemente da propositura, prévia ou concomitante da ação de rescisão do contrato, pois o pedido de rescisão, no caso, é implícito" (STF, *RTJ*, 72:87, 74:449, 83:401)"[26].

---

26. Theotonio Negrão, *Código*, cit., nota 2 ao art. 926.

A cumulação autorizada no art. 555 não é automática, nem implícita: é preciso que o autor formule, expressamente, na petição inicial, os requerimentos de reparação de danos, indenização dos frutos e imposição das medidas previstas no parágrafo único.

A indenização consistirá nos danos emergentes e lucros cessantes que advierem da agressão à posse. Eles devem ficar demonstrados no curso da demanda, não se podendo remeter sua apreciação para futura liquidação ou execução. Passível de ser apurado posteriormente é apenas o *quantum debeatur*.

As perdas e danos devem ser as que decorrem da ofensa à posse. Por exemplo, da destruição de objetos, enquanto perdurou a invasão, ou da impossibilidade de o possuidor esbulhado fazer uso da coisa, enquanto tomada pelo invasor.

A indenização pelos frutos será devida, salvo se o réu demonstrar que estava de boa-fé, já que o possuidor de boa-fé faz seus os frutos colhidos. De qualquer sorte, desde o momento em que citado na ação possessória, o réu não poderá mais alegar boa-fé, e deverá restituir os frutos do imóvel, colhidos a partir daí.

Pode o autor postular a cominação de pena para o caso de nova ofensa à posse. No caso de interdito proibitório, é o pedido essencial, pois o temor de quem o ajuíza é de que a ameaça se convole em ofensa concreta à posse. O autor não pedirá que se lhe restitua a coisa, ou que sua posse seja preservada, porque ela ainda não sofreu nenhuma agressão concreta. Pedirá apenas a fixação de uma multa, suficientemente atemorizadora para demover o réu de sua intenção de perpetrar a ofensa.

Nas ações de reintegração e de manutenção de posse também é possível pedir a multa, não em virtude da agressão, que já ocorreu, e sim para evitar que ela se repita. A multa não é o pedido principal, mas apenas acidental.

Ela tem como fato gerador um evento futuro, a ofensa à posse, em caso de interdito proibitório, ou a nova ofensa, em caso de manutenção ou reintegração. Além de futuro, incerto, porque não se sabe se ele ocorrerá.

Cumpre saber como cobrar essa multa caso se verifique o fato gerador. A pena é fixada na sentença que julga a ação possessória. Transitada em julgado, e tendo o réu perpetrado ou reincidido na ofensa, discute-se se a pena pode ser executada diretamente, nos mesmos autos, ou se é preciso ajuizar um processo de conhecimento autônomo. A questão é tormentosa, porque se trata de nova ofensa à posse, distinta da que havia ocorrido anteriormente.

Parece-nos que seria demasiado penoso para a vítima ajuizar nova ação de conhecimento, para demonstrar que sua posse foi violada, como condição para poder cobrar a multa. A solução há de ser mais simples, e pode ser encontrada no art. 514 do CPC, que assim estabelece: "Quando o juiz decidir relação jurídica sujeita a condição ou termo, o cumprimento da sentença dependerá de demonstração de que se realizou a condição ou de que ocorreu o termo".

A sentença que estabelece pena para o caso de descumprimento do preceito é daquelas cujo cumprimento depende do implemento de uma condição. Sendo assim, permite a execução nos próprios autos, desde que ela seja implementada. A prova deve acompanhar o requerimento de cumprimento de sentença, o que produzirá outra dificuldade, pois a demonstração da existência de um novo esbulho ou turbação dificilmente é feita por documentos, mas por testemunhas ou perícia, inadmissíveis no bojo da fase de execução.

Mas, se for possível demonstrar, por documentos, a existência da ofensa à posse, nada obsta a que a execução da multa seja feita nos mesmos autos, na forma do art. 514 do CPC. Se necessária a produção de prova testemunhal ou pericial, será preciso o ajuizamento de uma nova ação de conhecimento, para cobrança da multa.

Caso haja uma segunda ofensa à posse, cumpre verificar se é necessária nova ação possessória, para postular a reintegração ou manutenção da posse. É lícito ao autor requerer a fixação de pena para o caso de nova ofensa à posse. Mas, em ela se verificando, discute-se se é necessário ajuizar nova ação.

Parece-nos que isso não será necessário. Julgada procedente, com trânsito em julgado, e cumprido o mandado de reintegração de posse, a prática de outro esbulho, pelo mesmo ofensor, configurará descumprimento da sentença anterior, bastando ao interessado que solicite o revigoramento do mandado, sem prejuízo da incidência da multa que tenha sido fixada.

3.3.3. *Natureza dúplice*

De maneira geral, na contestação, não pode o réu formular pedidos, senão a improcedência, de natureza declaratória negativa. Não é essa a sede apropriada para outros. Se o réu pretende formular pedidos diante do autor, deve valer-se da reconvenção.

A lei permite ao réu, em certas ações, formular pedidos em face do autor, sem reconvir. A contestação deixa de ser unicamente peça de defesa, e torna-se sede de pedidos, do réu contra o autor.

Quando isso é permitido, diz-se que as ações são dúplices. Permite o art. 556 do CPC, ao réu, "na contestação, alegando que foi o ofendido em sua posse, demandar a proteção possessória e a indenização pelos prejuízos resultantes da turbação ou do esbulho cometido pelo autor".

Esse dispositivo evidencia a natureza dúplice da ação possessória. Outras há, em nosso ordenamento, que têm idêntica natureza: a de exigir contas, as que correm no Juizado Especial Cível, as de consignação em pagamento de alugueres, entre outras.

Cumpre ao juiz da ação possessória examinar com cautela redobrada a contestação, porque, além de ela trazer a defesa, poderá conter pedidos do réu contra o autor, que deverão ser apreciados. Imaginem-se, por exemplo, dois imóveis lindeiros, e que haja dúvida a respeito dos limites exatos das divisas entre ambos. Um dos possuidores, acreditando que a divisa está em determinado ponto, pensa que o réu está invadindo seu terreno e ajuíza, em face dele, ação possessória. O outro, a seu turno, acredita que a divisa está em outro local, e que o invasor é a parte contrária. Não há necessidade de que ele reconvenha para postular para si a proteção possessória. Basta que, na própria contestação, o requeira.

Esse caráter dúplice permitirá ao réu formular os mesmos pedidos que o autor poderia fazer na petição inicial, sem prejuízo do procedimento especial: além do possessório, o de reparação de danos, indenização por frutos e as medidas previstas no parágrafo único do art. 555. Não haverá interesse para o réu reconvir, alegando tais matérias, bastando que ele as traga na própria contestação.

As possessórias não são intrinsecamente dúplices, como prestação de contas, porque é necessário que o réu, expressamente, formule os pedidos em face do autor. Eles não são implícitos.

Não será lícito ao réu pedir liminar na contestação. Como ensina Joel Dias Figueira Junior, a natureza dúplice das possessórias "encontra uma limitação intransponível, de ordem fática e instrumental, com reflexos sociopolíticos, consistente na impossibilidade de deferimento de liminar possessória ao réu, em qualquer das ações interditais típicas. Esse obstáculo exsurge fundamentalmente por duas razões: ou a contratutela é desnecessária, porque a liminar foi negada ao autor, no caso de reintegração de posse, permanecendo o bem em poder do réu, resultando, via de consequência, na falta de interesse processual, ou, nos demais casos, por impossibilidade procedimental, senão vejamos. Se o autor obteve a tutela antecipatória, não poderá o réu, na mesma relação processual e em momento procedimental sucessivo, que é a contestação, pleitear e conseguir providência inversa, a qual, em outras palavras, significa revogação da medida anteriormente deferida por intermédio de mecanismo não habilitado à impugnação das decisões judiciais. Assim como não se admite a utilização de remédios cautelares para a obtenção de cassação de providência emergencial anteriormente concedida, por intermédio de outra liminar, pelos mesmos motivos não se pode permitir a contratutela antecipatória interdital, sob pena de resultar em inconciliáveis conflitos de decisões judiciais, que dariam azo à insegurança dos litigantes, diante das traumáticas modificações da situação fática, com reflexos de ordem socioeconômica e política, pelo descrédito dos jurisdicionados nas providências tomadas pelo Estado-juiz"[27].

Formulado pedido na contestação, sobre ele o autor será ouvido, sob pena de haver ofensa ao princípio do contraditório. Não há necessidade de que seja citado, pois já integra a relação processual, bastando que seja intimado a manifestar-se. Ao final, o juiz proferirá sentença única, na qual apreciará os pedidos do autor e do réu.

Não se exclui a possibilidade de reconvenção nas ações possessórias. O réu não terá interesse em ajuizá-las se pretender apenas formular, para si, pedido de natureza possessória, ou algum daqueles que o art. 555 do CPC permita que sejam cumulados. Mas, se pretender fazer outro tipo de pedido, deverá valer-se da reconvenção, desde que observados os requi-

---

27. Joel Dias Figueira Junior, *Liminares nas ações possessórias*, p. 262.

sitos do art. 343. Por exemplo, se o réu buscar uma rescisão de contrato, desde que esse pedido seja conexo com o da ação principal.

3.3.4. Exceção de domínio

No item 3.1.3, tratou-se da distinção entre posse e propriedade, e da necessidade de diferenciar o juízo possessório do petitório. Nos países que acolheram a teoria possessória de Jhering, em princípio a posse é protegida como exteriorização da propriedade. Mas se distingue dele, e recebe proteção própria, autônoma, até mesmo contra o proprietário.

O Código Civil de 1916 continha um dispositivo que foi fonte de muita controvérsia. Dizia o seu art. 505 que "não obsta à manutenção ou reintegração na posse, a alegação de domínio, ou de outro direito sobre a coisa. Não se deve, entretanto, julgar a posse em favor daquele a quem evidentemente não pertencer o domínio". Uma leitura atenta demonstra que as duas partes estão em franca contradição. Na primeira, estabeleceu o legislador que, no juízo possessório, é irrelevante a questão do domínio, tanto que não obsta a que o autor seja mantido ou reintegrado na posse que o réu demonstre ser o proprietário. Mas a segunda parte diz o contrário: o juiz não pode julgar em favor de quem não for o dono, o que permite que o juízo petitório se imiscua no possessório.

O CPC de 1973 repetia a mesma norma, na segunda parte do art. 923: "Não obsta, porém, à manutenção ou à reintegração na posse a alegação de domínio ou de outro direito sobre a coisa; caso em que a posse será julgada em favor daquele a quem evidentemente pertencer o domínio".

Esforçou-se a doutrina para solucionar a contradição, e para dar uma interpretação útil à segunda parte de cada um desses artigos. Prevaleceu, a partir de meados da década de 40 do século XX, o entendimento de que, no juízo possessório, deveria o juiz julgar apenas com base na posse, sem a interferência da questão dominial. Porém, se ambas as partes disputassem a posse a título de domínio, só então o juiz poderia julgar a demanda em favor daquele que demonstrasse ser o proprietário. Na ação possessória, incumbia ao autor invocar e demonstrar sua qualidade de possuidor. O réu, por seu turno, deveria defender-se alegando melhor posse. Mas, se ambos, além disso, se qualificassem como proprietários, sustentando tal qualidade no bojo da possessória, o juiz – exclusivamente nesse caso – poderia julgar com base na propriedade. Era preciso que ambos, embora disputando a posse, o fizessem arvorando-se na qualidade de proprietários. Esse entendimento acabou prevalecendo após a edição da Súmula 487 do STF, que assim estabelecia: "Será deferida a posse a quem, evidentemente, tiver o domínio, se com base neste for ela disputada".

Ela foi editada com fulcro nos arts. 923, segunda parte, do CPC de 1973, e 505, segunda parte, do CC de 1916. A Lei n. 6.820, de 16 de setembro de 1980, revogou a segunda parte do art. 923, e, ao fazê-lo, revogou igualmente a segunda parte do art. 505, já que ambos os dispositivos diziam a mesma coisa. Continuou vigorando apenas a primeira parte deles, que dizia que, nas ações possessórias, o juiz deve ater-se à questão da posse, não permitindo que a questão dominial se imiscua.

Com isso, surgiram sérias controvérsias sobre se ainda continuava em vigor a Súmula 487 do STF. Mesmo depois da Lei n. 6.820/80 prevaleceu o entendimento, que não nos parecia o mais acertado, de que continuava em vigor a exceção de domínio. Prova disso são os acórdãos do Superior Tribunal de Justiça, mencionados por Theotonio Negrão, nos quais se decidiu: "A Súmula 487 só se aplica nas hipóteses em que ambos os litigantes pretendem a posse a título de domínio, e não quando um deles a defende por ela mesma, até porque não é proprietário do imóvel" (*RTJ*, *123*:770). Ou: "Não cabe, em sede possessória, a discussão sobre domínio, salvo se ambos os litigantes disputam a posse alegando propriedade ou quando duvidosas ambas as posses alegadas" (STJ, 4ª Turma, REsp 5.462-MS, rel. Min. Athos Carneiro)[28].

Pareceu-nos, porém, que, desde a entrada em vigor da Lei n. 6.820/80, que revogou os dispositivos em que se sustentava a exceção de domínio no Brasil, não caberia mais a utilização da Súmula 487 do STF. Por isso, ainda na vigência do Código Civil antigo, escrevemos: "Muitos sustentam que a exceção de domínio sobrevive, naquelas situações em que não se consegue apurar qual a melhor posse. Assim, quando nem o autor nem o réu conseguirem provar que têm direito à posse, o juiz de-

---

28. Theotonio Negrão, *Código*, cit., nota 2 ao art. 923.

verá decidir em favor de quem for o dono. A solução, todavia, não nos parece adequada, já que o art. 333 [atual art. 373] do Código de Processo Civil, que cuida das regras do ônus da prova, oferece solução para tais situações, determinando que o juiz julgue em desfavor daquele que tinha de provar e não o fez"[29].

Hoje nos parece não haver dúvidas a respeito: não mais se admite, em nenhuma hipótese, a exceção de domínio nas ações possessórias. É que o Código Civil vigente, no art. 1.210, § 2º, estabelece: "Não obsta à manutenção ou reintegração na posse a alegação de propriedade, ou de outro direito sobre a coisa". A lei não faz nenhuma exceção a essa regra, de sorte que, atualmente, a regra de que o juízo possessório e o petitório devem ficam separados é absoluta. Mesmo que na ação possessória ambas as partes invoquem para si a qualidade de proprietárias, o juiz não deve julgar em favor de quem provar ser o dono da coisa, mas de quem demonstrar melhor posse. Se ninguém conseguir, a decisão deve ser dada com fundamento nas regras do ônus da prova.

A Lei n. 6.820/80, que revogou a segunda parte do art. 923 do CPC de 1973, não mexeu na primeira parte. Ela dispõe que: "Na pendência do processo possessório é defeso, assim ao autor como ao réu, intentar ação de reconhecimento de domínio". Desde o ajuizamento até o trânsito em julgado da ação possessória, não é possível ao proprietário valer-se da ação reivindicatória. A mesma regra é acolhida no art. 557 do CPC atual, que tem a seguinte redação: "Na pendência de ação possessória é vedado, tanto ao autor quanto ao réu, propor ação de reconhecimento do domínio, exceto se a pretensão for deduzida em face de terceira pessoa".

Um exemplo poderá ajudar a aclarar a situação de que trata o dispositivo. Imagine-se um terreno de propriedade de *A*, mas que esteja sob a posse de *B*. O proprietário conseguirá reaver a coisa, mas para tanto deverá fazer uso da ação reivindicatória, de procedimento comum, na qual demonstre seu direito. Se, abusando de sua condição, recuperar a coisa pela força, o possuidor poderá valer-se de ação possessória para expulsá-lo, valendo lembrar que a posse é protegida até mesmo contra o proprietário. Na possessória, o dono não terá êxito em defender-se, invo-

---

29. Marcus Vinicius Rios Gonçalves, *Vícios da posse*, cit., p. 66.

cando sua qualidade, já que não mais se admite a exceção de domínio no juízo possessório. Além disso, ficará impedido de ajuizar a ação reivindicatória, enquanto não estiver definitivamente encerrada a possessória (art. 557). Isso o obrigará a aguardar o término da possessória, para só então valer-se da ação reivindicatória. A razão é manter afastados os juízos possessório e petitório. Se no curso daquela o dono pudesse ajuizar essa, haveria conexão entre as duas, por tratar-se do mesmo bem. Os processos seriam reunidos, e por meios transversos a questão dominial acabaria por imiscuir-se na possessória.

Esse dispositivo – desde a edição do CPC de 1973 – preocupou alguns juristas, perplexos diante de suas consequências, entre as quais a de manietar o proprietário, impedindo-o de valer-se de seu direito, até que se encerrasse a via possessória. Adroaldo Furtado Fabrício noticia: "Bem cedo perceberam os processualistas que a proibição encerrada na primeira parte do artigo não poderia ser tomada como absoluta, principalmente porque importaria em mutilação do direito de propriedade no referente a um de seus componentes elementares, que é o poder de reivindicar a coisa. Procurou-se, então, delimitar o alcance da vedação, por variados caminhos"[30].

Entre as sugestões para delimitar esse dispositivo, a de que a proibição só valeria para ações constitutivas de domínio, como a de usucapião. Ou, ainda, a de que só se estenderia a ações no mesmo processo, como reconvenção ou ação declaratória de reconhecimento de domínio. Ou ainda a tese invocada por Adroaldo Furtado Fabrício, sufragada pelo Simpósio de Processualistas reunido em 1975, em Curitiba, de que só valerá a limitação se pender ação possessória na qual a posse seja disputada a título de domínio, naquelas ações em que for invocada a exceção de domínio.

Mas essa tese, datada de 1975, só se sustinha quando o art. 923 do CPC de 1973 ainda contava com as duas partes, e se admitia a exceção de domínio. Com sua supressão, não há mais razão para restringir a vedação no art. 557 a esses casos.

O legislador teme que o curso da ação possessória venha a ser perturbado pelo ajuizamento de ação petitória, pois disso adviria confusão

---

30. Adroaldo Furtado Fabrício, *Comentários*, cit., p. 411.

entre a proteção à posse e proteção dominial. Para evitá-lo, ele não proíbe em definitivo o ajuizamento da ação que verse domínio, mas suspende sua utilização enquanto pender a ação possessória. Se não houvesse tal restrição, o proprietário poderia burlar a regra da vedação da *exceptio domini* por vias transversas.

A interpretação do art. 557 não admite as restrições mencionadas anteriormente. A norma é ampla: no curso da ação possessória, não se admitirá ação de reconhecimento de domínio. Se proposta, deverá ser extinta por falta de um pressuposto processual negativo, matéria que o juiz poderá conhecer de ofício, dada a natureza de objeção processual.

Chegou-se a sustentar que a restrição imposta pela lei seria inconstitucional, por ofensiva ao princípio do acesso à justiça. Ao vedar-se ao proprietário a possibilidade de ajuizar a ação reivindicatória no curso da possessória, o dono estaria privado de seu acesso à justiça. Mas esse entendimento ficou há muito superado, pois não se está impedindo, em caráter definitivo, o ajuizamento da ação dominial, mas apenas diferindo-o para período posterior. O STF já se pronunciou a respeito, concluindo pela constitucionalidade do art. 557: "(...) o STF, em sessão plenária, entendeu não ser inconstitucional a 1ª parte do art. 923 [atual art. 557], nem a interpretação literal, que não admite, neste caso, que o réu na possessória proponha ação reivindicatória" (*RTJ*, *91*:594).

A proibição é restrita à ação petitória, quando em curso a possessória. Se aquela foi promovida antes, ela não incide. Tampouco há vedação a que, no curso de ação dominial, possa qualquer das partes intentar ação possessória. A proibição é para o ajuizamento de nova ação, de natureza dominial. Nada impede, porém, que o réu, na contestação, defenda-se alegando o usucapião do imóvel (Súmula 237 do STF), pois, nesse caso, a usucapião não é objeto de ação própria, mas mera alegação de defesa.

A vedação a que, nas ações possessórias, se discuta a questão dominial não se aplica, no entanto, aos entes públicos que intervenham em ações possessórias entre particulares, como resulta da Súmula 637 do C. Superior Tribunal de Justiça: "o ente público detém legitimidade e interesse para intervir, incidentalmente, na ação possessória entre particulares, podendo deduzir qualquer matéria defensiva, inclusive, se for o caso, o domínio".

3.4. Procedimento das ações possessórias

3.4.1. Procedimento especial e comum

O art. 558 do CPC e seu parágrafo único indicam a existência de dois tipos de procedimento: o especial e o comum. O que deve ser levado em conta é o tempo que transcorreu desde o momento em que a posse foi agredida.

A posse adquirida com emprego de violência, clandestinidade ou precariedade é injusta. A vítima poderá valer-se, para reaver a coisa, das ações possessórias. Desde que ela o faça no prazo de um ano e um dia a contar da agressão, ela será de força nova, e seguirá o rito especial. Passado o prazo de ano e dia, a posse do invasor continuará injusta, e à vítima continuará sendo autorizado valer-se da ação possessória. Porém, ela será de força velha, e procedimento comum.

Os vícios da posse não convalescem após ano e dia. Se assim fosse, passado o prazo a posse ter-se-ia tornado justa, o que impediria a vítima de reaver o bem. A posse continua viciosa, e o prazo só é relevante para a verificação do procedimento que deverá ser observado.

O prazo de ano e dia deve contar-se a partir do momento em que se consuma a agressão à posse. De acordo com o art. 1.208 do Código Civil, não autorizam a aquisição da posse os atos violentos ou clandestinos, senão depois de cessar a violência ou clandestinidade. Enquanto elas perduram, o invasor não terá posse, mas mera detenção. Quando cessam, passa a ter posse injusta perante a vítima. Só então é que terá início a contagem do prazo de ano e dia para o rito especial.

No caso da precariedade, o agressor já tem consigo a coisa, que lhe foi entregue para ser restituída no momento oportuno. Haverá esbulho a partir da inversão do *animus*, quando passar a possuí-la como proprietário, recusando restituí-la. Desde a inversão, passa a fluir o prazo de ano e dia.

Caso o esbulho, turbação ou ameaça tenham ocorrido no prazo de até um ano e um dia, o procedimento será o especial, seja o bem móvel ou imóvel. Se passar esse prazo, será comum.

A contagem de prazo deve observar o art. 1.224 do Código Civil: "Só se considera perdida a posse para quem não presenciou o esbulho, quando, tendo notícia dele, se abstém de retomar a coisa, ou, tentando recuperá-la, é violentamente repelido". Nesse caso, o prazo não corre da agressão à posse, mas da ciência da vítima a seu respeito. A norma é justa, pois não se poderia contar um prazo dirigido à vítima antes que ela estivesse ciente.

Se houver várias turbações sucessivas, que não se apresentem como continuação umas das outras, deverão ser consideradas autônomas, e o prazo se reiniciará após cada reiteração.

Não há grandes diferenças entre o procedimento especial das possessórias e o comum. O que os distingue é que só no primeiro o autor pode postular a liminar possessória, bastando que demonstre a violação da posse, ocorrida há até um ano e um dia. A lei prevê a possibilidade de o juiz designar uma audiência de justificação, antes de apreciar a liminar. Depois do prazo, o procedimento será comum. Nada impede a concessão, nas ações possessórias de força velha, de tutela provisória, desde que preenchidos os requisitos do art. 300 do CPC. Em todos os processos de conhecimento existe essa possibilidade. Mas isso não desfaz as distinções entre as ações de procedimento especial e comum, porque os requisitos para a concessão da liminar possessória e da tutela antecipada são muito diferentes. A primeira se contenta com a demonstração da agressão, ocorrida há menos de ano e dia; a segunda exige a demonstração dos requisitos do art. 300, que são muito mais numerosos e complexos.

3.4.2. Exigência de caução em caso de liminar

Estabelece o art. 559 do CPC que "se o réu provar, em qualquer tempo, que o autor provisoriamente mantido ou reintegrado na posse carece de idoneidade financeira para, no caso de decair da ação, responder por perdas e danos, o juiz designar-lhe-á prazo de cinco dias para requerer caução, real ou fidejussória, sob pena de ser depositada a coisa litigiosa, ressalvada a impossibilidade da parte economicamente hipossuficiente".

A caução funciona como contracautela. Ao deferir a liminar, o juiz concede uma medida, em cognição superficial, sem a ouvida da parte contrária. O juiz não tem ainda todos os elementos necessários a seu dispor. Ela é concedida em juízo de plausibilidade e não de certeza, e pode causar sérios prejuízos ao réu, que poderão ser cobrados do autor em ação própria. Se o réu comprova que o autor não tem capacidade econômica para fazer frente a eventual pedido indenizatório, caso a possessória seja julgada improcedente, pode pedir ao juiz que estipule uma caução.

A prova da insuficiência econômica do autor ficará a cargo do réu. Mas é necessário que se trate de prova pré-constituída, de natureza documental, porque não se pode admitir, nessa fase, ouvida de testemunhas ou perícia para solucionar o incidente. Não se pode admitir que o juiz fixe a caução de ofício.

O requerimento do réu pode ser feito a qualquer tempo, mesmo em grau de recurso, quando a situação econômica do autor só se deteriora nessa fase. A caução deverá ser de valor tal que assegure o réu dos prejuízos que venha a sofrer, com o cumprimento da liminar. Caso a caução não seja prestada no prazo de cinco dias, a coisa litigiosa ficará depositada, nomeando-se depositário judicial.

Não demonstrado o preenchimento dos requisitos, o juiz indeferirá o pedido do réu, e deixará de fixar a caução. Mas o pedido pode ser formulado novamente, caso surjam novas circunstâncias que justifiquem sua renovação.

Adroaldo Furtado Fabrício fazia uma séria crítica ao disposto no art. 925 do CPC de 1973, que exigia caução sem nenhuma ressalva, concluindo: "Da análise que fizemos do dispositivo, não podemos deixar de concluir que ele é realmente infeliz, por discriminatório. Não serão raros os casos, principalmente nas regiões onde predominam os minifúndios e a agricultura de subsistência, em que o espoliado nada mais possui senão o pedaço de terra que constitui objeto material da ação, e donde tira o parco e único meio de sobrevivência. É claro que esse homem nenhuma garantia terá a oferecer, e, desapossado judicialmente pelo ato de depósito, talvez tenha de buscar alhures o sustento, abandonando a posse e o processo, para vantagem e gáudio do esbulhador. Ou, pressionado pela necessidade extrema, será facilmente conduzido a um 'acordo ruinoso'. E tudo isso poderá ocorrer, se aplicado o artigo à letra, mesmo quando tenha o autor feito a prova mais cabal e completa da posse, do esbulho e da data, e o próprio juiz esteja plenamente convencido de seu direito"[31]. O legislador atual ouviu a crítica, e no art. 559 tornou dispensável a caução, nos casos em que for impossível de ser prestada pela parte economicamente insuficiente.

---

31. Adroaldo Furtado Fabrício, *Comentários*, cit., p. 438.

3.4.3. *Procedimento especial*

São poucas as suas peculiaridades. Dizem respeito à concessão de liminar, de plano ou após a audiência de justificação. No entanto, vale a pena tecer algumas considerações a respeito da competência e da legitimidade nas ações possessórias.

a. Competência

Conquanto a posse não deva ser considerada um direito real, mas pessoal (CC, art. 1.225), as ações possessórias de bens imóveis devem ser propostas no foro de situação do imóvel (CPC, art. 47, § 2º). No art. 73, § 2º, do CPC, o legislador considerou as ações possessórias como pessoais, tanto que dispensou o autor de apresentar outorga uxória, e de promover a citação do réu e sua esposa, se casado. Quanto à competência, são tratadas como reais, porque não seguem a regra geral do art. 46 do CPC, mas a específica do art. 47. Trata-se de regra de competência absoluta, não sujeita a derrogação das partes, e que se justifica porque no foro de situação será mais fácil a produção de provas e a apreciação do pedido.

Se a ação possessória tiver por objeto coisas móveis, segue-se a regra geral de competência do domicílio do réu (art. 46).

As regras acima mencionadas valem tanto para as ações possessórias de força nova quanto para as de força velha.

b. Legitimidade ativa e passiva

A ação possessória deve ser aforada pelo possuidor que tenha sido esbulhado, turbado ou ameaçado. Como seu fundamento é a posse, será irrelevante saber se o autor é proprietário ou titular de algum direito real. Aquele que não tem posse – inclusive o mero detentor – não terá legitimidade para a propositura da ação.

Em caso de morte do possuidor, o direito transfere-se aos herdeiros ou sucessores: "O sucessor universal continua de direito a posse do seu antecessor" (CC, art. 1.207). Mas a ação possessória pode ser ajuizada pelo espólio, representado pelo inventariante ou pelo administrador provisório, enquanto aquele não for nomeado. A posse tem natureza e conteúdo patrimonial, e o espólio, ente despersonalizado a quem a lei atribui capacidade de ser parte, está legitimado para postular em juízo os bens ou interesses do *de cujus*. Mas a ação também poderá ser aforada pelos herdeiros, ainda que não tenha havido a partilha. No direito sucessório vigora o princípio da *saisine*, pelo qual, desde o momento da morte, transfere-se a propriedade e posse dos bens da herança aos sucessores (CC, art. 1.784). Se houver vários herdeiros, e composse, qualquer deles terá legitimidade para, sozinho, defender a coisa comum. No Código Civil de 1916, essa permissão era expressa no art. 634. No atual não há dispositivo equivalente, mas, como a posse é exteriorização da propriedade, e cada condômino está legitimado para, sozinho, defender a coisa comum (CC, art. 1.314), os compossuidores também poderão, cada qual, valer-se da ação possessória. Trata-se de hipótese de legitimidade extraordinária, que decorre do sistema. Se mais de um compossuidor propuser a ação, haverá um litisconsórcio facultativo unitário. Se só um, estará defendendo sua posse e a dos demais compossuidores. Será legitimado ordinário em relação a seu direito, e extraordinário em relação ao dos demais, que poderão postular seu ingresso na qualidade de assistentes litisconsorciais. Ao final, ainda que a demanda seja aforada por apenas um, todos serão atingidos pela coisa julgada material (ver, no volume 1, Livro II, Capítulo III, item 2.2.1).

Em caso de sucessão *inter vivos*, o adquirente também poderá utilizar a ação possessória: "e ao sucessor singular é facultado unir sua posse à do antecessor, para os efeitos legais" (CC, art. 1.207, 2ª parte). Trata-se da *accessio possessionis*. Se uma pessoa tinha posse do imóvel e foi esbulhada, pode vender seus direitos sobre a coisa, inclusive o de reavê-la, por meio da possessória. Se o fizer, o adquirente poderá ajuizar a demanda, unindo sua posse à do antecessor. Poder-se-ia alegar que, se o possuidor perdeu a posse, ele nada mais teria a transferir a terceiros. Mas, tendo-a perdido, resta-lhe o direito, legalmente garantido, de reavê-la, via possessória. E esse direito pode ser transferido a terceiros.

Todos os tipos de posse permitem a utilização dos interditos. Tanto o possuidor direto quanto o indireto podem fazê-lo; o possuidor natural, isto é, aquele que obteve a coisa pela sua apreensão, e o civil, que a obteve por documentos; o de boa-fé e o de má-fé; o justo e o injusto, dado o caráter relativo da justiça ou injustiça da posse. Um esbulhador terá posse injusta em relação a sua vítima, mas a terá justa, e poderá valer-se dos interditos possessórios, contra qualquer terceiro que, de forma indevida, tentar retirar-lhe a força a coisa.

O legitimado passivo nas ações possessórias é aquele que perpetrou o esbulho, turbação ou ameaça. Se ele tiver falecido, o espólio ou os herdeiros e sucessores. Se tiver transferido a coisa a terceiros, indispensável que se verifique se o adquirente estava, no momento da aquisição, de má ou de boa-fé. No primeiro caso, poderá ser ajuizada com êxito a ação em face dele; mas, se estava de boa-fé a vítima, não, por força do que dispõe o art. 1.212 do Código Civil. Se o esbulho foi perpetrado por um preposto, ou por alguém que obedeceu a ordem e instruções alheias, o legitimado não será ele, mas o autor da ordem. Às vezes a vítima não tem conhecimento de que o invasor é mero preposto, e ajuíza a ação em face dele. Cumpre-lhe, na contestação, arguir a ilegitimidade de parte, indicando o verdadeiro legitimado, para que o autor possa aditar a inicial e requerer a substituição, sob pena de responder por perdas e danos (CPC, art. 338).

Se a invasão tiver sido perpetrada por incapaz, a demanda deverá ser aforada em face dos pais ou do responsável. No Código Civil de 1916 havia distinção, para esse fim, entre o absoluta e o relativamente incapaz. Este último equiparava-se ao capaz, para fins de responsabilidade civil por ato ilícito, e era possível aforar a ação em face dele, assistido por seus pais ou responsável. O Código Civil de 2002 não fez distinção entre os incapazes, para esse fim, estabelecendo que sempre respondem os pais ou responsável.

O réu das ações possessórias pode ser uma pessoa jurídica, quando a invasão tiver sido perpetrada por alguém em nome dela. As de direito público também podem, porque também praticam violações ilícitas à posse alheia. Pode a vítima postular a reintegração, manutenção ou interdito proibitório em face da Fazenda Pública, cabendo até mesmo a concessão de liminar. A única peculiaridade é que o juiz não poderá concedê-la sem a audiência do representante legal da pessoa jurídica. É o que estabelece o art. 562, parágrafo único, do CPC: "Contra as pessoas jurídicas de direito público não será deferida a manutenção ou a reintegração liminar sem prévia audiência dos respectivos representantes judiciais". Além disso, reconhece-se aos entes públicos interesse em intervir nas ações possessórias entre particulares, podendo deduzir qualquer matéria defensiva, incluindo a propriedade. Nesse sentido, a Súmula 637 do C. Superior Tribunal de Justiça, que assim estabelece: "o ente público detém legitimidade e interesse para intervir, incidentalmente, na ação possessória entre particulares, podendo deduzir qualquer matéria defensiva, inclusive, se for o caso, o domínio". A súmula afasta a aplicação, aos entes públicos que intervenham em possessórias entre particulares, do disposto no art. 557 do CPC, que veda a alegação de domínio na pendência da ação possessória.

Há uma ressalva relevante. É que a Fazenda Pública pode já ter dado à área invadida uma finalidade pública, ou construído uma obra pública. Por força do princípio da intangibilidade, não cabe mais a restituição, podendo o interessado postular uma reparação pela perda da área. Ela pode ser pedida não só pelo proprietário, em ação de desapropriação indireta, mas também pelo possuidor, já que a posse tem um valor econômico, e integra o patrimônio do seu titular.

Se houver vários invasores, não será necessário que a demanda seja proposta contra todos. Não haverá litisconsórcio necessário. Mas, se aforada apenas contra alguns, a sentença só poderá ser cumprida em relação a eles, e não em relação aos demais. Não há, aqui, legitimidade extraordinária. Se a vítima desejar a reintegração de posse em relação a todos os esbulhadores, deverá incluí-los no polo passivo. Essa a interpretação que deve ser dada ao disposto no art. 73, § 2º, do CPC: "Nas ações possessórias, a participação do cônjuge do autor ou do réu somente é indispensável nas hipóteses de composse ou de ato por ambos praticado". Assim, se os cônjuges invadiram bem alheio, ambos deverão ser citados, sob pena de a sentença só poder ser cumprida em relação àquele que foi parte. Mas, se só um deles invadiu, apenas ele será demandado.

c. Petição inicial

Deve preencher todas as exigências do art. 319 do CPC, indicando o juízo ao qual é dirigida e o nome e a qualificação das partes. Nem sempre será fácil a indicação dos réus. Existem situações em que o autor não sabe, nem tem como saber, o nome dos invasores, como nas grandes invasões de terra.

Seria demasiado exigir do autor que lograsse apurar o nome e qualificação de todos como condição para o aforamento da demanda. Isso seria retirar dele a possibilidade de acesso à justiça. Por isso, tem-se admitido que sejam nomeados apenas os invasores que puderam ser identificados. Se nenhum deles o foi, o polo passivo será ocupado genericamente por todos os invasores do imóvel, sem a necessidade dos respectivos nomes e qualificações. Nesse sentido: "Não constitui óbice ao prosseguimento do feito o fato de, em ação possessória, o autor não indicar, desde logo, na inicial, todas as pessoas que acusa de esbulho" (*RT*, *704*:123). Ou: "Em caso de ocupação de terras por milhares de pessoas, é inviável a citação de todas para compor a ação de reintegração de posse, eis que essa exigência tornaria impossível qualquer medida judicial" (STJ, *RT*, *744*:172).

Se a inicial não indica os nomes dos réus, pode haver alguma dificuldade na citação. O art. 554, § 1º, manda que, no caso de figurar no polo passivo um grande número de pessoas, seja feita a citação pessoal dos que forem encontrados no local e por edital dos demais. O oficial de justiça procurará os ocupantes no local por uma vez, citando-se por edital os que não forem encontrados. Determina-se ainda que o juiz dê ampla publicidade sobre a existência da ação e dos respectivos prazos processuais, podendo valer-se, para tanto, de anúncios em jornal ou rádio locais, da publicação de cartazes na região do conflito, e de outros meios (art. 554, §§ 1º e 3º). Nos casos de grandes invasões, deverá haver intimação do Ministério Público e, havendo pessoas em situação de hipossuficiência econômica, também da Defensoria Pública.

A inicial deve descrever o fato e os fundamentos jurídicos do pedido. A ação possessória está fundada na posse do autor, e no esbulho, turbação ou ameaça. É preciso que se descreva, com precisão, a posse, quais os atos pelos quais ela se manifestava. É indispensável a indicação do bem que é objeto do litígio, sua localização e dimensões. O juiz não receberá a petição inicial se o objeto não estiver claramente indicado na petição inicial, porque disso poderão advir graves prejuízos na fase de cumprimento da sentença. O oficial de justiça terá dificuldades para cumprir o mandado de reintegração ou de manutenção de posse.

Deve o autor fornecer ao juiz todos os dados a respeito da agressão a sua posse. Se se tratar de ameaça, deve descrevê-la com todos os detalhes, para que o juiz possa verificar sua seriedade; se for turbação ou esbulho, deve indicar os atos que os constituíram. Para verificar o procedimento, é indispensável que a petição inicial indique as datas em que ocorreram as ofensas à posse.

O autor deve também formular o pedido, com suas especificações. O pedido possessório tem natureza condenatória de entrega do bem, ou de abstenção, em caso de ameaça. Entre as ações condenatórias, as possessórias classificam-se como executivas *lato sensu*, porque não haverá necessidade de execução, mas simples expedição do mandado de reintegração ou manutenção de posse.

O autor ainda pedirá a citação do réu e indicará as provas com que pretende demonstrar os fatos. Por fim, fixará o valor da causa, que deve coincidir com o do bem que se está postulando.

Se não estiverem preenchidos os requisitos do art. 319 do CPC, o juiz mandará que o autor a emende, no prazo de quinze dias, sob pena de indeferimento.

d. Liminar

O que torna especial o procedimento das ações de força nova é a liminar, pela qual o juiz concede, em uma fase inicial, aquilo que só daria ao final. Com a liminar, o autor já obtém a satisfação, ainda que provisória, de seu direito.

Ela não tem natureza de tutela de urgência, e independe de prova de prejuízo irreparável. Embora tenha natureza de tutela provisória, já que dada em cognição superficial, não há necessidade de que o autor demonstre a existência de perigo iminente. Trata-se, na verdade, de uma antecipação de tutela específica, própria das ações possessórias de força nova, e que depende de requisitos próprios. Para sua obtenção, o autor deve demonstrar (CPC, art. 561): "I – a sua posse; II – a turbação ou o esbulho praticado pelo réu; III – a data da turbação ou do esbulho; IV – a continuação da posse, embora turbada, na ação de manutenção; a perda da posse, na ação de reintegração".

Não há necessidade de prova cabal, porque a liminar é deferida em cognição superficial, não exauriente, antes que o réu tenha tido oportunidade de manifestar-se. Basta que haja indícios de agressão, há menos de ano e dia, que tornem plausíveis as alegações do autor.

A liminar é concedida sempre *inaudita altera parte*. O réu não é ouvido nessa fase. É necessário que o autor demonstre ter preenchidos os requisitos para sua concessão, todos relacionados com a posse, e não com a propriedade, irrelevante no juízo possessório.

A lei processual permite a concessão de liminar de plano, isto é, pelo simples exame da petição inicial, e dos documentos que a acompanham, ou depois de uma audiência de justificação, na qual se dá ao autor a oportunidade de demonstrar, por testemunhas, sua posse e a agressão.

Pode ocorrer que o juiz encontre na inicial elementos suficientes para formar sua convicção a respeito da liminar. Existem casos em que a posse fica suficientemente provada por documentos. Então, o juiz deferirá a liminar de plano, junto com o despacho que ordenar a citação, e antes que o réu seja citado. Mas isso não é comum. O mais frequente é que ele designe audiência de justificação.

A liminar não está sujeita ao arbítrio do juiz. A discricionariedade não se coaduna com as decisões judiciais, mas apenas com os atos administrativos. Se estiverem preenchidos os requisitos, o juiz deverá concedê-la. Do contrário, não.

e. Audiência de justificação

Sua finalidade é dar oportunidade ao autor para demonstrar que preenche os requisitos da liminar. Raramente ele conseguirá fazê-lo por documentos, havendo, com frequência, a necessidade de ouvir testemunhas. Ela é realizada antes mesmo que o réu tenha oferecido contestação. A liminar concedida após a audiência de justificação continua sendo *inaudita altera parte*, pois o réu ainda não se terá defendido.

Questão controvertida é a da possibilidade de ser designada audiência de justificação, mesmo que não tenha havido requerimento na inicial. Adroaldo Furtado Fabrício manifesta-se pela negativa: "O que não se pode admitir é que o juiz, *ex officio*, determine a justificação quando não tenha sido requerida sequer nessa forma alternativa. Se o autor não postulou medida liminar, ou só a postulou com base na documentação da inicial, ao juiz não é lícito determinar justificação. A primeira hipótese envolveria decisão além do pedido; a segunda é excluída pelo art. 930, *caput* [atual art. 564, *caput*], que prevê a citação do réu após concedido ou não o mandado liminar: a denegação deste acha-se aí claramente prevista, sem a segunda oportunidade de prova que para o autor representaria a justificação"[32]. Em sentido oposto, manifesta-se Joel Dias Figueira Junior, para quem, "Na hipótese de o autor deixar de formular o requerimento sucessivo para designação de audiência de justificação, e, caso a tutela antecipada não seja deferida liminarmente, entendemos que o juiz não deva cercear essa faculdade que a lei lhe concede. Para tanto, deverá designar audiência de justificação e conceder o prazo de cinco dias a fim de que

32. Adroaldo Furtado Fabrício, *Comentários*, cit., p. 448.

deposite tempestivamente em cartório o rol de testemunhas que serão ouvidas naquele ato, citando-se o réu para comparecer à audiência que for marcada. Em qualquer caso, antes de feita a justificação, o juiz não pode indeferir a medida liminar, sob pena de cercear o direito do autor demonstrar os fatos que sustentam suas alegações"[33].

Parece-nos ser esta última a melhor solução, o que nos faz rever posição externada em obra anterior sobre o assunto. É que, tendo o autor postulado a concessão de liminar, cabe ao juiz verificar se os elementos por ele trazidos são suficientes para a concessão de liminar. Se não o forem, não se vislumbra razão para que o juiz indefira a liminar, sendo necessário que primeiro designe audiência de justificação, dando ao autor nova oportunidade para demonstrar o alegado. Essa interpretação é que resulta da leitura do art. 562, no qual se estabelece que o juiz determinará a realização da audiência se não puder conceder desde logo a liminar.

Para a audiência de justificação, é indispensável que os réus tenham sido citados e intimados. É direito dele participar, embora ela se tenha por fim permitir que o autor produza provas necessárias para a obtenção da liminar.

Sem a citação dos réus, a audiência de justificação não poderá se realizar, devendo o juiz redesigná-la. Se forem vários, todos devem estar citados; se não for possível encontrar algum, a citação far-se-á por edital.

Não fluirá, de imediato, o prazo para os réus oferecerem contestação. É preciso que primeiro se realize a audiência, e que o juiz decida a liminar. O não comparecimento do réu à audiência não o torna revel, porque o prazo de contestação nem se terá iniciado.

A participação dele na audiência é restrita. Não pode arrolar testemunhas, mas apenas participar da ouvida das arroladas pelo autor. Pode, se estiver acompanhado de advogado, oferecer contradita e formular reperguntas. E apresentar documentos que sirvam para demonstrar a impossibilidade de concessão da liminar. Por exemplo, que demonstrem que está de boa-fé, e fez benfeitorias necessárias e úteis, com direito de retenção.

Tem-se admitido que o juiz ouça testemunhas do réu, caso não se sinta suficientemente esclarecido e queira ter maiores elementos para apreciar a liminar. O réu não pode, porém, exigi-lo. A finalidade dessa

---

33. Joel Dias Figueira Junior, *Liminares*, cit., p. 273.

audiência é colher elementos para a concessão da liminar, *inaudita altera parte*. A restrição à atuação do réu não ofende o princípio do contraditório, diferido para o momento oportuno.

Após a audiência, na qual deverá o juiz tentar a conciliação, ele aprecia a liminar. Poderá fazê-lo, se estiver em condições, na própria audiência. Do contrário, chamará os autos à conclusão, e decidirá em dez dias. O prazo de contestação só começa a correr do momento em que o réu é intimado da decisão a respeito da liminar (art. 564, parágrafo único). Se o juiz a proferiu na audiência, ele sairá intimado desde então, e o prazo terá início; se a proferiu depois, será preciso intimar o réu, para fluir o prazo. Se ele já tiver advogado constituído, a intimação será feita pela imprensa. Do contrário, será pessoal.

f. A decisão que concede a liminar. Os meios de impugnação. Possibilidade de modificação

O juiz, verificando que estão presentes os requisitos, concederá a liminar, em decisão fundamentada, na qual indicará os elementos que formaram sua convicção.

A decisão que concede ou nega a liminar é interlocutória, e desafia a interposição de agravo de instrumento (CPC, art. 1.015, I).

O prazo é de quinze dias, a contar do instante em as partes forem intimadas. Caso ela seja deferida, poderá o réu agravante postular ao relator que conceda o efeito suspensivo; se denegada, poderá o autor pedir ao relator que atribua o ativo, concedendo a medida que fora negada pela primeira instância. Interposto o recurso, pode o juiz retratar-se, comunicando ao tribunal, que reputará prejudicado o agravo.

Não cabe mandado de segurança contra a liminar, diante da existência de recurso apropriado.

Questão relevante é a da possibilidade de, não tendo havido agravo de instrumento, poder o juiz modificar a decisão anterior. Parece-nos que se deve aplicar a mesma regra que vigora para as tutelas provisórias genéricas do art. 296, que estabelece: "A tutela provisória conserva sua eficácia na pendência do processo, mas pode, a qualquer tempo, ser revogada ou modificada".

Mas, para isso, não basta que o juiz mude de opinião. É preciso que tenha surgido um fato novo, ou um novo elemento de convicção. Não é necessário que se trate de fato ou circunstância posterior à decisão, mas que se trate de algo que não constava do processo quando foi proferida. Pode ser, por exemplo, que o réu não tenha agravado, mas que tenha, em contestação, trazido elementos novos, pedindo a revogação da liminar. Baseado neles, o juiz pode revogar a medida, restituindo as partes ao *status quo ante*. Questão mais tormentosa é a que diz respeito à possibilidade de o juiz alterar a sua decisão com base em novos elementos, mas de ofício.

A respeito das tutelas antecipadas, já foi decidido: "O juiz pode revogar a antecipação da tutela, até de ofício, sempre que, ampliada a cognição, se convencer da inverossimilhança do pedido" (STJ, 3ª Turma, REsp 192.298-MS, rel. Min. Ari Pargendler). E essa parece ser mesmo a solução adequada, porquanto não se justifica a manutenção da decisão, se fatos supervenientes revelam que o melhor seria revogá-la.

g. A resposta do réu

Depois da liminar, o procedimento será comum, e o prazo de resposta, de quinze dias. Diante do disposto especificamente no art. 564 do CPC, não se realiza, na ação possessória de força nova, audiência preliminar de tentativa de conciliação, e o prazo de contestação começará não havendo audiência de justificação de posse, da juntada aos autos do aviso de recebimento ou do mandado de citação cumpridos.

Caso tenha sido realizada a audiência, o réu já terá sido citado, e o prazo de resposta fluirá da data em que ele for intimado da decisão da liminar. Além de contestar, poderá valer-se da reconvenção, desde que para formular pedido que não possa ser feito na própria contestação. Desde então, o processo não terá peculiaridades.

h. A sentença e o seu cumprimento

Ao julgar procedente o pedido, o juiz condenará o réu ao cumprimento de uma obrigação de entrega de coisa certa (no caso de reintegração de posse), ou o condenará a abster-se, seja de prosseguir nos atos turbativos, seja no de converter a ameaça em ofensa à posse.

A sentença é executiva *lato sensu*, e não haverá fase autônoma de cumprimento de sentença. Com o trânsito em julgado, ou quando não couber mais recurso com efeito suspensivo, expedir-se-á mandado para o cumprimento do que ficou decidido.

Como não há fase de execução, nas ações possessórias, não terá o réu oportunidade, após a sentença, de invocar eventual direito de retenção por benfeitorias.

No entanto, a lei material autoriza o possuidor de boa-fé a reter consigo a coisa, até que seja indenizado pelas benfeitorias necessárias e úteis.

Surge a dificuldade sobre o momento oportuno para que o réu invoque o direito de ser indenizado, e o de reter consigo a coisa, que não se confundem. O primeiro não se perde, ainda que não venha a ser alegado e discutido na possessória, e o possuidor pode valer-se de ação autônoma para cobrá-lo. O segundo será perdido, se o réu não o invocar, porque pressupõe que ele retenha a coisa consigo. Não haverá mais direito de retenção se a coisa foi tirada das mãos de quem realizou as benfeitorias, e restituída ao autor.

Como não há oportunidade para invocar o direito de retenção depois da sentença, tem predominado o entendimento de que o pedido de indenização por benfeitorias e o reconhecimento do direito de retenção deve ser feito na própria contestação. Não há necessidade de o réu reconvir, por força do caráter dúplice da possessória. Os direitos à indenização e retenção poderão ser discutidos no curso do processo de conhecimento, e reconhecidos na sentença, que condenará o réu a restituir o bem, mas condicionará a devolução a que ele seja ressarcido das benfeitorias necessárias e úteis que tenha realizado.

Mas há decisões que permitem ao réu invocar o direito de retenção mesmo depois de prolatada a sentença, já que não pode ser privado de um direito que a lei material lhe assegura, somente por não o ter alegado no primeiro momento.

Problema tormentoso é o que surgirá caso haja a concessão da liminar *inaudita altera parte*, sem que o réu tenha tido oportunidade de postular o ressarcimento por benfeitorias, e invocar a direito de retenção. É provável que o réu só tome conhecimento da existência da ação quando o oficial de justiça se apresente para já cumprir o mandado. E, então, ele terá perdido o direito de retenção, sem nem sequer ter tido oportunidade de invocá-lo.

Parece-nos que o réu deverá valer-se do agravo de instrumento, com pedido de efeito suspensivo; ou ainda pedir ao juiz que reconsidere a decisão liminar, levando-lhe o conhecimento de um fato novo, qual seja, a existência das benfeitorias e o direito de retenção.

A respeito dos bens públicos, o Superior Tribunal de Justiça editou a Súmula 619, que assim estabelece: "A ocupação indevida de bem público configura mera detenção, de natureza precária, insuscetível de retenção ou indenização por acessões e benfeitorias".

i. Litígio coletivo pela posse de imóvel

O CPC tratou, em dois dispositivos específicos, das ações possessórias que envolvam litígios coletivos pela posse do imóvel. Trata-se dos arts. 554, § 1º, e 565. Por litígio coletivo deve-se entender aquele que envolve um grande número de pessoas, que podem figurar tanto no polo ativo quanto no polo passivo, embora esta última hipótese seja a mais comum. No item 3.4.3, "c", *supra*, foi examinada a questão da citação, nos processos em que grande número de pessoas figure no polo passivo. O problema é solucionado pelos §§ 1º a 3º do art. 554.

Com relação ao procedimento, quando a possessória versar sobre litígio coletivo pela posse de imóvel, seja rural, seja urbano, e o esbulho ou turbação tiver ocorrido há mais de ano e dia, o juiz, antes de apreciar o pedido de concessão de medida liminar, designará audiência de mediação, a realizar-se em até trinta dias, com a intimação do Ministério Público para dela participar, podendo ainda intimar os órgãos responsáveis pelas políticas agrária e urbana da União, do Estado ou do Distrito Federal, e do Município onde se situe a área objeto do litígio, a fim de se manifestarem sobre o seu interesse na causa e a existência de possibilidade de solução para o conflito possessório (CPC, art. 565). A liminar a que se refere esse dispositivo só pode ser a tutela provisória genérica, regulada pelos arts. 300 e s., uma vez que, depois de passado ano e dia não cabe mais a liminar específica das ações possessórias.

Se a possessória for de força nova, a liminar será apreciada na forma comum, estabelecida no art. 562, isto é, de plano ou após a audiência de justificação. Porém, se já tiver passado mais de ano e dia e for requerida liminar genérica, dever-se-ão cumprir as exigências do art. 565: a apreciação da medida será forçosamente precedida não de audiência de justificação, mas de mediação. Também será designada essa audiência de mediação se, embora deferida a liminar, ela não tiver sido executada no prazo de um ano, a contar da data da distribuição. Aqui, a mediação não precederá o deferimento da liminar, mas a sua execução. A ideia é que, se os invasores, em grande número, já estiverem estabelecidos na área há mais de ano e dia, se tente, antes do deferimento ou da execução da medida, a solução consensual do litígio, com a intervenção do Ministério Público e eventual manifestação dos órgãos públicos responsáveis pela política agrária, além da Defensoria Pública, se houver beneficiários da justiça gratuita.

j. Peculiaridades do interdito proibitório

O interdito proibitório tem certas peculiaridades que o distinguem das demais ações possessórias, porque ainda não houve um ato concreto de agressão à posse, mas apenas ameaças. Sendo assim, fica evidente seu caráter cominatório, pois impõe ao réu uma obrigação de não fazer, consistente em não tornar efetiva a ameaça, sob pena de multa. Trata-se de uma forma de tutela inibitória, de cunho preventivo, por meio da qual se pretende impedir o réu de perpetrar os atos de violação à posse.

O autor pedirá ao juiz que o segure da turbação ou esbulho iminentes, mediante mandado proibitório, em que se comine ao réu determinada pena pecuniária, caso transgrida o preceito (CPC, art. 567).

É preciso que haja uma ameaça séria, um temor fundado, de agressão injusta à posse. O autor deve descrever, com clareza, em que consistem as ameaças, o que permitirá ao juiz aferir-lhes a seriedade. É preciso que seja injusto o mal que se pretenda evitar. Não se admite interdito proibitório para impedir o réu de agir no exercício regular de um direito, nem para obstar o uso de medidas judiciais para reaver o bem. Já foi decidido que "Não se justifica o interdito proibitório, com a finalidade de impedir que o réu lance mão de medidas judiciais que entenda cabíveis" (*Bol. AASP*, *1.421*:63). A ameaça deve ser iminente. A perspectiva de ofensa à posse em um futuro distante retira seu caráter de seriedade.

Quanto ao mais, o procedimento do interdito proibitório segue o das demais ações possessórias.

Aplica-se a ele o princípio da fungibilidade, porque pode ocorrer alguma dificuldade para distinguir entre uma ameaça e uma turbação ou um esbulho quando, por exemplo, ela for de ordem tal que a vítima acabe por deixar o bem. Mas não só a fungibilidade. Todo o procedimento das ações possessórias aplica-se também ao interdito proibitório. Embora o art. 568 do CPC mencione a aplicação da Seção II, que trata do procedimento, parece-nos que também a Seção I é aplicável naquilo com que não for incompatível. Não se pode negar seu caráter dúplice, tampouco a proibição da exceção de domínio.

O autor poderá requerer ao juiz a concessão de liminar. Sua finalidade não será antecipar a reintegração ou manutenção de posse, mas a fixação da multa. Se, depois da liminar, o réu converter a ameaça em turbação ou esbulho, o juiz, além de conceder a medida necessária para proteger a posse da vítima, por força do princípio da fungibilidade, ainda condenará o réu ao pagamento da multa, que poderá ser exigida após o trânsito em julgado. Se a multa fosse fixada apenas na sentença, eventual agressão à posse ocorrida antes não permitiria sua incidência.

No mais, o interdito proibitório segue o procedimento comum.

4. DA AÇÃO DE DIVISÃO E DA DEMARCAÇÃO DE TERRAS PARTICULARES

4.1. Introdução

O CPC cuida, em conjunto, da ação de divisão e de demarcação de terras particulares. A razão é a afinidade entre ambas, desde os tempos do direito romano, em que a demarcatória nada mais era que uma espécie de ação de divisão. Os pressupostos de cada uma delas são distintos, mas as afinidades são tais que justificam o tratamento conjunto.

O legislador estabeleceu três seções distintas. A primeira cuida das disposições gerais, que são aplicáveis em comum aos dois tipos de ação. E as duas últimas tratam separadamente de cada uma delas.

O procedimento tratado diz respeito exclusivamente à divisão e demarcação de terras particulares. As devolutas, bens públicos dominicais, deverão ser objeto das ações discriminatórias, tratadas pela Lei n. 6.383/76.

As disposições gerais têm início no art. 569, que cuida de estabelecer os pressupostos de cabimento da ação de demarcação e de divisão. A primeira é atribuída ao proprietário "para obrigar o seu confinante a estremar os respectivos prédios, fixando-se novos limites entre eles ou aviventando-se os já apagados". Esse dispositivo corresponde ao art. 1.297

do Código Civil, que assim estabelece: "O proprietário tem direito a cercar, murar, valar ou tapar de qualquer modo o seu prédio, urbano ou rural, e pode constranger o seu confinante a proceder com ele à demarcação entre dois prédios, a aviventar rumos apagados e a renovar marcos destruídos ou arruinados, repartindo-se proporcionalmente entre os interessados as respectivas despesas".

A seu turno, cabe ao "condômino a ação de divisão, para obrigar os demais consortes a estremar os quinhões" (CPC, art. 569, II). Essa faculdade processual corresponde ao direito estabelecido no art. 1.320 do Código Civil: "A todo tempo será lícito ao condômino exigir a divisão da coisa comum, respondendo o quinhão de cada um pela sua parte nas despesas da divisão".

A primeira diz respeito a dois imóveis diferentes, cujos limites não estejam esclarecidos, ou que seja necessário aviventar. A segunda trata de um mesmo imóvel, em condomínio, sendo desejo de um dos condôminos dividi-la.

O direito de demarcação é potestativo do proprietário, e não prescreve, podendo ser exercido enquanto existir a relação de confinância. Para que haja interesse de agir, é indispensável que existam dúvidas a respeito dos limites que estremam os dois imóveis, seja porque eles nunca tiveram marcos definidos, seja porque os anteriores desapareceram ou se apagaram.

Estabelece o art. 1.298 do Código Civil critérios para que se efetive a demarcação, quando não puderem ser superadas as dúvidas sobre a divisa precisa entre os imóveis: "Sendo confusos, os limites, em falta de outro meio, se determinarão de conformidade com a posse justa; e, não se achando ela provada, o terreno contestado se dividirá por partes iguais entre os prédios, ou, não sendo possível a divisão cômoda, se adjudicará a um deles, mediante indenização do outro".

A ação demarcatória pode ser simples, quando formulado apenas o pedido de delimitação dos imóveis confinantes; ou qualificada, quando se postular cumuladamente a reintegração de posse, ou a reivindicatória. É muito comum que haja tal cumulação, porque, em decorrência da indistinção de limites, um dos confinantes pode estar ocupando terreno alheio.

A ação de divisão pressupõe um imóvel em condomínio. A lei material, independentemente do número de condôminos, permite a qualquer deles postular sua extinção. A forma pela qual isso ocorrerá depende da natureza do bem, se divisível ou indivisível. A ação de divisão pressupõe que o imóvel seja divisível; em caso de indivisibilidade, a ação adequada será a de alienação judicial da coisa comum, prevista entre os procedimentos de jurisdição voluntária (CPC, art. 730).

Se a coisa é indivisível, ajuizará ação inadequada aquele que valer-se da ação de divisão, sendo caso, pois, de extinção do processo, sem resolução de mérito, por falta de interesse de agir.

A divisão pode ser requerida por qualquer dos condôminos, não sendo possível aos demais defender-se invocando em seu favor o fato de a maioria dos condôminos preferir que a coisa permaneça indivisa. Mesmo que os condôminos tenham ajustado a indivisão, esse estado não perdurará por mais de cinco anos, suscetível de prorrogação posterior (CC, art. 1.320, § 1º). Não se admite o ajuizamento da ação de divisão seja a coisa indivisível por natureza, seja por força de lei, seja por determinação judicial. Por exemplo, se os lotes resultantes ficarem com uma área inferior à do módulo rural (nesse sentido, *RTJ*, 73:860).

4.2. Possibilidade de divisão e demarcação amigáveis

A lei processual trata do processo contencioso de divisão e demarcação. Os vizinhos e condôminos, desde que maiores e capazes, podem convencionar a divisão do imóvel comum, ou a fixação dos lindes que separam as duas propriedades. Nem sempre haverá insuperável conflito entre eles, a demandar solução jurisdicional. Os direitos em jogo são disponíveis, e, desde que os envolvidos sejam capazes, a transação é admitida. É preciso que haja concordância de todos os condôminos, não só quanto à divisão da coisa comum, mas quanto à forma pela qual ela deve realizar-se. Da mesma forma, é preciso que os proprietários lindeiros estejam concordes quanto à necessidade e a forma de demarcar os imóveis. Basta que um deles não esteja de acordo, para que a solução amigável se inviabilize.

Como se trata de imóveis, a divisão e a demarcação devem ser feitas por escritura pública, na qual os interessados, se casados, deverão trazer a outorga uxória, salvo quando o bem pertencer exclusivamente a um dos cônjuges, casado no regime da separação absoluta de bens.

A divisão e a demarcação haverão de ser sempre judiciais quando um dos envolvidos for absoluta ou relativamente incapaz.

4.3. Natureza dúplice

Ambas as ações têm natureza dúplice, e o juiz pode apreciar a pretensão do réu, sem necessidade de reconvenção. A pretensão é comum a todos os envolvidos, de sorte que o juiz fixará os limites que separam um imóvel de outro, ou dividirá o imóvel comum, resulte isso em prejuízo do autor ou do réu. Da demarcação, pode resultar a fixação de limites que estejam condizentes com aquilo que o autor mencionou na inicial, ou com aquilo que o réu indicou na contestação, sem que este tenha reconvindo. E a divisão pode ser realizada tal como sugerido pelo autor, ou pelo réu.

Qualquer dos confrontantes ou condôminos que tome a iniciativa pode ser o autor da ação.

4.4. Natureza jurídica das ações

Muito se controverte sobre a natureza jurídica das ações de demarcação e divisão. O direito à demarcação não constitui um direito real, mas uma obrigação que decorre do direito de vizinhança, de natureza *propter rem*.

Parece-nos, porém, que, como ela repercutirá sobre a propriedade e suas dimensões, com repercussão no registro de imóveis, deve ser tratada como ação real, com as consequências daí decorrentes, entre as quais a outorga uxória no polo ativo, quando o autor for casado, e de litisconsórcio necessário no polo passivo.

O mesmo vale para a ação de divisão, porque ela repercutirá sobre o domínio de imóveis. Nesse sentido: "A ação divisória é real imobiliária, para a qual devem ser citados ambos os cônjuges" (*RJTJESP*, *112*:43).

Discute-se se sua natureza é declaratória ou constitutiva. No Código Civil de 1916 havia dispositivo expresso a respeito da divisão, o art. 631, que assim estabelecia: "A divisão entre os condôminos é simplesmente declaratória e não atributiva da propriedade". O Código atual não contém dispositivo expresso, mas parece que a situação não se alterou. A sentença que determina a divisão não cria a propriedade, pois os condôminos já eram titulares da coisa.

Também a demarcação tem natureza declaratória, porque não atribui propriedade, mas apenas define seus limites e extensão. Nesse sentido, Hamilton de Moraes e Barros: "Se é certo que a demarcação – operação material de colocação de marcos, isto é, de sinais exteriores permanentes e visíveis – se prende a uma linha divisória definida na sentença ou no contrato (se de demarcação ou divisão amigável se trata), é o resultado de um acertamento entre as linhas divisórias pretendidas pelas partes. Mesmo achada a linha, legítima e justa, pode conhecer essa alguma retificação, dando-se a um confrontante aqui uma porção de terra que compense a que perdeu em outro ponto da área demarcanda, ou dividenda. Essas trocas compensatórias são perfeitamente legítimas, pois que visam à economia e à comodidade dos donos, presumindo-se autorizadas pelos confinantes. Dependentes do consentimento deles, não podem realizar-se, se de qualquer deles vier adversação. Essas trocas não são as permutas propriamente ditas, não constituem recíprocas alienações. Deve-se entender que a linha divisória agora é aqui acertada, ou sempre foi o limite verdadeiro e legítimo entre os dois prédios, os imóveis contíguos, do mesmo modo que o quinhão concretizado na sentença nada mais é do que o bem individuado que, no conjunto da comunhão agora desfeita, já tocava ao comunheiro a quem foi pago. Demarcação e divisão presumem-se verificação e fixação dos anteriores direitos das partes"[34].

4.5. As duas fases nas ações de divisão e de demarcação

Em ambas as ações, o procedimento desdobra-se em duas fases: uma contenciosa, que se encerra com a sentença, e outra que só ocorrerá caso a sentença da primeira fase seja de procedência. Essa segunda tem natureza meramente executiva ou administrativa.

Não se trata de uma fase de execução, já que a sentença que encerra a primeira fase é declaratória, mas da prática de atos que visam tornar efetiva a decisão judicial que determinou a demarcação ou divisão.

---

34. Hamilton de Moraes e Barros, *Comentários ao Código de Processo Civil*, v. 9, p. 18 e 19.

A primeira fase é aquela em que o juiz decidirá se o autor tem direito a demarcação ou a divisão. Se a sentença for de procedência, terá início a segunda fase, na qual o juiz determinará, com a participação de técnicos, as operações essenciais para efetivá-las.

4.6. Competência

As ações demarcatória e divisória só podem ter por objeto bens imóveis. E o art. 47 do CPC deixa explícito que elas devem ser propostas no foro de situação da coisa, não se admitindo eleição de foro. Trata-se de regra de competência absoluta, que não admite modificação. Caso o imóvel esteja em mais de uma comarca, a competência será dada por prevenção, observando-se o disposto no art. 59 do CPC.

4.7. Legitimidade ativa e passiva

Discute-se se apenas o proprietário teria legitimidade para a propositura da demarcação, ou se também aos titulares de outros direitos reais e ao possuidor seria atribuída essa legitimidade.

Quanto à demarcação, uma leitura do disposto nos arts. 569, I, e 574 do CPC poderia levar à conclusão de que só ao proprietário é possível postular a demarcação. Antonio Carlos Marcato, considerando que a lei material e processual atribuem a legitimidade ao proprietário, conclui: "Logo, não possui legitimidade ativa o simples possuidor, eis que a disputa a respeito de limites entre prédios tem caráter dominial, e não meramente possessória"[35].

Mas parece não haver razão para que a legitimidade fique restrita ao proprietário, desde que o que se pretende demarcar não seja a propriedade, mas a situação fática decorrente da posse. Acertada a lição de Sílvio Venosa: "A legitimidade ativa deve ser alargada para aqueles cuja titularidade está muito próxima à de proprietário, como o enfiteuta, o nu-proprietário e o usuário. Cada condômino do imóvel confinante, no âmbito de seu direito concomitante de propriedade, também pode intentar a demarcação, sem o concurso dos demais condôminos. Trata-se de ação

---

35. Antonio Carlos Marcato, *Procedimentos especiais*, p. 109.

real. Mas possuidores também têm ação demarcatória de sua posse (...). Mas a declaração da sentença movida por possuidor restringe-se à delimitação do fato da posse". E, citando Humberto Theodoro Jr.: "A disputa de limites não é privilégio dos detentores do domínio. Podem perfeitamente dois possuidores limítrofes se deparar com a necessidade de definir os extremos de suas posses. A demarcação terá cabimento, e não será demarcação de domínio, mas demarcação de posse"[36].

Também a divisão pode ser requerida por titulares de outros direitos reais, ou pelo possuidor. Não se tratará de divisão da propriedade, mas dos direitos correspondentes ou da composse.

Se o imóvel estiver em condomínio, conquanto qualquer dos condôminos possa ajuizar a ação demarcatória, todos os demais haverão de ser intimados para, querendo, intervir no processo (art. 575 do CPC). Parece-nos que, conquanto a lei se refira a intimação, trata-se de verdadeira citação, como mencionava o CPC de 1973, porque todos sofrerão os efeitos da sentença. Serão todos litisconsortes necessários ativos.

Há duas causas para a formação do litisconsórcio necessário: lei que determina sua formação, ou a natureza da relação jurídica. Na demarcação de imóveis, quando um deles tem mais de um dono, a relação jurídica é una e indivisível, de forma que a sentença não pode ser diferente entre eles. Isso é o bastante para exigir a presença, no polo ativo, de todos os condôminos.

O legitimado passivo na ação de divisão proposta por um dos condôminos são os demais; na ação demarcatória, será o proprietário, titular do direito real ou possuidor do imóvel confinante, conforme a demarcação vise a separação dos lindes entre duas propriedades ou duas posses. Caso o imóvel vizinho tenha dois ou mais proprietários, todos eles deverão figurar no polo passivo, em litisconsórcio necessário.

4.8. Cumulação de demandas

Estabelece o art. 570 do CPC que é lícita a cumulação das ações de divisão e demarcação, "caso em que deverá processar-se primeiramente a

---

36. Sílvio Venosa, *Direitos reais*, p. 242.

demarcação total ou parcial da coisa comum, citando-se os confinantes e os condôminos".

A cumulação pressupõe um imóvel com mais de um proprietário, cujas divisas com o imóvel vizinho não estejam claramente estabelecidas, ou precisem ser aviventadas. Haverá, por parte dos condôminos, dois interesses distintos. O primeiro é o de que o imóvel comum seja perfeitamente estremado do vizinho, e de que as divisas fiquem estabelecidas. O segundo é o de que a coisa comum seja dividida. O curioso é que os réus da demarcação e da divisão não são os mesmos. Por isso, determina a lei que se processe primeiro a demarcação. Deve ser citado o proprietário do imóvel vizinho, para ocupar o polo passivo, e intimados os demais condôminos, para ocuparem o polo ativo, na qualidade de litisconsortes necessários.

Proferida a sentença na ação demarcatória, e estabelecidos, em caráter definitivo, os limites entre os dois imóveis, processar-se-á a ação de divisão, somente entre os condôminos, já que o proprietário do imóvel confinante, encerrada a fase demarcatória, não terá mais interesse. É o que estabelece a primeira parte do art. 572 do CPC: "Fixados os marcos da linha de demarcação, os confinantes considerar-se-ão terceiros quanto ao processo divisório".

A segunda parte faz uma ressalva: "ficando-lhes, porém, ressalvado o direito de vindicar os terrenos de que se julguem despojados por invasão das linhas limítrofes constitutivas do perímetro ou a reclamar indenização correspondente ao seu valor".

Se, feitas as demarcações, o proprietário do imóvel confinante perceber que parte de sua área foi invadida, pode ajuizar ação reivindicatória, possessória ou indenizatória da área perdida.

Se a divisão ainda não houver sido homologada, essas ações deverão ser ajuizadas contra todos os condôminos, em litisconsórcio necessário. Se já o tiver, serão aforadas contra aquele condômino que tenha sido aquinhoado com a parte do imóvel no qual fica a área invadida, objeto da ação. É o que se depreende da leitura do art. 572, § 1º, do CPC: "No caso do *caput*, serão citados para a ação todos os condôminos, se a sentença homologatória da divisão ainda não houver transitado em julgado, e todos os quinhoeiros dos terrenos vindicados, se a ação for proposta posteriormente". E acrescenta o § 2º: "Neste último caso, a sentença que julga procedente a ação, condenando a restituir os terrenos ou a pagar a indenização, valerá como título executivo em favor dos quinhoeiros para haverem dos outros condôminos, que forem parte na divisão, ou de seus sucessores por título universal, na proporção que lhes tocar, a composição pecuniária do desfalque sofrido". Se somente aquele condômino que ficou com a área vindicada tivesse de arcar com todo o prejuízo, sairia lesado na divisão. Por isso, aquele que arcou com toda a indenização, ou teve de restituir ao vizinho parte da fração que lhe coube, poderá executar os demais, para receber, proporcionalmente, a reparação pecuniária pelo desfalque sofrido.

4.9. Da ação demarcatória

4.9.1. Petição inicial

O art. 574 do CPC enumera os requisitos que deve preencher a petição inicial da ação demarcatória, além das exigências comuns, do art. 319. É preciso, em especial, que o autor informe quais os imóveis a serem demarcados, com sua descrição, e a dos limites que devem ser constituídos ou aviventados. O autor precisa indicar, na petição inicial, qual a linha divisória que entende ser a certa, os marcos ou limites que pretende aviventar ou renovar.

A petição inicial deve vir instruída com os títulos da propriedade, exceto se o objeto da ação for a demarcação da posse. O título é a certidão do Cartório de Registro de Imóveis, em nome do postulante. É necessário juntar a certidão registrária do imóvel vizinho, para que se verifique se ele efetivamente pertence ao réu. À falta desses documentos, o juiz concederá prazo de quinze dias para regularização, sob pena de extinção do processo, sem resolução de mérito. Nesse sentido, já foi decidido: "Deve a petição inicial ser instruída com os títulos de propriedade (CPC 950 [atual art. 574]), sendo lícito ao magistrado, se entender incomprovado o domínio, extinguir o processo em julgamento antecipado. Todavia, quando já assegurado plenamente o contraditório na fase postulacional, não será caso de conceder aos autores mais um novo ensejo para a comprovação de sua legitimação para a causa" (STJ, 4ª Turma, REsp 2.637-PR, rel. Min. Athos Carneiro).

Deve o autor indicar e qualificar todos os confinantes da linha demarcanda. Não há necessidade de indicação dos demais confinantes, porque estes não participarão do processo. Fica ressalvada a possibilidade de haver a demarcação de todas as divisas do imóvel, caso em que todos os confinantes precisarão ser citados.

É preciso que o autor esclareça, na inicial, a razão pela qual a demarcação se faz necessária, se para fixar os limites, renová-los ou aviventá-los.

No caso de ser cumulada com a divisória, é preciso que o autor indique quais são os demais condôminos que participarão da divisão.

Se o imóvel vizinho pertencer a várias pessoas, haverá necessidade de citação de todas, para integrar o polo passivo. É possível que o autor da ação demarcatória esteja em condomínio com outros. Nesse caso, deverão ser intimados os demais, para integrar o polo ativo, na qualidade de litisconsortes necessários, como se depreende da leitura do art. 575 do CPC: "Qualquer condômino é parte legítima para promover a demarcação do imóvel comum, requerendo a intimação dos demais para, querendo, intervir no processo". Conquanto o dispositivo se refira a intimação, trata-se de verdadeira citação, já que os demais condôminos são litisconsortes necessários ativos.

4.9.2. Citação dos réus

Todos os confinantes da linha demarcanda terão de ser citados. Caso o imóvel tenha vários donos, o requerimento será feito por um ou mais dos condôminos, e os demais serão intimados, para, querendo, intervir. Caso os réus sejam casados, a citação deverá ser feita a ambos os cônjuges, também em litisconsórcio necessário, dada a natureza real da ação.

Estabelece o art. 576 do CPC que "a citação dos réus será feita por correio, observado o disposto no art. 247". O parágrafo único acrescenta: "Será publicado edital, nos termos do inciso III do art. 259". Nada obsta a que o autor postule, justificadamente, a citação por oficial de justiça, dos réus conhecidos.

4.9.3. Contestação

De acordo com o art. 577 do CPC, "feitas as citações, terão os réus o prazo comum de quinze dias para contestar". Esse prazo só começa a correr a partir do momento em que todos eles estiverem citados, aplicando-se o art. 231, § 1º.

O prazo é comum para todos os réus, e não dobra em caso de advogados diferentes (CPC, art. 229).

Se um dos réus for a Fazenda Pública ou o Ministério Público, o prazo será computado em dobro, passando a ser de trinta dias.

Com a contestação, o processo seguirá o procedimento comum; se ninguém contestar, o juiz procederá ao julgamento antecipado do mérito (CPC, art. 355).

Em qualquer caso, porém, o julgamento não poderá ser feito antes da nomeação de um ou mais peritos para levantar o traçado da linha demarcanda (CPC, art. 579).

Caberá aos técnicos apresentar o traçado da linha, que deverá estar definido para que o juiz possa prolatar a sentença. As partes poderão formular quesitos e indicar assistentes técnicos, observado o procedimento da prova pericial.

Sem a colaboração deles o juiz não terá condições de estabelecer, com precisão, os limites dos imóveis. Mesmo que não tenha havido contestação, eles são indispensáveis.

Os peritos deverão pautar-se pelo art. 580: "Concluídos os estudos, os peritos apresentarão minucioso laudo sobre o traçado da linha demarcanda, considerando os títulos, os marcos, os rumos, a fama da vizinhança, as informações de antigos moradores do lugar e outros elementos que coligirem".

4.9.4. Sentença

A participação dos peritos é indispensável porque a sentença que acolher o pedido, julgando procedente a ação, determinará o traçado da linha demarcanda. Ela tem natureza declaratória, e sua eficácia é *ex tunc*.

4.9.5. Execução material

Contra a sentença que julga a ação demarcatória, cabe apelação, no efeito devolutivo e suspensivo. Após o trânsito em julgado, passa-se à fase de execução material da demarcação, cabendo ao perito efetuá-la, com a colocação dos marcos, conforme planta e memorial descritivo.

Os arts. 582 a 587 do CPC contêm regras que devem ser obedecidas pelos técnicos, para materializar a demarcação. Cabe ao juiz fiscalizá-las.

Colocados os marcos, a linha demarcatória será percorrida pelos peritos, que farão um relatório escrito, do qual constará a exatidão do memorial e da planta apresentados pelo agrimensor, ou as divergências encontradas (art. 585).

Apresentado o relatório, o juiz determinará que as partes se manifestem no prazo de quinze dias. Se houver correções ou retificações a fazer, ele as determinará.

Em seguida, lavrar-se-á um auto de demarcação em que os limites demarcandos serão minuciosamente descritos de acordo com o memorial e a planta (CPC, art. 586, parágrafo único). Esse auto será assinado pelo juiz e pelos peritos.

4.9.6. Sentença homologatória da demarcação

Assinado o auto, o juiz proferirá uma sentença homologando a demarcação. Contra essa sentença, caberá apelação apenas no efeito devolutivo (CPC, art. 1.012, I). Essa sentença produzirá efeitos *erga omnes*, desde que levada para registro no Cartório de Registro de Imóveis.

4.10. Ação de divisão

4.10.1. Petição inicial

Todos os requisitos do art. 319 devem ser observados. A petição inicial deve ser instruída com os títulos de propriedade dos condôminos e conter a indicação da origem da comunhão e a denominação, situação, limites e características do imóvel. É preciso que se esclareça se o condomínio é convencional, eventual ou legal. Será convencional se decorrer da vontade das partes, quando duas ou mais pessoas adquirirem, em comum, determinado bem; será eventual se decorrer da vontade do terceiro, como no caso da doação ou do bem deixado em testamento, a duas ou mais pessoas; ou legal, quando decorrer de lei. É preciso que haja uma descrição minuciosa do imóvel, com todas as suas características, para que o juiz possa verificar se ele é efetivamente divisível, pois, do contrário, o processo deverá ser extinto, sem julgamento de mérito.

Deve o autor indicar o nome, estado civil, a profissão e a residência de todos os condôminos, especificando os estabelecidos no imóvel com benfeitorias e culturas, bem como as benfeitorias comuns (CPC, art. 588 e incisos).

Como a ação de divisão tem natureza real, o autor, se for casado, deverá trazer para os autos a outorga uxória ou marital, salvo se casado no regime da separação absoluta de bens.

4.10.2. Citação, resposta e sentença

Para a ação de divisão devem ser citados todos os demais condôminos, em litisconsórcio passivo necessário, e os respectivos cônjuges, se casados forem.

Estabelece o art. 589 do CPC que à citação e à resposta dos réus se aplicam as mesmas regras que valem para a ação demarcatória (ver, *supra*, 4.9.2 e 4.9.3).

Na resposta, os réus poderão, além de alegar as matérias elencadas no art. 337, negar a existência do condomínio. Mas a defesa mais comum é a fundada na indivisibilidade da coisa. Se acolhida, implicará a inadequação da via eleita pelo autor, devendo o processo ser extinto sem resolução de mérito, por falta de interesse de agir. Não poderá o réu defender-se alegando que a maioria dos condôminos prefere manter o estado de indivisão da coisa, porque a lei civil atribui a cada um dos condôminos a legitimidade para, sozinho, postular a divisão.

Tendo havido contestação, o processo segue o procedimento comum. Do contrário, poderá haver o julgamento antecipado do mérito, na forma do art. 355, II, do CPC. Há uma diferença entre a ação de divisão e a de demarcação. É que nesta é indispensável a nomeação de um ou mais peritos antes de ser proferida a sentença na primeira fase. Já na ação de divisão, o juiz decide primeiro se a coisa deve ou não ser dividida, pois não tem cabimento nomear os técnicos, com os custos daí decorrentes, antes dessa decisão.

Julgada procedente a ação, com trânsito em julgado, o juiz então nomeará um ou mais peritos, que se incumbirão de promover a medição do imóvel e realizar as operações de divisão.

4.10.3. Execução material da divisão

Depois de transitada em julgado a sentença que determinou a divisão, têm início os trabalhos para a efetivação material da medida. Em primeiro lugar, o juiz nomeia os peritos, para que eles deem início às operações de divisão (CPC, art. 590). De acordo com o art. 590, parágrafo único, "o perito deverá indicar as vias de comunicação existentes, as construções e as benfeitorias, com a indicação dos seus valores e dos respectivos proprietários e ocupantes, as águas principais que banham o imóvel e quaisquer outras informações que possam concorrer para facilitar a partilha". Em seguida, todos os condôminos são intimados para, no prazo de dez dias, apresentar seus títulos, se ainda não o tiverem feito, e a formular os seus pedidos sobre a constituição dos quinhões (art. 591). Embora a lei mencione a juntada de títulos nesta fase, todos já devem ter sido apresentados antes da sentença, para que o juiz pudesse verificar quem são os proprietários do imóvel.

O juiz ouvirá as partes no prazo comum de quinze dias, a respeito dos pedidos de quinhão formulados pelas demais, bem como sobre os documentos juntados, quando eles foram apresentados. Se os pedidos das partes puderem ser conciliados, ou se não houver impugnação, o juiz determinará a divisão geodésica do imóvel; se houver, proferirá no prazo de dez dias uma decisão sobre os pedidos e títulos apresentados quando formulados os requerimentos dos quinhões.

Os peritos proporão, em um laudo fundamentado, a forma de divisão, "devendo consultar, quanto possível, a comodidade das partes, respeitar, para adjudicação a cada condômino, a preferência dos terrenos contíguos às suas residências e benfeitorias e evitar o retalhamento dos quinhões em glebas separadas" (CPC, art. 595).

Sobre o laudo as partes serão ouvidas no prazo comum de quinze dias, e o juiz deliberará sobre a divisão.

Em cumprimento ao que foi decidido, o perito procederá à demarcação dos quinhões, observadas as regras dos arts. 584 e 585.

Terminados os trabalhos e desenhados na planta os quinhões e servidões aparentes, o perito organizará o memorial descritivo, e o escrivão lavrará auto de divisão.

Depois de assinado o auto, que conterá os elementos indicados no art. 597, § 3º, pelo juiz e pelo perito, o magistrado proferirá sentença homologatória, da qual caberá apelação apenas no efeito devolutivo. A sentença que homologar a divisão deve ser levada a registro no Cartório de Registro de Imóveis, para que adquira validade *erga omnes*.

5. DA AÇÃO DE DISSOLUÇÃO PARCIAL DE SOCIEDADE

5.1. Introdução

O CPC de 2015 introduz um novo procedimento especial, relacionado às ações de dissolução parcial de sociedade. O CPC de 1973 não tratava do tema, embora o art. 1.218, VII, mantivesse em vigor os dispositivos do CPC de 1939, que cuidavam da dissolução e liquidação de sociedade (arts. 655 a 674).

Esses dispositivos do CPC de 1939, ainda em vigor antes da edição do CPC de 2015, tratavam do procedimento da dissolução da sociedade civil ou mercantil, mas da dissolução total, que implicava a extinção da pessoa jurídica. Previa-se um procedimento em duas fases. Na primeira, discutia-se a dissolução da sociedade; caso ela viesse a ser declarada ou decretada, passava-se à segunda fase, de liquidação e apuração de haveres.

O CPC atual trata da dissolução parcial, em que não haverá a extinção da sociedade, mas a sua resolução parcial, com a saída de um ou mais sócios, mantendo-se, no entanto, a pessoa jurídica. O nome "dissolução parcial" tem sido criticado pela doutrina justamente por essa razão: a empresa não se dissolve, mas mantém-se. Além disso, o nome não coincide com aquele usado pela lei material. Os arts. 1.028 e s. do CC não falam em dissolução, mas em resolução da sociedade em relação a um sócio.

São três as causas que podem dar ensejo à resolução parcial, de acordo com a lei civil: a morte do sócio (CC, art. 1.028); a sua retirada, nos casos previstos em lei ou em contrato, além da retirada voluntária (CC, art. 1.029); e a sua exclusão judicial, mediante a iniciativa da maioria dos demais sócios, em caso de falta grave no cumprimento de suas obrigações, ou, ainda, por incapacidade financeira (CC, art. 1.030).

A ação de dissolução parcial, prevista no CPC, será a utilizada em qualquer uma dessas três hipóteses de resolução. No entanto, a iniciativa e o procedimento variarão conforme se trate de resolução por morte, por vontade do sócio ou por exclusão pela maioria.

5.2. Procedimento

A ação de dissolução parcial da sociedade, conforme as circunstâncias, poderá ter apenas uma ou duas fases, consoante o tipo de pretensão manifestada quando do ajuizamento da ação. Ela pode ter por finalidade a resolução da sociedade em relação ao sócio e a apuração de haveres; ou somente a resolução ou a apuração de haveres. Haverá casos, por exemplo, em que a resolução é decidida extrajudicialmente, mas surge controvérsia a respeito dos haveres, que poderá ser dirimida judicialmente; ou, ao contrário, que a resolução deva ser judicial, por força de determinação contratual, mas a apuração de haveres possa ser feita consensualmente; ou ainda que as duas coisas devam ser feitas em juízo. Essas possibilidades estarão presentes, seja nos casos de morte, seja nos de exclusão, seja ainda nas hipóteses de retirada ou recesso. Assim, conquanto o CPC se refira à ação como de dissolução parcial de sociedade, pode ser que a pretensão formulada em juízo se limite à de apuração de haveres. Essa é mais uma razão pela qual se tem criticado o nome atribuído à ação pela lei.

A iniciativa da dissolução parcial da sociedade variará conforme a causa da resolução. Nos termos do art. 600 do CPC, a ação pode ser proposta: I – pelo espólio do sócio falecido, quando a totalidade dos sucessores não ingressar na sociedade; II – pelos sucessores, após concluída a partilha do sócio falecido; III – pela sociedade, se os sócios sobreviventes não admitirem o ingresso do espólio ou dos sucessores do falecido na sociedade, quando esse direito decorrer do contrato social; IV – pelo sócio que exerceu o direito de retirada ou recesso, se não tiver sido providenciada, pelos demais sócios, a alteração contratual consensual formalizando o desligamento, depois de transcorridos dez dias do exercício do direito; V – pela sociedade, nos casos em que a lei não autoriza a exclusão extrajudicial; ou VI – pelo sócio excluído. Quando a pretensão for exclusivamente a de apuração de haveres, a iniciativa pode ser do cônjuge ou companheiro do sócio, cujo casamento, união estável ou convivência terminou, e cujos haveres são pagos à conta da quota social titulada por este sócio.

Quanto ao polo passivo da ação, deverá ser observado o art. 601 do CPC, que dispõe: "Os sócios e a sociedade serão citados para, no prazo de 15 dias, concordar com o pedido ou apresentar contestação". O parágrafo único acrescenta: "A sociedade não será citada se todos os seus sócios o forem, mas ficará sujeita aos efeitos da decisão e à coisa julgada". A redação é das mais confusas. O *caput* determina a citação dos sócios e da sociedade, parecendo estabelecer um litisconsórcio necessário entre eles. Mas o parágrafo único afasta essa conclusão, ao dispensar a citação da sociedade. Parece-nos que haverá sempre a necessidade de citação de todos os sócios, o que instituirá, entre eles, um litisconsórcio necessário. Citados todos os sócios, será facultativa a citação da sociedade. Porém, mesmo que ela não seja citada, a sentença e a coisa julgada estenderão a ela os seus efeitos. Como não pode haver confusão entre a pessoa jurídica e a pessoa dos sócios, o art. 601, parágrafo único, cria mais uma hipótese de legitimidade extraordinária, em que os sócios serão os substitutos processuais da sociedade.

A solução dada pelo art. 601 e seu parágrafo único já vinha sendo aquela determinada pelo Superior Tribunal de Justiça, antes mesmo da vigência do novo CPC. Nesse sentido: "Dúvida não há na jurisprudência da Corte sobre a necessidade de citação de todos os sócios remanescentes como litisconsortes passivos necessários na ação de dissolução de sociedade. Embora grasse controvérsia entre as Turmas que compõem a Seção de Direito Privado desta Corte, a Terceira Turma tem assentado que não tem a sociedade por quotas de responsabilidade limitada qualidade de litisconsorte passivo necessário, podendo, todavia, integrar o feito se assim o desejar" (STJ, 3ª Turma, REsp 735.207, *RT*, *854*:150).

A citação dos sócios e, eventualmente, da sociedade é para que eles, no prazo de 15 dias, concordem com o pedido de resolução parcial ou contestem. Caso haja concordância unânime, o juiz decretará a dissolução parcial, passando-se à fase de liquidação, sem que haja condenação em honorários advocatícios de nenhuma das partes, rateando-se as custas na proporção das quotas sociais.

Se houver contestação, a ação seguirá pelo procedimento comum. Ao determinar a dissolução parcial da sociedade e a apuração de haveres, o juiz fixará a data da resolução da sociedade, na conformidade do disposto no CPC, art. 605, definirá o critério de apuração dos haveres à vista do disposto no contrato social e nomeará perito, determinando à sociedade e aos sócios remanescentes que depositem a parte incontroversa dos valores devidos, que poderá ser levantado desde logo pelo ex-sócio.

Depois de apurados, os haveres do sócio retirante serão pagos na conformidade do que dispuser o contrato social ou, no silêncio dele, nos termos do § 2º do art. 1.031 do Código Civil.

6. DO INVENTÁRIO E DA PARTILHA

6.1. Introdução

A existência da pessoa natural termina com a morte, que pode ser real ou presumida, na forma do art. 6º da lei civil. A real prova-se por atestado de óbito, com o qual se elabora a respectiva certidão, a ser registrada no Registro Civil. A morte presumida pode ser declarada em duas hipóteses: quanto aos ausentes, quando a lei autoriza a abertura da sucessão definitiva; e quando preenchidos os requisitos do art. 7º do Código Civil. É possível que ela seja declarada, sem que haja decretação prévia de ausência.

Da morte, como fato jurídico, resultam relevantes consequências, seja no plano pessoal, seja no patrimonial. Dentre estas, destaca-se a abertura da sucessão, com a transmissão, aos herdeiros legítimos e testamentários dos bens deixados pelo *de cujus*.

A transmissão da propriedade e da posse dos bens da herança ocorre no momento da morte, por força do princípio da *saisine*, tratado no art. 1.784 do Código Civil. Caso haja vários herdeiros, surgirá uma comunhão, na qual cada um será proprietário de uma fração ideal, de todos os bens que integram o acervo hereditário, formando-se um condomínio.

Embora a transmissão da propriedade e da posse ocorra com a morte, é preciso proceder ao inventário dos bens que compõem o acervo, e promover a partilha dos bens entre os herdeiros.

A herança é uma universalidade de bens. A massa, ainda indivisa, deixada por aquele que faleceu denomina-se *espólio*, que existe desde a abertura da sucessão até o trânsito em julgado da sentença de partilha, e ao qual a lei processual atribui capacidade para ser parte. Para que ele exista é preciso, ainda, que o *de cujus* tenha deixado herdeiros conhecidos, sejam legítimos, sejam testamentários, pois do contrário os bens serão arrecadados como herança jacente, prosseguindo-se não como inventário, mas na forma dos arts. 738 e s. do CPC.

O espólio não é dotado de personalidade jurídica, mas tem capacidade para ser parte para defender, nas ações de cunho patrimonial, os interesses da massa. Sua atuação é restrita a essas ações, já que, para as de natureza pessoal (como, por exemplo, nas de investigação de paternidade ajuizadas pelo *de cujus*), a legitimidade será dos herdeiros.

O espólio é representado pelo inventariante, salvo se ele for dativo, caso em que o será por todos os herdeiros. Enquanto não é nomeado inventariante, a representação do espólio é atribuída ao administrador provisório, pessoa que se encontra na posse dos bens da herança.

6.2. Inventário

Desde a morte, real ou presumida, abre-se a sucessão, com a transmissão de bens aos herdeiros. Para que se apure quais os que integram o acervo hereditário, e qual o quinhão que será carreado a cada um, é indispensável o inventário. Este nada mais é que a enumeração e descrição de todos os bens e obrigações que integram a herança. Devem ser incluídos todos os tipos de bens, direitos e obrigações, de natureza patrimonial, que pertenciam ao *de cujus*, e a meação do cônjuge. Porém, ela não integra a herança, porque não pertencia ao falecido. É preciso incluí-la no inventário, porque não é possível, em princípio, distinguir aquilo que pertencia ao morto e o que pertence ao viúvo. Tudo integrará o monte-mor. No inventário, isolar-se-á aquilo que pertencia ao *de cujus*, e que passará aos herdeiros, daquilo que compõe a meação do cônjuge supérstite. Como só a parte do *de cujus* integra a herança, somente sobre ela incidirá o imposto de transmissão *mortis causa*.

A expressão "inventário" designa o ato de elencar, catalogar e arrolar coisas. Do ponto de vista do direito material, é a descrição individuada dos bens da herança, e das obrigações e dívidas ativas deixadas pelo *de cujus*. Do processual, é um procedimento especial de jurisdição contenciosa, que tem por finalidade discriminar quais os bens e obrigações que integram o acervo hereditário, e indicar os herdeiros e legatários do *de cujus*, estabelecendo o quinhão que caberá a cada um na partilha, e o que caberá a eventuais credores e cessionários.

Não é o inventário que atribui aos herdeiros a propriedade dos bens da herança, pois desde a morte eles a adquirem. A sucessão hereditária é modo autônomo de aquisição da propriedade.

O inventário presta-se a numerosas finalidades: a) permitir que sejam elencados os bens, direitos e obrigações deixados pelo falecido; b) isolar tais bens da meação do cônjuge; c) elencar os herdeiros e legatários do falecido; d) verificar se a herança tem forças suficientes para o pagamento das dívidas; e) estabelecer a forma pela qual serão feitos esses pagamentos; f) dispor sobre a forma pela qual se realizará a partilha entre os herdeiros, legatários e cessionários; g) permitir que, oportunamente, seja regularizada a situação dos imóveis perante o Cartório de Registro de Imóveis, respeitada a continuidade. Enquanto não houver o inventário e a partilha, o bem continuará registrado em nome do *de cujus*, e os herdeiros, embora já proprietários, não poderão transmiti-lo a terceiros, pois o Cartório não registrará essa alienação, sob pena de ofensa ao princípio da continuidade; h) permitir que o Ministério Público fiscalize eventuais interesses de incapazes; i) permitir que sejam regularizados os aspectos tributários.

6.3. Inventário negativo

Há casos em que o *de cujus* não deixa bens, e é preciso que os herdeiros ou o cônjuge supérstite obtenham uma declaração judicial disso. A forma pela qual eles o farão será o inventário negativo. Conquanto ele não tenha sido previsto em lei, a doutrina e a jurisprudência o admitem, como mecanismo atribuído aos herdeiros ou cônjuge para demonstrar que o *de cujus* não deixou bens.

Pode ocorrer, por exemplo, que ele tenha deixado muitas dívidas, e que os credores busquem cobrá-las dos sucessores. Como o valor não pode superar o da herança, o inventário negativo será útil para que os herdeiros possam afastar os credores, demonstrando que o falecido não tinha bens. Também é útil o inventário negativo quando o viúvo ou viúva quiserem casar novamente, sem sujeitar-se às restrições do art. 1.523, I, do Código Civil.

O procedimento do inventário negativo é bastante simplificado. Será requerido no mesmo foro e juízo em que deveria ser aberto o inventário comum, se o *de cujus* tivesse deixado bens. O interessado pedirá ao juiz que tome por termo suas declarações, que conterão o nome, qualificação e último domicílio do *de cujus*, o dia, hora e local do falecimento e todas as informações a respeito do cônjuge supérstite e dos herdeiros. Declarará, ainda, que não há bens a inventariar.

Lavrado o termo de declarações, o juiz ouvirá o Ministério Público, se houver interesse de incapazes, e a Fazenda Pública.

Se ninguém impugnar, o juiz proferirá sentença declarando encerrado o inventário, por falta de bens. Se houver impugnação, o juiz a julgará de plano, se não houver necessidade de provas. Podem ser ouvidas testemunhas, para demonstrar a existência ou não de bens, caso a questão se torne controvertida.

6.4. Obrigatoriedade do inventário

Nos termos do art. 610 do CPC, o inventário judicial só é obrigatório quando houver testamento, partes incapazes, ou quando não houver concordância entre os herdeiros. Caso contrário, se todos forem capazes e concordes, e não houver testamento, o inventário judicial será facultativo, pois os bens poderão ser inventariados e partilhados por escritura pública, que servirá para registro imobiliário. Foi a Lei n. 11.441, de 4 de janeiro de 2007, que introduziu essa possibilidade em nosso ordenamento jurídico. Mas mesmo que preenchidos os requisitos para o inventário extrajudicial, os herdeiros podem preferir sempre o judicial, como forma de dar maior segurança às suas pretensões.

De observar-se que a Resolução n. 35 do Conselho Nacional de Justiça, em seu art. 12-A, introduzido pela Resolução n. 571, de 21 de agosto de 2024, autoriza o inventário mesmo que haja herdeiros incapazes, desde que preenchidos determinados requisitos. Assim:

“Art. 12-A. O inventário poderá ser realizado por escritura pública, ainda que inclua interessado menor ou incapaz, desde que o pagamento do seu quinhão hereditário ou de sua meação ocorra em parte ideal em cada um dos bens inventariados e haja manifestação favorável do Ministério Público. (Incluído pela Resolução n. 571, de 26-8-2024)

§ 1º Na hipótese do caput deste artigo é vedada a prática de atos de disposição relativos aos bens ou direitos do interessado menor ou incapaz. (Incluído pela Resolução n. 571, de 26-8-2024)

§ 2º Havendo nascituro do autor da herança, para a lavratura nos termos do *caput*, aguardar-se-á o registro de seu nascimento com a indicação da parentalidade, ou a comprovação de não ter nascido com vida. (Incluído pela Resolução n. 571, de 26-8-2024)

§ 3º A eficácia da escritura pública do inventário com interessado menor ou incapaz dependerá da manifestação favorável do Ministério Público, devendo o tabelião de notas encaminhar o expediente ao respectivo representante. (Incluído pela Resolução n. 571, de 26-8-2024)

§ 4º Em caso de impugnação pelo Ministério Público ou terceiro interessado, o procedimento deverá ser submetido à apreciação do juízo competente. (Incluído pela Resolução n. 571, de 26-8-2024)".

Além disso, o art. 12-B da mesma Resolução n. 35 do Conselho Nacional de Justiça, introduzida pela Resolução n. 579/2024, autoriza o inventário extrajudicial ainda que haja testamento, desde que preenchidos determinados requisitos. Assim:

"Art. 12-B. É autorizado o inventário e a partilha consensuais promovidos extrajudicialmente por escritura pública, ainda que o autor da herança tenha deixando testamento, desde que obedecidos os seguintes requisitos: (Incluído pela Resolução n. 571, de 26-8-2024)

I – os interessados estejam todos representados por advogado devidamente habilitado; (Incluído pela Resolução n. 571, de 26-8-2024)

II – exista expressa autorização do juízo sucessório competente em ação de abertura e cumprimento de testamento válido e eficaz, em sentença transitada em julgado; (Incluído pela Resolução n. 571, de 26-8-2024)

III – todos os interessados sejam capazes e concordes; (Incluído pela Resolução n. 571, de 26-8-2024)

IV – no caso de haver interessados menores ou incapazes, sejam também observadas as exigências do art. 12-A desta Resolução; (Incluído pela Resolução n. 571, de 26-8-2024)

V – nos casos de testamento invalidado, revogado, rompido ou caduco, a invalidade ou ineficácia tenha sido reconhecida por sentença judicial transitada em julgado na ação de abertura e cumprimento de testamento. (Incluído pela Resolução n. 571, de 26-8-2024)

§ 1º Formulado o pedido de escritura pública de inventário e partilha nas hipóteses deste artigo, deve ser apresentada, junto com o pedido, a certidão do testamento e, constatada a existência de disposição reconhecendo filho ou qualquer outra declaração irrevogável, a lavratura de escritura pública de inventário e partilha ficará vedada e o inventário deverá ser feito obrigatoriamente pela via judicial. (Incluído pela Resolução n. 571, de 26-8-2024)

§ 2º Sempre que o tabelião tiver dúvidas quanto ao cabimento da escritura de inventário e partilha consensual, deverá suscitá-la ao juízo competente em matéria de registros públicos. (Incluído pela Resolução n. 571, de 26-8-2024)".

Para que seja lavrada a escritura, é preciso que todas as partes interessadas estejam assistidas por advogado, que pode ser comum a todas ou pessoal de cada qual, ou Defensor Público, os quais devem assinar o ato notarial.

Quando houver testamento ou interessado incapaz, desde que não preenchidos os requisitos da Resolução n. 35 do CNJ supramencionados ou não havendo concordância entre os herdeiros, o inventário judicial será sempre obrigatório. A partilha pode ser amigável, mas deve ser sempre precedida de inventário judicial.

6.5. Desnecessidade de inventário

Como já mencionado no capítulo anterior, o inventário judicial não será necessário quando todos os interessados forem capazes e concordes, e não houver testamento, caso em que poderão optar por inventariar e partilhar os bens por escritura pública. Ou, ainda, nas hipóteses dos arts. 12-A e 12-B da Resolução n. 35 do CNJ, introduzidos pela Resolução n. 579/2024.

Existem certos bens que não precisam ser inventariados. São os mencionados na Lei n. 6.858, de 24 de novembro de 1980. O art. 1º, *caput*, estabelece que "Os valores devidos pelos empregadores aos empregados e os montantes das contas individuais do Fundo de Garantia por Tempo de Serviço e do Fundo de Participação PIS-PASEP, não recebidos em vida pelos respectivos titulares, serão pagos, em cotas iguais, aos dependentes habilitados perante a Previdência Social ou na forma da legislação específica dos servidores civis e militares, e, na sua falta, aos sucessores previstos na lei civil, indicados em alvará judicial, independentemente de inventário ou arrolamento". E o art. 2º estabelece que "O disposto nesta lei se aplica às restituições relativas ao imposto de renda e outros tributos, recolhidos por pessoa física, e, não existindo outros bens sujeitos a inventário, aos saldos bancários e de contas de caderneta de poupança e fundos de investimento de valor até 500 (quinhentas) Obrigações Reajustáveis do Tesouro Nacional".

Basta aos herdeiros ou sucessores, demonstrando sua qualidade, requerer ao juiz (no Estado de São Paulo, a competência é da Vara de Família e Sucessões, ou, se não houver vara especializada, na Vara Cível) alvará para levantamento, independentemente de inventário. A competência é da Justiça Estadual, conforme a Súmula 161 do STJ: "É da competência da Justiça Estadual autorizar o levantamento dos valores relativos ao PIS/PASEP e FGTS, em decorrência do falecimento do titular da conta".

O art. 666 do CPC confirma a dispensa de inventário, nessas hipóteses.

6.6. Inventário e partilha

Não há como confundir o inventário com a partilha que o sucede. A finalidade de ambos é diferente. A do inventário é conter uma enumeração precisa e discriminada de todos os bens que compõem o acervo hereditário. Já a partilha estabelece o quanto caberá a cada herdeiro, qual o quinhão que a ele corresponde.

A partilha nem sempre será necessária. O *de cujus* pode ter deixado um único herdeiro, e todos os bens lhe serão adjudicados. Para que haja partilha, é preciso que tenha surgido uma comunhão de dois ou mais herdeiros, que se tornem titulares do mesmo bem.

Mas ela não significa que haja, desde logo, a divisão dos bens, com a consequente extinção do condomínio. Ela consiste apenas em identificar qual o quinhão que coube a cada herdeiro, ainda que a coisa permaneça indivisa, e que cada um passe a ter sobre ela apenas uma fração ideal.

É possível, por exemplo, que fique atribuída a cada herdeiro a metade ideal de um bem. E que esse condomínio persista para muito depois de efetivada a partilha, extinguindo-se somente quando um dos condôminos, não desejando mais a situação de comunhão, postule sua extinção, seja pela divisão, quando divisível o objeto, seja pela alienação judicial da coisa comum, quando indivisível.

A partilha será feita na forma estabelecida no direito das sucessões. Deve-se verificar se a sucessão é legítima ou testamentária. A primeira, mais comum, ocorre quando o *de cujus* faleceu *ab intestato*, ou quando o testamento por ele deixado for considerado nulo ou caduco. Nesse caso, deve observar-se a ordem de vocação hereditária, estabelecida no art. 1.829 do Código Civil. A sucessão testamentária ocorre quando o *de cujus* dispôs, por ato de última vontade, de seu patrimônio, para depois de sua morte.

Essas duas formas de sucessão podem coexistir, por exemplo, quando o falecido tenha deixado testamento versando sobre apenas parte de seu patrimônio. O restante deverá respeitar as regras da sucessão legítima.

Devem-se observar as regras da sucessão por cabeça e por estirpe. Como ensina Débora Gozzo, "consiste aquela na situação em que todos os sucessores herdam por direito próprio, por cabeça, quando se encontram todos no mesmo grau de parentesco. Na hipótese de a sucessão se dar por estirpe, um ou alguns dos herdeiros encontram-se em graus diferentes de parentesco em relação ao 'de cujus'. Os filhos normalmente herdam por cabeça, uma vez que todos eles se encontram no mesmo grau de parentesco em relação ao ascendente. Herdarão, porém, por estirpe, se um deles for premorto e tiver filhos. Desse modo, os netos concorrerão com os filhos do falecido. Haverá, portanto, nesse caso, diferença de graus de parentesco"[37].

A sucessão por cabeça é também chamada *sucessão por direito próprio*; e a por estirpe é a sucessão por representação. A por direito próprio opera-se em favor daqueles que são os parentes mais próximos do *de cujus*;

---

37. Débora Gozzo, *Comentários ao Código Civil brasileiro*; do direito das sucessões, v. 16, p. 31.

a por representação quando forem chamados a suceder parentes mais distantes no lugar de um parente mais próximo, que seja premorto, ausente ou incapaz de suceder (CC, art. 1.851).

Se o morto teve quatro filhos, e deixou três vivos e um premorto, do qual tinha três netos, os sobreviventes receberão por cabeça, ou por direito próprio, ao passo que os netos receberão por estirpe ou por representação. A parte que caberá aos netos será aquela que caberia ao filho premorto, se ainda estivesse vivo quando da abertura da sucessão. Essa parte deverá ser dividida igualmente entre eles.

O direito de representação verifica-se apenas na linha descendente, nunca na ascendente. E na linha colateral, em favor dos filhos dos irmãos do falecido, quando com irmão deste concorrerem (CC, art. 1.853).

6.6.1. Partilha amigável e judicial

Quando todos os herdeiros forem maiores, capazes e estiverem de acordo, ou nas hipóteses do art. 12-A da Resolução n. 35 do CNJ, o inventário e a partilha poderão ser feitos amigavelmente por escritura pública. Nesses casos, mesmo que as partes tenham preferido valer-se do inventário judicial, a partilha poderá ser feita amigavelmente, por termo nos autos do inventário, escritura pública ou escrito particular homologado pelo juiz (CC, art. 2.015).

A partilha será sempre judicial se os herdeiros divergirem, ou se algum deles for incapaz, ressalvada a hipótese supramencionada (CC, art. 2.016).

É possível que seja estabelecida pelo *de cujus*, por testamento. A disposição do testador prevalecerá, salvo se o valor dos bens não corresponder às quotas estabelecidas, ou se, com isso, ficarem prejudicadas as legítimas (CC, arts. 2.015 e 2.018).

Cada vez mais frequentes são as partilhas feitas, antes da morte, por ascendentes em favor dos descendentes, para evitar disputas *post mortem*, em regra por meio de doação, em que o doador reserva para si o direito de usufruto (não se permite a doação universal sem que o autor reserve para si o necessário a sua subsistência). O art. 2.018 do Código Civil autoriza que o ascendente o faça, desde que, com isso, não haja violação ao direito dos herdeiros à legítima.

O Código Civil atual traz, nos arts. 2.013 e s., as regras principais da partilha.

6.7. Procedimento do inventário

É um procedimento especial de jurisdição contenciosa. No CPC de 1939, o inventário era classificado como procedimento especial de jurisdição voluntária, e a alteração para procedimento de jurisdição contenciosa, no Código de 1973, provocou críticas. Porém, como observavam Sebastião Luiz Amorim e Euclides Benedito de Oliveira, "É bem certo que pode haver partilha amigável, quando as partes transijam, desde que sejam maiores e capazes. Mas nem sempre. A regra é a contenciosidade, em face do possível litígio entre os interessados na herança, tanto na primeira fase, de declaração ou arrolamento dos bens, quanto nas subsequentes, de habilitações de herdeiros, avaliação dos bens e partilha dos quinhões, exigindo julgamento e não simples homologação judicial, com reflexos, pois, na conceituação da coisa julgada (confiram-se os arts. 1.028 a 1.030 do CPC [atuais arts. 656 a 658])"[38].

Apesar de procedimento de jurisdição contenciosa, o inventário tem uma estrutura bastante diferenciada, em comparação com os demais. Não há autor e réu, nem contestação e produção de provas. Ele não termina com uma sentença de procedência ou de improcedência, e as questões de alta indagação devem ser remetidas para a via própria.

O Código Civil contém normas a respeito dos inventários e partilhas (arts. 1.991 a 2.027), que devem ser conciliadas com as do CPC.

O inventário poderá processar-se por três ritos diferentes: como inventário tradicional, na forma dos arts. 610 a 658; como arrolamento sumário, na forma do art. 659, quando todos os herdeiros forem maiores e capazes, e estiverem de acordo quanto à partilha; e pelo rito do arrolamento comum, na forma do art. 664, quando os bens inventariados forem de valor baixo, igual ou inferior a 1.000 salários mínimos, mesmo que haja herdeiros ou interessados incapazes. As regras do inventário comum aplicam-se subsidiariamente às demais espécies.

---

38. Sebastião Amorim e Euclides de Oliveira, *Inventários e partilhas*, p. 292.

6.7.1. Competência

De acordo com o art. 23, II, do CPC, compete com exclusividade à autoridade judiciária brasileira "em matéria de sucessão hereditária, proceder à confirmação de testamento particular e ao inventário e à partilha de bens, situados no Brasil, ainda que o autor da herança seja de nacionalidade estrangeira ou tenha domicílio fora do território nacional". Trata-se de regra de competência exclusiva, e não serão homologadas pelo STJ as sentenças ou decisões estrangeiras, proferidas em inventário de bens situados no Brasil.

Internamente, a regra fundamental de competência é a estabelecida no art. 48 do CPC: "O foro de domicílio do autor da herança, no Brasil, é o competente para o inventário, a partilha, a arrecadação, o cumprimento de disposições de última vontade, a impugnação ou anulação de partilha extrajudicial e para todas as ações em que o espólio for réu, ainda que o óbito tenha ocorrido no estrangeiro. Parágrafo único. Se o autor da herança não possuía domicílio certo, é competente: I – o foro da situação dos bens imóveis; II – havendo bens imóveis em foros diferentes, qualquer destes; III – não havendo bens imóveis, o foro do local de qualquer dos bens do espólio".

A regra geral de competência é a do domicílio do autor da herança. O Código Civil, no art. 1.785, determina que "a sucessão abre-se no lugar do último domicílio do falecido".

Trata-se de competência relativa, mesmo que no processo haja interesses de menores (Súmula 58 do extinto Tribunal Federal de Recursos). Admite-se, por isso, que haja foro de eleição.

Em caso de pluralidade de domicílios, a competência será determinada por prevenção. Se o autor da herança não tinha domicílio certo, será do foro de situação dos bens imóveis. Se eles estiverem em lugares diferentes, no foro de qualquer deles, e não havendo imóveis, no foro de qualquer dos bens do espólio.

No domicílio do autor da herança, a ação correrá nos Juízos Especializados de Família e Sucessões, onde houver, ou na Vara Cível Comum.

O juízo universal do inventário atrai as ações propostas contra o espólio. Isso não é bastante para modificar as regras de competência absoluta, pois só se refere àquelas ações relacionadas com o direito sucessório e que, de alguma forma, repercutam sobre o inventário ou a partilha. As reais imobiliárias, as possessórias, as de petição de herança envolvendo bens imóveis, as de usucapião, não serão atraídas pelo juízo do inventário. Também não o serão as que não tenham relevância sucessória, ainda que o espólio integre o polo passivo.

As ações de investigação de paternidade, ajuizadas por pretensos herdeiros do *de cujus*, não serão igualmente atraídas, porque o réu não será o espólio, mas os herdeiros do falecido.

6.7.2. Prazo para abertura

De acordo com o estatuído no art. 611 do CPC, o inventário e a partilha deverão ser instaurados dentro de dois meses a contar da abertura da sucessão. Nada impede que sejam abertos posteriormente, mas a omissão pode repercutir na ordem de preferência para nomeação do inventariante, e resultar na imposição de multa sobre o imposto a recolher.

Já ficou decidido que é constitucional a multa imposta pelos Estados, como sanção pela demora na abertura do inventário. Nesse sentido, a Súmula 542 do STF.

No Estado de São Paulo, a multa será de 10% do valor do imposto, se o atraso for superior a sessenta dias, e de 20%, se ultrapassar os 180 dias (Leis paulistas n. 9.591/66 e 10.705/2000).

De acordo com o art. 611 do CPC, o prazo para a ultimação do inventário é de doze meses, podendo o juiz prorrogá-lo de ofício ou a requerimento da parte.

6.7.3. Valor da causa e custas iniciais

A taxa judiciária é regida por lei estadual. Em São Paulo, a Lei n. 11.608, de 29 de dezembro de 2003, estabelece, no art. 4º, § 7º, o valor das custas no inventário, instituindo uma tabela que leva em consideração o valor total dos bens que integram o monte-mor, inclusive a meação dos cônjuges supérstites.

Houve alteração na forma de recolhimento de custas, antes regidas pela Lei n. 4.952/85, de 1% do valor da causa, pendendo grande controvérsia sobre se deveria ou não incluir a meação do cônjuge supérstite.

A nova Lei de Custas não deixa dúvidas quanto à inclusão, estabelecendo novos parâmetros para o recolhimento.

O valor dos bens será atribuído por quem requerer a abertura da sucessão, podendo ser impugnado por qualquer interessado. Se necessário, pode ser determinada avaliação judicial. O dos bens imóveis deve corresponder àquele que serve de base para o lançamento de impostos (valor venal).

6.7.4. Questões de alta indagação

De acordo com o art. 612 do CPC, "o juiz decidirá todas as questões de direito desde que os fatos relevantes estejam provados por documento, só remetendo para as vias ordinárias as questões que dependerem de outras provas".

As questões de direito devem ser objeto de decisão judicial, no próprio juízo do inventário, por mais complexas que sejam. Nesse sentido, já se decidiu: "Consoante doutrina de melhor tradição, questões de direito, mesmo intrincadas, e questões de fato documentadas resolvem-se no juízo do inventário, com desprezo da via ordinária" (STJ, 4ª Turma, REsp 4.625-SP, rel. Min. Sálvio de Figueiredo). Somente as questões de fato é que poderão ser remetidas para as vias ordinárias, desde que seu exame exija a produção de novas provas. A questão de alta indagação não é a intrincada ou difícil, mas a que se refira a um fato que dependa da produção de provas, ou que exija um processo de cognição completa. Consoante lição de Hamilton de Moraes e Barros, "alta indagação não é, assim, uma intrincada, difícil e debatida questão de direito. É o fato incerto que depende de prova 'aliunde', isto é, de prova a vir de fora do processo, a ser colhida em outro feito. Ressalte-se que se o inventário não admite colheita da prova testemunhal, não é porque ele seja um procedimento sumário, pois que o procedimento sumaríssimo admite depoimentos pessoais e o de testemunhas, mas porque é procedimento especial. Como exemplos de questões de alta indagação surgidas em inventário, poderíamos lembrar a admissão de herdeiro, que envolvesse a investigação de paternidade ou da maternidade; o problema da venda de bens a filhos, o problema da anulação do testamento (não da sua nulidade, ou da sua inexistência, que podem ser evidentes), já que a anulação é objeto de uma ação proposta para tal fim; o problema dos bens, no regime da separação, quando se trata de saber se vieram antes, ou depois do casamento etc."[39].

Além dessas, podem ser mencionadas as questões relacionadas à exclusão de herdeiro por indignidade ou ao reconhecimento de que o *de cujus* vivia com alguém em união estável.

6.7.5. Abertura do inventário

A legitimidade é, primeiramente, de quem estiver na posse e administração do espólio, por força do disposto no art. 615 do CPC. Além deles, a lei processual a atribui ao cônjuge ou companheiro supérstite, ao herdeiro, ao legatário, ao testamenteiro, ao cessionário do herdeiro ou do legatário, ao credor do herdeiro, do legatário ou do autor da herança, ao Ministério Público, havendo herdeiros incapazes, à Fazenda Pública, quando tiver interesse, e ao administrador judicial da falência do herdeiro, do legatário, do autor da herança, ou do cônjuge ou companheiro supérstite.

Qualquer dessas pessoas pode requerer a abertura do inventário, e não há necessidade de que se obedeça à ordem do art. 616.

O rol do art. 616 não é taxativo, pois qualquer outra pessoa, desde que demonstre interesse, pode requerer a abertura.

O requerimento será feito por petição, firmada por advogado, e deverá comunicar ao juiz o óbito, postulando a abertura do inventário e a nomeação de inventariante. O pedido deve vir acompanhado da certidão de óbito e, se possível, dos documentos pelos quais o autor demonstre seu interesse em requerer a abertura. Quando se tratar de cônjuge supérstite, ele juntará a certidão de casamento; se de herdeiro, documento que o comprove.

A petição inicial, depois de distribuída, autuada e registrada, será encaminhada ao juiz, que, verificando estar em termos, nomeará inventariante, a quem competirá prestar compromisso no prazo de cinco dias, na forma do art. 617, parágrafo único, do CPC.

---

39. Hamilton de Moraes e Barros, *Comentários*, cit., p. 158.

O CPC atual não permite que o inventário seja iniciado pelo juízo, de ofício, como o fazia o Código anterior.

6.7.6. Administrador provisório e inventariante

O inventariante é a pessoa que fica incumbida de administrar os bens do espólio, e de representá-lo em juízo naquelas demandas em que for parte. O espólio não tem personalidade jurídica, mas tem capacidade para ser parte. A citação do espólio e sua representação em juízo far-se-ão na pessoa do inventariante (salvo se for o dativo, que não tem poderes de representação, nos termos do art. 75, § 1º, do CPC, caso em que o espólio será representado por todos os herdeiros e sucessores).

O inventário não é aberto no momento exato da morte, e é comum que os interessados levem dias ou até meses para requerê-lo. Há um espaço de tempo em que já existe o espólio, mas ainda não há inventário aberto, nem inventariante nomeado. Nesse ínterim, o espólio será representado pelo administrador provisório. É o que estabelece o art. 613 do CPC: "Até que o inventariante preste o compromisso, continuará o espólio na posse do administrador provisório". E, de acordo com o art. 614, "o administrador provisório representa ativa e passivamente o espólio, é obrigado a trazer ao acervo os frutos que desde a abertura da sucessão percebeu, tem direito ao reembolso das despesas necessárias e úteis que fez e responde pelo dano a que, por dolo ou culpa, der causa".

O art. 1.797 do Código Civil estabelece uma ordem de preferência para o exercício da administração provisória da herança, que deve ser respeitada. A preferência será dada: I – ao cônjuge ou companheiro, se com o outro convivia ao tempo da abertura da sucessão; II – ao herdeiro que estiver na posse e administração dos bens, e, se houver mais de um nessas condições, ao mais velho; III – ao testamenteiro; IV – a pessoa de confiança do juiz, na falta ou escusa das indicadas nos incisos antecedentes, ou quando tiverem de ser afastadas por motivo grave levado ao conhecimento do juiz".

Com o compromisso do inventariante, cessam as funções do administrador provisório, e, desde então, a representação do espólio passa àquele.

A inventariança só poderá recair sobre pessoa capaz, e deverá respeitar a ordem do art. 617 do CPC, salvo se houver motivo relevante para inversão. As partes, desde que maiores e capazes, podem indicar ao juiz pessoa que possa exercer a inventariança.

A função será atribuída: I – ao cônjuge ou companheiro sobrevivente, desde que estivesse convivendo com o outro ao tempo da morte deste; II – ao herdeiro que se achar na posse e na administração do espólio, se não houver cônjuge ou companheiro sobrevivente ou se estes não puderem ser nomeados; III – qualquer herdeiro, quando nenhum deles estiver na posse e na administração do espólio; IV – o herdeiro menor, por seu representante legal; V – o testamenteiro, se lhe tiver sido confiada a administração do espólio ou se toda a herança estiver distribuída em legados; VI – o cessionário do herdeiro ou do legatário; VII – o inventariante judicial, se houver; VIII – pessoa estranha idônea, quando não houver inventariante judicial.

O inventariante judicial a que alude o inciso VII é figura praticamente extinta. Quando ninguém quiser assumir o encargo, o juiz nomeará inventariante dativo, devendo a nomeação recair sobre qualquer pessoa estranha idônea (inciso VIII).

O inventariante prestará compromisso no prazo de cinco dias, o que será desnecessário se se tratar de arrolamento.

6.7.7. Atribuições do inventariante

Incumbe a ele representar ativa e passivamente o espólio, nos termos do art. 75, VII, do CPC, com a ressalva do § 1º.

Além disso, tem a função de administrar os bens do espólio, zelando por sua preservação. Deve cuidar dos bens como se fossem seus, comunicando ao juízo eventuais problemas ou ameaças que sobre eles recaiam.

O inventariante ainda tem as atribuições estabelecidas no art. 618, I a VIII. Além de representar e administrar o espólio, cabe a ele prestar as primeiras e últimas declarações pessoalmente ou por procurador com poderes especiais; exibir em cartório, a qualquer tempo, para exame das partes, os documentos relativos ao espólio; juntar aos autos certidão de testamento, se houver; trazer à colação os bens recebidos pelo herdeiro ausente, renunciante ou excluído; prestar contas de sua gestão ao deixar o cargo ou sempre que o juiz lhe determinar; requerer a declaração de insolvência do espólio.

Essas atribuições independem de ouvida dos interessados ou de autorização judicial, constituindo obrigações essenciais do inventariante. Mas há outras que ele poderá praticar, desde que ouvidos os interessados, e com autorização judicial, tais como alienar bens de qualquer espécie, transigir em juízo ou fora dele; pagar dívidas do espólio e fazer despesas necessárias com a conservação e melhoramento dos bens do espólio.

Entre as obrigações de maior relevância que tem o inventariante está a de prestar contas de sua gestão. O não cumprimento ensejará sua remoção.

A prestação de contas não constitui ação autônoma, mas mero incidente no bojo do inventário (art. 553 do CPC), e tem cunho mais administrativo do que jurisdicional. Esclarecedora a decisão publicada em *RF*, *314*:96, na qual se concluiu que: "A sistemática processual estabelece a possibilidade de se exigir a prestação de contas do inventariante tanto pela via própria, contenciosa, da ação de prestação de contas como pela via administrativa, enquanto incidente do inventário. Nesta hipótese, a finalidade é tão somente apurar o estado dos bens administrados e pode ser determinada pelo juiz sempre que, provocado ou não, repute necessário, conforme o art. 991, VII, do CPC [atual art. 618, VII]".

A prestação de contas será feita por determinação judicial, ou a requerimento dos herdeiros, a qualquer tempo. Se, apresentadas as contas, não houver litígio, e todos concordarem com seu teor, o juiz as homologará. Do contrário, se a matéria se tornar controvertida, e houver necessidade de produção de provas, o juiz remeterá as partes para as vias ordinárias.

6.7.8. Remoção e destituição do inventariante

A remoção e a destituição são fenômenos distintos, embora tenham em comum o fato de ambas implicarem a perda do cargo pelo inventariante. A diferença é que a remoção é a punição aplicada àquele que não se desincumbiu a contento do encargo, ou perpetrou, dolosa ou culposamente, uma falta, em seu exercício. A destituição é decorrência de um fato externo ao processo, que não está ligado ao exercício da função. Por exemplo, se o inventariante for preso em razão de condenação criminal, e não puder continuar exercendo o encargo. O fato que ensejou a perda do cargo não está associado a nenhuma falha no exercício de suas funções, mas a um fato impeditivo externo.

As hipóteses de remoção estão enumeradas no art. 622 do CPC. O inventariante será removido de ofício ou a requerimento: "I – se não prestar, no prazo legal, as primeiras ou as últimas declarações; II – se não der ao inventário andamento regular, se suscitar dúvidas infundadas ou se praticar atos meramente protelatórios; III – se, por culpa sua, bens do espólio se deteriorarem, forem dilapidados ou sofrerem danos; IV – se não defender o espólio nas ações em que for citado, se deixar de cobrar dívidas ativas ou se não promover as medidas necessárias para evitar o perecimento de direitos; V – se não prestar contas ou se as que prestar não forem julgadas boas; VI – se sonegar, ocultar ou desviar bens do espólio".

O pedido de remoção poderá ser formulado a qualquer tempo, desde que se verifiquem os atos comissivos ou omissivos mencionados. A enumeração não é taxativa, podendo ser estendida a todas as hipóteses em que se verificar incúria, desonestidade e outros problemas que justifiquem a remoção.

O incidente se processará em apenso, e o juiz intimará o inventariante para defender-se, no prazo de quinze dias, e produzir as provas que entender necessárias. Em seguida, decidirá. Se acolher o pedido, nomeará outro inventariante para o lugar do removido, respeitada a ordem legal. O removido entregará imediatamente ao substituto os bens do espólio, sob pena de expedição de mandado de busca e apreensão, ou de imissão da posse, conforme o bem seja móvel ou imóvel.

A decisão que aprecia o pedido de remoção é interlocutória, cabendo agravo de instrumento (art. 1.015, parágrafo único).

A remoção também pode ser determinada de ofício pelo juiz, ou a requerimento do Ministério Público. Se o juiz verificar que o inventariante não dá andamento ao processo, determinará sua remoção, mas não extinguirá o inventário. Se ainda assim persistir a paralisação, o juiz determinará que os autos aguardem no arquivo provocação do interessado. A extinção do inventário não ocorrerá enquanto ele não estiver encerrado.

6.7.9. Primeiras declarações

De acordo com o art. 620 do CPC, o inventariante, prestado o compromisso, terá o prazo de vinte dias para prestar as primeiras declarações, na forma ali mencionada. Delas se lavrará um termo, do qual deverão constar, entre outras coisas, o nome e a qualificação do autor da herança, a data e o local de sua morte, e se deixou testamento; o nome e a qualificação dos herdeiros e do cônjuge ou companheiro supérstite, e o regime de bens do casamento ou da união estável; a qualidade dos herdeiros – se legítimos ou testamentários – e o grau de seu parentesco com o inventariante, e a relação completa e discriminada de todos os bens do espólio, e dos alheios que nele forem encontrados, com as exigências do art. 620, IV, e suas diversas alíneas, do CPC.

Se todas essas informações já tiverem sido prestadas na petição em que se requereu a abertura do inventário, bastará ao inventariante ratificá-las. Na descrição dos bens, ele indicará todos aqueles que integram o monte-mor, e não apenas a meação do *de cujus*. A cada um deles deve ser atribuído valor de mercado, sendo de fundamental importância para a futura partilha que seja correto e justo, o que evitará futuras impugnações, e incidentes referentes ao recolhimento dos impostos de transmissão da herança.

O § 1º do art. 620 do CPC estabelece que o juiz determinará que se proceda ao balanço do estabelecimento, se o autor da herança era empresário individual, e à apuração de haveres, se era sócio de sociedade não anônima.

A apuração de haveres se faz por contador, e não abrange os ganhos ou perdas posteriores ao óbito, devendo-se respeitar a Súmula 265 do STF: "Na apuração de haveres, não prevalece o balanço não aprovado pelo sócio falecido, excluído ou que se retirou".

O juiz deve exigir que as primeiras declarações sejam prestadas de forma clara, sem deixar dúvidas. Se houver erros ou obscuridades, mandará saná-los. Caso o cônjuge ou companheiro supérstite, os herdeiros ou legatários tenham consigo algum bem do qual não se tenha conhecimento, deverão informá-lo ao juízo, para que sejam incluídos, sob pena de ficar configurada a sonegação (CC, arts. 1.992 e s.).

A sonegação imporá a seu autor a perda do direito que tinha sobre o bem. Se for o próprio inventariante, será removido. Mas as penas só podem ser impostas em ação própria (art. 1.994 do CC).

6.7.10. Citações

Prestadas as primeiras declarações, serão citados o cônjuge (ou companheiro), os herdeiros e os legatários. E serão intimados a Fazenda

Pública e o Ministério Público, se houver herdeiro incapaz ou ausente, e o testamenteiro, se houver testamento.

Há necessidade de citação dos herdeiros, mesmo que eles já tenham cedido a terceiros seus direitos hereditários. Controverte-se sobre a necessidade de citação do cônjuge do herdeiro, havendo numerosas decisões judiciais em sentido afirmativo (*RT*, 513:125; *Informativo STF*, 25:250). Parece-nos, porém, desnecessária. O inventário não é ação real, mas pessoal. Como ensinam Euclides de Oliveira e Sebastião Amorim: "A citação do herdeiro dispensa o chamamento do seu cônjuge, assim como basta a outorga unilateral de procuração pelo herdeiro, uma vez que o inventário tem por fim o recebimento de bens por sucessão *causa mortis*. Todavia, haverá necessidade de citação do cônjuge, ou de sua representação no processo, em caso de disposição de bens, tais como a renúncia à herança, alienações, partilha diferenciada, e quaisquer atos que dependem de outorga uxória"[40].

De acordo com o § 1º do art. 626 do CPC, a citação do cônjuge ou do companheiro, dos herdeiros e dos legatários será feita pelo correio, observado o disposto no art. 247, sendo, ainda, publicado edital, nos termos do inciso III do art. 259. Nada impede que a citação pelo correio seja, justificadamente, substituída pela citação por Oficial de Justiça. Caso algum dos interessados compareça espontaneamente, estará suprida a necessidade de citação, na forma do art. 239, § 1º.

A intimação da Fazenda Pública é necessária, porque ela tem interesse em decorrência do imposto de transmissão *causa mortis*. A Fazenda que deve ser intimada é a estadual. O Ministério Público só participará se houver herdeiro incapaz ou ausente; e o testamenteiro, se houver testamento.

6.7.11. Impugnações

Após concluídas todas as citações, as partes terão o prazo comum de quinze dias para manifestar-se sobre as primeiras declarações. Elas podem omitir-se, concordar ou impugná-las, para: I – arguir erros, omissões ou sonegação de bens; II – reclamar contra a nomeação do inventariante; ou III – contestar a qualidade de quem foi incluído como herdeiro.

---

40. Sebastião Amorim e Euclides de Oliveira, *Inventários*, cit., p. 358.

Se o juiz acolher a matéria mencionada no item I, mandará retificar as primeiras declarações. Se acolher a do item II, nomeará outro inventariante, respeitando a ordem de preferência legal. E, se acolher a do item III, determinará a devida exclusão. Se a matéria mencionada no item III constituir questão de alta indagação, o juiz remeterá as partes para as vias ordinárias, e suspenderá, até o julgamento da ação, a entrega do quinhão que na partilha caberia a esse herdeiro.

Quando a matéria não for de alta indagação, o juiz decidirá o incidente no próprio inventário, cabendo, da decisão que mantiver ou excluir o herdeiro, agravo de instrumento.

De acordo com o art. 668, I, o sobrestamento cessará se, em trinta dias, não for proposta a ação para exclusão do herdeiro impugnado.

Pode haver reclamação daquele que se julgar preterido, e que queira sua admissão no inventário. Ele deve formular o requerimento antes da partilha, embora para ele não vigore o prazo de quinze dias, já que, não tendo sido incluído, não terá sido citado. As partes serão ouvidas em quinze dias, depois dos quais o juiz decidirá, em princípio, no próprio inventário. Se houver necessidade de produção de outras provas, que não meramente documentais, o juiz remeterá a questão para as vias ordinárias, mandando reservar, em poder do inventariante, o quinhão do herdeiro excluído, até que se decida o litígio. Se no prazo de trinta dias não for proposta a ação, cessará a eficácia da medida.

A Fazenda Pública, no prazo de quinze dias após vista das primeiras declarações, informará ao juízo o valor dos bens de raiz descritos nas primeiras declarações, de acordo com os dados que constam do cadastro imobiliário. Essa providência será desnecessária quando o inventariante, ao prestar as primeiras declarações, comprovar o valor venal dos imóveis, juntando os lançamentos fiscais, ou quando não houver impugnação da Fazenda.

Contra a decisão que julga qualquer das impugnações, cabe agravo de instrumento.

6.7.12. Avaliações

A partir do art. 630, o CPC regula a avaliação, que deverá ser feita sobre todos os bens que integram o espólio. São duas as suas finalidades: permitir o cálculo dos impostos, em especial do *mortis causa*, e verificar a correção da partilha, de sorte que nenhum dos sucessores fique prejudicado.

Nem sempre ela será necessária. Pode ser dispensada em várias hipóteses: a) se todas as partes forem maiores e capazes, e se elas, bem como a Fazenda, intimada pessoalmente, não impugnarem o valor atribuído aos bens nas primeiras declarações; b) tiver havido informação do Fisco a respeito dos bens, sem impugnação; c) quando for instituído em favor dos herdeiros, sobre todos os bens, um condomínio, no qual se respeite a fração ideal cabente a cada um, desde que não tenha havido impugnação da Fazenda. Neste último caso, a avaliação é dispensada porque, se os quinhões atribuídos a cada herdeiro forem respeitados na formação do condomínio, não haverá nenhum risco de que qualquer deles fique prejudicado.

Havendo necessidade de avaliação, o juiz, após decididas as impugnações, nomeará um perito avaliador, se não houver na comarca um avaliador judicial (CPC, art. 630). Ela respeitará o disposto nos arts. 872 e 873 do CPC. Como se trata de mera avaliação, e não de perícia, não é dada às partes a indicação de assistentes técnicos.

Entregue o laudo, as partes terão a oportunidade de manifestar-se, em quinze dias, podendo impugná-lo. O juiz decidirá, desde logo, as impugnações, podendo determinar que o perito preste esclarecimentos suplementares. Se for acolhida a impugnação, determinará que o perito retifique a avaliação.

6.7.13. Últimas declarações

Encerrada a fase de avaliação, será lavrado o termo de últimas declarações.

Sua função é permitir que o inventariante tenha a oportunidade de emendar, completar ou aditar as primeiras declarações, corrigindo-lhes as omissões e sanando-lhes os vícios.

Ainda que não haja nada a corrigir ou acrescentar, o inventariante deve apresentá-las, limitando-se a ratificar as primeiras, e a informar que nada há a alterar.

As últimas declarações põem fim à fase de inventário, sendo a oportunidade de incluir os bens que haviam sido esquecidos ou omitidos, ou afastar outras falhas que as primeiras declarações pudessem conter (se não for incluído bem do qual ele tivesse ciência, poderá haver a ação de sonegados).

Sobre as últimas declarações, serão ouvidas as partes no prazo comum de quinze dias. Caso haja impugnação, o juiz decidirá desde logo, determinando eventuais retificações que se afigurem necessárias (CPC, art. 637).

6.7.14. *Tributos*

Depois de prestadas as últimas declarações, será feito o cálculo do imposto *mortis causa* e *inter vivos*. Eventuais outros tributos que possam recair sobre os bens (IPTU, INSS etc.) devem ser quitados antes da partilha, cabendo ao inventariante comprovar-lhes o pagamento com a certidão de quitação. Nesse aspecto, distinguem-se o inventário dos arrolamentos, porque nestes a comprovação do pagamento dos tributos é feita após a homologação da partilha ou adjudicação, como condição para a expedição do respectivo formal. A existência de dívida para com a Fazenda Pública não impedirá o julgamento da partilha, desde que o seu pagamento esteja devidamente garantido (art. 654, parágrafo único).

O cálculo do valor do imposto *mortis causa* deverá observar a Súmula 112 do STF: "O imposto de transmissão *causa mortis* é devido pela alíquota vigente ao tempo da abertura da sucessão". A base de cálculo é o valor do bem na data de sua avaliação, nos termos da Súmula 113 do STF.

O cálculo será feito de acordo com o que dispõem o Código Tributário Nacional e a legislação estadual. No Estado de São Paulo, a matéria é regulada pela Lei n. 10.992, de 21 de dezembro de 2001.

O imposto *causa mortis* tem por fato gerador a transmissão de bens decorrente de sucessão por morte, seja legítima ou testamentária, ou a doação de bens do espólio. A base de cálculo são os bens, móveis e imóveis, deixados pelo *de cujus* a seus herdeiros. O imposto não recai sobre a meação do cônjuge sobrevivente, porque esta não é transmitida por morte.

A lei estadual mencionada enumera as hipóteses de isenção, e estabelece a alíquota do tributo em 4% sobre o valor tomado como base de cálculo, que é o valor de avaliação dos bens na data da abertura da sucessão.

O imposto *inter vivos* incide sobre a transmissão onerosa de bens imóveis do espólio. Como se aplica apenas aos atos onerosos, não incide sobre a doação, sendo esta objeto de imposto *causa mortis*.

O imposto *inter vivos* será devido quando ao cônjuge meeiro ou ao herdeiro forem atribuídos bens imóveis que ultrapassem o que seria devido por força da meação ou das quotas devidas. Se ele receber mais bens imóveis do que lhe cabia, por convenção entre os interessados, recolherá o imposto *inter vivos*, calculado sobre o que foi transmitido a mais.

Caso o imóvel seja objeto de compromisso de compra e venda, deve-se observar a Súmula 590 do STF: "Calcula-se o imposto de transmissão *causa mortis* sobre o saldo credor da promessa de compra e venda de imóvel, no momento da abertura da sucessão do promitente vendedor".

Em caso de renúncia pura à herança, o renunciante não pagará o imposto *mortis causa*, porque não transmitiu a terceiros os bens que lhe cabiam, mas simplesmente abdicou deles. Aqueles que receberem os bens é que deverão arcar com o tributo. Nesse sentido: "Se todos os filhos do autor da herança renunciam a seus respectivos quinhões, beneficiando a viúva, que era a herdeira subsequente, é incorreto dizer que a renúncia foi antecedida por aceitação tácita da herança. Não incidência do imposto de transmissão" (STJ, 1ª Turma, REsp 20.183-8-RJ, rel. Min. Humberto Gomes de Barros).

Mas a situação será diferente se houver renúncia translativa, verdadeira cessão de direitos hereditários, em que há transmissão de bens. Para que ela ocorra, o herdeiro deve primeiro aceitar a herança, e, depois, renunciar a ela em favor de terceiro. Em casos assim, incidirão dois tributos: o *mortis causa* e o *inter vivos*.

O cálculo do imposto é feito pelo contador, e sobre ele as partes se manifestarão no prazo de cinco dias (CPC, art. 638). Em seguida, será ouvida a Fazenda Pública. Caso haja impugnação, o juiz a examinará, e, verificando que há erro, devolverá os autos ao contador, para que efetue as correções.

Depois disso, julgará o cálculo do imposto, cabendo agravo dessa decisão. Euclides de Oliveira e Sebastião Amorim entendem, de forma diversa, que o ato judicial que aprecia o cálculo põe fim à fase de inventário, passando-se à partilha, e deve ser considerado como sentença apelável. Parece-nos que o processo só tem fim quando homologada a partilha, e só então haverá sentença. Antes, os atos judiciais, incluindo o que aprecia o cálculo, terão a natureza de decisão interlocutória agravável.

6.7.15. Colações

A colação vem tratada no Código Civil a partir do art. 2.002. Da leitura conjugada desse artigo com o seguinte, conclui-se que ela consiste no ato pelo qual os descendentes, que concorrem à sucessão de ascendente comum, são obrigados a conferir as doações e dotes que receberam em vida, sob pena de sonegados, com a finalidade de igualar suas legítimas e a do cônjuge sobrevivente.

As doações feitas em vida constituem adiantamento de legítima (CC, art. 544), devendo os bens ser trazidos à colação, no inventário, salvo se o autor da herança tiver declarado expressamente que dispensa a colação, ou que devem ser imputados na parte disponível.

Aquele descendente que, em vida, foi beneficiado por seu pai deve trazer, sob pena de sonegação, os bens que recebeu à colação, no processo de inventário, para não ser favorecido.

Do dever de colação não se exime o descendente, ainda que o bem doado já não exista ao tempo da abertura da sucessão, caso em que a colação será feita pelo valor correspondente. De acordo com os arts. 2.003 e 2.004 do Código Civil, o valor dos bens, na colação, será aquele que tiver sido atribuído no ato de liberalidade, e no tempo em que ela foi feita. Mas o art. 639, parágrafo único, do CPC, que é norma posterior, determina que os bens conferidos na partilha, assim como as acessões e as benfeitorias que o donatário fez, calcular-se-ão pelo valor que tiverem ao tempo da abertura da sucessão, e não da liberalidade. Essa é a solução que deve prevalecer.

A colação é indispensável, ainda que o herdeiro tenha renunciado à herança, ou dela tenha sido excluído (arts. 2.008 do CC e 640 do CPC). Ele deve repor a parte inoficiosa, que ultrapassa a legítima. Estabelece o art. 640, § 1º, do CPC que "é lícito ao donatário escolher, dentre os bens doados, tantos quantos bastem para perfazer a legítima e a metade disponível, entrando na partilha o excedente para ser dividido entre os demais herdeiros". O § 2º: "Se a parte inoficiosa da doação recair sobre bem imóvel, que não comporte divisão cômoda, o juiz determinará que sobre ela se proceda a licitação entre os herdeiros". E o § 3º conclui: "O donatário poderá concorrer na licitação referida no § 2º e, em igualdade de condições, terá preferência sobre os herdeiros".

Dispensa-se a colação se o doador determinar que saiam da parte disponível, contanto que não a excedam, computado o seu valor ao tempo da doação.

Há alguns bens que não precisam ser colacionados. Os arts. 2.010 e 2.011 do Código Civil os enumeram: os gastos ordinários do ascendente com o descendente, enquanto menor, na sua educação, estudos, sustento, vestuário, tratamento nas enfermidades, enxoval, despesas de casamento, ou as feitas no interesse de sua defesa em processo-crime e as doações remuneratórias.

Se o herdeiro negar o recebimento dos bens ou a obrigação de conferir, o juiz ouvirá as partes em quinze dias, e decidirá à vista das alegações e provas produzidas (CPC, art. 641, *caput*). Não acolhida a negativa do herdeiro, o juiz mandará que, em quinze dias, ele proceda à conferência, sob pena de sequestro dos bens. Caso não os tenha mais consigo, mandará imputar seu valor no quinhão que lhe couber.

Se a matéria exigir dilação probatória diversa da documental, o juiz remeterá as partes para as vias ordinárias, mas o herdeiro não receberá o seu quinhão senão depois de prestar caução correspondente ao valor dos bens não colacionados.

Qualquer dos herdeiros pode reclamar do beneficiado a colação dos bens que recebeu do *de cujus*, sob pena de ação de sonegados.

6.7.16. Do pagamento das dívidas

O autor da herança pode ter deixado créditos e débitos, que passam a compor o espólio, e devem ser declarados.

É dever do inventariante promover a cobrança dos créditos, em nome do espólio, valendo-se das ações apropriadas.

As dívidas devem ser declaradas no inventário. Uma das finalidades deste é promover a liquidação dos débitos do *de cujus* para, verificando o que sobra, permitir a posterior partilha dos bens.

Enquanto existir o espólio, caberá a ele responder pelo pagamento das dívidas. Se já tiver sido extinto pela partilha, a obrigação passa aos herdeiros, devendo ser observada a proporção que a cada um coube na herança. Não se pode olvidar que o espólio e os herdeiros respondem pelos débitos, respeitadas as forças da herança. Por isso, a cobrança ou execução dos débitos do *de cujus* não pode atingir bens pessoais dos herdeiros, que não provenham da sucessão. A responsabilidade do espólio e dos herdeiros estende-se até às dívidas alimentares deixadas pelo *de cujus*, nos limites das forças da herança, nos termos do art. 1.700 do Código Civil.

A cobrança poderá ser feita no próprio juízo do inventário, se a dívida for vencida e exigível. Trata-se de verdadeira habilitação de crédito, em que os credores comprovarão a existência do débito, e seu montante atual, devendo ser respeitadas as prelações legais.

A petição deve vir acompanhada de prova literal da dívida, devendo ser distribuída e autuada em apenso aos autos do processo de inventário.

O juiz ouvirá as partes. Se houver concordância, ele ordenará que se separe do monte dinheiro ou, na sua falta, bens suficientes para o pagamento, que serão alienados, observando-se as disposições do CPC sobre expropriação. O credor pode, se preferir, adjudicar o bem, o que será deferido pelo juiz se houver concordância das partes. O ato que julga a habilitação de crédito tem natureza de sentença, e está sujeito à apelação. Se for interposto agravo de instrumento, deve ser conhecido, aplicando-se o princípio da fungibilidade.

Caso não haja concordância de todas as partes sobre o pagamento, o credor será remetido para as vias ordinárias. Desde que a impugnação não esteja fundada em pagamento, o juiz mandará reservar em poder do inventariante bens suficientes para a solução do débito, sobre os quais possa recair oportunamente a execução. Para que eles permaneçam reservados, é preciso que o credor ajuíze ação de cobrança, no prazo de trinta dias. Depois, a reserva perderá sua eficácia.

Se a dívida não estava vencida, parece-nos que se poderá adotar igual procedimento, podendo ser reservados dinheiro ou bens suficientes para pagamento, que ficarão aguardando o vencimento do débito.

O procedimento de habilitação de crédito, previsto nos arts. 642 e s. do CPC, é facultativo, porque o credor pode optar por, desde logo, ajuizar em face do espólio ação de cobrança ou de execução.

A Fazenda Pública não precisa habilitar seus créditos no inventário, devendo valer-se da via executiva, prevista na Lei n. 6.830/80.

Caso a dívida do espólio seja paga integralmente por apenas um dos herdeiros, ele terá direito de regresso perante os demais, observando o quinhão de cada um. Em caso de insolvência de um deles, sua parte dividir-se-á em proporção entre os demais (CC, art. 1.999).

O pagamento dos legados é preferido ao da herança. Para o pagamento das dívidas, deve primeiro ser consumida a parte dos herdeiros. Se esta for esgotada, os legados serão atingidos, e o legatário será intimado para manifestar-se, podendo impugnar os débitos apresentados.

6.8. Da partilha

6.8.1. Introdução

A partilha tem início depois de encerrada a fase de inventário, na qual foram indicados os bens deixados pelo morto, os herdeiros, os legatários e os credores. Feito o pagamento das dívidas, e verificado o que restou, passar-se-á à partilha, que consiste na divisão dos bens entre os sucessores. Pressupõe que o *de cujus* tenha deixado mais de um herdeiro, pois, do contrário, todos os bens serão adjudicados ao sucessor único.

Ela não é atributiva, mas declaratória da propriedade, porque, pelo princípio da *saisine*, o herdeiro ter-se-á tornado proprietário e possuidor dos bens desde o momento da morte. Com a partilha se declarará qual o quinhão de cada herdeiro, com os bens que o integram.

Para que se chegue ao monte partível é preciso que, antes de tudo, se faça o pagamento das dívidas, e se isole a herança da meação do cônjuge ou companheiro supérstite. O resto deve ser objeto de divisão e repartição entre os diversos credores.

6.8.2. Espécies de partilha

Ela pode ser amigável ou judicial. A primeira pressupõe que os herdeiros sejam todos maiores e capazes (ressalvadas as hipóteses do arts. 12-A da Resolução n. 35 do CNJ), e estejam de acordo quanto à divisão e distribuição de bens. A judicial é a que se faz quando nem todos os herdeiros são capazes, ou quando há divergência entre eles.

A partilha amigável pode ser *inter vivos* ou *post mortem*. Em vida, é feita pelo pai ou qualquer ascendente, por escritura pública ou testamento. O único cuidado é que ela não pode prejudicar a legítima dos herdeiros necessários, nem privar o autor da herança do necessário para sua subsistência. Ela só pode ser feita pelo autor da herança, nunca por seus sucessores, já que vedada a possibilidade de disposição de herança de pessoa viva (*pacta corvina*). Para se assegurar de que a partilha não o prive do necessário à subsistência, costuma o autor da herança, ao fazer a doação de todos os bens que lhe pertencem, reservar para si o usufruto. Feita a partilha em vida, por escritura pública, não haverá necessidade de, após a morte, fazer-se o inventário, ou trazer os bens à colação. Mas pode haver redução do quinhão atribuído a um herdeiro, se isso for necessário para a preservação da legítima.

A partilha em vida pode, ainda, ser feita por testamento. Nesse caso, será preciso fazer o inventário. Diz-se que é *inter vivos*, porque a forma pela qual se realiza é decidida pelo próprio titular, que estabelece a quota de cada um dos herdeiros.

A partilha amigável *post mortem* é feita entre os herdeiros maiores e capazes, que estejam de acordo com a maneira pela qual serão divididos os bens. É feita no curso do inventário ou arrolamento, por escritura pública, termo nos autos do inventário ou escrito particular, homologado pelo juiz (CC, art. 2.015).

A partilha amigável deve ser homologada pelo juiz (CPC, art. 659), e pode ser anulada em caso de vício de consentimento, na forma do art. 657 do CPC.

A partilha será judicial quando houver incapazes, ou não houver acordo entre os herdeiros a respeito da divisão dos bens (art. 2.016 do CC).

6.8.3. Procedimento da partilha

Verificados quais os bens que deverão integrar o acervo a ser partilhado, o juiz concederá às partes o prazo de quinze dias para formular o pedido de quinhão. É possível que o autor da herança tenha deixado testamento, indicando os bens e valores que devem compor cada quinhão na partilha. A vontade dele deve prevalecer, salvo se o valor dos bens não corresponder às quotas estabelecidas (art. 2.014 do CC).

Ouvidas as partes, o juiz decidirá sobre a forma pela qual a partilha será realizada. Ao fazê-lo, apreciará os pedidos das partes e determinará os bens que integrarão o quinhão de cada herdeiro ou legatário.

O procedimento é o estabelecido nos arts. 647 e s. do CPC. Os herdeiros formularão seus pedidos de quinhão, no prazo de quinze dias, e o juiz proferirá a decisão sobre a partilha. Esse ato judicial tem conteúdo decisório, desafiando a interposição do agravo de instrumento.

O juiz, ao decidir sobre a partilha, deverá observar, quanto ao valor, natureza e qualidade dos bens, a maior igualdade possível.

Isso não significa que cada herdeiro deva receber uma fração ideal, proporcional a sua parte na herança, sobre todos os bens. Nesse sentido: "Com efeito, a partilha judicial não significa a necessária distribuição de todos os bens em mero fracionamento. Observados os princípios da igualdade e da comodidade dos herdeiros, deve-se evitar, tanto quanto possível, a subsistência do condomínio, a que Washington de Barros Monteiro denomina de 'semente de demandas, atritos e dissensões. As mesmas observações valem para o estabelecimento da meação devida ao cônjuge supérstite, ou ao companheiro. Ressalte-se que meação não é herança, mas parte do acervo patrimonial já pertencente ao meeiro (...). Ao deliberar sobre a partilha, o juiz designa os bens que deverão constituir a meação e os que devem integrar o quinhão de cada herdeiro, legatário ou cessionário, sempre que possível evitando o condomínio"[41].

Os bens insuscetíveis de divisão cômoda, que não caibam na meação do cônjuge sobrevivente ou no quinhão de um só herdeiro, serão vendidos judicialmente, e o valor apurado será dividido, a não ser que haja acordo para que o bem seja adjudicado a todos, ficando cada herdeiro com uma fração ideal (CC, art. 2.019, *caput*).

Não se fará a alienação judicial da coisa se o meeiro ou um ou mais herdeiros requererem a adjudicação do bem, repondo aos autos, em dinheiro, a diferença, após avaliação. Caso mais de um herdeiro postule a adjudicação, será feito um processo de licitação. Aquele que mais oferecer obterá a adjudicação, repondo aos demais a diferença.

Em seguida, observar-se-á o disposto no art. 651 do CPC: "O partidor organizará o esboço da partilha de acordo com a decisão judicial, observando nos pagamentos a seguinte ordem: I – dívidas atendidas; II – meação do cônjuge [incluindo-se aqui o companheiro]; III – meação disponível: IV – quinhões hereditários, a começar pelo coerdeiro mais velho".

---

41. Sebastião Amorim e Euclides de Oliveira, *Inventários*, cit., p. 432.

Sobre o esboço de partilha as partes serão ouvidas no prazo comum de quinze dias. Resolvidas eventuais impugnações, a partilha será lançada nos autos, observando os requisitos do art. 653 do CPC.

Estabelece o art. 654 que, "pago o imposto de transmissão a título de morte, e juntada aos autos certidão ou informação negativa de dívida para com a Fazenda Pública, o juiz julgará por sentença a partilha". Mas o parágrafo único acrescenta que "a existência de dívida para com a Fazenda Pública não impedirá o julgamento da partilha, desde que o seu pagamento esteja devidamente garantido".

Tratando-se de partilha judicial, não há apenas homologação, como ocorre com a amigável. Esta é feita por escritura pública, termo nos autos, e é homologada pelo juiz. Não cabe ação rescisória, mas ação anulatória, na forma dos arts. 657, parágrafo único, e 966, § 4º. O prazo para seu ajuizamento é de um ano, na forma do art. 2.027 do Código Civil, havendo grande divergência a respeito do termo inicial da contagem, pois há decisões que o consideram como sendo a data da homologação da partilha, e outras que consideram a data em que essa decisão transitou em julgado. Parece-nos que o prazo não pode correr nem de uma coisa nem de outra, porque não é a homologação que atribuiu validade e eficácia à partilha, mas o acordo de partilha em si, celebrado entre partes maiores e capazes. O que se pretende anular não é a homologação, mas o próprio acordo. Por isso, desde sua celebração, corre o prazo decadencial de um ano. A partilha judicial é rescindível, nas hipóteses do art. 658 do CPC. O prazo é o comum da ação rescisória, de dois anos a contar do trânsito em julgado da sentença.

Se a sentença se limitou a homologar o esboço de partilha, sem que tenha havido contestação ou impugnação dos herdeiros, o procedimento a observar é o do art. 657, e não o do art. 658, que fica reservado para as hipóteses de litigiosidade.

Se houver acordo entre as partes maiores e capazes, a partilha será anulável. Também o será se não houve acordo, mas não foi impugnado o esboço de partilha apresentado pelo partidor. Mas será rescindível a sentença que julgar a partilha, em caso de divergência entre os herdeiros.

Nesse sentido, a lição de Hamilton de Moraes e Barros: "A ação para anular sentenças homologatórias de partilha ou de divisões, em que não houve contestação, é a anulatória, ou ação de anulação, e não a ação rescisória propriamente dita"[42].

A legitimidade para as ações anulatórias e rescisórias não é apenas dos herdeiros, mas também do cônjuge ou companheiro supérstite, e outros interessados, como cessionários, credores, e até mesmo do cônjuge do herdeiro, se prejudicada sua parte ideal.

Quando a ação anulatória for ajuizada por terceiro interessado, que não tenha participado do inventário, o prazo será de quinze anos, podendo ser cumulada com petição de herança. Esse é o prazo, porque só depois dele é que, por usucapião, eventuais terceiros interessados não poderão mais reaver os bens que, por força da partilha, tenham ficado com outras pessoas.

A sentença que julga a partilha está sujeita a apelação, que será recebida no duplo efeito.

Depois de transitada em julgado a sentença, pode haver emenda nos mesmos autos do inventário, quando tenha havido erro de fato na descrição dos bens, desde que sobre isso convenham as partes. Pode o juiz, de ofício ou a requerimento das partes, determinar a correção de inexatidões materiais, seja da sentença que julgou a partilha, seja do respectivo formal.

Há, portanto, duas hipóteses de emenda, posteriores ao trânsito em julgado: a de erro de fato na descrição dos bens, que depende de concordância dos herdeiros; e a existência de inexatidão material, que independe do consentimento.

As emendas terão lugar nos próprios autos do inventário, e contra elas caberá agravo de instrumento. Caso algum dos herdeiros não concorde com a alteração, restará aos demais propor a ação anulatória (CPC, art. 657).

Transitada em julgado a sentença que homologa ou julga a partilha, cessa a existência do espólio, pois deixa de existir a massa indivisa de bens. Com isso, encerram-se as funções do inventariante. Naquelas ações em que figure o espólio, haverá necessidade de substituição pelos herdeiros.

6.8.4. Formal de partilha

Com o trânsito em julgado da sentença, os herdeiros receberão os bens que lhe tocarem no formal de partilha. O art. 655 do CPC estabele-

42. Hamilton de Moraes e Barros, *Comentários*, cit., p. 262.

ce quais são as peças que o comporão, acrescentando, em seu parágrafo único, que "o formal de partilha poderá ser substituído por certidão de pagamento do quinhão hereditário, quando esse não exceder cinco vezes o salário mínimo; caso em que se transcreverá nele a sentença de partilha transitada em julgado".

Havendo bens imóveis, o formal de partilha será levado a registro, que nesse caso não tem função atributiva da propriedade (princípio da *saisine*). Mas é só a partir dele que o bem imóvel figurará em nome do herdeiro, permitindo-lhe dispor do bem, e transferi-lo a terceiros, sem que haja ofensa ao princípio da continuidade registrária.

6.8.5. Sobrepartilha

Os bens que não tenham sido partilhados no curso do inventário ficam sujeitos à sobrepartilha. Entre eles estão aqueles que tenham sido sonegados, os que se descobriram depois da partilha, os litigiosos, assim como os de liquidação difícil e morosa, e os situados em lugar remoto da sede do juízo onde se processa o inventário.

Em relação aos bens litigiosos e aos situados em local distante, determina o art. 669, parágrafo único, do CPC que eles serão reservados à sobrepartilha, sob a guarda e a administração do mesmo ou de diverso inventariante, conforme a vontade da maioria.

A sobrepartilha é feita nos próprios autos, mantendo-se a representação processual dos herdeiros e os poderes do inventariante. Todas as fases procedimentais anteriores serão repetidas em relação aos bens que forem objeto de sobrepartilha.

6.9. Inventário conjunto

Estabelece o art. 672 do CPC que "É lícita a cumulação de inventários para a partilha de heranças de pessoas diversas quando houver: I – identidade de pessoas entre as quais devem ser repartidos os bens; II – heranças deixadas pelos dois cônjuges ou companheiros: III – dependência de uma das partilhas em relação à outra. Parágrafo único. No caso previsto no inciso III, se a dependência for parcial, por haver outros bens, o juiz pode ordenar a tramitação separada, se melhor convier ao interesse das partes ou à celeridade processual". Haverá a nomeação de um só inventariante, devendo o segundo inventário ser distribuído por dependência e apensado ao primeiro.

De acordo com o art. 673 do CPC, nos casos de inventário conjunto decorrente de heranças deixadas pelos dois cônjuges ou companheiros, prevalecerão as primeiras declarações, assim como o laudo de avaliação, salvo se alterado o valor dos bens.

6.10. Arrolamento

É uma forma simplificada de inventário, que cabe quando os bens forem de pequeno valor, até o limite de 1.000 salários mínimos.

Não se confunde com o *arrolamento sumário*, outra forma simplificada, porque este independe do valor dos bens, podendo ser utilizado quando os herdeiros forem maiores e capazes e estiverem de acordo com a partilha.

O procedimento do arrolamento comum é aquele do art. 664 do CPC: "Quando o valor dos bens do espólio for igual ou inferior a 1.000 salários mínimos, o inventário processar-se-á na forma de arrolamento, cabendo ao inventariante nomeado, independentemente de assinatura do termo de compromisso, apresentar, com suas declarações, a atribuição de valor aos bens do espólio e o plano da partilha".

Esse procedimento simplificado é cogente, preenchidos os requisitos do art. 664. Os herdeiros não podem optar pelo procedimento mais amplo do inventário.

6.10.1. Peculiaridades

O procedimento é efetivamente simplificado, e com algumas peculiaridades. Naquilo em que a lei for omissa, aplicar-se-ão subsidiariamente as regras do inventário, como no que se refere a sua abertura. Qualquer das pessoas mencionadas nos arts. 615 e 616 do CPC pode requerê-la. O pedido deve vir instruído da mesma maneira que o do inventário. O juiz nomeará um inventariante, que, no entanto, não precisará prestar compromisso. Caberá a ele apresentar, com suas declarações, a atribuição do valor dos bens do espólio e já o plano de partilha.

As partes que não estiverem representadas nos autos serão citadas, e poderão impugnar as primeiras declarações e a estimativa do valor dos bens, no mesmo prazo estabelecido para o inventário. O Ministério Público, desde que intervenha no feito pela presença de incapazes ou ausentes, ou por outros motivos que justifiquem sua participação, também poderá fazê-lo. Se houver impugnação do valor do bem, o juiz nomeará um avaliador, que apresentará o laudo no prazo de dez dias.

Antes da partilha, deverá ser comprovada a quitação dos tributos, com o recolhimento do imposto *mortis causa*, e a apresentação de certidões negativas de tributo dos bens.

Apreciadas as impugnações das partes e do Ministério Público, o juiz deliberará sobre a partilha. Se houver necessidade de provas em audiência, ele a designará. Julgada a partilha (ou adjudicação, se houver um herdeiro só), com o trânsito em julgado será expedida a respectiva carta. Parece-nos que, contra a decisão que delibera sobre a partilha, cabe agravo de instrumento, embora haja numerosos acórdãos entendendo-a irrecorrível. No entanto, só pode ser considerado como tal o ato judicial que não tem conteúdo decisório, e do qual nenhum prejuízo possa resultar para as partes.

6.11. Arrolamento sumário

É uma forma ainda mais simplificada de inventário, que pressupõe a inexistência de litígio entre herdeiros, todos maiores e capazes. É preciso que não haja nenhuma divergência quanto aos bens e à forma pela qual a partilha se fará. É irrelevante o valor dos bens ou o número de herdeiros. Se houver apenas um, não haverá partilha, mas a adjudicação.

Com a entrada em vigor da Lei n. 11.441, de 4 de janeiro de 2007, fica assegurada aos interessados a faculdade de dispensar o arrolamento sumário, desde que não haja testamento, e valer-se de escritura pública para inventariar e partilhar os bens. Mas essa faculdade não impede que os interessados prefiram o arrolamento judicial.

6.11.1. Peculiaridades

A abertura deve ser requerida por todos os herdeiros, ou por apenas um, com a concordância dos demais.

Na petição inicial, eles postularão ao juiz a nomeação do inventariante que designarem, a declaração dos títulos dos herdeiros e os bens do espólio, e farão a atribuição de valor a tais bens, para fins de partilha.

É preciso que se traga a comprovação do recolhimento dos tributos relativos aos bens e rendas que integram o espólio.

Não haverá qualquer citação, já que o arrolamento sumário pressupõe que todos os herdeiros estejam representados nos autos, e concordem com a partilha apresentada. Caso um dos herdeiros não compareça, não seja localizado ou seja incapaz, tornar-se-á inviável o prosseguimento, devendo obedecer-se ao rito do inventário comum.

Quando o herdeiro for casado ou viver em união estável, será preciso que o cônjuge tenha outorgado procuração, pois a partilha amigável tem caráter negocial, e exige outorga uxória, salvo se o regime for o da separação absoluta de bens.

A partilha, já apresentada na inicial, deve ser feita na forma do art. 2.015 do Código Civil.

A existência de testamento não obsta à utilização do arrolamento sumário, desde que preenchidos os demais requisitos. Porém, será indispensável a participação do Ministério Público, que será intimado dos atos do processo.

No arrolamento sumário não se lavra nenhuma espécie de termo. O inventariante não presta compromisso, e fica dispensado das primeiras declarações. Também não se lavra termo de partilha.

O inventariante será nomeado por indicação dos próprios herdeiros. No requerimento já se fará a descrição de todos os bens, com a enumeração dos herdeiros, e a parte que caberá a cada um na partilha. A cada bem será atribuído valor. Como não há impugnação, pois o procedimento pressupõe a concordância de todos, não haverá necessidade de avaliação dos bens.

A Fazenda Pública não é intimada, mas é preciso que seja cientificada da partilha, para acompanhar o recolhimento do imposto *mortis causa*. Caso se verifique que o tributo foi recolhido a menor, a Fazenda fará o lançamento administrativo, conforme dispuser a legislação tributária, não ficando as autoridades fazendárias adstritas aos valores atribuídos aos bens do espólio. Ela não é intimada do arrolamento, mas não se vincula aos valores atribuídos, podendo cobrar a diferença por lançamento tributário. As questões relativas ao recolhimento do tributo não serão apreciadas no arrolamento, como estabelece o art. 662, *caput*, do CPC: "No arrolamento, não serão conhecidas ou apreciadas questões relativas ao lançamento, ao pagamento ou à quitação de taxas judiciárias e de tributos incidentes sobre a transmissão da propriedade dos bens do espólio".

A respeito do recolhimento do ITCMD no arrolamento sumário, o Superior Tribunal de Justiça decidiu, em precedente vinculante (Tema 1074): "No arrolamento sumário, a homologação da partilha ou da adjudicação, bem como a expedição do formal de partilha e da carta de adjudicação, não se condicionam ao prévio recolhimento do imposto de transmissão *causa mortis*, devendo ser comprovado, todavia, o pagamento dos tributos relativos aos bens do espólio e às suas rendas, a teor dos arts. 659, § 2º, do CPC/2015 e 192 do CTN".

Isso explica a desnecessidade de intimação da Fazenda no curso do arrolamento, pois há procedimento próprio para que ela possa cobrar a diferença entre o que foi pago e o que era devido. Deve apenas ser intimada da sentença homologatória para, se for o caso, promover a cobrança posterior, em via administrativa, do saldo ou outros tributos de que seja credora.

A existência de algum credor do espólio não impedirá que haja a homologação da partilha ou adjudicação, desde que os herdeiros reservem, do monte partível, bens suficientes para fazer frente ao débito. A reserva será feita pelo valor estimado dos bens, salvo se for impugnado pelo credor, caso em que deverá ser feita a avaliação.

Homologada a partilha ou a adjudicação, serão expedidos o formal ou a carta.

7. DOS EMBARGOS DE TERCEIRO

7.1. Introdução

Em geral, não é possível que a constrição judicial recaia sobre bens de quem não é parte no processo. Os embargos de terceiros são a ação atribuída àquele que não é parte, para fazer cessar a constrição judicial que indevidamente recaiu sobre um bem do qual é proprietário ou possuidor.

São dois os pressupostos dos embargos de terceiros, que os distinguem de outras ações: que haja um processo em curso, no qual tenha ocorrido uma constrição judicial (daí por que os embargos de terceiro estão sempre associados a um outro processo); e que essa constrição tenha recaído sobre um bem de alguém que não participa do processo. Por terceiro se entende aquele que não é parte, sendo irrelevante que seja ou não o responsável pelo pagamento do débito, ou que figure ou não no título executivo. Sua condição decorre de não ter sido incluído no processo.

A parte tem outros mecanismos para defender-se de indevidas apreensões judiciais. Pode recorrer da decisão que a determinou, ou, na execução, valer-se dos embargos à execução. No cumprimento de sentença pode valer-se da impugnação. Os embargos de terceiros opostos por quem tenha a qualidade de parte serão extintos, sem apreciação de mérito, por falta de interesse de agir (inadequação da via eleita).

Eles constituem uma nova ação, e um novo processo, embora estejam ligados àquele no qual se deu a apreensão judicial. Não são meros incidentes da execução, mas têm natureza de processo de conhecimento, de natureza constitutiva negativa, que visam desfazer a constrição judicial indevida.

Não se confundem com outras ações que servem para a defesa da posse e propriedade, como, por exemplo, com as ações possessórias. Nestas, a legitimidade é exclusiva do possuidor, ao passo que se admitem embargos de terceiro fundados na propriedade. O principal ponto de distinção está em que somente os embargos de terceiro pressupõem ato de apreensão judicial, realizado por oficial de justiça. Neles, a perda da posse decorre de uma determinação judicial, ainda que indevida. Já nas ações possessórias, o esbulho, turbação ou ameaça não derivam de ato judicial, mas de particular ou do Poder Público, não proveniente de decisão judicial.

Pelas mesmas razões, não é possível confundir os embargos de terceiro com ação reivindicatória, em que se pretende reaver a posse de bem, que esteja indevidamente com outrem, com fundamento no domínio.

Não se confundem os embargos de terceiro com a oposição. Nesta, o opoente vai a juízo formular um pedido que coincide com o da ação principal. A pretensão do opoente é a mesma do autor da lide principal, e o acolhimento da oposição implica o desacolhimento desta. Há relação de prejudicialidade entre uma lide e outra.

Nos embargos de terceiro, o embargante não tem a mesma pretensão que o autor da lide principal, mas busca afastar a constrição judicial que recaiu indevidamente sobre um bem que lhe pertence, ou do qual tem posse. O acolhimento dos embargos de terceiro não implica a improcedência da ação principal, e entre elas não existe relação de prejudicialidade.

Por exemplo, imagine-se que *A* ingressa em juízo com ação reivindicatória em face de *B*, para reaver um terreno que acredita ser seu, e que está indevidamente com o réu. Caberá oposição se *C* pretender ir a juízo para demonstrar que o terreno é dele, e não pertence nem ao autor nem ao réu da ação reivindicatória. Nesse caso, o terceiro quer a mesma coisa disputada na lide principal. Se sua pretensão for acolhida, a do autor da principal não pode ser. É indispensável que o opoente consiga afastar tanto a pretensão do autor quanto a do réu da lide principal, razão pela qual a oposição é aforada contra ambos, em litisconsórcio necessário.

Nos embargos, o terceiro não formula pedido coincidente com o da lide principal, mas reclama de turbação, esbulho ou ameaça sobre seu bem, em virtude de decisão judicial. Se em ação reivindicatória, ajuizada entre *A* e *B*, o juiz defere uma tutela antecipada em favor do autor, e o oficial de justiça, ao cumprir o mandado, acaba por apreender equivocadamente um bem de *C*, este deverá valer-se dos embargos de terceiro para afastar a constrição indevida. Não há relação de prejudicialidade entre os embargos e a ação principal, pois o acolhimento daqueles não impede que esta prossiga, e seja julgada procedente.

É possível que, em processo de execução, a penhora recaia sobre bem que não pertence ao devedor, mas a terceiro. Este, para livrá-lo, deverá opor os embargos, jamais oposição. O credor não está interessado propriamente no bem penhorado, mas em receber o que lhe é devido. E, para tanto, vale-se do patrimônio do devedor. O terceiro não tem a mesma pretensão do credor na lide executiva, mas busca afastar a constrição sobre seu bem, podendo a execução prosseguir, com a penhora de outros.

7.2. Requisitos

É preciso distinguir entre os requisitos de admissibilidade dos embargos, cujo preenchimento é indispensável para que eles possam ser julgados pelo mérito, dos requisitos para o acolhimento dos embargos, isto é, aqueles que têm de ser preenchidos para que eles possam ser julgados procedentes.

7.2.1. *Requisitos de admissibilidade*

Os embargos de terceiro constituem uma ação autônoma, e implicam a formação de uma nova relação processual, com procedimento próprio. Para que sejam julgados pelo mérito, devem estar presentes as condições da ação, e os pressupostos processuais, como nas demais ações.

Os requisitos específicos são: a) que haja um ato de apreensão judicial; b) que sejam aforados por terceiro legitimado; c) que se respeite o prazo.

a. Ato de apreensão judicial

A finalidade dos embargos de terceiro é livrar bens que tenham sido indevidamente objeto de apreensão judicial. O art. 674 do CPC dispõe que eles serão oponíveis por aquele que, não sendo parte no processo, sofrer constrição ou ameaça de constrição sobre seus bens por ato de apreensão judicial.

A apreensão pode ter ocorrido em qualquer tipo de processo, de conhecimento ou de execução.

São atos de apreensão judicial, entre outros: a penhora, o depósito, o arresto, o sequestro, a alienação judicial, a arrecadação, o arrolamento, o inventário e a partilha, bem como qualquer outro do qual possa resultar esbulho ou turbação da posse do bem de terceiro.

Mas não só o esbulho ou a turbação. A ameaça também o justifica, desde que seja séria, e referente a uma constrição iminente. Os embargos de terceiro terão função preventiva, de evitar que se concretize a ameaça.

Como exemplo pode ser mencionada a nomeação à penhora, pelo devedor, de bem que pertence a terceiro. Ainda que não se tenha efetivado a apreensão, a nomeação de bem de terceiro traz para este a justa preocupação de que a apreensão se consume.

Já foi decidido que "basta a simples ameaça de turbação ou esbulho para que sejam cabíveis os embargos" (STJ, *RT*, *659*:184).

b. Legitimidade

Os embargos de terceiros são ajuizados por aquele que não é parte no processo, e tem a qualidade de proprietário, inclusive fiduciário, ou possuidor do bem, apreendido judicialmente. São dois os requisitos do legitimado ativo: a qualidade de terceiro, e a de proprietário ou possuidor do bem.

O art. 674, § 1º, do CPC dispõe que os embargos podem ser de terceiro proprietário, inclusive fiduciário.

É inegável que o proprietário, ainda que sem a posse da coisa, tem interesse em preservá-la. Da mesma forma que ele tem o direito de havê-la de quem quer que injustamente tenha a coisa consigo (direito à posse decorrente da propriedade – *jus possidendi*), tem o direito de preservá-la de injustas apreensões judiciais. A pessoa que adquire um imóvel, por escritura pública levada a registro, pode valer-se dos embargos de terceiro para protegê-lo de apreensão judicial indevida, ainda que não tenha ingressado em sua posse.

A redação do § 1º do art. 674 afasta qualquer dúvida sobre a possibilidade de que o proprietário fiduciário, isto é, aquele a quem foi transferida a propriedade como garantia de uma dívida, em alienação fiduciária em garantia, possa valer-se também dos embargos.

Muito se discutiu sobre a possibilidade de o compromissário-comprador valer-se dos embargos de terceiro, para excluir da penhora o bem por ele adquirido, em execução ajuizada em face do promitente-vendedor. Em princípio, admitia-se tal possibilidade somente se o compromisso estivesse registrado (Súmula 621 do STF). Esse entendimento não se afinava com a sistemática dos embargos de terceiro, já que a lei admite que eles sejam opostos pelo proprietário ou pelo possuidor. Ora, se o compromisso de compra e venda implicasse a transferência de posse, era dispensável verificar se ele estava registrado ou não, porque o compromissário-comprador poderia valer-se de sua condição de possuidor para opô-los. O STJ editou a Súmula 84, que assim estabelece: "É admissível a oposição de embargos de terceiro fundados em alegação de posse advinda do compromisso de compra e venda de imóvel, ainda que desprovido de registro". Com isso, desapareceu a dúvida sobre a legitimidade do compromissário-comprador para ajuizar os embargos de terceiro. Mas ele só terá êxito se o contrato não tiver sido celebrado em fraude à execução.

Além de senhor ou possuidor, o embargante há de ser terceiro. Aqueles que figuram como partes no processo em que houve a apreensão do bem não podem se valer dos embargos. Só quem é terceiro pode fazê-lo. Mas o art. 674, § 2º, contém hipóteses que ampliam o conceito de terceiro. Ele estabelece: "Considera-se terceiro, para ajuizamento dos embargos: I – o cônjuge ou companheiro, quando defende a posse de bens próprios ou de sua meação, ressalvado o disposto no art. 843; II – o adquirente de bens cuja constrição decorreu de decisão que declara a ineficácia da alienação realizada em fraude à execução; III – quem sofre constrição judicial de seus bens por força de desconsideração da personalidade jurídica, de cujo incidente não fez parte; IV – o credor com garantia real para obter a expropriação judicial do objeto de direito real de garantia, caso não tenha sido intimado, nos termos legais dos atos expropriatórios respectivos".

A legitimidade passiva é, em princípio, do autor da ação em que foi determinada a constrição judicial, porque ele é o beneficiário do ato. Mas, se, de alguma forma, o réu da ação principal tiver concorrido para a constrição, será incluído no polo passivo, como litisconsorte necessário. É o que ocorre quando, nos processos de execução, o executado nomeia à penhora bem de terceiro.

Se o bem objeto dos embargos já tiver sido alienado, o adquirente do bem também comporá o polo passivo, na condição de litisconsorte, já que seu acolhimento implicará a desconstituição do negócio jurídico do qual ele participou.

c. Prazo

O art. 675 do CPC estabelece um prazo-limite para a oposição de embargos de terceiro: "Os embargos podem ser opostos a qualquer tempo no processo de conhecimento enquanto não transitada em julgado a sentença e, no cumprimento de sentença ou no processo de execução, até cinco dias depois da adjudicação, da alienação por iniciativa particular ou da arrematação, mas sempre antes da assinatura da respectiva carta".

Nos processos de execução e no cumprimento de sentença, o prazo de cinco dias não corre do ato de apreensão judicial, mas da data em que se realizou a arrematação ou adjudicação.

No caso de embargos de terceiro do adquirente de bens em fraude à execução, estabelece o art. 792, § 4º, do CPC o prazo de 15 dias, a contar da intimação dele, determinada no processo em que houve a constrição. Sobre esse prazo, ver item 7.2.2, letra "c", *infra*.

7.2.2. Requisitos para o acolhimento dos embargos

Já se disse que, em regra, não é possível atingir, por atos de apreensão judicial, bens que pertencem a terceiros. Mas essa regra comporta exceções. Há casos em que eles têm responsabilidade patrimonial, e respondem, com seus bens, pelo pagamento de dívidas alheias. Atingidos os seus bens, os embargos por eles opostos serão admitidos, mas, no mérito, acabarão sendo improcedentes, porque eles não têm o direito de excluí-los, pois respondem pelo débito.

Os civilistas distinguem entre débito e responsabilidade. Normalmente, eles coincidem: quem deve responde com seu patrimônio e com seus bens pelo pagamento. Mas nem sempre isso ocorrerá. Há pessoas que são devedoras, mas não têm responsabilidade, como aquelas que perdem no jogo. E há pessoas que, embora não devam, respondem com seu patrimônio pelo pagamento de dívidas, contraídas por outros.

Se a constrição recair sobre bens de quem, embora não seja devedor e não figure como parte, tenha responsabilidade patrimonial, eventuais embargos de terceiro que venham a ser opostos serão julgados improcedentes.

Os principais casos de responsabilidade patrimonial são os seguintes:

a) Cônjuge ou companheiro: de acordo com o art. 674, § 2º, I, do CPC, considera-se como terceiro o cônjuge ou companheiro quando defende a posse de bens próprios ou de sua meação, ressalvado o disposto no art. 843. Quando a dívida não tiver sido contraída por ambos os cônjuges, mas apenas por um, só este será o devedor, e em face dele será aforada a execução. Se a penhora recair sobre bens da meação ou próprios do outro cônjuge, cumprirá a este valer-se dos embargos de terceiro, para obter sua liberação. Mas estes só serão procedentes se aquele que os ajuizou não for responsável pelo pagamento. Em regra, embora a dívida tenha sido contraída por apenas um, ambos respondem se ela tiver revertido em proveito do casal ou da família. Em casos assim, apenas aquele que contraiu a dívida será o devedor, e apenas ele figurará na execução. No entanto, ambos serão responsáveis pelo pagamento. Se a penhora recair sobre bens do cônjuge que não contraiu a dívida, cumprirá a ele, nos embargos de terceiro, demonstrar que a dívida não reverteu em seu proveito, nem em benefício da família, pois só assim ele não será considerado corresponsável.

É do embargante o ônus de demonstrar que a dívida contraída por seu cônjuge não reverteu em proveito do casal. Nesse sentido, anota Theotonio Negrão: "Consolidou-se a jurisprudência do STJ no sentido de que a meação da mulher responde pelas dívidas do marido, salvo se ela provar não terem sido assumidas em benefício da família (*RSTJ*, 59:354)"[43].

Caso a penhora recaia sobre bem indivisível, e se refira a dívida pela qual apenas um dos cônjuges responde, o bem inteiro vai a hasta pública, mas a metade do preço pago pela coisa será entregue ao cônjuge que não foi beneficiado (CPC, art. 843). Nesse sentido: "Não comportando o bem cômoda divisão, deve ser levado por inteiro a hasta pública. Os embargos de terceiros, em casos tais, somente possuem o efeito de suspender o curso da execução após a arrematação e apenas em relação à meação do cônjuge embargante, ficando o exequente, até solução final dos mesmos, impedido de levantar a metade do preço alcançado" (STJ, 4ª Turma, REsp 31.234-MG, rel. Min. Sálvio de Figueiredo).

A presunção de que a dívida contraída por um dos cônjuges reverte em proveito de ambos é válida seja qual for o regime de casamento.

Para que o cônjuge possa valer-se dos embargos de terceiro, é preciso que ele não figure na execução. Se tiver sido demandado também, sua defesa será apresentada em embargos de devedor. O fato de ele ser intimado da penhora sobre bem imóvel não o torna coexecutado. A intimação do cônjuge é necessária, mesmo que ele não figure no polo passivo da execução. E isso não impede que ele se valha dos embargos de terceiro, conforme a Súmula 134 do STJ: "Embora intimado da penhora em imóvel do casal, o cônjuge do executado pode opor embargos de terceiro para defesa de sua meação".

Mas o STJ tem reconhecido ao cônjuge que não figura como parte legitimidade para também opor embargos à execução, o que traz certa perplexidade.

Ao que figura como parte, reconhece-se legitimidade apenas para os embargos de devedor; ao que não participa, reconhece-se dupla legitimidade: para opor embargos de terceiro, se pretender apenas excluir da penhora a sua meação, ou os seus bens próprios ou reservados; e para opor embargos de devedor, se pretender discutir a dívida. O STJ reconhece ao cônjuge que não figure como parte nem seja codevedor legitimidade para discutir a dívida nos embargos à execução.

---

43. Theotonio Negrão, *Código*, cit., nota 17 ao art. 1.046.

Já foi decidido: "Se a mulher quiser opor-se à dívida contraída pelo marido, a intimação da penhora lhe possibilitará o exercício dessa pretensão nos próprios autos da lide; se, no entanto, pretender afastar a incidência da penhora sobre sua meação, é na posição de terceiro, estranha à *res in iudicio deducta*, que deverá agir, tal como qualquer outro terceiro" (*RTJ*, *100*:401).

Diante da complexidade do assunto, tem-se admitido, nesses casos, certa fungibilidade entre embargos de devedor ou de terceiro, desde que não haja erro grosseiro na interposição de um pelo outro.

b) Sócio: quando a dívida foi contraída pela sociedade, a responsabilidade é, em princípio, da pessoa jurídica. Se a penhora recair sobre seus bens particulares, o sócio deve opor embargos de terceiro, para livrá-los. Ele só terá êxito se demonstrar que não tem responsabilidade pessoal pelo pagamento da dívida, pois há casos em que responde pessoalmente pelo pagamento, como nas dívidas tributárias, ou contraídas pelas sociedades de responsabilidade limitada, quando não integralizado o capital.

A desconsideração da personalidade jurídica estende a responsabilidade patrimonial ao sócio. A dívida continua sendo da empresa, mas o sócio passa a responder com seu patrimônio.

Para que ela ocorra, é preciso que o credor se valha do procedimento estabelecido nos arts. 133 e s. Se o fizer, e o juiz resolver o incidente, decretando a desconsideração, a responsabilidade patrimonial a eles se estenderá. Se na fase executiva não forem encontrados bens suficientes, o juiz autorizará a constrição de bens dos sócios que, tendo sido incluídos por força do incidente, não poderão se valer dos embargos de terceiros, mas dos meios de defesa próprios da execução (embargos ou impugnação ao cumprimento de sentença). Mas se o juiz estender a responsabilidade patrimonial ao sócio e determinar a constrição de bens dele, sem que tenha havido o prévio incidente de desconsideração da personalidade jurídica, o sócio poderá valer-se de embargos de terceiro. O mesmo vale em relação aos bens da empresa, na execução promovida contra o sócio, quando há a desconsideração inversa.

c) Do adquirente, em fraude à execução: o art. 792 do CPC enumera as situações de fraude à execução. Pressupõe que haja demanda em curso, e que, no momento da alienação, o réu já tenha sido citado.

Muito se discutiu se era necessária a citação do demandado. Sempre nos pareceu que bastava o ajuizamento da ação ou execução, mas a jurisprudência do STJ orientou-se em sentido contrário, exigindo-a para a configuração da fraude à execução. Mas a citação será dispensada, para caracterizar a fraude, se o credor tiver se valido da faculdade do art. 828 do CPC, que lhe permite averbar certidão de que a execução foi admitida pelo juiz, no registro de imóveis, e em outros cadastros de bens, após o que a alienação capaz de reduzir o devedor a insolvência será tida em fraude à execução.

Para que ela ocorra é preciso que haja alienação de bens, com ação em curso. Quando se tratar de ação real ou reipersecutória, se o bem disputado for alienado depois da citação do réu, desde que a pendência do processo tenha sido averbada em registro público; e quando se tratar de ação pessoal, quando houver alienação de bens que tornem o devedor insolvente, depois que ele tenha sido citado, caso em que o reconhecimento da fraude fica condicionado a que tenha havido o registro da penhora (ou da hipoteca judiciária ou ainda de outro ato de constrição originário do processo em que arguida a fraude), ou a que se faça prova da má-fé do adquirente, nos termos da Súmula 375 do STJ. Mais precisamente, se o bem alienado for daqueles sujeitos a registro, a presunção de má-fé só existirá se a averbação, seja da penhora, seja da certidão expedida na forma do art. 828 do CPC, tiver sido feita. Já quando se tratar de bem não sujeito a registro, cabe ao terceiro adquirente comprovar que tomou as cautelas necessárias para a aquisição, na forma do disposto no art. 792, § 2º, do CPC, para demonstrar que agiu de boa-fé. Por isso, determina o art. 792, § 4º, do CPC que o terceiro adquirente deverá ser intimado, antes da declaração da fraude, para, querendo, opor embargos de terceiro. A intimação não é para que o adquirente integre a execução e nela se manifeste ou defenda, mas para que, querendo, oponha embargos de terceiro. O dispositivo fixa o prazo de 15 dias para que ele o faça, e o Enunciado 54 da ENFAM atribui a esse prazo caráter preclusivo. Não nos parece, porém, ser essa a melhor solução. Não é razoável que o terceiro adquirente tenha prazo menor para opor os embargos, devendo ser respeitado o prazo geral, estabelecido no art. 675, *caput*, do CPC.

A alienação será declarada ineficaz, nos próprios autos, sem a necessidade de que seja aforada ação autônoma, como na fraude contra credores, cujo reconhecimento não prescinde da ação pauliana.

Quando o juiz reconhece a fraude à execução, e declara ineficaz a alienação, não desfaz o negócio jurídico, mas estende a responsabilidade pelo pagamento do débito ao adquirente. Se *A* executa *B* por determinada dívida, e o executado, depois de citado, aliena a *C* vários bens, tornando-se com isso insolvente, o juiz autorizará que sejam penhorados os bens alienados fraudulentamente, ainda que agora eles pertençam a *C*. O juiz não desfaz o negócio, mas permite que a penhora atinja os bens transferidos a terceiro, estendendo a este a responsabilidade, no limite dos bens que lhe foram vendidos.

O adquirente que teve os bens atingidos sem integrar a execução poderá valer-se dos embargos de terceiro, para livrá-los da constrição. Para que esses sejam bem-sucedidos, terá de demonstrar que a alienação não foi fraudulenta, seja porque feita antes da citação ou da averbação da penhora ou de outro ato constritivo, seja porque não foi capaz de reduzir o devedor à insolvência.

Muito se discutiu sobre a possibilidade de, em embargos de terceiro, reconhecer-se a existência de fraude contra credores. Sempre nos pareceu que sim, já que também esse tipo de fraude não implica a anulação, nem o desfazimento do negócio jurídico, mas a sua ineficácia. O STJ uniformizou a jurisprudência ao estabelecer, com a Súmula 195, que: "Em embargos de terceiro não se anula o ato jurídico, por fraude contra credores".

Não é possível que aquele que não foi parte, mas teve seu direito material postulado ou defendido em juízo, se valha, com sucesso, dos embargos de terceiro. É o que ocorre na legitimidade extraordinária, em que a lei permite que alguém vá a juízo postular ou defender direito alheio. O substituído processual é atingido pela sentença como se parte fosse, sofrendo os efeitos da coisa julgada. Daí por que, embora não sendo parte processual, não poderá opor, com sucesso, os embargos de terceiro. Um exemplo ocorre quando há alienação de coisa litigiosa. Imagine-se que *A* disputa em juízo determinado bem que está com *B*. No curso da ação, *B* aliena o bem a terceiro. Quando há alienação de coisa litigiosa (uma espécie de fraude à execução), a sentença, embora proferida apenas entre as partes, estende seus efeitos ao adquirente ou cessionário (CPC, art. 109, § 3º). Julgada a ação entre as partes originárias, em favor do autor *A*, este poderá buscar o bem em mãos de *C*, não podendo este valer-se, com sucesso, dos embargos de terceiro para livrar o bem da constrição.

7.3. Os embargos de terceiro do credor com garantia real não intimado

O art. 674, § 2º, IV, prevê a possibilidade de oposição dos embargos pelo credor com garantia real, com a finalidade de obstar a alienação judicial de bem objeto de direito real de garantia, caso não tenha sido intimado, nos termos legais dos atos expropriatórios respectivos.

Esses embargos guardam peculiaridades em relação aos demais, dado que sua finalidade não é a proteção da posse ou propriedade, mas a da prelação que advém da garantia real sobre o bem. O credor com garantia real tem preferência sobre os quirografários no recebimento do produto da alienação do bem sobre o qual recai o direito real. Daí a necessidade de que seja intimado, sempre que a penhora recair sobre esse bem, mesmo não sendo parte na execução (CPC, art. 799, I). Deve ainda ser intimado da alienação judicial (art. 889).

O bem gravado com garantia real não se torna impenhorável. Mas, se for penhorado e levado a alienação judicial, o produto será destinado, com prioridade, ao credor real, cabendo ao exequente o recebimento de eventual saldo. Daí a necessidade de intimá-lo, para que possa fazer valer sua prelação. Se ele, intimado da hasta, verificar que o devedor tem outros bens livres e desembaraçados, poderá opor embargos de terceiro, com a finalidade de desconstituir a penhora que recai sobre o bem gravado, transferindo-a para outro. Nesse sentido: "Se o credor hipotecário comprova a existência de outros bens do devedor sobre os quais poderá incidir a penhora, acolhem-se os embargos por ele oferecidos, mesmo que tenha sido regularmente intimado para a realização da praça" (*RT*, 597:95). Se o devedor não os tiver, o credor real não pode impedir a alienação judicial, mas pode solicitar que seja respeitada sua preferência. Nesse sentido: "O credor hipotecário tem direito de preferência ao levantamento do preço depositado, ainda que não haja proposto a execução e penhorado o imóvel hipotecado" (STJ, 3ª Turma, REsp 53.311-SP).

Se o credor real não tiver sido intimado com pelo menos cinco dias de antecedência (art. 889), poderá valer-se dos embargos de terceiro para obstar a alienação judicial. Mas a falta de intimação obstará apenas a realização daquela, não impedindo a designação de nova data, com a intimação do credor real, salvo se ele demonstrar que existem outros bens sobre os quais a penhora poderá recair: "(...) os embargos de terceiro, quando fundados na falta da intimação da arrematação ao credor hipotecário, têm o efeito apenas de obstar a praça designada. Efetivada, entretanto, a intimação, o credor hipotecário não poderá impedir que se faça a arrematação, salvo se tiver alegado nos embargos e comprovado que o devedor possui outros bens sobre os quais poderá incidir a penhora. Recurso extraordinário conhecido e provido" (*RTJ*, *110*:912; *STF-RT*, *593*:277)[44].

7.4. Procedimento

7.4.1. Competência

Os embargos de terceiro devem ser julgados pelo mesmo juízo que ordenou a apreensão, ao qual são distribuídos por dependência. Trata-se de regra de competência funcional absoluta. Caso o processo no qual foi ordenada a apreensão esteja em fase de recurso, eles serão distribuídos por dependência ao juízo de origem, no qual a decisão foi proferida.

Quando a apreensão for feita por carta precatória, os embargos de terceiro serão opostos no juízo deprecado, salvo se o bem apreendido tiver sido indicado pelo deprecante ou se já devolvida a carta, nos termos do art. 676, parágrafo único, do CPC.

Os opostos pela União, suas autarquias ou empresas públicas federais são de competência da Justiça Federal, onde correrá também o processo em que foi determinada a apreensão. Ainda que ele estivesse na Justiça Estadual, com a oposição dos embargos de terceiro a competência será deslocada para a Federal.

Embora distribuídos por dependência, os embargos de terceiro correm em autos distintos, que não serão apensados aos do processo em que ocorreu a apreensão judicial. Nem poderia ser diferente, pois é possível que o processo principal esteja em segunda instância, por for-

---

44. Theotonio Negrão, *Código*, cit., nota 4 ao art. 1.047.

ça de recurso. Mesmo que ainda esteja no juízo de origem, não se fará o apensamento.

7.4.2. Petição inicial

Ela deve preencher os requisitos do art. 319. Nela, o embargante descreverá a apreensão judicial, as circunstâncias em que ela foi ordenada e sua condição de terceiro, postulando ao juiz que determine a liberação dos bens especificamente indicados.

Deve ainda apontar o valor da causa, que corresponderá ao do bem cuja liberação se pretende.

Caso o embargante pretenda ouvir testemunhas na audiência preliminar, o rol deve vir na petição inicial. Se na audiência de instrução e julgamento, deve ser apresentado no prazo fixado pelo juiz, observado o disposto no art. 357, § 4º, do CPC, aplicando-se, supletivamente, as regras do procedimento comum.

O art. 677, *caput*, determina que o autor, na petição inicial, faça prova sumária de sua posse ou de seu domínio. Todos os documentos que tenha, hábeis a comprovar a posse ou a propriedade e a qualidade de terceiro, devem ser juntados. Eles não são indispensáveis para o recebimento da petição inicial, mas úteis apenas para que o autor obtenha a liminar. Ainda que não provada a posse *ab initio*, o juiz receberá a inicial, podendo, se for o caso, designar audiência preliminar, para dar ao autor a oportunidade de obter a liminar.

7.4.3. Decisão inicial

Se o juiz verificar que a petição inicial dos embargos não está em termos, concederá o prazo de quinze dias para que o embargante a emende, sob pena de indeferi-la. Caso preencha os requisitos, o juiz a receberá, determinando a citação do réu. Diversas providências podem ser tomadas nesse momento. O juiz, se reconhecer provado o domínio ou a posse, determinará a suspensão das medidas constritivas sobre os bens litigiosos objeto dos embargos. Se versarem sobre todos, as medidas de constrição ficarão todas suspensas. Se apenas sobre alguns deles, apenas as que a eles se referirem ficarão suspensas. Trata-se de preceito cogente, a ser observado pelo juiz. Mas, se os embargos forem indeferidos liminarmente, não chega a haver a suspensão. Esta perdura até o julgamento, embora possa ser revogada se no curso dos embargos surgirem fatos novos que justifiquem a modificação do convencimento do juiz.

Caso o processo principal esteja no tribunal, o juiz não terá poderes para suspender a constrição, cabendo-lhe apenas comunicar ao relator a interposição dos embargos, para que ele o faça.

O juiz ainda pode, a requerimento do embargante, conceder liminar de reintegração ou manutenção de posse, nos termos do art. 678 do CPC: "A decisão que reconhecer suficientemente provado o domínio ou a posse determinará a suspensão das medidas constritivas, sobre os bens litigiosos objeto dos embargos, bem como a manutenção ou a reintegração provisória da posse, se o embargante a houver requerido".

A liminar pode ser deferida de plano, no momento em que o juiz recebe os embargos. Para tanto, é preciso que a inicial esteja suficientemente instruída com prova sumária do domínio ou da posse. Pode o juiz determinar a realização de audiência prévia de justificação, para ouvir as testemunhas arroladas pelo embargante. A finalidade é dar a ele oportunidade de demonstrar sua propriedade ou posse sobre os bens constritos, e sua qualidade de terceiro. O procedimento da audiência preliminar é em tudo semelhante ao das ações possessórias. Designada, o juiz deve mandar citar o embargado, que poderá participar da inquirição das testemunhas, mas não arrolar outras.

O juiz poderá condicionar o deferimento da ordem de manutenção ou reintegração provisória de posse a que o embargante preste caução, porque o esbulho ou turbação decorrem de um ato de apreensão judicial cogente. A caução poderá ter natureza real ou fidejussória. O juiz só a fixará se entender necessário para preservar o embargado de eventuais riscos decorrentes da perda provisória do bem. Mas ele dispensará a caução, se o embargante for hipossuficiente.

A natureza dessa liminar é a mesma daquela que pode ser concedida nas ações possessórias: trata-se de uma tutela antecipada específica dos embargos de terceiro, cujos requisitos são a prova sumária da posse e da qualidade de terceiro. Contra a decisão que apreciar a liminar cabe agravo de instrumento.

7.4.4. Citação

Os embargos de terceiro são uma ação e constituem um processo autônomo. Daí a necessidade de realizar-se a citação pessoal do embargado. Não basta a intimação de seu advogado, constituído na ação principal. Ele tem o direito de constituir um novo, com a finalidade de representá-lo nos embargos. Nesse sentido tem decidido o STJ: "Embargos de terceiro. Necessidade de citação do embargado, embora não explícito o art. 1.053 [atual art. 679] do CPC. Insuficiência, para instaurar a relação jurídica processual, da simples intimação do despacho ordenatório da citação" (STJ, 4ª Turma, REsp 2.892-RO, rel. Min. Athos Carneiro).

No entanto, por força do § 3º do art. 677 do CPC, se o embargado tiver advogado no processo principal, não haverá citação pessoal, mas por intermédio de seu advogado. Não bastará a mera intimação do advogado pela imprensa, sendo necessária a citação. No entanto, ela será dirigida ao advogado, em situação idêntica à que ocorre na oposição, conforme art. 683, parágrafo único, do CPC. Se o embargado não tiver advogado no processo principal, ele deverá ser pessoalmente citado.

7.4.5. Resposta do réu e o restante do procedimento

O prazo de contestação é de quinze dias, nos termos do art. 679 do CPC, aplicando-se o disposto nos arts. 180, 183 e 229 do CPC.

Não se admite reconvenção, dadas as peculiaridades do procedimento. Parece-nos, ainda, não ser cabível intervenção de terceiros, com exceção da assistência, dada a finalidade da ação, que visa apenas desconstituir constrição determinada em outro processo.

A falta de contestação ou de impugnação especificada fará presumir verdadeiros os fatos narrados na petição inicial.

Após a resposta, o procedimento é o comum. Se houver contestação, e for necessária a produção de provas em audiência, o juiz designará data para sua realização. Do contrário, procederá ao julgamento antecipado do mérito. Caso seja designada audiência de instrução e julgamento, poderão ser arroladas, no prazo fixado pelo juiz, as testemunhas, observadas as regras do art. 357, § 4º, do CPC. O autor poderá arrolar novas, porque o rol da petição inicial era daquelas que seriam ouvidas na justificação prévia. Embora a lei não o mencione expressamente, é admissível a produção de prova pericial nos embargos de terceiro. Não há nenhum tipo de restrição a provas.

Caso, no curso dos embargos, ocorra a liberação do bem pela extinção da execução, eles perderão o objeto, nada restando senão a extinção sem resolução de mérito.

Preenchidas as condições da ação e os pressupostos processuais, bem como os requisitos específicos de admissibilidade, os embargos de terceiro serão julgados pelo mérito. Em caso de improcedência, persiste a constrição. Em caso contrário, o juiz a desconstituirá. Contra a sentença, caberá apelação, no duplo efeito. O art. 1.012, III, do CPC trata apenas de apelação em embargos à execução, julgados improcedentes.

8. DA OPOSIÇÃO

8.1. Introdução

No CPC de 1973, a oposição figurava entre as espécies de intervenção de terceiros. O Senado Federal chegou a excluí-la do projeto do CPC atual, mas ela foi reintroduzida na Câmara dos Deputados, não mais como espécie de intervenção de terceiros, mas como ação autônoma, tratada nos arts. 682 e s.

A oposição consiste em nova ação, que o terceiro ajuíza em face das partes originárias do processo. Pressupõe que o terceiro formule pretensão sobre o mesmo objeto já disputado entre as partes.

O terceiro deduz uma pretensão que coincide com aquela posta em juízo entre o autor e o réu da demanda originária. O terceiro pretende obter o mesmo bem ou vantagem que é nela disputado.

8.2. Requisitos

A oposição pressupõe a existência, em curso, de uma ação, na qual um bem ou interesse é disputado entre o autor e o réu. Ela cabe para que terceiro demonstre que o bem ou interesse não deve ser atribuído nem a um, nem a outro, mas a ele, opoente. É manifesta a incompatibilidade entre os interesses do terceiro e das partes originárias, que se revela pela prejudicialidade da oposição em relação à ação principal: o acolhimento daquela implica o desacolhimento desta.

Haverá, por exemplo, oposição quando A estiver em juízo reivindicando um bem que está com B. Esse bem é o objeto litigioso. O terceiro que quiser ir a juízo para reclamá-lo para si, aduzindo que não pertence nem ao autor nem ao réu da ação originária, mas a ele, deverá fazer uso da oposição.

Para que tenha êxito, é preciso que ele afaste as pretensões de ambas as partes do processo principal. Por isso, elas devem obrigatoriamente figurar no polo passivo da oposição, em litisconsórcio necessário. No entanto, a pretensão do opoente em relação ao autor da ação principal é diferente daquela em relação ao réu. Ele pedirá que o juiz declare que o autor da ação principal não tem direito à tutela jurisdicional pretendida sobre o bem, e postulará que se conceda a ele, opoente, uma tutela sobre esse mesmo bem, que era objeto da ação principal.

A oposição não se confunde com os embargos de terceiro, ação em que terceiro postula ao juiz que faça cessar a constrição determinada no processo em que ele não é parte. Neles, não há incompatibilidade entre a pretensão do embargante e a das partes. O terceiro não disputa com elas o mesmo objeto litigioso, mas apenas busca fazer cessar uma constrição que, equivocadamente, recaiu sobre seu bem. Os embargos de terceiro não mantêm, por isso, relação de prejudicialidade com a ação originária, que poderá prosseguir, mesmo que eles sejam acolhidos.

A oposição pode ter por objeto, no todo ou em parte, a pretensão já posta em juízo. Por isso, deve manter com o processo principal uma relação de total ou parcial prejudicialidade.

8.3. Procedimento

No CPC de 1973, existiam dois tipos de oposição, com procedimentos distintos: a interventiva e a autônoma. A adoção de uma ou de outra dependia apenas do momento em que ela era apresentada. A oposição pressupõe que exista ação em curso, na qual o réu já tenha sido citado, e só cabe até que haja a prolação de sentença, como estabelece expressamente o art. 682 do CPC. Seria interventiva a oposição quando apresentada antes da audiência de instrução, no processo principal, e autônoma, após o início da audiência, isto é, quando o processo principal já estivesse em fase mais avançada.

A diferença entre as duas formas de oposição era a seguinte: conquanto ela fosse sempre uma nova ação, se interventiva, não haveria um novo processo. A ação e a oposição correriam simultaneamente em um processo único, que seria julgado por uma única sentença. Já a oposição autônoma implicaria formação de um novo processo, distinto do anterior. Em suma, na interventiva, havia duas ações, mas um único processo; na autônoma, duas ações e dois processos. O CPC atual pôs fim à duplicidade de procedimentos da oposição. Ela e a ação principal correrão sempre simultaneamente, e serão julgadas em conjunto. É o que se depreende da leitura do art. 685 e seus parágrafos, cuja redação não é das mais claras. Se a oposição for aforada antes do início da audiência de instrução e julgamento, ela tramitará simultaneamente à ação originária, sendo julgada pela mesma sentença. Haverá, portanto, uma única instrução e uma única sentença. Se aforada depois, haverá duas possibilidades: ou o juiz prossegue na audiência já iniciada na ação principal, concluindo-a e só então suspendendo o processo, caso em que não haverá unicidade de instrução, pois, oportunamente, será preciso realizar outra audiência da qual participe o opoente, que terá oportunidade de arrolar suas testemunhas; ou o juiz suspende o processo antes, para que a instrução possa ser conjunta, e realizar-se uma única vez, valendo para ambas as ações. No primeiro caso, haverá duas audiências, mas uma única sentença. No segundo caso, uma audiência e uma sentença. O que desaparece no CPC atual é a possibilidade, que havia no CPC anterior, de que a lide principal e a oposição fossem julgadas por sentenças diferentes, o que ocorria porque o processo da ação principal não podia ficar suspenso por mais de 90 dias, e às vezes o processo de oposição levava mais tempo para alcançar a mesma fase. O Código atual não limita o prazo de suspensão, que será o necessário para que a oposição, ainda que iniciada tardiamente, possa alcançar o mesmo estágio da ação principal, e o juiz sempre profira sentença conjunta.

O art. 686, ao dispor que, cabendo ao juiz proceder ao julgamento, simultaneamente, da ação originária e da oposição, desta conhecerá em primeiro lugar, pode dar a impressão de que ele teria a possibilidade de não fazer o julgamento simultâneo. Mas não parece ser essa a melhor interpretação, diante do que consta no art. 685. O art. 686 deve ser interpretado no sentido de que o julgamento é sempre simultâneo, cabendo ao juiz conhecer primeiro da oposição.

Seja apresentada antes ou depois do início da audiência de instrução, a oposição será distribuída por dependência e autuada em apenso. A inicial deve preencher os requisitos dos arts. 319 e 320 do CPC. O juiz determinará a citação dos opostos, que são os autores e os réus da ação. Apesar do litisconsórcio, em que os procuradores serão diferentes, já que atuam em polos opostos na ação principal, o prazo de contestação é de quinze dias. Não se aplica o art. 229 do CPC por força da regra específica do art. 683, parágrafo único, que prevalece sobre a regra geral. Mas, como tal dispositivo é específico para contestação (resposta do réu), o prazo dos opostos será em dobro para os demais atos.

8.4. Processos e procedimentos em que cabe a oposição

A oposição é própria do processo de conhecimento, porque só neste haverá um julgamento em favor de alguma das partes, que o opoente tentará impedir, procurando obter uma decisão favorável a si. Não cabe oposição em processo de execução.

Dentre os processos de conhecimento, só caberá oposição naqueles que sigam o procedimento comum, ou especial que se converta em comum após a citação.

9. DA HABILITAÇÃO

9.1. Introdução

Nos arts. 687 a 692 o CPC trata do processo de habilitação, que tem por finalidade promover a sucessão do autor e do réu que vêm a falecer no curso do processo. Só se justifica se o falecimento tiver ocorrido durante o processo. Não se o precedeu ou é posterior a seu término.

Estabelece o art. 110 do CPC que, "ocorrendo a morte de qualquer das partes, dar-se-á a sucessão pelo seu espólio ou pelos seus sucessores, observado o disposto no art. 313, §§ 1º e 2º".

Não há substituição processual, que consiste na possibilidade de alguém ir a juízo em nome próprio para postular ou defender direito alheio. O que ocorre é a transmissão dos direitos e obrigações ao espólio ou aos herdeiros, de forma que eles vão a juízo não para defender o direito alheio, mas o adquirido por sucessão. Trata-se de verdadeira sucessão processual. O espólio ou os herdeiros sucedem o *de cujus* em todos os direitos e obrigações por ele deixados, e nas posições processuais que ocupava, nos processos em andamento.

Isso pressupõe processo que verse sobre interesses transmissíveis. Há alguns de natureza personalíssima, que se extinguem por morte, como os de separação e divórcio.

O art. 110 remete ao art. 313, §§ 1º e 2º, do CPC, que determina a suspensão do processo pela morte de qualquer das partes, até que se proceda à regularização. A suspensão é automática, e vigora desde o falecimento.

A sucessão é feita pelo espólio ou pelos herdeiros. O espólio é a massa patrimonial de bens. Existe desde a morte até a partilha definitiva. Nas ações de natureza patrimonial, o *de cujus* é sucedido pelo espólio, até que haja a partilha. Depois, seu lugar é ocupado pelos herdeiros, observados os quinhões que lhe foram atribuídos na herança.

Nas ações de cunho não patrimonial o espólio não tem legitimidade para suceder o falecido. A sucessão será desde logo pelos herdeiros, como nas de investigação de paternidade.

Não havendo o ajuizamento da ação de habilitação, o procedimento a ser observado é o do art. 313, § 2º, devendo o juiz, em caso de falecimento do réu, determinar a intimação do autor para que promova a citação do respectivo espólio, de que for o sucessor ou, se for o caso, dos herdeiros, no prazo que designar, de no mínimo dois e no máximo seis meses. Se o falecido for o autor, e o direito em litígio for transmissível, o juiz determinará a intimação do seu espólio, de quem for o sucessor ou, se for o caso, dos herdeiros, pelos meios de divulgação que reputar mais adequados, para que manifestem interesse na sucessão processual e promovam a respectiva habilitação no prazo designado, sob pena de extinção do processo sem resolução de mérito. Essas são as providências a serem tomadas pelo juiz, caso não haja iniciativa das partes, havendo o falecimento de uma delas.

A habilitação não formará um processo autônomo, mas será procedida nos autos do processo principal, na instância em que estiver, com a suspensão do processo. Ela pressupõe a existência de processo, ainda em andamento, no qual tenha falecido uma das partes. Como não há processo autônomo, o pronunciamento do juiz que a decidir terá natureza de decisão interlocutória, contra o qual será cabível agravo de instrumento, por aplicação analógica do art. 1.015, II, do CPC.

Mas se a habilitação for impugnada e houver necessidade de dilação probatória diversa da documental, formar-se-á um processo autônomo incidente, que deverá ser decidido por sentença.

9.2. Procedimento

O art. 688 do CPC atribui legitimidade ativa à parte, em relação aos sucessores do falecido, e aos sucessores do falecido, em relação à parte. A lei permite que a habilitação seja requerida pela parte contrária, ou pelos próprios sucessores do *de cujus*. Por exemplo, se falece o réu, pode o autor propor a habilitação para requerer sua sucessão pelo espólio ou herdeiros, ou podem os próprios herdeiros do *de cujus* ajuizar a habilitação, para poder assumir o polo passivo. Tanto a parte contrária quanto os sucessores do falecido podem ter interesse em dar continuidade ao processo, regularizando o polo em que figurava o *de cujus*.

Cuidará o autor da habilitação de descrever o ocorrido, comprovando o falecimento e a qualidade dos herdeiros ou sucessores. O requerimento será entranhado nos autos do processo em curso, no qual ocorreu o falecimento.

Quando a habilitação é ajuizada pela parte contrária, será necessária a citação pessoal dos herdeiros ou sucessores; quando são estes que requerem a habilitação, a citação far-se-á na pessoa do procurador da parte contrária, constituído no processo principal. Caso a parte contrária não tenha advogado, a citação será pessoal.

O prazo para manifestação é de cinco dias, devendo-se obedecer ao disposto no art. 229 do CPC. Não havendo impugnação, o juiz decidirá a habilitação desde logo. Parece-nos que o seu pronunciamento será decisão interlocutória, e que o art. 692 só se aplica à hipótese de habilitação impugnada, que passa a ser processada em apartado. Contra essa decisão, deverá ser admitido o agravo de instrumento, com fundamento no art. 1.015, II, do CPC. Não há como considerar irrecorrível em separado essa decisão, diante dos problemas que isso acarretaria ao processo. Se houver impugnação e necessidade de dilação probatória diversa da documental, o juiz determinará a autuação do incidente em apartado, com a produção das provas necessárias, e decidirá o incidente por sentença, juntando-se cópia dela nos autos do processo principal.

Quando a causa já estiver no tribunal, a habilitação será processada perante o relator, e julgada na conformidade do que dispõe o regimento interno. Enquanto não julgada a habilitação, o processo principal permanece suspenso.

10. DAS AÇÕES DE FAMÍLIA

10.1. Introdução

Trata-se de ação introduzida pelo atual CPC, pois no anterior não havia um procedimento especial genérico, para as ações de família. As peculiaridades desse procedimento revelam uma particular preocupação do legislador em relação à solução consensual da controvérsia. Se ela já está presente no CPC de maneira geral, havendo norma fundamental a respeito (art. 3º, §§ 2º e 3º), nas ações de família é redobrada.

10.2. Cabimento

O procedimento especial das ações de família, previsto nos arts. 693 e s. do CPC, aplica-se aos processos contenciosos de divórcio, separação, reconhecimento e extinção de união estável, guarda, visitação e filiação. Não se aplica aos procedimentos de jurisdição voluntária de divórcio e separação consensuais, extinção consensual de união estável e alteração do regime de bens de patrimônio, que são regulados pelos arts. 731 a 734 do CPC.

O CPC manteve a ação de separação judicial, tanto sob a forma contenciosa quanto sob a forma consensual (arts. 693 e 731), afastando as dúvidas que havia a respeito, desde a edição da Emenda Constitucional n. 66/2010, que autorizou o divórcio direto sem prévia separação de fato.

O procedimento especial previsto nos arts. 693 e s. não se aplica às ações de alimentos, pois estas continuam reguladas pela Lei n. 5.478/68, que prevalece sobre as normas do CPC, aplicáveis apenas subsidiariamente. Mas a lei especial só se aplica às ações de alimentos em que há prova pré-constituída da obrigação alimentar, isto é, prova prévia do parentesco, do casamento ou da união estável. Apenas o filho reconhecido pelo pai poderá valer-se do procedimento especial da Lei n. 5.478/68, que prevê a concessão liminar de alimentos provisórios. Se o filho não está reconhecido, o procedimento não poderá ser o da lei de alimentos, caso em que deverá ser observado o procedimento dos arts. 693 e s. (art. 693, parágrafo único).

Também não se aplica o procedimento especial dos arts. 693 e s. às ações que versarem sobre o interesse de criança e de adolescente, já que em relação a elas devem prevalecer as regras do Estatuto da Criança e do Adolescente, aplicando-se apenas supletivamente as normas deste Capítulo do CPC.

10.3. Procedimento

São pequenas as diferenças em relação ao procedimento comum. O que há de especial no procedimento dessas ações é a recomendação de que todos os esforços sejam empreendidos para a solução consensual da controvérsia, devendo o juiz dispor do auxílio de profissionais de outras áreas de conhecimento para a mediação e conciliação. A requerimento das partes, o juiz pode determinar a suspensão do processo, enquanto se submetem a mediação extrajudicial ou a atendimento multidisciplinar.

Outra peculiaridade é que, designada audiência de conciliação e mediação, o réu será citado com antecedência de quinze dias (quando no procedimento comum a citação deverá ser feita com antecedência de vinte dias), mas o mandado virá desacompanhado de cópia da petição inicial, assegurado a ele o direito de examinar seu conteúdo a qualquer tempo. A ideia é que, sem o conhecimento do que consta na inicial, o réu possa comparecer com o espírito desarmado para a audiência, o que poderia facilitar a conciliação. De qualquer sorte, diante da necessidade de observância do contraditório, fica assegurado a ele o direito de, querendo, examinar o conteúdo da inicial a qualquer tempo, o que exigirá, se o processo não for eletrônico, que ele se desloque até o Ofício Judicial.

Realizada a audiência de mediação e conciliação sem que tenha havido acordo, o processo seguirá o procedimento comum, passando a fluir o prazo de contestação para o réu. A intervenção do Ministério Público só será necessária quando houver interesse de incapaz ou figurar como parte vítima de violência doméstica e familiar. A circunstância única de a ação versar sobre direito de família não induz à intervenção ministerial, por si só.

Se a ação foi de guarda, antes de iniciada a audiência de mediação e conciliação de que trata o art. 695 deste Código, o juiz indagará às partes e ao Ministério Público se há risco de violência doméstica ou familiar, fixando o prazo de 5 (cinco) dias para a apresentação de prova ou de indícios pertinentes.

11. DA AÇÃO MONITÓRIA

11.1. Introdução

A ação monitória foi introduzida em nosso ordenamento jurídico pela Lei n. 9.079, de 14 de julho de 1995. Essa lei foi publicada em 17 de setembro daquele ano e entrou em vigor sessenta dias depois.

Embora possa recordar em parte a antiga ação executiva, do CPC de 1939, as diferenças são tamanhas que se pode considerar a ação monitória uma novidade que, desde o início, trouxe grandes perplexidades.

A finalidade da nova ação é permitir ao credor não munido de título executivo judicial ou extrajudicial obter com mais rapidez a satisfação de seu crédito, sem uma sentença de mérito, sempre que não haja resistência do devedor.

Nos diversos países em que se admite a ação monitória, variam a extensão e a forma que lhe é dada. Calamandrei distingue entre o procedimento monitório puro e o documental. O puro seria aquele em que a expedição do mandado de pagamento dependeria apenas de alegações e afirmações do autor, às quais se dá crédito até que haja eventual impugnação por parte do réu. E o monitório documental é aquele fundado em prova escrita do débito, sem força de título executivo.

No Brasil, acolheu-se o procedimento monitório documental, e o CPC, no art. 700, exige prova escrita sem eficácia de título executivo.

Varia a abrangência da ação, já que em alguns países ela só pode ter por objeto determinadas espécies de créditos, abrangendo em outros os mais variados tipos de obrigação. No Brasil pode ter por objeto obrigações de pagamento de soma em dinheiro, entrega de coisa fungível ou infungível ou de bem móvel ou imóvel, e o adimplemento de obrigações de fazer ou não fazer (art. 700).

Um dos aspectos mais controvertidos do procedimento monitório é o que diz respeito a sua natureza. Não se pode perder de vista que ele não é mais que um instrumento, além dos já existentes em nosso ordenamento, para que o credor logre receber o que lhe é devido. Se não houver resistência do devedor, a monitória permitirá a satisfação mais rápida do credor, pois constituirá precocemente o título executivo, sem necessidade de sentença recorrível. Mas, se o devedor impugnar o pedido, de pouca utilidade terá sido o procedimento monitório, pois haverá necessidade de julgamento, com todas as demoras decorrentes. Ele é sempre facultativo, pois o credor poderá, se preferir, valer-se de procedimento comum, ainda que esteja munido de prova escrita do débito. A vantagem dele é que, se não houver resistência do devedor, constitui-se de pleno direito o título executivo.

11.2. Natureza da ação monitória

Eis um assunto dos mais controvertidos. Discute-se se a monitória seria um novo tipo de processo, ou se poderia ser enquadrada entre as categorias já conhecidas do nosso ordenamento, como processo de conhecimento ou de execução.

Para Carnelutti, constitui uma modalidade distinta de processo, que não se enquadra nem entre os de conhecimento nem entre os de execução. O monitório constituiria, portanto, um *tertium genus*, um processo intermediário entre o de cognição e o de execução.

Esse entendimento encontra eco no Brasil, como mostra Cândido Dinamarco: "O monitório não é mero procedimento dentre os muitos de que se pode revestir o processo de conhecimento (ordinário, sumário, especiais). Ele não tem a natureza de processo de conhecimento, porque não produz o resultado característico deste, que é o julgamento de mérito: contém uma fase inicial, dita monitória, e uma final, de natureza executiva. Os embargos que o réu pode opor não fazem parte do processo monitório e são, tanto quanto os do devedor ao processo executivo, um processo distinto: o processo monitório, em si mesmo, não inclui momentos nem fase destinada à instrução preparatória do julgamento do mérito, porque julgamento de mérito não há nesse processo. Sabido que o processo de conhecimento é processo de sentença, dessa precisa conceituação decorre elementarmente que não é processo de conhecimento aquele em que não há sentença de mérito a proferir, ou seja, aquele em que o 'meritum causae' não se julga". Também não poderia ser processo executivo, porque este pressupõe a existência de título executivo, enquanto na monitória este ainda não existe. E conclui: "Por isso é que, não tendo o processo de conhecimento o julgamento do mérito, que é essencial a este, e incluindo a produção de título executivo, que não é função própria ao processo executivo, o monitório é uma modalidade autônoma de processo: ele é inteiramente diferente do processo de conhecimento e é mais que o executivo. Não é mero procedimento, como insinua claramente o Código de Processo Civil ao incluí-lo no Livro IV, destinado aos procedimentos especiais e ao designá-lo como ação monitória – de igual modo como faz com os autênticos procedimentos especiais"[45].

Não nos parece, porém, que tenha sido criado um novo tipo de processo, um *tertium genus*. A possibilidade de formar-se o título sem a necessidade de sentença não é suficiente para afastar o monitório de entre os processos de conhecimento, de procedimento especial. A desnecessidade de sentença, em caso de não haver resistência, decorre da estrutura do procedimento, como ensina Garbagnati, citado por Carreira Alvim, para quem "a forma especial do provimento – decreto em vez de sentença – se justifica, não em razão do exercício de um poder diverso do poder jurisdicional decisório, mas unicamente em consideração à estrutura especial do procedimento e da sumariedade da cognição, correlata à falta de um contraditório. A natureza da ação exercitada nesse procedimento é a mesma ação de condenação que o credor exercita no processo ordinário de cognição. O procedimento injuncional, conclui Garbagnati, é um processo especial de cognição, no qual o exercício, em forma especial, de uma ação ordinária de conhecimento, prova a pronúncia, também em forma especial, de um provimento jurisdicional, idêntico por natureza àquele pronunciado no exercício da jurisdição declaratória,

45. Cândido Dinamarco, *Instituições*, cit., v. 3, p. 740 e 741.

num processo ordinário de condenação, inobstante a sumariedade do rito"[46].

Não se nos afigura correto falar em *processo monitório*, já que não há um novo tipo de processo, mas em *procedimento monitório*. E parece ter sido essa a intenção do legislador ao incluir o monitório entre os procedimentos especiais, e não como processo autônomo.

A mesma opinião é partilhada por Nelson e Rosa Nery, para quem "a ação monitória é ação de conhecimento, condenatória, com procedimento especial de cognição sumária e de execução sem título. Sua finalidade é alcançar a formação de título executivo judicial de modo mais rápido do que na ação condenatória convencional"[47].

E a Súmula 292 do STJ refere-se ao monitório como procedimento especial, e não como um tipo diferente de processo: "A reconvenção é cabível na ação monitória, após a conversão do procedimento em ordinário".

A natureza dos embargos variará conforme a natureza que se atribua à ação monitória. Para aqueles que a consideram um novo tipo de processo, que não de conhecimento, nem de execução, eles terão a natureza jurídica de ação autônoma incidente, de natureza cognitiva, semelhante aos embargos à execução. Para os que entendem que o monitório é apenas um procedimento especial, os embargos não serão ação autônoma, mas mera resposta do réu, pois, sendo um processo de conhecimento, não é preciso que a defesa venha sob a forma de ação autônoma.

No processo de execução por título extrajudicial há uma razão determinante para que a defesa do devedor seja veiculada por uma ação autônoma. Os atos nele praticados não se destinam a formar a convicção do juiz, mas a promover a alteração da realidade fática, levando à satisfação do credor. Não se admitem, como regra geral, atos de cognição, nem atividade instrutória. Por isso, foi necessário instituir os embargos de natureza cognitiva, nas execuções por título extrajudicial, permitindo ao devedor suscitar todas as questões que tenha em sua defesa, e às partes

---

46. Carreira Alvim, *Procedimento monitório*, p. 41.

47. Nelson Nery Junior e Rosa Nery, *Código*, cit., p. 1.032.

produzir as provas de suas alegações. Os embargos, na execução, são necessários para que não misturem os atos executivos com os cognitivos da defesa. Considerando que a monitória não constitui um novo tipo de processo, mas apenas uma espécie de conhecimento, não é necessário considerar os embargos ação autônoma, porquanto não há necessidade de manter escandidos os atos nele praticados daqueles da monitória propriamente. Sua natureza já permite a prática de atos de cognição e a produção de todos os tipos de prova.

A designação "embargos", usada pelo legislador, não modifica essa conclusão, pois há outros exemplos, em nosso ordenamento, em que o mesmo equívoco ocorreu. Por exemplo, na insolvência civil, o réu é citado para, no prazo de dez dias, opor embargos (CPC de 1973, art. 755, ainda em vigor por força do art. 1.052 do CPC atual). No entanto, é quase unânime o entendimento de que não há ação, mas mera contestação, pois a fase inicial do procedimento de insolvência tem caráter cognitivo e não executório.

Desnecessário considerar os embargos como ação incidente autônoma de conhecimento. Idêntica opinião é partilhada por Nelson Nery Junior e Rosa Maria Nery, por Sergio Shimura, Carreira Alvim e Clito Fornaciari Junior. Há de se admitir, porém, que forte corrente doutrinária entende de forma diversa, com o argumento de que a monitória constitui um processo autônomo, que não pode ser considerado como de conhecimento. Para os que perfilham esse entendimento, os embargos hão de ser considerados como ação autônoma cognitiva. Essa é a opinião, entre outros, de Cândido Dinamarco, José Rogério Cruz e Tucci e Eduardo Talamini.

11.3. Requisitos

É indispensável documento escrito, sem força executiva, que embase a monitória; e que seu objeto seja a entrega de soma em dinheiro, coisa fungível ou infungível, bem móvel ou imóvel ou o adimplemento de obrigação de fazer ou não fazer. Não há requisitos específicos quanto aos sujeitos da ação. Ela pode ser ajuizada por, e em face de, pessoas jurídicas ou naturais, capazes ou incapazes, de direito público ou de direito privado.

Muito se discutiu sobre o cabimento em face da Fazenda Pública, na vigência do CPC de 1973. Havia aqueles que opinavam em contrário, argumentando que na monitória se expede mandado de pagamento, e que a Fazenda Pública não podia pagar, já que se havia de respeitar a ordem dos precatórios. Mas, como observava Dinamarco, "o pagamento feito em atendimento ao mandado monitório é satisfação voluntária e não cumprimento de sentença judicial; a situação não é diferente dos pagamentos feitos ordinariamente pelo Estado ao cabo de um serviço recebido ou em seguida ao recebimento de mercadorias compradas. O mandado não atua, para esse fim, de modo diferente do de uma mera interpelação endereçada ao devedor"[48].

A controvérsia não mais se sustenta nos dias de hoje, desde a edição da Súmula 339 do Superior Tribunal de Justiça, que autoriza expressamente a monitória contra a Fazenda Pública. Atualmente, o art. 700, § 6º, do CPC afasta qualquer dúvida a respeito.

11.3.1. Documento escrito

A admissibilidade da monitória está condicionada a que o autor esteja munido de documento escrito da dívida, que não tenha eficácia de título executivo. A falta dele, ou a eficácia executiva, tornarão o autor carecedor de ação, por falta de interesse de agir, pois inadequada a via eleita.

O documento escrito é aquele idôneo para, em uma análise inicial, fazer crer na existência do crédito afirmado pelo autor. Há de ser uma prova desse crédito que mereça fé, de acordo com as regras do livre convencimento do juiz.

O art. 700, § 1º, estende o conceito de prova escrita, para fins de ação monitória, à prova oral colhida antecipadamente, na forma do art. 381 do CPC.

Valerão como documentos escritos as declarações ou confissões do devedor, em que ele reconheça a existência da dívida, ou prometa pagá-la, ou manifeste seu acordo com o valor que esteja sendo cobrado. Também aqueles que já tenham perdido a força executiva, como os cheques ou promissórias prescritos. Mais difícil será utilizar como prova escrita do

48. Cândido Dinamarco, *Instituições*, cit., v. 3, p. 745.

débito documentos emitidos unilateralmente pelo credor, porque estes, em regra, não são bastantes para permitir que se forme a convicção, ainda que superficial, da existência do crédito, como ocorre com simples extratos bancários. Mas há documentos que, embora emitidos pelo credor, revestem-se de um grau maior de veracidade. A duplicata, acompanhada de nota fiscal de venda de mercadorias, ainda que desacompanhada do recibo de entrega (se estiver acompanhada é título executivo), é bastante, por ser título de inscrição obrigatória nos livros comerciais do credor, constituindo sua emissão indevida crime de emissão de duplicata falsa.

É preciso que o documento escrito seja tal que permita ao juiz, em cognição sumária, e sem ouvir a parte contrária, concluir pela plausibilidade ou verossimilhança do direito do credor. Como lembra Cândido Dinamarco, "não é idôneo para a propositura da demanda monitória o documento que demonstre somente alguns dos fatos constitutivos sem nada informar sobre os outros, que também façam parte da causa de pedir (STJ). É indispensável que inclusive o valor da obrigação esteja documentalmente comprovado, porque, quando se trata de obrigação em dinheiro, o mandado de pagamento deve necessariamente indicar a quantia a ser paga"[49].

A exigência de prova de todos os fatos constitutivos do direito à cobrança afasta, em princípio, os contratos bilaterais, como fundamento para a ação monitória, salvo se o credor demonstrar documentalmente não só a existência, mas o cumprimento da obrigação. Para a cobrança pela prestação de serviços, não basta a juntada do respectivo contrato, mas a prova documental de que os serviços foram efetivamente prestados. Nada impede que os fatos constitutivos sejam comprovados por mais de um documento. Nesse sentido: "Contrato bilateral de prestação de serviços, acompanhado da prova do cumprimento da contraprestação do autor, é título hábil a viabilizar o ajuizamento da ação monitória" (STJ, 3ª Turma, REsp 213.077-MG, rel. Min. Nancy Andrighi).

Essa mesma exigência afasta, em princípio, monitória para a cobrança de contratos de cartão de crédito, pois a fatura é emitida unilateralmente. Mas, se ela estiver acompanhada dos comprovantes de gastos,

---

49. Cândido Dinamarco, *Instituições*, cit., v. 3, p. 747.

devidamente firmados pelo devedor, a ação será admitida. Muito se discutiu sobre a ação fundada nos contratos de abertura de crédito, celebrado com instituições financeiras, desde que acompanhados dos respectivos extratos. Por longo tempo nos tribunais paulistas se entendeu que eles gozavam de força executiva quando o contrato estivesse firmado por duas testemunhas, apesar de os extratos serem emitidos unilateralmente (Súmula 11 do extinto 1º TACSP). No entanto, o STJ afastou essa possibilidade, negando força executiva a tais contratos (Súmula 233). Restou a discussão sobre o ajuizamento da monitória, havendo várias decisões que o negavam, sob o argumento de que os extratos nada provavam a respeito do valor da dívida. Mas o STJ acabou por pacificar o assunto, ao editar a Súmula 247: "O contrato de abertura de crédito em conta corrente, acompanhado do demonstrativo de débito, constitui documento hábil para o ajuizamento de ação monitória".

Não há dúvidas de que o cheque prescrito seja documento idôneo para justificar a ação (Súmula 299 do STJ).

De acordo com o art. 59 da Lei n. 7.357, de 2 de setembro de 1985, o cheque, nos seis meses que correm da expiração do prazo de apresentação (que é de trinta dias se ele for da mesma praça, ou de sessenta dias, se for de praça distinta), goza de força executiva. Nessas circunstâncias, ele não pode ser usado para a monitória, já que permite a execução.

Como, passado o prazo em que o cheque tem força executiva, e o prazo de dois anos da ação cambiária, não se pode mais cobrar o cheque, mas apenas a transação jurídica subjacente, da qual o cheque serve como prova documental, sempre nos pareceu indispensável que, após o prazo de prescrição da ação cambiária (dois anos após o cheque ter perdido a força executiva), fazia-se indispensável que o autor da monitória indicasse a causa da emissão do cheque, a relação jurídica que a embasou. No entanto, no Superior Tribunal de Justiça, prevalece entendimento diverso de que o cheque prescrito pode sempre embasar a ação monitória, independentemente da causa de emissão. Nesse sentido, a Súmula 531: "Em ação monitória fundada em cheque prescrito, ajuizada contra o emitente, é dispensável a menção ao negócio jurídico subjacente à emissão da cártula".

A monitória também pode fundar-se em outros títulos executivos extrajudiciais prescritos, como promissórias ou duplicatas aceitas, ou protestadas e acompanhadas de comprovante de entrega de mercadorias, que já tenham perdido a eficácia executiva.

Mas, tanto o cheque quanto a promissória, cuja executividade já prescreveu, só autorizam o ajuizamento da ação monitória no prazo de cinco anos, a contar da data da emissão do cheque ou do vencimento da nota promissória. É o que estabelecem as Súmulas 503 e 504 do Superior Tribunal de Justiça.

Os documentos escritos terão de ser juntados no original ou em cópia autenticada. Não se pode querer empregar o procedimento monitório com fulcro em cópia autenticada de título executivo, devendo o credor ajuizar a execução juntando a cártula original. A insuficiência do documento escrito como prova não pode ser suprida por testemunhas. Na decisão inicial, é necessário que o juiz, somente pelo exame dos documentos juntados, convença-se, ainda que em caráter provisório, e em cognição não exauriente, da existência do crédito.

11.3.2. Documento que não constitui título executivo

Faltaria, em princípio, interesse de agir ao credor que propusesse a monitória munido de título executivo. Afinal, ela permitiria a ele obter mais rapidamente o título; se ele já o tem, deveria promover a execução. O Superior Tribunal de Justiça, porém, já vinha decidindo que o credor, ainda que munido de título executivo extrajudicial, poderia valer-se da monitória para obter título judicial, como se vê do acórdão proferido no REsp 1.079.338, de 15 de março de 2010. Diante dos termos do art. 785 do CPC, essa solução deverá prevalecer. Assim, embora a monitória caiba, em princípio, para quem tenha documento escrito sem eficácia executiva, o credor munido de título executivo extrajudicial poderá também, preen chidos os demais requisitos, valer-se dessa ação, para obter título judicial.

Por títulos executivos se entendem aqueles previstos em lei como tal, em rol *numerus clausus*. O CPC enumera, nos arts. 515 e 784, quais são os títulos executivos judiciais e os extrajudiciais, podendo haver ainda outros criados por leis especiais.

11.3.3. Obrigações de pagar, entregar coisa ou de fazer ou não fazer

O CPC atual ampliou as hipóteses de cabimento da ação monitória, porque o anterior só a admitia para as obrigações de pagar ou de entregar coisa móvel ou fungível. O atual a estendeu a todo tipo de obrigação, seja de pagar, seja de entregar coisa (tanto móvel quanto imóvel, fungível ou infungível) e às obrigações de fazer e não fazer.

Como a sua finalidade é promover a constituição de título executivo, a pretensão é sempre condenatória, jamais declaratória ou constitutiva, já que a essas não segue nenhuma execução.

11.3.4. Devedor capaz

Entre os requisitos da ação monitória está o de que ela só pode ser dirigida contra o devedor capaz (art. 700, *caput*). Trata-se de exigência que não havia na legislação anterior, estabelecida para a proteção dos incapazes, dada a aptidão da ação monitória para converter-se, de pleno direito, em execução (cumprimento de sentença) quando não há o pagamento, nem embargos. Cabe à lei civil definir as hipóteses de incapacidade das pessoas naturais.

11.4. Procedimento

11.4.1. Petição inicial

Deve preencher os requisitos dos arts. 319 e 320 do CPC. O autor indicará a prova escrita em que se fundamenta seu pedido, anexando-a à petição inicial. Expostos os fundamentos de fato e de direito, ele postulará a expedição de mandado de pagamento, ou de entrega de coisa fungível ou infungível, bem móvel ou imóvel ou para execução de obrigação de fazer ou não fazer. Além disso, ele indicará, conforme o caso, a importância devida, instruindo-a com memória de cálculo; ou com o valor atual da coisa reclamada ou o conteúdo patrimonial em discussão; ou ainda com o proveito econômico perseguido (art. 700, § 2º).

O valor da causa corresponderá ao da dívida corrigida, com os juros vencidos até o ajuizamento da ação, ou ao valor do bem ou da obrigação.

Não há peculiaridades no que concerne à competência, sendo aplicáveis as regras gerais do CPC. Em princípio, ela é do foro do domicílio do réu, se outra não tiver sido estabelecida pelas partes, por eleição de foro.

11.4.2. Decisão inicial

Além dos requisitos tradicionais, que o juiz examina em qualquer petição inicial (art. 319 do CPC), cumpre-lhe examinar os específicos.

Primeiro, se o documento escrito juntado com a inicial é idôneo para, em cognição sumária, indicar a plausibilidade e a verossimilhança do crédito. Nesse exame, ele não pode concluir pela efetiva existência ou não deste, dado que o réu ainda não teve a oportunidade de manifestar-se. Mas lhe cumpre examinar se o documento pode ser considerado prova escrita do débito ou da obrigação, idônea, em um exame *prima facie*, para demonstrar existência deles. Se se trata de um documento que goza de aparência de veracidade, e se com ele parece haver boa chance de que os fatos constitutivos do direito alegado pelo autor existam.

O juízo nesse momento é de mera admissibilidade, e não de mérito.

Se o juiz verificar que a petição inicial está devidamente instruída, deferirá de plano a expedição do mandado de pagamento ou de entrega da coisa ou cumprimento de obrigação de fazer ou não fazer no prazo de quinze dias. Se a inicial não estiver em termos, porque não preenche os requisitos gerais ou os específicos, o juiz dará ao autor a possibilidade de emendá-la, quando o vício for sanável. Do contrário, a indeferirá, dando-lhe também a oportunidade de se manifestar, para que o processo não seja extinto sem contraditório.

Ao receber a petição inicial, o juiz deve fundamentar sua decisão, em obediência ao que dispõe o art. 93, IX, da CF, sob pena de nulidade. Mas ele deve ser cuidadoso ao fazê-lo, porque não lhe cabe decidir, nessa fase, sobre a existência ou não do crédito, mas apenas sobre o preenchimento ou não dos requisitos da ação. Nessa decisão fundamentada, o juiz determinará a expedição do mandado monitório e a citação do réu.

Muito se discute a respeito da natureza jurídica desse ato judicial. Para os autores que sustentam que a monitória constitui um novo tipo de processo, é inequívoco que ele será decisão interlocutória, cuja eficácia, se não suspensa pelos embargos, permitirá a passagem imediata à fase de execução, sem solução de continuidade entre as duas fases.

Para aqueles que a entendem como processo de conhecimento, de procedimento especial, é mister reconhecer duas fases: a primeira, propriamente monitória, que tem a natureza cognitiva; e a segunda, de execução. Caso não haja embargos, passar-se-á, sem solução de continuidade, da fase cognitiva para a executiva; se houver, somente após o julgamento definitivo dos embargos será possível dar início à execução. Para os que assim entendem, não é fácil indicar a natureza jurídica do ato inicial, porque, a rigor, sua natureza variará conforme as atitudes que possam vir a ser tomadas pelo réu. Se ele opuser embargos, seguir-se-á pelo procedimento comum, e, ao final, será proferida uma sentença, caso em que ato inicial terá natureza interlocutória. Mas, se não houver embargos, passar-se-á direto à execução, e essa decisão inicial adquirirá a força de título executivo judicial, produzindo os mesmos efeitos de uma sentença condenatória, embora tenha sido proferida em cognição superficial. O CPC deixa claro o cabimento de ação rescisória contra a decisão judicial inicial não embargada (art. 701, § 3º).

Carreira Alvim, ciente dessa dificuldade, propõe que esse ato judicial não seja considerado nem sentença, nem decisão interlocutória, mas um *tertium genus*: "A não ser que se admita – o que é inexplicável – que, no processo monitório, o juiz profira, *initio litis* e *inaudita altera parte*, sem contraditório, uma sentença 'provisória', que se tornará 'definitiva' dependendo do comportamento negativo demandado (deixando de oferecer embargos), não é possível enquadrar esse ato no elenco do art. 162, não sendo *stricto sensu* nem uma sentença, nem uma decisão interlocutória. É um *tertium genus* de provimento: decisão com força de sentença, definitiva ou não definitiva, conforme não haja, ou haja embargos. Essa peculiar característica exclui qualquer possibilidade de vir tal decisão a ser impugnada através de recurso (agravo ou apelação), pois a defesa far-se-á necessariamente por meio de embargos; salvo se houver tutela antecipada, quando será admitido o agravo"[50]. A função preponderante dessa decisão inicial acabará variando, conforme a atitude que venha a tomar o réu, no prazo subsequente. Se ele resistir à pretensão, pouca eficácia terá ela, dado que a resposta do réu a suspende, em relação ao mandado inicial. Mas, se não houver resistência, forçoso será admitir que essa decisão inicial constituirá nova espécie de título executivo judicial, que não figura no rol do art. 515.

Seja qual for a solução adotada, não se há de admitir a interposição de recurso contra a decisão inicial, por faltar ao réu interesse de agir, ante a possibilidade de embargos, que retiram do mandado sua eficácia inicial, do que não lhe resultará nenhum gravame.

---

50. Carreira Alvim, *Procedimento*, cit., p. 73.

Discute-se sobre a possibilidade de concessão de tutela provisória em ação monitória. Não há nenhum óbice a que ela seja concedida, seja sob a forma de tutela cautelar ou antecipada, seja sob a forma de tutela de urgência ou evidência. Em princípio, só haverá interesse para a concessão de tutela antecipada caso haja resposta do réu, porque só então se prosseguirá sob a forma de processo de conhecimento. Do contrário, passar-se-á desde logo à execução, não cabendo mais falar em antecipação de tutela. No entanto, não se pode afastar, *prima facie*, a possibilidade de concessão, logo na decisão inicial, porque há casos de tamanha urgência que não há como esperar eventual manifestação do réu. A concessão da medida fica condicionada apenas à existência do perigo de prejuízo irreparável, já que a verossimilhança é condição para o próprio recebimento da monitória.

11.4.3. Citação do réu

O réu toma conhecimento da ação monitória quando é citado. Todas as formas de citação são admissíveis. Discutiu-se, a princípio, se seria admissível a por carta, dado que a lei determina a expedição de mandado de pagamento ou de entrega de coisa. Não há óbice para que isso ocorra, dado que essa é a forma por excelência de citação, e a monitória não foi incluída entre as exceções do art. 247 do CPC.

Também não há qualquer dificuldade para que se efetive a citação com hora certa e por edital. O STJ, a princípio, proferiu decisões em sentido contrário, mas prevaleceu o entendimento de que a citação ficta é cabível, não havendo mesmo razão para vedá-la (Súmula 282 – "Cabe a citação por edital em ação monitória"). Será indispensável que se nomeie curador especial ao réu revel, incumbindo-lhe apresentar em seu favor resposta. Eis uma situação em que fará diferença considerar a resposta do réu mera contestação, ou ação autônoma de embargos. Para aqueles que a consideram mera contestação, o curador especial terá sempre de apresentá-la, ainda que não tenha elementos suficientes, valendo-se da prerrogativa de fazê-lo por negativa geral.

Para os que consideram os embargos ação autônoma, o curador especial só os apresentará se efetivamente tiver algo a alegar, pois não se admite ação autônoma por negativa geral.

Como nos parece serem apenas contestação, forçoso será que o curador os apresente.

Da carta ou mandado de citação deverá constar o prazo de resposta e a cominação da pena para a não apresentação, qual seja, a constituição de pleno direito do título executivo, prosseguindo-se em execução.

O prazo para cumprimento do mandado, ou para a apresentação de resposta, é de quinze dias. Outra consequência importante da natureza da resposta do réu é que, para quem a considera como embargos, serão inaplicáveis os arts. 183 e 229. O prazo será sempre de quinze dias, ainda que a ré seja a Fazenda Pública, ou que haja litisconsortes com advogados diferentes. Mas, para os que sustentam a natureza de contestação, o prazo duplicará quando a Fazenda for ré, ou houver um litisconsórcio com advogados diferentes, de escritórios distintos, salvo se o processo for eletrônico.

O prazo para resposta conta-se obedecendo-se às disposições do art. 231 do CPC.

11.4.4. As possíveis atitudes do réu

Citado, pode o réu, no prazo de quinze dias, tomar uma entre três atitudes possíveis, que terão fundamental repercussão no prosseguimento e desfecho da monitória. Pode cumprir o mandado de pagamento, apresentar resposta ou simplesmente omitir-se. Cada uma dessas possíveis atitudes, com as consequências que delas advirão, serão estudadas em capítulos próprios.

a. Cumprimento do mandado

O réu pode optar por, no prazo estabelecido em lei, cumprir o mandado e fazer o pagamento daquilo que está sendo cobrado, ou a entrega da coisa, ou o cumprimento da obrigação de fazer ou não fazer, efetuando ainda o pagamento de honorários advocatícios de 5% do valor atribuído à causa. Ao fazê-lo, estará extinta a obrigação, e nada mais restará ao juiz senão proferir sentença de extinção com resolução de mérito. O legislador procurou incentivar o devedor a optar por essa solução, isentando-o do pagamento das custas.

b. Resposta do réu

Prevê o art. 702 que o réu poderá, no prazo de quinze dias, opor "embargos" ao mandado monitório, que suspenderão sua eficácia. Sobre a natureza desses embargos já se falou no item 11.2, tendo-se concluído que não constituem uma ação autônoma, como os embargos de devedor, no processo de execução, mas mera contestação, havendo, no entanto, grande divergência doutrinária a respeito.

Já foram apontadas algumas consequências práticas que podem advir de considerá-los como ação autônoma ou como contestação. No primeiro caso, se houver citação ficta, o curador especial só os oferecerá se tiver elementos, ao passo que, no segundo, ele o fará ainda que não os tenha, devendo valer-se da negativa geral. Somente se forem considerados como contestação, aos embargos serão aplicáveis os arts. 183 e 229 do CPC.

Mas há outras consequências ainda mais relevantes. Se eles forem mera contestação, desde que apresentados, ao autor será facultada a apresentação de réplica, no prazo do art. 350 do CPC (quinze dias), ao passo que, se forem verdadeira ação, o autor embargado terá de contestá-la, tendo, para tanto, à falta de regramento próprio, o prazo também de quinze dias.

Eduardo Talamini aponta a repercussão na extensão objetiva da coisa julgada. Se os embargos são mera contestação, o processo seguirá o procedimento comum, no qual o juiz julgará o pedido formulado na petição inicial da monitória. Se forem ação, o juiz, na sentença, julgará o pedido formulado nos embargos, e não na monitória. Isso repercutirá na coisa julgada. Sendo contestação, julgada procedente a monitória, reputar-se-ão deduzidos e repelidos todos os fundamentos de defesa que o réu poderia opor à rejeição do pedido. Por exemplo, ajuizada monitória para cobrança de determinada quantia, se o réu defender-se alegando apenas pagamento, não poderá mais tarde apresentar outras defesas, como compensação ou transação. Depois do trânsito em julgado, reputar-se-ão repelidas todas as defesas que o réu opôs e as que ele poderia opor.

Mas, se forem ação autônoma, cada defesa neles apresentada constitui uma causa de pedir, de sorte que, repelidos os embargos, nada impede que a parte se valha de ação autônoma para discutir o débito, com base nos fundamentos não alegados. Exemplo: propostos os embargos com fundamento no pagamento, e julgados improcedentes, nada impede que o devedor volte a discutir o débito, em ação autônoma, alegando transação ou compensação[51].

Como perfilhamos o entendimento de que os embargos têm a natureza de mera contestação, e não de ação autônoma, o juiz não os julga propriamente, mas à monitória.

Com sua apresentação, diz a lei que se suspende a eficácia do mandado inicial até o julgamento em primeiro grau. Parece-nos que o mandado não tem desde logo essa eficácia, que só adquirirá se não for apresentada resistência pelo réu. Trata-se de condição suspensiva, e não resolutiva. O procedimento monitório é daqueles especiais que, com a resposta, passam a correr pelo comum. Por isso, não há nenhum impedimento para que o réu se valha de outros tipos de resposta. Pode apresentar reconvenção (Súmula 292 do STJ). Não há óbice para as diversas espécies de intervenção de terceiro, cabendo-lhe fazer, no prazo de contestação, a denunciação da lide e o chamamento. Nada impede que terceiros requeiram seu ingresso como assistentes, ou se valham da ação autônoma de oposição.

Com a resposta, na qual o réu poderá invocar todos os fundamentos que tenha em sua defesa, o processo segue o rito comum, e a cognição será plena, facultadas às partes a produção de todas as provas em direito admitidas.

Questão de grande relevância é a que decorre de ser apresentada a resposta, fora do prazo. O juiz não deve considerar que houve a transformação do monitório em procedimento comum. Deve, ao contrário, proferir decisão interlocutória, na qual considerará não apresentados os embargos, por intempestividade. Com isso, considerar-se-á constituído, de pleno direito, o título executivo, e passar-se-á à execução, sem que haja, entre uma coisa e outra, sentença. Inconformado, o réu poderá interpor agravo de instrumento (com fundamento no art. 1.015, II, por analogia), caso em que a execução que se seguirá será provisória, até o julgamento definitivo do recurso.

Apresentados os embargos, o juiz, ao final, proferirá uma sentença, extinguindo o processo com ou sem resolução de mérito. Se julgar procedente a ação, condenará o réu ao pagamento da soma em dinheiro, à

51. Eduardo Talamini, *Tutela monitória*, p. 130 e 131.

entrega da coisa ou ao cumprimento da obrigação de fazer ou não fazer. Como o juiz não julga os embargos, mas a monitória propriamente, a sentença de procedência será condenatória, e não declaratória. Para os que entendem de forma diversa, haverá grande analogia entre seu julgamento e o dos embargos de devedor, no processo de execução.

Contra a sentença, caberá apelação, apenas no efeito devolutivo (CPC, art. 702, § 4º). Aplicável, aqui, a lição de Cândido Dinamarco: "Da natureza e propósitos da tutela monitória decorre que não pode ter efeito suspensivo a apelação interposta contra a sentença que rejeita os embargos opostos ao mandado. A oferta da tutela jurisdicional em breve tempo, que caracteriza os processos diferenciados em geral e o monitório em particular, ficaria prejudicada se ao autor fossem impostas as demoras inerentes a dois graus de jurisdição"[52].

c. Omissão do réu

A terceira atitude possível do réu é não cumprir o mandado, nem apresentar resposta. Diz o art. 701, § 2º, do CPC que se constituirá de pleno direito o título executivo judicial. Essa é a situação em que o procedimento monitório é mais útil ao credor. No comum, a falta de contestação não desobrigaria o juiz de proferir sentença, em julgamento antecipado do mérito, aplicando ao réu os efeitos da revelia. Apesar da não resistência, o processo sofreria os retardos decorrentes, e surgiria para o réu a possibilidade de interpor apelação.

Na monitória, passa-se de imediato da fase cognitiva para a de execução, sem que entremeie sentença entre elas. Ausente a resposta, não é necessário – antes, é vedado – que o juiz profira qualquer tipo de decisão, "transformando" o processo de conhecimento em execução. A lei é clara ao determinar que o título executivo se constituirá de pleno direito. Ainda que o juiz, por equívoco, profira uma decisão "convertendo" o procedimento monitório em execução, contra ela não caberá nenhum recurso, dado que esse ato não tem conteúdo decisório.

A eficácia executiva da decisão inicial, que determinou a expedição do mandado monitório, está condicionada a um evento futuro e incerto,

52. Cândido Dinamarco, *Instituições*, cit., v. 3, p. 764.

que se erige em verdadeira condição suspensiva: a não apresentação de resposta. Verificada, a decisão judicial adquire, sem mais, força de título executivo judicial, passando à fase de execução.

Quando a ação monitória for proposta contra a Fazenda Pública, caso ela não oponha embargos, deverá ser observado o art. 496 do CPC, isto é, deverá haver a remessa necessária dos autos ao Tribunal, que poderá rever a decisão inicial que determinou o processamento da monitória. Só depois da remessa haverá a constituição de pleno direito do título executivo judicial, podendo-se dar início à execução.

11.5. Execução

Encerrada a fase monitória, passar-se-á à de execução, na qual o devedor será intimado. A execução que se segue é fundada em título judicial, e deve seguir as regras dos arts. 513 e s. (cumprimento de sentença).

Não há peculiaridades nessa execução. Mas poderão surgir controvérsias sobre a impugnação.

Podem-se apontar três posições doutrinárias distintas. Para uma primeira, ela seria inadmissível, em qualquer hipótese, na ação monitória. É o que sustenta Cândido Dinamarco: "A configuração do processo monitório, com duas fases procedimentais integrantes de um processo só, conduz à inadmissibilidade de embargos do devedor à execução ali realizada: esse é um processo sincrético como o das chamadas ações executivas 'lato sensu', notoriamente refratárias a tais embargos, os quais exercem um impacto desacelerador sobre as atividades destinadas à tutela jurisdicional. A discussão do crédito faz-se nos embargos ao mandado e, opostos estes ou não, pelo fenômeno da preclusão resta fechada qualquer possibilidade de tornar a ela via dos embargos à execução forçada, que é manifestamente inadequada. Eventuais vícios processuais ou acontecimentos de eficácia jurídico-substancial acontecidos depois do momento hábil a oferecer embargos ao mandado comportarão exame no próprio processo monitório, em sua fase executiva, sem se cogitar de embargos à execução"[53]. Conquanto o ilustre processualista refira-se todo

53. Cândido Dinamarco, *Instituições*, cit., v. 3, p. 766.

o tempo aos embargos, parece-nos que a idêntica conclusão haveria de chegar em relação à impugnação, atual forma de defesa na execução de título judicial.

As outras duas posições doutrinárias admitem a oposição de impugnação, na fase executiva, mas com uma diferença. Há aqueles que sustentam que, se houve resposta na fase de conhecimento, o devedor poderá opor impugnação, mas limitada às matérias do art. 525, § 1º, ao passo que, se na fase inicial não houve resposta, e se passou direto à execução, poderá alegar qualquer defesa que tivesse, sem limitações, por aplicação analógica do art. 917. É a opinião de Cruz e Tucci e de Nelson e Rosa Nery: "A inércia do réu, que deixou de opor embargos ao mandado monitório, não dá ensejo a que seja apenado com medidas restritivas de defesa. Tendo em vista a cognição sumária procedida pelo juiz para a expedição do mandado monitório, a preclusão da defesa, aqui, tem menor abrangência do que a decorrente da revelia no processo de conhecimento amplo. Assim, os novos embargos opostos na execução (atual impugnação), nada obstante tratar-se de execução fundada em título judicial, seguem o regime do art. 745 (atual art. 917), isto é, são de abrangência ampla e podem versar sobre toda e qualquer matéria, inclusive sobre as questões de ordem pública"[54].

Há, por fim, aqueles que entendem que, apresentada ou não resposta, eventual impugnação ficará restrita sempre à matéria do art. 525, § 1º. É o que ensina Eduardo Talamini: "Isso é confirmado pelo emprego do adjetivo 'judicial' para qualificar o 'título' que se forma. Confere-se-lhe o regime dos títulos executivos judiciais, o qual tem uma única peculiaridade em relação ao dos títulos extrajudiciais: a limitação da matéria de defesa suscitável mediante embargos à exaustivamente prevista no art. 741 (atual art. 525, § 1º)"[55].

E parece ser esta última a melhor solução, porque o réu teve, no processo de conhecimento, a oportunidade de defender-se. Se não o fez, não pode pretender argui-las em execução, porque terá havido a preclusão.

---

54. Nelson Nery Junior e Rosa Nery, *Código*, cit., p. 1.036.

55. Eduardo Talamini, *Tutela*, cit., p. 150.

12. DA HOMOLOGAÇÃO DE PENHOR LEGAL

12.1. Introdução

O penhor é um direito real de garantia que, em regra, recai sobre bem móvel e consuma-se com a tradição da coisa, que permanecerá em mãos do credor até a extinção da obrigação. Sua finalidade é fazer com que a execução da obrigação, em caso de inadimplemento, recaia preferencialmente sobre o bem. Como direito real, assegura ao seu titular o direito de sequela e de preferência, em caso de excussão. Tem natureza acessória e extingue-se com a dívida.

Conforme sua origem, pode ser convencional ou legal. O primeiro é aquele que resulta de acordo de vontade e se realiza por escritura pública ou instrumento particular. Para que valha contra terceiros, precisa ser levado ao Registro de Títulos e Documentos.

O penhor legal não deriva da vontade das partes, de um contrato, mas de determinação do legislador. Cabe nas hipóteses do art. 1.467 do CC: "São credores pignoratícios, independentemente de convenção: I – os hospedeiros, ou fornecedores de pousada ou alimento, sobre as bagagens, móveis, joias ou dinheiro que os seus consumidores ou fregueses tiverem consigo nas respectivas casas ou estabelecimentos, pelas despesas ou consumo que aí tiverem feito; II – o dono do prédio rústico ou urbano, sobre os bens móveis que o rendeiro ou inquilino tiver guarnecendo o mesmo prédio, pelos aluguéis ou rendas".

São hipóteses que, por força de lei, autorizam o penhor, que não se confunde com direito de retenção. Clóvis Beviláqua aponta as principais diferenças: a) o penhor tem caráter positivo ou ativo, que se constitui pela posse direta exercida sobre a garantia, ao passo que o direito de retenção se constitui na faculdade de não restituir a coisa que o credor tem em suas mãos até que seja pago. Tem caráter eminentemente negativo, portanto. No penhor, o credor toma a coisa para si; na retenção, já tem a coisa consigo, mas recusa-se a devolvê-la; b) o penhor legal, depois de homologado, permite a excussão dos bens, na execução pignoratícia, enquanto o direito de retenção é apenas um meio de defesa; c) o penhor legal recai tão somente sobre bens móveis, ao passo que o direito de retenção pode ser exercido sobre toda espécie de bens; d) o penhor legal inicia-se por ato de ordem privada do devedor, que se completa posteriormente com a intervenção judicial, enquanto no direito de retenção a coisa já se encontra em poder do credor[56].

Em ambas as situações do art. 1.467 do CC, tem-se o credor exercendo atividade na qual é obrigado a tratar com pessoas que não conhece e que, em princípio, não oferecem nenhuma garantia pelo serviço prestado, à exceção dos bens que trazem consigo.

A garantia abrange todos os bens móveis que se encontrem no interior do imóvel. O penhor legal, feito por hospedeiro ou fornecedor de pousada ou alimento, tem de ser justificado com base em conta "extraída conforme a tabela impressa, prévia e ostensivamente exposta na casa", que contenha os "preços de hospedagem, da pensão ou dos gêneros fornecidos" (CC, art. 1.468). A razão é impedir que o consumidor alegue desconhecimento dos valores cobrados.

A constituição do penhor legal começa por ato de natureza privada, que independe de intervenção judicial. O art. 1.469 do CC permite que o credor tome posse, em garantia, "de um ou mais objetos até o valor da dívida". A apreensão é feita independentemente de prévia autorização judicial, e deve abranger bens que sejam compatíveis com a extensão da dívida. Se necessário, pode recair sobre vários bens, mas deve guardar relação de proporcionalidade com o débito. Por isso pressupõe que este tenha sido apurado e possa ser demonstrado pelo credor.

A norma exige duas providências: a apuração do valor da dívida e a avaliação dos objetos empenhados, feita nesse primeiro momento, de forma unilateral, pelo credor, mas que poderá ser oportunamente impugnada no processo de homologação do penhor legal.

O art. 1.470 do CC autoriza os credores a "fazer efetivo o penhor, antes de recorrerem à autoridade judiciária, sempre que haja perigo na demora, dando aos devedores comprovante dos bens de que as apossarem". Tomado o penhor, "requererá o credor, ato contínuo, a sua homologação judicial". Não basta que o credor tome os objetos, mas exige-se a complementação do ato, que só adquirirá eficácia após a homologação judicial, ou extrajudicial, na forma do art. 703, § 2º. Caso ela não seja requerida,

56. Clóvis Beviláqua, *Direito das coisas*, v. 2, p. 68.

o penhor perderá eficácia e o credor terá de restituir os bens ao devedor, sob pena de perpetrar esbulho possessório.

12.2. Procedimento

O requerimento de homologação, que no CPC de 1973 estava tratado entre as medidas cautelares, não tem natureza cautelar, pois não é acessório nem está vinculado a um processo principal, cujo provimento jurisdicional visa proteger. O CPC atual o considera procedimento de jurisdição contenciosa, de procedimento especial.

Tem natureza satisfativa e objetiva dar plena eficácia à constituição do penhor legal, que se inicia por ato privativo do credor.

Não há ação principal a ser proposta. A execução pignoratícia não pode ser considerada como tal, porque nem sempre haverá necessidade ou possibilidade de ajuizá-la, o que dependerá de o credor ter título executivo.

O art. 1.470 do CC só permite o apossamento sem intervenção judicial quando haja perigo na demora. Parece-nos que a esse requisito deve-se acrescentar o de ser possível que a posse seja tomada, porque não há resistência do devedor e os bens estão ao alcance do credor.

Nessas circunstâncias, o credor, em autotutela, tomará a posse para si, devendo, ato contínuo, requerer a homologação do penhor legal, na forma dos arts. 703 e s. do CPC.

Quando não houver perigo na demora, ou não for viável a autotutela, não será possível o apossamento sem intervenção judicial. O credor deverá ajuizar a homologação do penhor legal e requerer que o juiz, além de estabelecer a garantia, conceda-lhe a posse dos bens. O procedimento judicial não é precedido de constrição particular.

Sempre que houver a apreensão extrajudicial dos bens, o ajuizamento do pedido de homologação deve ser feito ato contínuo. A lei não estabelece, de forma precisa, qual seria o prazo, mas deixa claro que o ajuizamento não pode sofrer retardo, devendo ser feito sem demora, sob pena de a apreensão perder a eficácia e o juiz negar a homologação.

A petição inicial deverá expor ao juiz os fatos e os fundamentos jurídicos do pedido, devendo vir acompanhada do contrato de locação ou da conta pormenorizada das despesas, da tabela de preços e da relação dos objetos retidos. Embora a lei não diga expressamente, será necessário que o autor indique o valor aproximado dos bens, para que possa ser comparado ao do débito.

O réu será citado para pagar ou contestar na audiência preliminar que for designada.

Sua defesa deve limitar-se às matérias do art. 704 do CPC: "I – nulidade do processo; II – extinção da obrigação; III – não estar a dívida compreendida entre as previstas em lei ou não estarem os bens sujeitos ao penhor legal; IV – alegação de haver sido ofertada caução idônea, rejeitada pelo credor". A redação traz a impressão de que o rol é taxativo, mas o requerido poderá impugnar também o valor atribuído à dívida ou aos bens.

A partir da audiência preliminar, observar-se-á o procedimento comum. Se não houver necessidade de provas, o juiz homologará o pedido de plano; se houver, ele as determinará, podendo designar, se necessário, audiência de instrução, após o que proferirá sentença, na qual homologará ou não o penhor legal.

Caso haja homologação, consolidar-se-á a posse do autor sobre o objeto; caso não haja, haverá restituição dos bens apreendidos ao réu, ressalvado ao autor o direito de cobrar a dívida pelo procedimento comum, salvo se acolhida a alegação de extinção da obrigação.

Contra a sentença caberá apelação, e, na pendência do recurso, poderá o relator ordenar que a coisa permaneça depositada ou em poder do autor.

Uma novidade do CPC atual é a possibilidade de homologação do penhor legal extrajudicialmente, pela via notarial. O credor deverá dirigir o seu requerimento ao notário de sua escolha. O requerimento deve conter as informações indicadas no art. 703, § 1º, do CPC. O notário mandará notificar o devedor para, no prazo de cinco dias, pagar o débito ou impugnar sua cobrança, alegando por escrito uma das causas previstas no art. 704, caso em que o procedimento será encaminhado ao juízo competente. Transcorrido o prazo sem manifestação do devedor, o notário formalizará a homologação do penhor legal por escritura pública.

13. REGULAÇÃO DE AVARIA GROSSA

13.1. Introdução

O CPC estabelece, nos arts. 707 a 711, um procedimento especial de regulação de avaria grossa. O CPC de 1973 não cuidava do assunto, mas o art. 1.218, XIV, mantinha em vigor as regras sobre avaria dos arts. 765 a 768 do CPC de 1939. As avarias são tratadas no Código Comercial, que as define no art. 761: "Todas as despesas extraordinárias feitas a bem do navio ou da carga, conjunta ou separadamente, e todos os danos acontecidos àquele ou a esta, desde o embarque e partida até a sua volta e desembarque, são reputadas avarias". Dentre elas, o Código Comercial distingue duas espécies: as avarias grossas ou comuns e as avarias simples ou particulares, definindo-se no art. 763: "As avarias são de duas espécies: avarias grossas ou comuns, e avarias simples ou particulares. A importância das primeiras é repartida proporcionalmente entre o navio, seu frete e a carga; e a das segundas é suportada, ou só pelo navio, ou só pela coisa que sofreu o dano ou deu causa à despesa". Por fim, o art. 764 do Código Comercial enumera quais são as avarias grossas: "São avarias grossas: 1 – Tudo o que se dá ao inimigo, corsário ou pirata por composição ou a título de resgate do navio e fazendas, conjunta ou separadamente; 2 – As coisas alijadas para salvação comum; 3 – Os cabos, mastros, velas e outros quaisquer aparelhos deliberadamente cortados, ou partidos por força de vela para salvação do navio e carga; 4 – As âncoras, amarras e quaisquer outras coisas abandonadas para salvamento ou benefício comum; 5 – Os danos causados pelo alijamento às fazendas restantes a bordo; 6 – Os danos feitos deliberantemente ao navio para facilitar a evacuação d'água e os danos acontecidos por esta ocasião à carga; 7 – O tratamento, curativo, sustento e indenizações da gente da tripulação ferida ou mutilada defendendo o navio; 8 – A indenização ou resgate da gente da tripulação mandada ao mar ou à terra em serviço do navio e da carga, e nessa ocasião aprisionada ou retida; 9 – As soldadas e sustento da tripulação durante arribada forçada; 10 – Os direitos de pilotagem, e outros de entrada e saída num porto de arribada forçada; 11 – Os aluguéis de armazéns em que se depositem, em, porto de arribada forçada, as fazendas que não puderem continuar a bordo durante o conserto do navio; 12 – As despesas da reclamação do navio e carga feitas conjuntamente pelo capitão numa só instância, e o sustento e soldadas da gente da tripulação durante a mesma reclamação, uma vez que o navio e carga sejam relaxados e restituídos; 13 – Os gastos de descarga, e salários para aliviar o navio e entrar numa barra ou porto, quando o navio é obrigado a fazê-lo por borrasca, ou perseguição de inimigo, e os danos acontecidos às fazendas pela descarga e recarga do navio em perigo; 14 – Os danos acontecidos ao corpo e quilha do navio, que premeditadamente se faz varar para prevenir perda total, ou presa do inimigo; 15 – As despesas feitas para pôr a nado o navio encalhado, e toda a recompensa por serviços extraordinários feitos para prevenir a sua perda total, ou presa; 16 – As perdas ou danos sobrevindos às fazendas carregadas em barcas ou lanchas, em consequência de perigo; 17 – As soldadas e sustento da tripulação, se o navio depois da viagem começada é obrigado a suspendê-la por ordem de potência estrangeira, ou por superveniência de guerra; e isto por todo o tempo que o navio e carga forem impedidos; 18 – O prêmio do empréstimo a risco, tomado para fazer face a despesas que devam entrar na regra de avaria grossa; 19 – O prêmio do seguro das despesas de avaria grossa, e as perdas sofridas na venda da parte da carga no porto de arribada forçada para fazer face às mesmas despesas; 20 – As custas judiciais para regular as avarias, e fazer a repartição das avarias grossas; 21 – As despesas de uma quarentena extraordinária. E, em geral, os danos causados deliberadamente em caso de perigo ou desastre imprevisto, e sofridos como consequência imediata destes eventos, bem como as despesas feitas em iguais circunstâncias, depois de deliberações motivadas (artigo n. 509), em bem e salvamento comum do navio e mercadorias, desde a sua carga e partida até o seu retorno e descarga".

13.2. Procedimento

O procedimento de regulação de avaria grossa pressupõe que não haja consenso a respeito da nomeação de um regulador de avaria pelos interessados. Nesse caso, qualquer um deles pode, na comarca do primeiro porto em que o navio houver chegado, pedir ao juiz que nomeie um regulador de notório conhecimento. A ele aplicar-se-ão as regras gerais a respeito do perito, salvo se houver dispositivo específico em contrário.

Cumpre ao regulador de avarias declarar justificadamente quais são os danos que caracterizam a avaria grossa, exigindo das partes envolvidas a apresentação de garantias idôneas para a liberação da carga aos consignatários. As partes interessadas poderão impugnar as conclusões do regulador, e o juiz decidirá em dez dias.

Compete às partes apresentar nos autos os documentos necessários para a regulação da avaria grossa, no prazo que o regulador fixar, e que deve ser razoável. Apresentados os documentos, o regulador apresentará o regulamento da avaria grossa no prazo de doze meses, que pode ser estendido a critério do juiz. As partes terão vista dos autos com a regulação no prazo comum de quinze dias, e se não houver impugnação, a regulação será homologada por sentença. Se houver impugnação o juiz ouvirá o regulador e decidirá em dez dias.

14. DA RESTAURAÇÃO DOS AUTOS

14.1. Introdução

A maior parte dos atos processuais é reduzida a termo, e reunida em um ou mais volumes, que são os autos do processo. Eles são de fundamental importância para retratar os atos praticados. Quando há perda ou extravio dos autos, eletrônicos ou não, surge a necessidade da restauração, salvo se houver autos suplementares, caso em que neles prosseguirá o processo.

Os arts. 712 e s. do CPC tratam do procedimento da restauração. Ela constituirá uma ação incidente, que pressupõe a existência de outra em andamento, cujos autos do processo desapareceram.

14.2. Procedimento

A restauração pode ser determinada de ofício pelo juiz, ou a requerimento de qualquer das partes ou do Ministério Público.

Caso seja requerida por uma das partes, terá no polo passivo a outra parte, e não quem deu causa ao extravio dos autos. A competência é do juízo em que corria o processo cujos autos desapareceram. Por isso, ela deve ser distribuída por dependência.

A petição inicial deve preencher os requisitos do art. 319 do CPC, e indicar o estado em que se encontrava a causa no momento em que os autos desapareceram. Deve vir instruída com as certidões constantes do protocolo de audiência do cartório por onde haja corrido o processo, com cópia das peças que o requerente tenha em seu poder e de qualquer outro documento que facilite a restauração. O requerente deve juntar todas as cópias que tiver consigo dos atos e termos do processo que desapareceu.

Se a petição inicial estiver em termos, o juiz determinará que a parte contrária seja citada para, querendo, contestar o pedido no prazo de cinco dias. Cabe ao réu juntar todos os documentos relativos ao processo que tenha em seu poder, incluindo as cópias, as contrafés e as reproduções dos atos e dos documentos do processo. Se ele concordar com a restauração, será lavrado o auto, assinado pelas partes e homologado pelo juiz. O processo prosseguirá nesses novos autos, que suprirão os desaparecidos. Se houver contestação ou se a concordância for apenas parcial, seguir-se-á o procedimento comum. O juiz, ao final, apreciando o pedido do autor, poderá dar por restaurados os autos, ou não. Se o fizer, o processo prosseguirá nos novos. Do contrário, a parte interessada terá de ajuizar nova demanda, formando-se um novo processo. Caso haja concordância parcial do réu, o juiz dará por restaurados os autos naqueles pontos em que houve a anuência. Quanto aos demais, deverá ser observado o procedimento comum.

O art. 715 do CPC estabelece o procedimento caso os autos desapareçam depois de produzidas as provas. Se alguma das partes tiver cópia do depoimento das testemunhas ou da perícia, não haverá necessidade de repetição da audiência ou da prova técnica. Do contrário, serão reinquiridas as testemunhas (salvo se isso for impossível, caso em que poderão ser substituídas, de ofício ou a requerimento) e realizada nova perícia, de preferência com o mesmo perito. Se houver cópia da sentença (e geralmente há, porque uma consta no Livro de Registro), será juntada aos autos.

Em caso de procedência da restauração, o processo seguirá adiante; mas, se encontrados os originais, neles é que o processo prosseguirá, sendo-lhes apensada a restauração. Ela é julgada por sentença, contra a qual cabe apelação, no duplo efeito. Enquanto não julgada em definitivo, o processo fica suspenso. A sucumbência será carreada àquele que deu causa ao extravio, sem prejuízo de eventual responsabilização civil ou penal.

Caso os autos desapareçam no tribunal, será ele o competente para promover a restauração, devendo a ação, sempre que possível, ser distribuída ao relator do processo que desapareceu. O processo terá o mesmo procedimento que os demais, mas a restauração será feita no juízo de origem, quanto aos atos que nele se tenham realizado, sendo expedida carta de ordem para tanto. Consumada a restauração em primeira instância, os autos serão remetidos ao tribunal, onde prosseguirá a restauração e se procederá ao julgamento.

15. DA ARBITRAGEM

15.1. Introdução

O CPC de 1973 tratava do juízo arbitral nos arts. 1.072 a 1.102, revogados pela Lei n. 9.307, de 23 de setembro de 1996. Este é o diploma que, atualmente, rege a arbitragem no Brasil. Entrou em vigor sessenta dias após a publicação, e cuidou tanto do aspecto material quanto processual da arbitragem. Essa lei sofreu importantes modificações com a edição da Lei n. 13.129, de 26 de maio de 2015, que autorizou a utilização da arbitragem pela administração pública direta e indireta, desde que versando sobre direitos patrimoniais disponíveis, e que regulamentou a concessão de tutela provisória nos procedimentos de arbitragem.

Embora a Lei n. 9.307/96 tenha modificado o panorama da arbitragem no Brasil, o fenômeno não é novo entre nós. Como lembra Sálvio de Figueiredo Teixeira, "legalmente reconhecida no Brasil desde os tempos da colonização portuguesa (Jurgen Samtlebem – *Arbitragem no Brasil*), ao contrário do que normalmente se pensa, a arbitragem já existiu como obrigatória em nosso direito. Assim, o Código Comercial de 1850, ainda hoje vigente, estabelecia em alguns de seus dispositivos o arbitramento obrigatório, como, *v.g.*, no art. 294, nas causas entre sócios de sociedades comerciais, 'durante a existência da sociedade ou companhia, sua liquidação ou partilha', regra que era reafirmada no art. 348. O Regulamento 737, daquele ano, conhecido como o primeiro diploma processual brasileiro codificado, por sua vez previa em seu art. 411 que seria o juízo arbitral obrigatório se comerciais as causas. A Lei 1.350, de 14.09.1866, no entanto, revogou aqueles dispositivos, sem contestação à época, como atestam José Carlos de Magalhães e Luiz Olavo Baptista (*Arbitragem comercial*, Freitas Bastos, 1986, p. 7; ainda no tema, César Fiúza, *Teoria geral da arbitragem*, Del Rey, 1995, cap. III, e Cláudio Viana Lima, *Arbitragem, a solução*, Forense, 1994). No plano internacional, melhor exemplo não se poderia ter que aqueles nos quais participou com tanto êxito o Barão do Rio Branco, ampliando em muito as nossas fronteiras, e pacificamente"[57].

Por arbitragem se entende o acordo de vontades celebrado entre pessoas maiores e capazes que, preferindo não se submeter à decisão judicial, confiam a árbitros a solução de litígios, desde que relativos a direitos patrimoniais disponíveis.

O juízo arbitral surge como alternativa para aqueles que procuram obter uma solução mais rápida das controvérsias, e que estão cientes da sobrecarga de demandas que prejudicam os mecanismos tradicionais de aplicação da justiça. Como lembra Demócrito Ramos Reynaldo Filho, "sem a disposição de ensejar um debate ideológico, sobre atender ou não às exigências do pensamento neoliberal, pensamos que a nova lei procura adequar nossa ordem jurídica interna à realidade da sociedade moderna, onde as relações econômicas, globalizadas, favorecidas pela rede mundial de comunicação, se dão num ritmo frenético, aumentando vertiginosamente a produção e distribuição dos bens de consumo de forma ainda mais dinâmica do que a proporcionada pela 'revolução industrial', surgindo daí a necessidade de aperfeiçoamento e melhoria dos mecanismos de distribuição de justiça – demasiadamente carregados pela pletora de demandas decorrentes desse processo – através da formulação de novas técnicas e métodos alternativos de solução das controvérsias, dos quais a arbitragem vem servir como o mais lídimo, avançado e renovador exemplo"[58].

O juízo arbitral já estava previsto no CPC, mas praticamente não era utilizado. A razão do desuso era a exigência de que o juiz togado homologasse o laudo arbitral. Tratava-se, portanto, de uma arbitragem fiscalizada e ordenada pelo Estado, pois só com a homologação é que o laudo se transformava em título executivo judicial. Uma das principais novidades introduzidas pela Lei n. 9.307/96 é a desnecessidade de homologação, como resulta da leitura do art. 31: "A sentença arbitral produz, entre as partes e seus sucessores, os mesmos efeitos da sentença proferida pelos

---

57. Sálvio de Figueiredo Teixeira, A arbitragem no sistema jurídico brasileiro, *RT*, 735:45.

58. Demócrito Ramos Reynaldo Filho, Aspectos do instituto da arbitragem, *RT*, 743:65.

órgãos do Poder Judiciário e, sendo condenatória, constitui título executivo". A lei considerou a arbitragem como manifestação da jurisdição, tanto que arrolou a sentença arbitral entre os títulos executivos judiciais (CPC, art. 515, VII).

Essa novidade provocou grande discussão a respeito da constitucionalidade da arbitragem, que será discutida em capítulo próprio.

A Lei de Arbitragem aplica-se aos contratos que contenham cláusula arbitral, ainda que celebrados antes da sua edição.

O art. 1º, *caput*, da Lei n. 9.307/96 limita a utilização da arbitragem apenas às pessoas (naturais ou jurídicas) capazes de contratar, desde que verse sobre litígios relativos a direitos patrimoniais disponíveis, que podem ser objeto de transação entre os interessados. O § 1º estende o uso da arbitragem às pessoas da administração pública direta ou indireta (art. 1º, § 1º), desde que em relação a conflitos que versem sobre interesses patrimoniais disponíveis.

Não podem ser objeto de arbitragem as questões que envolvam o estado e a capacidade das pessoas, os direitos da personalidade, alimentos e falência, nem as matérias que se submetam à jurisdição voluntária.

Discute-se sobre a possibilidade de arbitragem nas questões que envolvam o interesse público, já que muitas delas têm cunho meramente patrimonial e disponível. Parece-nos cabível, diante da inexistência de qualquer previsão em contrário, desde que se trate de obrigações regidas pelo direito privado.

Se, no curso da arbitragem, surgir controvérsia acerca de direitos indisponíveis, de cuja apreciação depende o julgamento, o árbitro ou tribunal arbitral remeterão as partes à autoridade competente do Poder Judiciário, suspendendo o procedimento arbitral (art. 25 da Lei n. 9.307/96).

A possibilidade de instituição da convenção de arbitragem vem prevista no Código Civil, nos arts. 851 a 853.

15.2. Constitucionalidade da arbitragem

Desde que se tornou desnecessária a homologação judicial do laudo arbitral, que passou a produzir os mesmos efeitos da sentença condenatória, valendo como título executivo judicial, surgiu intensa discussão a respeito da constitucionalidade da arbitragem.

O primeiro fundamento da inconstitucionalidade seria a ofensa ao art. 5º, XXXV, da Constituição Federal, segundo o qual "a lei não excluirá da apreciação do Poder Judiciário lesão ou ameaça a direito". Mas não nos parece que haja ofensa a esse dispositivo, por três motivos. Primeiro, porque as partes não estão obrigadas a valer-se da arbitragem se não o desejarem. A lei não exclui da apreciação do Judiciário, mas faculta a possibilidade de submeter a decisão a um terceiro. Segundo, porque o art. 33 da Lei n. 9.307/96 assegura aos interessados o acesso ao Judiciário para a decretação da nulidade da sentença arbitral, nos casos previstos em lei (art. 32). Terceiro, pela possibilidade da decretação dessa mesma nulidade, em impugnação ao cumprimento de sentença, conforme o art. 33, § 3º.

A sentença arbitral só pode ser executada em juízo. Por isso, os atos de coerção dependem de intervenção do Judiciário. Competirá só a ele decidir, em caso de resistência acerca da instituição da arbitragem, na forma do art. 7º da lei.

Poder-se-ia argumentar que a arbitragem ofende o princípio do juiz natural. Mas isso não ocorre, porque ela é instituída previamente à lide entre os interessados, e tem previsão legal. Não se pode considerá-la como juízo de execução, pós-constituído com a finalidade de apreciar uma demanda específica.

O Plenário do STF decidiu pela constitucionalidade da Lei de Arbitragem. A decisão, publicada em caráter definitivo no *DJU* de 30 de abril de 2004, foi dada em pedido de homologação de laudo arbitral estrangeiro (SE 5.206-7, Espanha). A demanda surgiu em razão de conflito entre uma empresa suíça e uma brasileira, que, em janeiro de 1995, firmaram compromisso para realização de arbitragem na Espanha. Foi emitido laudo arbitral, que condenou a empresa brasileira ao pagamento de indenização. Para que o laudo fosse cumprido, era necessária a homologação perante o STF. O então Presidente da Corte, Min. Sepúlveda Pertence, negou a homologação, aduzindo que não havia previsão legal para tanto, pois a lei só a previa em relação a sentenças estrangeiras, e exigiu que, primeiro, o laudo arbitral fosse homologado por sentença na Espanha.

Contra essa decisão foi interposto agravo regimental, comprovando que na Espanha não é possível homologar laudos arbitrais. O Min. Sepúlveda Pertence deu provimento ao agravo, mas se manifestou pela inconstitucionalidade da Lei de Arbitragem, aduzindo que ela ofendia o princípio da inafastabilidade do controle jurisdicional. O Ministério Público, pelo Procurador-Geral da República, manifestou-se pela constitucionalidade da lei, argumentando: "(...) o que o princípio da inafastabilidade do controle jurisdicional estabelece é que a lei não exclui da apreciação do Poder Judiciário lesão ou ameaça a Direito. Não estabelece que as partes interessadas não excluirão da apreciação judicial suas questões ou conflitos. Não determina que os interessados devem sempre levar ao Judiciário suas demandas".

Finalmente, em sessão plenária, foi declarada a constitucionalidade da lei por maioria de votos, vencidos os Ministros. Sepúlveda Pertence, Sydney Sanches, Néri da Silveira e Moreira Alves. Como esclarece André Camerlingo Alves, "os demais Ministros do STF, em seguida, foram tendo vista dos autos e, por fim, em sessão plenária, a constitucionalidade foi declarada, considerando o Tribunal, por maioria de votos, que a manifestação de vontade da parte na cláusula compromissória, quando da celebração do contrato, e a permissão legal dada ao juiz para que substitua a vontade da parte recalcitrante em firmar o compromisso arbitral – em ação judicial específica para essa finalidade, nos termos do art. 7º da Lei n. 9.307/96 – não ofendem o art. 5º, XXXV, da Constituição Federal"[59].

15.3. Espécies de arbitragem

O art. 2º da Lei n. 9.307/96 estabelece que a arbitragem pode ser de direito ou de equidade, a critério das partes. Elas podem escolher se querem que o árbitro decida de acordo com as normas de direito que integram o ordenamento jurídico nacional, ou se preferem que ele decida por equidade, levando em consideração seus critérios de justiça. No primeiro caso, a solução deve estar fundamentada nas normas legais, não se admitindo que lhes seja contrária. No segundo, o árbitro buscará a solu-

---

59. André Camerlingo, Os percalços da arbitragem no Brasil, *Informativo Phoenix*, n. 20.

ção que lhe parece mais justa, ainda que sem amparo no ordenamento jurídico. Caso se opte pela arbitragem de direito, as partes podem escolher, livremente, quais as regras de direito que serão aplicadas, desde que elas não violem os bons costumes e a ordem pública. Podem, ainda, convencionar que o árbitro aplique os princípios gerais do direito, os usos e costumes e as regras internacionais do comércio.

Essa escolha só é possível porque os direitos em disputa são disponíveis. Se as partes podem até mesmo abrir mão, ou transigir, não há óbice a que escolham a forma pela qual deve ser dada a decisão do árbitro.

Seja a arbitragem de equidade ou de direito, o árbitro será pessoa livremente escolhida pelas partes, que nele depositem sua confiança. Não há necessidade de que seja advogado ou pessoa versada em Direito, embora deva ser maior e capaz.

A arbitragem que envolva a administração pública direta ou indireta será sempre de direito, não havendo a possibilidade de os interessados optarem pela de equidade. Além disso, deverão ser observados os princípios da publicidade.

15.4. Da convenção de arbitragem e seus efeitos

Estabelece o art. 3º da Lei n. 9.307/96 que as partes interessadas poderão instituir o juízo arbitral por duas maneiras: cláusula compromissória ou compromisso arbitral.

A cláusula compromissória é o pacto pelo qual as partes se comprometem a submeter à arbitragem os litígios que possam vir a surgir, relativamente a determinado contrato. É um acordo pelo qual as partes se obrigam a, configurado o litígio, buscar a solução pela arbitragem. Há promessa recíproca de que, surgido o conflito, será instituído o compromisso arbitral para a solução.

Como cláusula que é, deve estar contida no próprio contrato ou em documento apartado que a ele se refira. Não pode ser verbal.

Se o contrato for de adesão, só terá eficácia a cláusula compromissória se a iniciativa da convenção partir do aderente, ou se ele concordar, expressamente, com ela, por escrito em documento anexo ou em negrito, com a assinatura ou visto especialmente para essa cláusula.

Com isso, não fica desnaturado o contrato, porque a cláusula compromissória é autônoma, nos termos do art. 8º da Lei de Arbitragem, em relação a ele. A nulidade de um não implica, necessariamente, a do outro.

Continua em vigor, porém, o art. 51, VII, da Lei n. 8.078/90, que veda a adoção de cláusula compromissória nos contratos de consumo.

O que caracteriza a cláusula compromissória é que, no momento de sua instituição, o litígio ainda não se configurou. Mas os contratantes, vislumbrando a possibilidade de ele ocorrer no curso do processo, convencionam que a solução será dada pelo árbitro.

Com a cláusula compromissória não se confunde o compromisso arbitral, de que trata o art. 9º da lei. Este pressupõe que já exista um litígio entre as partes, e não a mera possibilidade. O conflito já se manifestou, havendo então um acordo entre os envolvidos, para que a solução seja dada pelo árbitro, e não pelo Poder Judiciário.

Se ainda não há litígio, mas a possibilidade de que venha a ocorrer, e as partes preferem a solução por um árbitro, devem instituir a cláusula compromissória. Se já surgiu, e elas desejam que seja solucionado pelo árbitro, para que se evite a demanda judicial, a solução é o compromisso arbitral. A cláusula compromissória surge *pari passu* com o contrato, embora guarde autonomia. O compromisso arbitral é posterior ao litígio. Quem firma uma cláusula compromissória está se obrigando a, no futuro, emitir uma declaração de vontade para a instituição do compromisso arbitral. Caso não o faça, a parte contrária poderá obrigá-lo, em procedimento próprio, no qual o juiz proferirá sentença que substituirá a vontade do contratante renitente.

Quando houver cláusula compromissória, se uma das partes for a juízo, a outra poderá arguir, como preliminar em contestação, a convenção de arbitragem (CPC, art. 337, X), o que implicará a extinção do processo sem resolução de mérito (art. 485, VII). Mas ela não pode ser conhecida de ofício. Se ambas as partes desistirem da arbitragem, o litígio será resolvido judicialmente, prosseguindo-se o processo.

Pode ocorrer que o contrato tenha cláusula compromissória, mas não estabeleça a forma pela qual se instituirá a arbitragem. A parte interessada manifestará à outra sua intenção de dar início à arbitragem, por via postal ou outro meio qualquer de comunicação, com comprovação de recebimento, convocando-a para, em dia, hora e local certos, firmar o compromisso arbitral (art. 6º da lei).

Se a outra parte não comparecer, ou opuser resistência, o procedimento será o do art. 7º da lei. A parte interessada recorrerá ao Judiciário, que mandará citar o réu para comparecer em juízo a fim de lavrar-se o compromisso em audiência designada. Nela, o juiz primeiro tentará um acordo que ponha fim ao litígio. Caso não tenha sucesso, buscará conduzir as partes à celebração do compromisso.

Não sendo possível a solução consensual, o juiz decidirá, após ouvir o réu, sobre o conteúdo da cláusula compromissória, na própria audiência ou no prazo de dez dias, respeitando sempre o conteúdo da cláusula. Caso ela nada mencione dos árbitros, o juiz decidirá, cabendo-lhe a nomeação de um ou mais. A ausência imotivada do autor na audiência inicial implicará a extinção do processo. Se o não comparecimento for do réu, caberá ao juiz, ouvido o autor, instituir o compromisso, nomeando árbitro único.

A sentença que julgar procedente o pedido valerá como compromisso arbitral, podendo ser impugnada por apelação, que será recebida apenas no efeito devolutivo (CPC, art. 1.012, IV).

15.5. Compromisso arbitral

Pressupõe que já exista litígio entre as partes, e que elas pretendam solucioná-lo por meio de um árbitro, subtraindo-o da apreciação do Poder Judiciário. Já não há mais uma promessa, mas a própria instituição de arbitragem, para a solução do litígio.

Estabelece a Lei n. 9.307/96 que o compromisso arbitral pode ser judicial ou extrajudicial. O primeiro pressupõe que já exista um processo em andamento sobre o litígio que será dirimido pelo árbitro. É celebrado por termo nos autos, perante o juiz ou o tribunal onde o processo esteja correndo. Celebrado o acordo, o juiz extinguirá o processo, sem julgamento de mérito, e caberá ao árbitro dar a solução.

O compromisso extrajudicial é aquele celebrado por instrumento público ou por escrito particular, subscrito por duas testemunhas, do qual constarão: "I – o nome, profissão, estado civil e domicílio das partes; II – o nome, profissão e domicílio do árbitro, ou dos árbitros, ou, se for o caso, a identificação da entidade à qual as partes delegaram a indicação de árbitros;

III – a matéria que será objeto da arbitragem; e IV – o lugar em que será proferida a sentença arbitral" (art. 10 da Lei n. 9.307/96). Esses são os elementos essenciais. Além deles, como elementos facultativos o compromisso poderá indicar todos aqueles mencionados no art. 11 da lei.

15.6. Os árbitros

Não há exigência específica para que alguém atue como árbitro. Basta que seja capaz, e goze da confiança das partes. Desnecessário que tenha conhecimentos técnicos, jurídicos ou que seja versado no assunto sobre o qual trata o litígio.

A escolha cabe aos próprios interessados (salvo se o compromisso arbitral for instituído por decisão judicial quando uma das partes resistir, embora tenha firmado cláusula compromissória). Não há exigência legal quanto ao número de árbitros, que fica a critério das partes. É preciso que seja ímpar, sob pena de haver risco de empate no julgamento. A lei estabelece a solução, caso as partes indiquem número par. Estabelece a Lei n. 9.307/96, no art. 13, § 2º, que, "quando as partes nomearem árbitros em número par, estes estão autorizados, desde logo, a nomear mais um árbitro. Não havendo acordo, requererão as partes ao órgão do Poder Judiciário a que tocaria, originariamente, o julgamento da causa a nomeação do árbitro, aplicável, no que couber, o procedimento previsto no art. 7º desta Lei".

É possível, ainda, que as partes estabeleçam um processo para a escolha dos árbitros, ou adotem as regras de um órgão arbitral institucional ou entidade especializada. Caso haja a nomeação de vários, um deles será escolhido, pela maioria, como presidente. A atribuição recairá sobre o mais idoso caso não haja consenso.

As causas de suspeição e impedimento dos juízes aplicam-se a eles, sendo vedada sua atuação nos litígios em que se verifiquem. Incumbe ao árbitro que esteja nessa situação revelá-la aos interessados, escusando-se de aceitar a incumbência. Se não o fizer, qualquer das partes interessadas poderá fazê-lo, recusando o árbitro, na forma do art. 20 da lei.

Caso o árbitro recuse a nomeação ou faleça, e tenha ficado expressamente consignada a impossibilidade de substituição, o compromisso se extinguirá. Do contrário, cumpre verificar se as próprias partes não indicaram o substituto. Se não o fizeram, será aplicado o que tiver sido estipulado na convenção de arbitragem, e, se nada tiver sido estabelecido, poderão os interessados valer-se do procedimento do art. 7º da lei.

Enquanto estiver no exercício de suas funções, o árbitro é equiparado ao funcionário público, para os efeitos da legislação penal.

De fundamental importância o disposto no art. 18 da lei: "O árbitro é o juiz de fato e de direito, e a sentença que proferir não fica sujeita a recurso ou a homologação pelo Poder Judiciário". Esse dispositivo demonstra a natureza jurisdicional das decisões por ele proferidas, e a desnecessidade de intervenção do Judiciário.

15.7. O procedimento arbitral

A arbitragem considera-se instituída assim que o árbitro ou os árbitros aceitarem a nomeação.

Se ele tiver qualquer dúvida a respeito de questão posta na convenção, poderá exigir que seja explicitada pelas partes interessadas. Será lavrado um adendo, firmado pelos árbitros e pelas partes, que passará, desde então, a integrar a própria convenção.

A instituição da arbitragem interrompe a prescrição, retroagindo à data do requerimento de sua instauração, ainda que seja extinta a arbitragem por ausência de jurisdição.

As partes poderão arguir a suspeição ou impedimento do árbitro, cabendo a ele próprio apreciá-las. A arguição deve ser feita na primeira oportunidade que elas tiverem para se manifestar, após a instituição da arbitragem. Também poderão arguir a incompetência, ou a nulidade, invalidade ou ineficácia da convenção.

Caso acolhida a suspeição ou impedimento, será providenciada a substituição do árbitro, na forma mencionada no capítulo anterior. Do contrário, o processo de arbitragem terá seguimento normal, mas, no momento oportuno, a parte interessada poderá suscitar a nulidade da sentença arbitral (art. 32, II) perante o Poder Judiciário.

Se acolhida a alegação de incompetência, ou de nulidade ou invalidade da convenção, as partes serão remetidas ao órgão judiciário competente. Do contrário, o processo também terá regular seguimento, com a mesma possibilidade de decretação da nulidade da convenção de arbitragem, na forma do art. 32, I, da lei.

As próprias partes estabelecerão, na convenção, o procedimento a ser observado na arbitragem. Se não o fizerem, o árbitro o estabelecerá, respeitando os princípios do contraditório, da igualdade das partes, da imparcialidade do árbitro e de seu livre convencimento.

Não há necessidade de que as partes constituam advogado para representá-las no procedimento da arbitragem. Mas, se o desejarem, poderão fazê-lo.

O árbitro poderá colher o depoimento pessoal das partes, ouvir testemunhas e determinar a realização de perícia, sempre que necessário para proferir sua decisão. A produção de provas pode ser determinada a requerimento das partes, ou de ofício.

Caso seja necessário ouvir testemunhas, o árbitro poderá requerer à autoridade judiciária que, em caso de resistência, a conduza à audiência previamente designada. O mesmo vale para medidas coercitivas ou cautelares de que necessite o árbitro. Se a arbitragem já tiver sido instituída, a tutela cautelar ou de urgência deverá ser requerida ao próprio árbitro. Mas o art. 22-A da Lei n. 9.307/96, com a redação dada pela Lei n. 13.129/2015, permite a concessão de tutela cautelar ou de urgência antes mesmo da instituição da arbitragem, caso em que ela será requerida ao Poder Judiciário. Deferida e efetivada a medida, correrá o prazo de 30 dias para que seja requerida a instituição da arbitragem. O prazo corre da efetivação da decisão, e a não observância implicará a cessação de sua eficácia. Instituída a arbitragem, eventual alteração, modificação ou manutenção da medida deve ser determinada pelo árbitro.

Para o cumprimento dos atos por ele determinados, o árbitro poderá solicitar o auxílio do Poder Judiciário, com a expedição de carta arbitral.

15.8. Sentença arbitral

O procedimento de arbitragem encerra-se com uma sentença, a ser proferida no prazo estipulado pelas partes. Na falta de convenção, será de seis meses a contar da instituição.

A decisão será sempre por escrito e, quando houver mais de um árbitro, por maioria de votos. Em caso de empate, prevalecerá o do presidente do tribunal. O art. 26 da Lei de Arbitragem enumera os requisitos que a sentença deve conter. São praticamente os mesmos da sentença judicial: "I – o relatório, que conterá os nomes das partes e um resumo do litígio; II – os fundamentos da decisão, onde serão analisadas as questões de fato e de direito, mencionando-se, expressamente, se os árbitros julgaram por equidade; III – o dispositivo, em que os árbitros resolverão as questões que lhes forem submetidas e estabelecerão o prazo para o cumprimento da decisão, se for o caso; e IV – a data e o lugar em que foi proferida".

A sentença também decidirá sobre as custas e despesas com a arbitragem.

Caso, no curso do procedimento, as partes cheguem a um acordo, o árbitro o declarará por sentença.

As partes são intimadas da decisão por via postal, ou qualquer outro meio de comunicação, mediante aviso de recebimento, ou, ainda, com sua entrega diretamente a elas, mediante recibo.

Contra a sentença arbitral não cabe nenhum recurso. Podem as partes, no prazo de cinco dias, salvo se outro for acordado entre elas, postular ao árbitro que corrija eventuais erros materiais da decisão, e esclareça alguma obscuridade, contradição ou omissão.

Essa sentença produz os mesmos efeitos que a judicial, incluindo os referentes à coisa julgada material. Vale como título executivo judicial, embora proferida por um árbitro, e não por um juiz togado.

Embora contra ela não caiba recurso, a parte interessada pode procurar o Judiciário, não para que reveja a sentença arbitral, mas para que verifique se foram preenchidos os requisitos para sua validade e eficácia. Não pode o Judiciário modificar a decisão do árbitro, mas pode declarar-lhe a nulidade nas hipóteses do art. 32 da lei, quando: "I – for nula a convenção de arbitragem; II – emanou de quem não podia ser árbitro; III – não contiver os requisitos do art. 26 desta Lei; IV – for proferida fora dos limites da convenção de arbitragem; VI – comprovado que foi proferida por prevaricação, concussão ou corrupção passiva; VII – proferida fora do prazo, respeitado o disposto no art. 12, III, desta Lei; e VIII – forem desrespeitados os princípios de que trata o art. 21, § 2º, da Lei". Esse rol é taxativo, e o inciso V ("Não decidir todo o litígio submetido à arbitragem") foi revogado pela Lei n. 13.129/2015.

O procedimento da ação de nulidade será o comum, e o prazo para a propositura será de até noventa dias após o recebimento da notificação da sentença arbitral.

A execução da sentença arbitral será sempre judicial, valendo ela como título executivo judicial. A execução far-se-á na forma dos arts. 513 e s., ressalvando-se a necessidade de citação do executado, já que haverá a formação de processo autônomo de execução, necessário em face da ausência de processo cognitivo anterior (art. 515, § 1º). Eventual nulidade da arbitragem poderá ser arguida pelo executado, em impugnação, na forma do art. 525 do CPC.

16. JUIZADOS ESPECIAIS CÍVEIS

16.1. Introdução

Os Juizados Especiais constituem mais um passo na facilitação do acesso à justiça. Sua finalidade não é desafogar o Judiciário, porque as causas de sua competência, possivelmente, nem seriam a ele levadas. Havia muitos litígios que ficavam sem solução, porque seu baixo valor, ou as complexidades e demoras inerentes ao processo comum, desestimulavam os interessados, levando-os a se conformar, ainda que à custa de insatisfação. Fátima Nancy Andrighi informa que "está cientificamente comprovado pela medicina que a pendência de processo judicial ou a falta de condições de acesso à solução de um problema jurídico causa sofrimento que se manifesta sob a forma de aflição, de angústia, evoluindo para males psicossomáticos"[60]. O Juizado Especial, ao facilitar o acesso à justiça, em especial para as classes de menor condição econômica, contribuiu para a redução da litigiosidade contida. Busca fazê-lo simplificando o procedimento, e reduzindo-lhe os custos e a demora. Funciona como forma de democratização da justiça, permitindo-lhe o acesso às classes menos favorecidas e contribuindo para afastar a noção generalizada de morosidade, que contribui para seu descrédito. Essa finalidade exige uma mudança de mentalidade daqueles que atuam perante o Juizado Especial, onde a formalidade deve dar lugar à efetividade.

---

60. Fátima Nancy Andrighi, A democratização da justiça, *RT*, 748:69.

Sua implantação foi determinada pela CF/88, cujo art. 98 estabelece: "A União, no Distrito Federal e nos Territórios, e os Estados criarão: I – juizados especiais, providos por juízes togados, ou togados e leigos, competentes para a conciliação, o julgamento e a execução de causas cíveis de menor complexidade e infrações penais de menor potencial ofensivo, mediante os procedimentos oral e sumaríssimo, permitidos, nas hipóteses previstas em lei, a transação e o julgamento de recursos por turmas de juízes de primeiro grau". O parágrafo único estabelece que "Lei federal disporá sobre a criação de juizados especiais no âmbito da Justiça Federal".

As Leis n. 9.099/95, 10.259/2001 e 12.153/2009 trataram do procedimento nos Juizados Especiais Cíveis Estaduais, Federais e da Fazenda Pública.

16.2. Natureza

Discute-se se haveria, no Juizado Especial, um novo tipo de processo, ou se apenas procedimento especial. A questão nem é tão relevante, já que poucas implicações práticas dela advirão. Cândido Dinamarco sustenta, com razão, a natureza de processo diferenciado, porque tem peculiaridades quanto à cognição no plano vertical e horizontal, em especial porque é regido por princípios e características que os distinguem dos demais, como a "oralidade, simplicidade, informalidade, economia processual e celeridade, bem como pela busca incessante da conciliação ou transação"[61].

Nele, é possível encontrar processos de conhecimento, de procedimento especialíssimo, porque mais concentrado e sumário e de execução, também com procedimento próprio, e com forma diferenciada de cognição. É por ser um processo diferenciado que a escolha do Juizado Especial Cível é sempre facultativa, podendo o interessado optar entre o processo do Juizado e o comum. O mesmo não ocorre com o Juizado Federal e o da Fazenda Pública, pois nas causas de sua competência a demanda não pode ser proposta na Justiça comum, com os procedimentos estabelecidos no CPC.

---

61. Cândido Dinamarco, *Instituições*, cit., v. 3, p. 769.

16.3. Princípios

A finalidade do Juizado Especial é facilitar o acesso à justiça, e minorar-lhe a morosidade. Para alcançá-la, obedece a princípios próprios, que o norteiam, e devem ser observados por quantos nele atuam, em especial pelo julgador. De acordo com o art. 2º da Lei n. 9.099/95, "o processo orientar-se-á pelos critérios da oralidade, simplicidade, informalidade, economia processual e celeridade, buscando, sempre que possível, a conciliação ou transação". Eles valem também para os Juizados Federais (Lei n. 10.259/2001) e da Fazenda Pública (Lei n. 12.153/2009).

Sua aplicação deve ser harmonizada com os estabelecidos na Constituição Federal: devido processo legal, contraditório, isonomia, imparcialidade do juiz e publicidade, entre outros. Mais do que simples orientação ao julgador, eles indicam a necessidade de uma nova mentalidade, na qual se abandone o formalismo dos procedimentos judiciais, sem abrir mão das garantias fundamentais.

Na omissão das leis que tratam dos Juizados, o CPC só poderá ser aplicado supletivamente, se em conformidade com o espírito e os princípios que os regulam. Nesse sentido o Enunciado 161 do FONAJE.

16.3.1. Princípio da oralidade

Costuma-se incluir entre os princípios gerais do processo civil o da oralidade. Mas não se adotou a forma oral pura, dado que a maior parte dos atos é reduzida a termo. Restou muito pouco da oralidade no sentido original, e a ela tem sido dado o significado mais abrangente de que o juiz deve estar sempre o mais próximo da colheita de provas, o que se obtém pela observância da imediação, da identidade física do juiz, da concentração de atos e da irrecorribilidade das interlocutórias (ver, no volume 1, Livro I, Capítulo IV, item 3.3).

No Juizado Especial, a oralidade é observada com muito mais rigor, recobrando parte de seu significado original. Muitos dos atos que nele se realizam são efetivamente orais, só sendo reduzidos a termo os essenciais. Os demais poderão ser gravados em fita magnética ou equivalente, conforme o art. 13, § 3º, da Lei n. 9.099/95.

A petição inicial pode ser apresentada oralmente na Secretaria do Juizado (art. 14, *caput*); o mandato ao advogado pode ser verbal, salvo quanto aos poderes especiais (art. 9º, § 3º); a contestação e o pedido contraposto também podem ser apresentados oralmente (art. 30). Não se admite prova pericial, mas a inquirição de técnicos de confiança do juiz (art. 35); a prova oral não é reduzida a escrito (art. 36), podendo ser gravada, e os embargos de declaração podem ser opostos verbalmente.

16.3.2. Princípios da informalidade e da simplicidade

O processo não é um fim em si mesmo, mas um instrumento para a proteção dos direitos materiais. No tradicional, já se aplica o princípio da instrumentalidade das formas, não podendo haver a nulidade de um ato que tenha atingido o fim a que é destinado. Mas no Juizado Especial ele se acentua, porque se busca a celeridade e a facilidade de acesso. De acordo com o art. 13, *caput*, "os atos processuais serão válidos sempre que preencherem as finalidades para as quais forem realizados, atendidos os critérios indicados no art. 2º desta Lei". E o parágrafo único acrescenta: "Não se pronunciará qualquer nulidade sem que tenha havido prejuízo".

O procedimento no Juizado é bastante simplificado. Há uma redução substancial da utilização de termos e escritos, em especial pelo uso de mecanismos alternativos, como gravações magnéticas, ou de vídeo, e o uso de equipamentos de informática. Há simplificações na apresentação da inicial, na citação, na oferta de resposta, na colheita de provas, no julgamento e na apresentação dos recursos. A dispensa de participação do advogado, nas causas de valor inferior a vinte salários mínimos, colabora para a simplificação e deformalização do processo (no Juizado Federal, a presença do advogado é sempre facultativa, mesmo que o valor da causa ultrapasse aquele limite).

16.3.3. Economia processual

Também se aplica ao processo tradicional, mas é mais acentuada nos Juizados Especiais, em que se busca atingir o resultado com o menor esforço possível, evitando-se incidentes que entravem o andamento do processo.

Está diretamente relacionado aos dois princípios mencionados no item anterior, e ao da celeridade.

16.3.4. Celeridade

Uma das funções precípuas do Juizado Especial é dar solução rápida aos litígios a ele submetidos. A simplicidade e informalidade colaboram para a celeridade, e o juiz deve envidar esforços para alcançar rapidamente a solução, livrando o processo de atos protelatórios que entravem seu andamento. A lei afasta a possibilidade de incidentes que poderiam retardá-lo, tudo em prol da solução rápida. Não cabe reconvenção, intervenção de terceiros (com exceção do incidente de desconsideração da personalidade jurídica, conforme art. 1.062 do CPC) e prova pericial, que, notoriamente, implicam demora. Há ainda uma forte concentração de atos. É possível que tudo se realize em uma só audiência (art. 17 da Lei n. 9.099/95). Na de instrução e julgamento, o réu apresentará resposta, formulará pedido contraposto, e o juiz solucionará os incidentes, colherá as provas e julgará. Não há remessa necessária no Juizado Federal e no da Fazenda Pública, e os atos de execução são também concentrados.

O procedimento no Juizado é qualificado, com frequência, como sumaríssimo, embora se trate, na verdade, de um procedimento especial, em que os atos processuais são concentrados, e devem ser realizados com a celeridade possível.

16.4. Competência

É facultativo o ajuizamento de demanda perante o Juizado Especial Cível, o que significa que a parte pode optar por ele, ou pelo foro comum. Em hipótese nenhuma é obrigatório que a parte abra mão deste para valer-se daquele. Mas, no Juizado Especial Federal, a competência é absoluta, por força de dispositivo expresso (art. 3º, § 3º, da Lei n. 10.259/2001: "No foro onde estiver instalada Vara do Juizado Federal, a sua competência é absoluta". O Superior Tribunal de Justiça já decidiu nesse sentido, no Conflito de Competência n. 103.084, rel. Min. Eliana Calmon. Se houver um conflito de competência entre o Juizado Especial Federal e a Justiça Federal, da mesma seção judiciária, o conflito será decidido pelo Tribunal Regional Federal, nos termos da Súmula 428 do Superior Tribunal de Justiça. No Juizado Especial da Fazenda Pública, que é estadual, e vem regulamentado pela Lei n. 12.153/2009, a competência também é absoluta, como resultado do art. 2º, § 4º: "No foro onde estiver instalado Juizado Especial da Fazenda Pública, a sua competência é absoluta".

São três os critérios que podem ser usados para verificação da competência do Juizado: o valor da causa, a matéria e as pessoas. Entre os diversos Juizados, porém, utiliza-se o critério territorial. Para verificar se a demanda pode ou não correr perante o Juizado, o interessado deve valer-se dos três primeiros critérios. Em caso afirmativo, para apurar em qual deles a demanda deve ser aforada, valer-se-á do territorial.

16.4.1. Competência em razão do valor da causa

De acordo com o art. 3º, I, da Lei n. 9.099/95, compete aos Juizados Estaduais o julgamento das causas cíveis cujo valor não exceda quarenta salários mínimos. O *caput* fala em causas cíveis de menor complexidade. Forçoso reconhecer que há causas de valor baixo, mas de grande complexidade, e se discute se elas poderiam ser apreciadas no Juizado. A resposta há de ser afirmativa, porque o próprio legislador definiu, nos incisos do art. 3º da Lei n. 9.099/95, quais seriam as causas de menor complexidade, levando em consideração o valor da causa e a matéria. A única ressalva é das causas que exigem prova técnica complexa. O que afasta a competência do Juizado não é a complexidade da matéria, mas a da prova técnica. Dentro das hipóteses do art. 3º, a competência será do Juizado, ainda que se trate de questão intrincada e de difícil solução, salvo se exigir a prova técnica complexa.

No Juizado Federal e no da Fazenda, a competência estende-se para as causas de valor até sessenta salários mínimos.

O valor do salário mínimo deve ser aquele da data da propositura da demanda, sendo irrelevantes alterações posteriores. O valor da causa será o do conteúdo econômico do pedido, incluindo-se o principal corrigido e os juros vencidos. Havendo pedidos cumulados, dever-se-á fazer a soma de ambos. Mas, havendo litisconsórcio ativo facultativo, o valor da causa deverá ser considerado individualmente por autor, não importando se a soma ultrapassa o valor de alçada (nesse sentido, o Enunciado 2 do C. Superior Tribunal de Justiça a respeito dos Juizados Especiais).

Caso as partes se conciliem no curso do processo, o valor da transação pode ultrapassar os limites do Juizado. Nada obsta a que se homologuem acordos de valor muito superior aos quarenta salários mínimos, salvo no Juizado Federal e no da Fazenda Pública, em que o limite de alçada impõe-se até mesmo para acordos.

A exigência de limites ao valor da causa não se cumula com as referentes à matéria. Quando a competência é dada pela matéria, torna-se irrelevante o valor da causa, que pode ultrapassar o limite.

O do pedido contraposto também não pode superar o teto legal (salvo quando a competência for em razão da matéria).

O valor da causa é de suma relevância, nos Juizados Estaduais, para que se possa verificar a necessidade de participação de advogado, dado que somente naquelas de valor superior a vinte salários mínimos ela é indispensável, independentemente da matéria tratada.

As ações de indenização por dano moral, em que o conteúdo econômico da demanda não pode ser aferido de plano, poderão ser aforadas perante o Juizado, desde que se evidencie que a pretensão do autor não ultrapassa o limite.

O interessado pode renunciar àquilo que exceda os limites de valor da competência, tanto no Juizado Estadual quanto no Federal e no da Fazenda Pública. Ainda que tenha um crédito superior aos quarenta ou sessenta salários mínimos, pode demandar no Juizado, desde que renuncie ao saldo. É de tal natureza o óbice a que se ultrapassem os limites que a sentença que o fizer será considerada ineficaz nesse ponto (art. 39 da Lei n. 9.099/95). A ressalva fica por conta da sentença homologatória de acordo apenas nos Juizados Estaduais, não sujeita aos limites mencionados, dado que nos Federais e da Fazenda Pública eles têm de ser observados.

Aquele que pretende ingressar sem advogado pode renunciar ao que exceda os vinte salários mínimos.

A renúncia implica a perda do direito, impedindo que se volte a postulá-lo.

Questão controvertida é a da possibilidade de renúncia implícita. Quando alguém distribui, no Juizado, pedido superior à alçada legal, cumpre saber se está implicitamente renunciando ou se o juiz deve adverti-lo primeiro, para ter certeza de seu desejo.

Parece-nos que se deve ouvir o autor a respeito, informando-o das consequências da renúncia. Só então se terá certeza de que é sua intenção abrir mão do direito ao que ultrapassa a alçada. Tal solução é a mais consentânea com a realidade do Juizado. Como ensinam Marisa Ferreira dos Santos e Ricardo Cunha Chimenti, “Há que se observar, porém, que muitas vezes o pedido inicial é reduzido a termo por leigos (§ 3º do art. 14 da Lei n. 9.099/95), e por isso nem sempre o autor toma plena ciência das consequências da renúncia. Assim, além de admitir que a conciliação seja formalizada com valores superiores a quarenta salários mínimos, a Lei n. 9.099/95 determina que, ao manter seu primeiro contato com as partes, o juiz deve orientá-las quanto às consequências do § 3º do art. 3º da Lei n. 9.099, inclusive quanto à renúncia do valor superior ao da alçada. A renúncia a valor superior ao valor de alçada somente se aperfeiçoa após as partes serem orientadas pelo juiz a respeito das consequências de sua opção pelo novo sistema, ocasião em que poderão inclusive requerer o apoio da assistência judiciária"[62].

16.4.2. Competência em razão da matéria

É preciso considerar separadamente os Juizados Estaduais, os Federais e os da Fazenda Pública. De acordo com a Lei n. 9.099/95, demandas que versam sobre determinadas matérias são da competência dos Juizados Estaduais independentemente do valor da causa, mesmo que ultrapassem quarenta salários mínimos. Em contrapartida, há outras que jamais poderão ser aforadas, ainda que o valor se enquadre nos limites.

São de sua competência, independentemente do valor, as causas enumeradas no art. 275, II, do CPC de 1973. Isto é, aquelas causas que, no CPC de 1973, em razão da matéria, poderiam correr no foro comum, pelo procedimento sumário. Nos termos do art. 1.063 do CPC, até a edição de lei específica, os Juizados Especiais Cíveis continuam competentes para o julgamento das causas enumeradas no art. 275, II, da Lei n. 5.869, de 11 de janeiro de 1973 (CPC de 1973). São elas: a) Arrendamento rural e parceria agrícola: arrendamento rural é o "contrato agrário pelo qual uma pessoa se obriga a ceder a outra, por tempo determinado ou não, o uso ou gozo de imóvel rural, parte ou partes do mesmo, incluindo, ou não, outros bens, benfeitorias e/ou finalidades, com o objetivo de nele ser exercida atividade de exploração agrícola, pecuária, agroindustrial, extrativa ou mista, mediante certa retribuição ou aluguel,

---

62. Marisa Ferreira dos Santos e Ricardo Chimenti, *Juizados Especiais Cíveis e Criminais*, p. 19.

observados os limites percentuais da lei" (Decreto-lei n. 59.566/66). O CPC alude também à parceria, restringindo-a à agrícola, embora existam também a pecuária e a agroindustrial; b) Cobrança de condomínio: embora em razão da matéria se pudesse admitir a propositura da ação no Juizado Especial, isso não será possível porque o art. 8º da Lei n. 9.099/95 restringe o acesso ao Juizado a determinadas pessoas e entes, entre os quais os entes despersonalizados. Há restrição legal para que a entidade condominial figure como autora, no Juizado Especial; c) Ressarcimento por danos em prédio urbano ou rústico: abrange todas as ações de responsabilidade civil envolvendo danos em imóveis, independentemente de sua localização; d) Ressarcimento por danos causados em acidente de veículo de via terrestre: trata-se de hipótese das mais comuns, dada a frequência com que tais acidentes se verificam. A expressão "veículo terrestre" abrange os carros, ônibus, caminhões, motocicletas, bicicletas, trens, bondes, metrô. Ficam excluídos os veículos aéreos e os de transporte marítimo, fluvial ou lacustre. O inciso abrange todo tipo de acidente com esse gênero de veículos, como colisões, abalroamentos, atropelamentos etc.; e) Cobrança de seguro relativamente a danos causados em acidente de veículo: o seguro de vida é título executivo extrajudicial, nos termos do art. 784, VI, do CPC. Assim, em caso de morte decorrente de acidente de veículo, desnecessário o processo de conhecimento. Nos demais casos, ele será obrigatório, podendo o interessado propor a ação no Juizado Especial Cível. O dispositivo não alude a veículo terrestre, mas aos veículos em geral, o que abrange os aéreos e marítimos. A regra vale para seguros facultativos e obrigatórios e abrange todos os danos previstos na apólice, seja beneficiário o próprio segurado, seja terceiro; f) Cobrança de honorários de profissionais liberais: o dispositivo faz referência às ações de cobrança, que tenham por objeto honorários de profissionais liberais, como advogados, médicos, dentistas, arquitetos, pintores, decoradores, fisioterapeutas etc. Aquele que não é profissional liberal, mas empregado, deve valer-se das vias trabalhistas adequadas, para cobrar o que lhe for devido. Com relação ao advogado, o art. 24 da Lei n. 8.906/94 considera o contrato escrito que estipula os honorários como título executivo extrajudicial, o que dispensa processo de conhecimento. Mas, se não houver contrato escrito do qual conste o valor, será necessário arbitrá-los, e, para tanto, o interessado poderá valer-se do Juizado Especial;

g) Revogação de doação: é tratada pelo CC nos arts. 555 a 564. Pode decorrer de ingratidão do donatário ou inexecução de encargo. As hipóteses de ingratidão estão previstas no CC, art. 557: se o donatário atentou contra a vida do doador ou cometeu crime de homicídio doloso contra ele; se cometeu contra ele ofensa física; se o injuriou gravemente ou o caluniou; ou se, podendo ministrá-los, recusou ao doador os alimentos de que este necessitava. O prazo para o ajuizamento da ação é de um ano, e a demanda só pode ser ajuizada pelo doador contra o donatário, nunca pelos seus herdeiros, ressalvada a hipótese de homicídio doloso, caso em que a ação poderá ser intentada por eles (art. 561 do CC). No entanto, os herdeiros podem prosseguir na ação intentada pelo doador contra o donatário. Nem todas as doações são revogáveis por ingratidão; as que não são estão enumeradas no art. 564; doação onerosa pode ser revogada por inexecução do encargo, quando o donatário tiver incorrido em mora;
h) Demais casos previstos em lei: o último inciso do art. 275, II, do CPC de 1973 abria a possibilidade de a lei criar outras hipóteses de matérias que autorizassem o procedimento sumário. Efetivamente, há, em leis especiais, numerosas hipóteses, entre as quais a ação de adjudicação compulsória, revisional de aluguel, usucapião especial e aquelas envolvendo representação comercial.

Questão controvertida é a da necessidade de que, também nessas causas, a sentença seja ineficaz naquilo que ultrapasse os quarenta salários mínimos. Para Marisa Ferreira dos Santos e Ricardo Cunha Chimenti, mesmo nas hipóteses do inciso II, a sentença será ineficaz naquilo que ultrapassar os quarenta salários: "Entendemos que a interpretação sistemática da Lei n. 9.099/95, em especial a análise conjunta dos seus arts. 3º, § 3º, 15 e 39, autoriza a conclusão de que a sentença condenatória, mesmo nas hipóteses do inciso II do art. 275 do CPC, será ineficaz na parte que superar a alçada do sistema especial (ver art. 39 da Lei n. 9.099)"[63].

Mas não nos parece que assim seja. O intérprete há de sempre dar utilidade à lei. A exigir cumulativamente a observância do critério valor da causa e matéria, o inciso II do art. 3º da Lei n. 9.099/95 seria inútil,

63. Marisa Ferreira dos Santos e Ricardo Chimenti, *Juizados*, cit., p. 22.

por englobado no inciso I. A competência do Juizado estaria limitada pelo valor da causa, independentemente da matéria. Ao acrescentar o inciso II, a lei pretendeu ampliar as hipóteses de competência do Juizado para causas que, só pelo valor, ficariam fora de sua alçada. Acertada a conclusão de Dinamarco, para quem "Em relação a essas causas de valor menor, na Lei dos Juizados Especiais não é feita qualquer associação aos critérios materiais, ou seja, para o Juizado ser competente não se cumulam as exigências do valor da causa e da natureza do litígio"[64]. Nesse sentido, o Enunciado 58 do FONAJE: "As causas cíveis enumeradas no art. 275, II, do CPC admitem condenação superior a 40 salários mínimos e sua respectiva execução, no próprio Juizado".

São também de competência dos Juizados Especiais Estaduais, independentemente do valor da causa, as ações de despejo apenas para uso próprio. As fundadas em denúncia vazia ou falta de pagamento deverão ser ajuizadas na forma da Lei n. 8.245/91, com o procedimento nela estabelecido.

Ainda podem ser ajuizadas ações possessórias sobre bens imóveis de valor até quarenta salários mínimos. Houve uma combinação entre os critérios matéria e valor da causa, que não ocorreu no inciso II.

Determinadas matérias que afastam a competência do Juizado Estadual, seja qual for o valor da causa, como as de natureza alimentar, falimentar, fiscal e de interesse da Fazenda Pública, e também as relativas a acidentes do trabalho, resíduos e ao estado e capacidade das pessoas, ainda que de cunho patrimonial.

Não cabe a ação de acidente do trabalho para postular os benefícios acidentários, da legislação própria, em face do INSS. Os resíduos são os bens que, deixados em legado, com a morte do beneficiário devem ser entregues à pessoa designada pelo testador.

Além dessas, não podem ser processadas perante o Juizado as ações que tenham um rito especial, estabelecidas em razão das peculiaridades do direito material subjacente. Já foi mencionado o exemplo do despejo por falta de pagamento, ao qual podem ser acrescentados a exigência de contas, a divisão e demarcação de imóveis, os embargos de terceiros, a

64. Cândido Dinamarco, *Instituições*, cit., v. 3, p. 773.

ação monitória etc. A natureza da lide exige um procedimento próprio, que não se compadece com o do Juizado Especial.

A matéria também é critério fundamental para o exame da competência nos Juizados Federais, porque determinados assuntos são excluídos, seja qual for o valor da causa, do seu âmbito.

São os referidos no art. 109, II, III e IX, da Constituição Federal, mandado de segurança, desapropriação, divisão e demarcação, ações populares, execuções fiscais e por improbidade administrativa e demandas sobre direitos ou interesses difusos, coletivos ou individuais homogêneos. Os incisos II, III e IX do art. 109 referem-se às causas entre Estado estrangeiro ou organismo internacional e Município ou pessoa residente ou domiciliada no País; as causas fundadas em tratado ou contrato da União com Estado estrangeiro ou organismo internacional e a disputa sobre direitos indígenas.

Em nenhuma hipótese o Juizado conhecerá de ações que versem sobre bens imóveis da União, autarquias ou fundações públicas, bem como as que tenham por finalidade a anulação ou cancelamento de ato administrativo federal, salvo o de natureza previdenciária e o de lançamento fiscal e as que tenham por objeto a impugnação da pena de demissão imposta a servidores públicos civis ou de sanções disciplinares aplicadas a militares.

Afora essas exceções, a competência do Juizado Especial Cível Federal é dada pelo art. 109 da CF/88. Isto é, sua competência é a mesma da Justiça Federal, respeitado o limite de alçada de sessenta salários mínimos, com a exclusão das hipóteses acima mencionadas.

No Juizado Especial da Fazenda Pública, deve-se observar o disposto no art. 2º, § 1º, da Lei n. 12.153/2009, que exclui da sua competência algumas matérias, ainda que o valor da causa seja de até sessenta salários mínimos: "Não se incluem na competência do Juizado Especial da Fazenda Pública: I – as ações de mandado de segurança, de desapropriação, de divisão e demarcação, populares, por improbidade administrativa, execuções fiscais e as demandas sobre direitos ou interesses difusos e coletivos; II – as causas sobre bens imóveis dos Estados, Distrito Federal, Territórios e Municípios, autarquias e fundações públicas a eles vinculadas; III – as causas que tenham como objeto a impugnação da pena de demissão imposta a servidores públicos civis ou sanções disciplinares aplicadas a militares".

16.4.3. Competência em razão das pessoas

A finalidade do Juizado Especial é facilitar o acesso à justiça, e assegurar uma solução mais rápida e eficiente. Atento a isso, o legislador estabeleceu algumas restrições à competência do Juizado em relação às pessoas. No Estadual, somente as pessoas físicas capazes é que poderão ajuizar a demanda. Além das pessoas físicas, podem também propor ação as microempresas e as empresas de pequeno porte, nos termos do art. 74 do Estatuto Nacional da Microempresa e da Empresa de Pequeno Porte (LC n. 123, de 14-12-2006).

As pessoas jurídicas ou entes despersonalizados a ele não têm acesso. Não se admitem ações ajuizadas por empresas, fundações, sociedades, associações, condomínio, espólio, herança jacente ou vacante, sociedade despersonalizada ou nascituro. Essas restrições referem-se ao polo ativo da demanda. Mas há algumas que dizem respeito a ambos os polos. Jamais poderá participar de demanda, no Juizado Estadual, o incapaz, o preso, as pessoas jurídicas de direito público, as empresas públicas da União, a massa falida e o insolvente em geral.

O art. 8º, § 2º, da Lei n. 9.099/95 atribuía legitimidade ao maior de dezoito anos para, sem assistência, ingressar no Juizado. Mas perdeu a razão de ser desde o Código Civil de 2002, que reduziu a incapacidade para dezoito anos.

No Juizado Federal, podem ser autores as pessoas físicas e as microempresas e empresas de pequeno porte, assim definidas na Lei n. 9.317, de 5 de dezembro de 1996, e rés a União, autarquias, fundações públicas e empresas públicas federais. Não há qualquer restrição à participação de incapazes ou preso, como no Juizado Estadual. Havendo incapaz, será imprescindível a intervenção do Ministério Público.

No Juizado Especial da Fazenda Pública, podem ser autores as pessoas físicas e as microempresas e as empresas de pequeno porte, assim definidas na Lei Complementar n. 123, de 14 de dezembro de 2006, valendo as mesmas considerações do item antecedente, e rés, os Estados, o Distrito Federal, os Territórios e os Municípios, bem como autarquias, fundações e empresas públicas a eles vinculadas (art. 5º da Lei n. 12.153/2009).

16.4.4. Competência territorial

Não serve para verificar se a demanda deve ou não ser aforada perante o Juizado Especial. Para tanto, o interessado deve valer-se dos critérios anteriormente mencionados. É usada para apurar em qual deles a demanda deve ser aforada.

Nos Juizados Estaduais vigora a regra do art. 4º da Lei n. 9.099/95: "É competente, para as causas previstas nesta Lei, o Juizado do foro: I – do domicílio do réu ou, a critério do autor, do local onde aquele exerça atividades profissionais ou econômicas ou mantenha estabelecimento, filial, agência, sucursal ou escritório; II – do lugar onde a obrigação deva ser satisfeita; III – do domicílio do autor ou do local do ato ou fato, nas ações para reparação de dano de qualquer natureza. Parágrafo único. Em qualquer hipótese, poderá a ação ser proposta no foro previsto no inciso I deste artigo". Mesmo que a ação verse sobre bem imóvel, a competência será dada por esses incisos, e não pela situação da coisa.

Há sempre dois foros possíveis para a propositura da demanda, diante do que dispõe o parágrafo único do dispositivo.

No Juizado Federal, deve-se observar o disposto no art. 109, § 2º, da Constituição Federal: "As causas intentadas contra a União poderão ser aforadas na seção judiciária em que for domiciliado o autor, naquela onde houver ocorrido o ato ou fato que deu origem à demanda ou onde esteja situada a coisa, ou, ainda, no Distrito Federal". Trata-se da hipótese de foros concorrentes, cuja escolha caberá ao autor.

Como a Fazenda Pública não tem foro privilegiado, as mesmas regras de competência que valem para o Juizado Especial Cível valem para o Juizado da Fazenda Pública, nos termos do art. 27 da Lei n. 12.153/2009.

16.4.5. Incompetência, conexão e continência

No Juizado Especial, tanto a incompetência de foro quanto a de juízo implicam extinção do processo sem resolução de mérito, diferentemente do que ocorre nos processos tradicionais. Jamais haverá a remessa de autos de um Juizado Especial para outro, ou do Juizado Especial para o foro comum, nem deste para aquele, dado seu caráter sempre facultativo.

Não há óbice a que uma demanda seja distribuída por dependência à outra, quando preenchidas as hipóteses do art. 286 do CPC. Em caso de conexão ou continência, haverá a reunião de ações, para que não haja decisões conflitantes. Conquanto houvesse controvérsia a respeito, o Enunciado 68 do Fórum Permanente dos Juizados Especiais autoriza a reunião.

16.5. Das partes e seus advogados

No item 16.4.3 já se tratou da competência do Juizado em razão das partes, regulada pelo art. 8º da Lei n. 9.099/95, pelo art. 6º da Lei n. 10.259/2001 e pelo art. 5º da Lei n. 12.153/2009. Não se admite qualquer forma de intervenção de terceiros, nem mesmo a assistência (art. 10 da Lei n. 9.099/95) ou denunciação da lide à seguradora, em caso de acidente de trânsito. Mas, conforme art. 787 e parágrafos do CC/2002, o segurado demandado dará ciência da ação à seguradora, não podendo reconhecer o pedido, confessar ou transigir sem a sua anuência expressa. A intervenção de terceiros traria demoras incompatíveis com a celeridade que se exige do Juizado Especial.

Apenas o incidente de desconsideração da personalidade jurídica será admissível, nos termos do art. 1.062 do CPC.

O litisconsórcio, tanto ativo quanto passivo, é admissível, mas apenas entre aqueles que podem ser partes no Juizado Especial. Aplicam-se a sua formação as regras comuns do CPC (arts. 113 e s.).

De acordo com o art. 9º, *caput*, da Lei n. 9.099/95, naquelas causas de valor até vinte salários mínimos, as partes podem comparecer pessoalmente ao Juizado Estadual, sem necessidade de advogado; nas de valor superior, a assistência é obrigatória. Não está mais em vigor o art. 1º, I, da Lei n. 8.906/94, que considerava atividade privativa do advogado a postulação perante os Juizados Especiais.

Embora a advocacia seja função essencial à justiça, a exigência dos advogados em juízo não é absoluta, como mostra o *habeas corpus*.

O § 1º do art. 9º estabelece que, "sendo facultativa a assistência, se uma das partes comparecer assistida por advogado, ou se o réu for pessoa jurídica ou firma individual, terá a outra parte, se quiser, assistência judiciária prestada por órgão instituído junto ao Juizado Especial, na forma da lei local". Essa é uma forma de assegurar a isonomia entre as partes. Uma delas seria beneficiada, se assistida por advogado, e a outra não. E a paridade de condições entre pessoa física e jurídica. O juiz deverá alertar as partes da conveniência do patrocínio por advogado, quando qualquer circunstância peculiar da causa o recomendar – por exemplo, quando a questão jurídica subjacente for complexa.

A dispensa de advogado fica restrita à primeira instância. Na fase recursal, seja qual for o valor da causa, a participação do advogado é imprescindível.

No Juizado Especial Federal, tem-se reconhecido a facultatividade da atuação do advogado, independentemente do valor da causa, não se aplicando subsidiariamente o art. 9º da Lei n. 9.099/95. É o que estabelece o art. 10 da Lei n. 10.259/2001: "As partes poderão designar, por escrito, representantes para a causa, advogado ou não". O parágrafo único acrescenta que "os representantes judiciais da União, autarquias, fundações e empresas públicas federais, bem como os indicados na forma do *caput* ficam autorizados a conciliar, transigir ou desistir, nos processos da competência dos Juizados Especiais Federais". A mesma solução deve ser adotada no Juizado da Fazenda Pública.

Se a parte desejar advogado e não tiver condições de contratar um, deve ser encaminhada à assistência judiciária, implantada no Juizado, na forma do art. 56 da Lei n. 9.099/95 ou à Defensoria Pública. Nesse sentido, a lição de Marisa Ferreira dos Santos e Ricardo Chimenti: "A experiência tem demonstrado que as partes, muitas vezes, são hipossuficientes a ponto de não conseguir sequer demonstrar o seu real desejo quando procuram atendimento nos Juizados Especiais Federais. O funcionário da Justiça Federal não é advogado, não pode dar orientação jurídica, de modo que, nessas situações, o advogado se mostra indispensável até para a formulação do pedido inicial, independentemente do valor da causa ser superior ou inferior a vinte salários mínimos. Constatando-se a total impossibilidade de o interessado deduzir seu pleito, deve ser encaminhado à Defensoria Pública da União, que lhe dará a necessária assistência"[65].

No Juizado Estadual, é permitido que a parte renuncie ao que ultrapasse os vinte salários mínimos, para ter assegurado o direito de postular sem advogado.

---

65. Marisa Ferreira dos Santos e Ricardo Chimenti, *Juizados*, cit., p. 114.

O mandato pode ser verbal, na forma do art. 9º, § 3º, da Lei n. 9.099/95, salvo quanto aos poderes especiais, mencionados no art. 105 do CPC.

O Ministério Público intervirá nos casos previstos em lei, mas não será comum a sua intervenção, dado que não correm ações envolvendo interesses de incapazes (salvo no Federal e da Fazenda Pública), nem que envolvam o estado e a capacidade de pessoas, ou a massa falida.

16.6. Do juiz, dos conciliadores e dos juízes leigos

O julgamento dos processos no Juizado é feito por um juiz togado, aprovado em concurso público de ingresso à carreira da magistratura. Cabe a ele a direção geral do processo, a apreciação das provas e a decisão.

No desempenho de suas funções, ele será auxiliado por juízes leigos e conciliadores, recrutados na forma do art. 7º da Lei n. 9.099/95: "Os conciliadores e juízes leigos são auxiliares da Justiça, recrutados, os primeiros, preferentemente, entre os bacharéis em Direito, e os segundos entre advogados com mais de cinco anos de experiência. Parágrafo único. Os juízes leigos ficarão impedidos de exercer a advocacia perante os Juizados Especiais, enquanto no desempenho de suas funções".

Nos Juizados Federais, caberá ao juiz presidente designar os conciliadores pelo período de dois anos, admitida a recondução. Não há juízes leigos.

A participação fundamental dos conciliadores ocorre na audiência de tentativa de conciliação, presidida pelo juiz togado, por juiz leigo ou por conciliador sob sua orientação.

Compete-lhe buscar uma solução amigável entre as partes, tentando em contato prévio, anterior ao do juiz, encontrar uma saída que seja conveniente a ambas. Celebrado o acordo, o conciliador reduzi-lo-á a termo, encaminhando-o a homologação pelo juiz. Ele não pode tomar medida de cunho jurisdicional, como prolatar decisões ou colher provas. Já o juiz leigo pode dirigir a instrução, sob a supervisão do juiz togado, na forma do art. 37 da Lei n. 9.099/95. Quando o fizer, competirá a ele proferir a sentença. No entanto, para que ela ganhe eficácia, é preciso que seja homologada pelo juiz togado, na forma do art. 40 da Lei n. 9.099/95: "O juiz leigo que tiver dirigido a instrução proferirá sua decisão e imediatamente a submeterá ao juiz togado, que poderá homologá-la, proferir outra em substituição ou, antes de se manifestar, determinar a realização de atos probatórios indispensáveis".

16.7. Procedimento

16.7.1. Introdução

É concentrado, em busca da celeridade. De modo geral, respeita-se a sequência das demais formas de procedimento. O primeiro passo é a petição inicial apresentada na Secretaria do Juizado, escrita ou verbal. O réu é citado para comparecer a uma audiência de conciliação, conduzida por juiz togado ou leigo ou por conciliador sob sua orientação. Eles exortarão as partes a pôr fim ao conflito e tentarão o acordo. Caso o réu, citado, não compareça, o juiz julgará a demanda. Se a ausência for do autor, o processo será extinto sem resolução do mérito.

Caso não haja acordo, será designada audiência de instrução e julgamento, para a qual as partes sairão intimadas. Nela, o réu terá oportunidade de apresentar sua contestação, que poderá conter pedido contraposto, por escrito ou verbalmente. A audiência será conduzida por juiz togado, ou por juiz leigo sob a supervisão do togado. Em seguida, serão colhidas as provas necessárias, e o juiz proferirá a sentença.

É possível que se adote um procedimento ainda mais concentrado, realizando-se em uma só audiência a tentativa de conciliação, a apresentação de resposta, a instrução e o julgamento (art. 27, parágrafo único). Mas, nos Juizados que adotem esse sistema, será necessário que o réu, ao ser citado, seja advertido de que, já na audiência inicial, deverá apresentar contestação, sob pena de revelia.

Tal como no CPC, de aplicação subsidiária, os prazos no Juizado só serão contados considerando-se os dias úteis. A controvérsia que se instaurou sobre essa questão assim que editado o CPC/2015 ficou superada com a edição da Lei n. 13.728/2018, que acrescentou o art. 12-A à Lei n. 9.099/95, com o seguinte teor: "Na contagem de prazo em dias, estabelecido por lei ou pelo juiz, para a prática de qualquer ato processual, inclusive para a interposição de recursos, computar-se-ão somente os dias úteis".

Nos próximos capítulos, tratar-se-á, de forma mais detalhada, de cada uma das fases do procedimento.

16.7.2. Petição inicial

Pode ser apresentada por escrito ou oralmente à Secretaria do Juizado. Não há necessidade de observar as exigências do art. 319 do CPC, porque é possível que nem seja formulada por advogado. O pedido será feito de forma simples e em linguagem acessível, sendo indispensável que contenha o nome, a qualificação e o endereço das partes, os fatos e os fundamentos, de forma sucinta, o objeto e seu valor. Indispensável que o endereço do réu seja conhecido, já devendo constar do pedido inicial, porque não se admite a citação por edital. Não há necessidade de indicação do fundamento jurídico da demanda, porque o pedido pode ser feito por leigo. Mas é fundamental a indicação dos fatos que embasam o pedido, sob pena de o réu não ter do que se defender. Só é preciso apontar o objeto mediato, o bem da vida que se deseja, não o imediato, o provimento jurisdicional postulado.

Desnecessário pedido expresso de citação e requerimento de provas.

Quando feito oralmente, o pedido será reduzido a escrito pela Secretaria do Juizado, que poderá utilizar o sistema de fichas ou formulários impressos. O § 2º do art. 14 da Lei n. 9.099/95 admite pedido genérico quando não for possível apurar, desde logo, o valor da obrigação (CPC, art. 324).

Não há óbice à cumulação de pedidos, desde que a soma não ultrapasse o limite de alçada do Juizado, e que eles sejam conexos.

Se a petição inicial não estiver em condições de ser recebida – apesar da simplicidade e da informalidade –, porque não permite identificar com precisão os elementos da ação, dificultando a defesa do réu ou o julgamento, o juiz determinará que seja emendada, na forma do art. 321 do CPC. E, se o autor não cumprir a determinação, ou o juiz verificar que a competência não é do Juizado, será indeferida. Mas sempre, antes de extinguir o processo, o juiz deve designar a audiência de conciliação. Só depois, se não sair o acordo, haverá extinção. Jamais o processo será extinto sem que, ao menos, se realize a tentativa de conciliação. É o que determina o art. 51, II, da Lei n. 9.099/95.

É possível que o autor peça tutela provisória, cuja concessão depende dos requisitos dos arts. 294 e s. do CPC, como no processo comum, mas não as requeridas em caráter antecedente, na forma dos arts. 303 e 310 do CPC (Enunciado 163 do FONAJE).

Além do pedido inicial, é possível que o juiz tenha de julgar o contraposto, sobre o qual se falará no capítulo da resposta do réu.

16.7.3. O regime de custas

Em primeiro grau de jurisdição, o acesso ao Juizado Especial está isento de custas, taxas ou despesas. Sua função primacial é facilitar o acesso à justiça, fazendo com que a ela sejam levadas causas que possivelmente não seriam aforadas de outra maneira. A sentença não condena o vencido ao pagamento das custas e honorários advocatícios, ressalvados os casos de litigância de má-fé (arts. 54 e 55 da Lei n. 9.099/95), que se verificam nas hipóteses do art. 80 do CPC.

A dispensa do recolhimento de custas iniciais vale tanto para o processo de conhecimento como para o de execução.

Há um caso em que o autor é condenado nas custas em primeiro grau, independentemente de ter agido de má-fé: quando o processo for extinto por não ter ele comparecido a qualquer das audiências designadas. Sua ausência demonstra descaso e desinteresse. Para evitar a reiteração, determina-se que a sentença o condene. Mas haverá isenção se se demonstrar que a ausência é atribuída a força maior (art. 51, § 2º). A ausência imporá ao autor apenas o pagamento das custas, não dos honorários advocatícios. Estes só incidem em primeiro grau em caso de má-fé.

A isenção de custas e da condenação em honorários advocatícios não se estende à segunda instância. O recurso exige preparo, que compreenderá todas as despesas processuais, inclusive aquelas dispensadas em primeiro grau de jurisdição, ressalvada a hipótese de assistência judiciária gratuita (art. 54, parágrafo único). No Estado de São Paulo, por exemplo, o preparo será a soma das custas iniciais (1% do valor da causa) mais a custa do preparo propriamente dito (2% do valor da condenação ou da causa, conforme as circunstâncias), nos termos da Lei n. 11.608/2003.

Os honorários serão impostos ao recorrente vencido, na proporção de 10 a 20% do valor da condenação, ou, não havendo condenação, do valor corrigido da causa.

Só haverá a imposição de verba de sucumbência se o vencido for o recorrente. Não se impõe o mesmo ônus ao recorrido vencido.

16.7.4. Citações e intimações

Como o processo não pode ser extinto antes da audiência de conciliação, o pedido, que independe de distribuição e autuação, não será levado para despacho inicial do juiz. Não é ele quem determina a citação do réu, como nos procedimentos tratados no CPC. A própria Secretaria designa uma sessão de conciliação, que deve realizar-se no prazo de quinze dias, e determina a citação do réu.

Só há dois tipos de citação: por carta, que é a forma por excelência, e por oficial de justiça, quando necessário (art. 18 da Lei n. 9.099/95). Em hipótese alguma se admite a citação por edital, incompatível com a sumariedade que se exige. O processo deverá ser extinto se, em seu curso, tornar-se necessária a citação por edital.

Em regra, a Secretaria designará audiência de tentativa de conciliação. Mas nada obsta a que se adote o sistema de audiência única, na qual se realiza, em uma única sessão, a tentativa de conciliação, a apresentação de resposta, a instrução e o julgamento. Se for esse o sistema, o réu terá de ser citado com dez dias de antecedência, no Juizado Estadual, ou trinta dias, no Federal, tomando ciência das consequências do não comparecimento.

A forma por excelência de citação é a por correspondência, tal como no CPC. A carta será entregue ao citando com aviso de recebimento firmado pelo destinatário (tem-se admitido a validade da citação quando entregue no domicílio do citando, ainda que o aviso de recebimento não seja assinado diretamente por ele). Para facilitar a citação da pessoa jurídica ou firma individual, a entrega da carta pode ser feita à pessoa encarregada da recepção, que será obrigatoriamente identificada. Não se exige que a citação seja feita na pessoa do gerente ou do diretor da pessoa jurídica, facilitando-se a sua efetivação.

A citação por oficial de justiça, excepcional, só será determinada se necessário, quando não for possível por correio (por exemplo, quando o local em que reside o citando não for servido pelo correio ou quando ele criar óbices para o recebimento da carta). Não há, como no CPC, a possibilidade de o autor optar por fazer a citação por oficial de justiça. A citação da União, autarquias, fundações públicas e empresas públicas federais será feita na forma do art. 7º da Lei n. 10.259/2001, e da Fazenda Pública estadual, na forma do art. 6º da Lei n. 12.153/2009, que remete ao CPC.

Se o oficial de justiça perceber ocultação do réu, fará citação com hora certa, na forma prevista no CPC. Caso o réu não compareça, ser-lhe-á dado curador especial.

A citação por oficial dispensa mandado ou precatória, mas dificilmente haverá como materializá-la sem que isso ocorra, em especial porque devem figurar as advertências ao réu sobre o que sofrerá caso não compareça.

As advertências variarão conforme a audiência seja apenas de conciliação ou também de instrução e julgamento. No primeiro caso, o réu será informado de que se fará a conciliação, mas que não há necessidade de apresentação de resposta ou de testemunhas. No entanto, é preciso que seja advertido de que sua ausência resultará na aplicação dos efeitos da revelia. A ausência do réu em qualquer audiência gera revelia. Se só essa audiência foi designada, ele terá de ser citado com antecedência de quarenta e oito horas (art. 218, § 2º, do CPC).

Se a audiência for de conciliação e instrução e julgamento, o réu deverá ser citado com a antecedência de dez dias no Juizado Estadual e de trinta no Federal e no da Fazenda Pública, devendo ser advertido de que, não celebrado o acordo, deverá apresentar resposta, sob pena de revelia, e as testemunhas.

O comparecimento espontâneo do réu supre a falta ou nulidade de citação.

As intimações são feitas pela mesma forma que as citações, ou por qualquer outro meio idôneo de comunicação, admitindo-se até os eletrônicos. Das decisões proferidas em audiência, as partes já saem intimadas. Se mudarem de endereço, deverão comunicá-lo ao juiz, reputando-se eficazes as intimações que forem enviadas ao antigo, se a comunicação não for feita.

16.7.5. Revelia do réu

Não é apenas a falta de resposta que gera a revelia. A ausência do réu a qualquer das audiências a provoca, e faz presumir verdadeiros os fatos narrados na petição inicial. Conforme o art. 20 da Lei n. 9.099/95, "Não comparecendo o demandado à sessão de conciliação ou à audiência de instrução e julgamento, reputar-se-ão verdadeiros os fatos alegados no pedido inicial, salvo se o contrário resultar da convicção do juiz".

Sempre que o réu for intimado para as audiências, deve ser advertido das consequências do seu não comparecimento, que deve ser pessoal, não bastando que se faça representar por advogado constituído, ainda que munido de poderes para transigir.

Também haverá revelia se o réu não apresentar contestação. Nas causas de valor superior a vinte salários mínimos, ela deve ser apresentada por advogado, na audiência de instrução e julgamento, verbalmente ou por escrito. Nas causas de valor inferior, não há necessidade de contestação por advogado, bastando ao juiz ouvir o réu, na própria audiência, a respeito dos fatos que lhe são imputados pelo autor.

Tal como no CPC, a presunção de veracidade decorrente da revelia não é absoluta, e o juiz pode decidir em contrário, se isso resultar de sua convicção. Prevalece o princípio da livre convicção motivada. Para que o juiz afaste os efeitos da revelia, deverá motivar na sentença sua convicção, indicando os elementos que ajudaram a formá-la.

16.7.6. A audiência de conciliação

Um dos objetivos principais do Juizado Especial é a busca da conciliação e transação (art. 2º da Lei n. 9.099/95).

Atenta a essas considerações, a lei determina a designação de uma audiência, chamada "sessão de conciliação", na fase inicial do processo, antes mesmo que o juiz tenha verificado a viabilidade de seu prosseguimento.

É possível que se adote o regime da audiência única, caso em que, além de tentar-se a conciliação, será dada oportunidade de resposta ao réu, sendo feita a instrução e o julgamento.

O mais comum é a designação de duas audiências: a primeira apenas para tentar a conciliação; e a de instrução e julgamento, na qual o réu terá oportunidade de apresentar sua resposta.

Mesmo na audiência de tentativa de conciliação, a presença das partes é indispensável. É cabível, no entanto, a conciliação não presencial conduzida pelo Juizado mediante o emprego dos recursos tecnológicos disponíveis de transmissão de sons e imagens em tempo real, devendo o resultado da tentativa de conciliação ser reduzido a escrito com os anexos pertinentes. Se o autor não comparecer, nesta ou na de instrução e julgamento, ou se recusar a participar da tentativa de conciliação não presencial, o processo será extinto sem resolução de mérito, e ele será condenado ao pagamento das custas, salvo se provar que sua ausência deveu-se a força maior. A presença do réu também é indispensável, e o não comparecimento ou a recusa a participar da tentativa de conciliação não presencial implicará a aplicação, a ele, dos efeitos da revelia, passando-se ao imediato julgamento.

A revelia não decorre, no Juizado, apenas da falta de apresentação de resposta, mas também da ausência do réu em qualquer das audiências, ainda que compareça o advogado com poderes para transigir, disposto a apresentar resposta.

Caso qualquer das partes comprove a impossibilidade de comparecimento, apresentando justificativa que o demonstre, o juiz deixará de aplicar as sanções previstas em lei, e designará nova data.

Admite-se que o réu pessoa jurídica seja representado em audiência por preposto credenciado, não havendo necessidade de que o seja por quem os estatutos designarem, ou pelo diretor. Mas é indispensável que o preposto mantenha vínculo empregatício com a empresa, e que compareça munido de carta de preposição.

No Juizado Federal, a representação da União, autarquias, fundações e empresas públicas será feita na forma do art. 10 da Lei n. 10.259/2001, tendo os representantes poderes para conciliar e transigir.

Aberta a sessão de conciliação, o juiz togado ou leigo fará, na presença das partes e dos conciliadores, uma exortação a que se encontre uma solução amigável, estimulando as partes a se compor. Essa é a oportunidade para que ele as advirta das consequências do prosseguimento do processo, para que mostre o quão conveniente é a solução consensual, e para que, verificando que o valor ultrapassa a alçada do Juizado, advirta o autor de que o prosseguimento implicará a renúncia ao excedente. O juiz informará as partes de que, caso não conciliem, a solução será judicial, com os riscos a ela inerentes.

Em seguida, o conciliador conversará com as partes, e tentará obter a conciliação. Ele possivelmente se sentirá mais à vontade do que o juiz para o fazer, dado que não julgará o litígio. Assim, poderá fazer sugestões e dar conselhos às partes, sem que pareça uma antecipação de convicção. Cumpre ao conciliador ser paciente, hábil na negociação, com sensibilidade para detectar os fatores emocionais subjacentes e os afastar ou superar.

Caso se consiga o acordo, o próprio conciliador o reduzirá a termo, e o levará para homologação do juiz togado. O termo será assinado pelas partes e pelo conciliador. Se o juiz tiver dúvida sobre o acordo, chamará as partes para que lhe prestem os devidos esclarecimentos. Não é necessário que o juiz acompanhe as negociações, bastando que faça a exortação inicial.

Mesmo que não haja conciliação, é possível que as partes optem, de comum acordo, pelo juízo arbitral, na forma prevista em lei.

Essa arbitragem é específica do Juizado Especial e terá procedimento próprio, que vem estabelecido nos arts. 24 a 26 da Lei n. 9.099/95. A ela não se aplicam as regras gerais da arbitragem, estabelecidas na Lei n. 9.307/96. Por isso, é necessário que o laudo arbitral seja homologado pelo juiz togado, por sentença irrecorrível.

São vários, portanto, os incidentes que podem ocorrer nessa audiência. É possível: a) que o autor não compareça, caso em que o processo será extinto sem resolução de mérito; b) que o réu não compareça, caso em que lhe serão aplicados os efeitos da revelia, passando-se ao julgamento antecipado; c) que se chegue a um acordo, levado à homologação do juiz togado, extinguindo-se o processo com resolução de mérito; d) que as partes optem pela arbitragem, caso em que o processo será extinto sem resolução de mérito; e) que as partes não conciliem, nem optem pela arbitragem, sendo caso de prosseguimento do processo, com a designação da audiência de instrução e julgamento, para a qual as partes sairão intimadas.

No Juizado Federal, os representantes da União, autarquias, fundações e empresas públicas federais têm legitimidade para conciliar e transigir. Os representantes dos Estados, autarquias, fundações e empresas públicas estaduais também têm a mesma legitimidade, no Juizado Especial da Fazenda Pública.

16.7.7. Audiência de instrução e julgamento

Nos termos do art. 27 da Lei n. 9.099/95, essa audiência pode ser instaurada imediatamente após a tentativa de conciliação, caso esta não tenha vingado, nem tenham as partes optado pela arbitragem. Mas isso só ocorrerá se o réu tiver sido intimado a apresentar resposta, sob pena de revelia, e a apresentar provas.

O mais comum é que haja o desmembramento das audiências. Na primeira, realiza-se apenas a tentativa de conciliação. Na segunda, a instrução e julgamento, quando então o réu terá a oportunidade de apresentar resposta.

Estabelece o parágrafo único do art. 27 que, não sendo possível a realização imediata da instrução e julgamento, será designada data para os quinze dias subsequentes, saindo as partes e eventuais testemunhas presentes intimadas.

Também nessa audiência é indispensável o comparecimento pessoal de ambas as partes. Se o autor faltar, o processo será extinto sem resolução de mérito, ainda que ele esteja representado por advogado constituído com poderes para transigir. E, se a ausência for do réu, o juiz o considerará revel e passará ao julgamento, mesmo com a presença de advogado disposto a contestar.

São vários os atos praticados na audiência de instrução e julgamento. De acordo com o art. 28, "serão ouvidas as partes, colhida a prova e, em seguida, proferida a sentença".

No início da audiência, deve o juiz, ainda uma vez, tentar a conciliação. Não sendo possível, dará oportunidade ao réu para apresentar resposta. Se necessário, dará oportunidade ao autor para manifestar-se sobre ela, podendo ouvir as partes quantas vezes desejar.

Em seguida, colherá as provas e julgará. Todas as provas são produzidas em audiência, não havendo necessidade de que sejam previamente requeridas.

Na audiência o juiz resolverá os incidentes que lhe forem submetidos. Decidirá sobre a competência do Juizado, sobre o valor da causa, sobre as preliminares suscitadas em contestação, sobre as provas pertinentes e sobre as diligências requeridas. Enfim, sobre tudo que se relacione ao andamento do processo.

a. Resposta do réu

Na audiência de instrução e julgamento, o réu terá oportunidade de apresentar sua contestação, o que poderá ser feito verbalmente ou por escrito. Aplica-se ao Juizado Especial o princípio da eventualidade, cabendo ao réu, na contestação, manifestar-se sobre toda a matéria de defesa, com exceção da suspeição ou impedimento do juiz, que deverão ser arguidas em separado, observando-se as regras do CPC. A incompetência do Juizado será alegada na própria contestação, e levará à extinção do processo sem resolução de mérito, se acolhida. Também a impugnação ao valor da causa deve ser feita na contestação. É nela que o réu apresenta as preliminares e toda a defesa de mérito, não importando que possam ser incompatíveis entre si, dada a eventualidade. As matérias de ordem pública (objeções) devem ser conhecidas de ofício pelo juiz. As demais (exceções em sentido estrito) devem ser alegadas pela parte. Não é necessário que o réu apresente fundamentação jurídica para as teses de sua defesa, devendo apenas descrever os fatos que serão tomados em consideração pelo juiz. Há também o ônus da impugnação específica dos fatos, pois os não combatidos presumir-se-ão verdadeiros.

Nas causas de valor até vinte salários mínimos, é permitido ao réu que se defenda sem advogado. O juiz o ouvirá na audiência, em depoimento pessoal, colhendo seus argumentos de defesa.

Se a contestação for apresentada verbalmente, poderá ficar registrada apenas em fita magnética ou equivalente (art. 13, § 3º).

Em nenhuma hipótese se admite a reconvenção, mas o parágrafo único do art. 17 da Lei n. 9.099/95 permite que o réu formule pedido contraposto, que não pode ter valor superior a quarenta salários mínimos, nem versar sobre as matérias excluídas da competência do Juizado. O pedido contraposto amplia os limites objetivos da lide, e deve ser apreciado com o inicial, na sentença.

O autor responderá ao pedido contraposto na própria audiência, se tiver condições de fazê-lo. Mas tem direito de exigir que seja designada nova data, para que tenha tempo para formular resposta adequada. Não se pode exigir que esteja pronto para respondê-lo na própria audiência em que é apresentado. De acordo com o art. 17, parágrafo único, "havendo pedidos contrapostos, poderá ser dispensada a contestação formal". Se o réu apresenta pedido contraposto, manifesta sua discordância com o pedido original. Imagine-se uma ação de indenização por acidente de trânsito em que o autor imputa culpa ao réu. Este, se formular pedido contraposto, terá de dizer que a culpa não foi dele, mas do autor, o que é bastante para afastar os efeitos da revelia, ainda que não haja contestação formal. O pedido contraposto é aquele que está fundado no mesmo fato em que se baseia o pedido inicial.

É permitido que as pessoas jurídicas formulem pedido contraposto. Poderia haver dúvida, dado que a elas não é permitido demandar no Juizado. Mas, se for ré, tem o direito não só de responder, mas de formular o pedido contraposto.

Havendo desistência ou extinção da ação originária, fica prejudicado o pedido contraposto (Enunciado 173 do FONAJE).

b. Colheita de provas

O art. 32 da Lei n. 9.099/95 estabelece que "todos os meios de prova moralmente legítimos, ainda que não especificados em lei, são hábeis para provar a veracidade dos fatos alegados pelas partes", como o art. 369 do CPC. No entanto, há certas restrições no Juizado Especial, em razão dos princípios que regem seu funcionamento.

Não se admite, em nenhuma hipótese, a produção de prova pericial. Aquele que, para demonstrar os fatos que fundamentam o pedido, precisa produzir essa prova deve valer-se do procedimento tradicional. As provas, no Juizado, são produzidas na audiência de instrução e julgamento. As documentais podem ser trazidas com a própria inicial, ou com a resposta, ou podem ser apresentadas na audiência. As orais são todas colhidas na audiência, e registradas em fita magnética ou de vídeo.

A colheita deve ser feita de maneira informal. Não há necessidade de respeitar as formalidades exigidas no CPC, nem a ordem do art. 361.

De acordo com o art. 5º da Lei n. 9.099/95, "O juiz dirigirá o processo com liberdade para determinar as provas a serem produzidas, para apreciá-las e para dar especial valor às regras de experiência comum ou técnica".

O juiz, na audiência, poderá deliberar sobre quais as provas necessárias, determinando de ofício aquelas que lhe pareçam importantes, e dispensando as supérfluas. Se for determinada alguma prova não disponível na audiência, poderá ser designada continuação para data próxima. Sempre que forem apresentados documentos novos, será dada oportunidade ao adversário para que, na própria audiência, sobre ele se manifeste.

Não há necessidade de requerimento prévio de provas. O pedido é feito na audiência. Nela, pode o juiz ouvir as partes, se necessário. Cada uma pode trazer até três testemunhas, independentemente de arrolamento prévio ou intimação. Mas, se for preciso, pode requerer à Secretaria que sejam intimadas, fazendo-o com pelo menos cinco dias de antecedência. Se não houver necessidade de intimação prévia, basta à parte trazer a testemunha.

Caso a intimada não compareça, o juiz determinará a condução coercitiva imediata, quando viável, valendo-se do concurso da força pública. Quando inviável, designará data próxima para a continuação.

A ouvida das testemunhas é informal. O juiz conversará com elas a respeito dos fatos, permitindo que as partes formulem suas perguntas e comentários. O registro será feito em fita magnética, vídeo ou outro meio equivalente. Não será reduzida a escrito, devendo observar-se o disposto no art. 36 da Lei n. 9.099/95: "A prova oral não será reduzida a escrito, devendo a sentença referir, no essencial, os informes trazidos nos depoimentos".

Embora não seja permitida a produção de prova pericial, se houver questões técnicas a serem dirimidas, o juiz pode ouvir um técnico de sua confiança, permitindo-se às partes a apresentação de parecer técnico. O juiz deliberará sobre a necessidade de ouvida na própria audiência. Se determiná-la, e não for viável a ouvida de imediato, designará data próxima. Não há exigências formais a respeito da colheita dessa prova, nem da nomeação do técnico, exigindo-se apenas que seja da confiança do juiz, e que tenha conhecimento sobre o assunto sobre o qual será ouvido. As partes podem formular perguntas, fazer comentários sobre as informações do técnico e trazer pareceres, sobre os quais será ouvida a parte contrária e, eventualmente, o técnico de confiança do juiz.

No Juizado Federal, o juiz nomeará, se preciso for, para realizar exame técnico necessário à conciliação ou ao julgamento da causa, pessoa habilitada, que apresentará o laudo até cinco dias antes da audiência, independentemente de intimação das partes (art. 12, *caput*, da Lei n. 10.259/2001). Idêntica regra aplica-se ao Juizado da Fazenda Pública (art. 10 da Lei n. 12.153/2009).

Pode o juiz, no curso da audiência, de ofício ou a requerimento das partes, realizar inspeção em pessoas ou coisas, ou determinar que pessoa de sua confiança a faça, relatando informalmente o verificado (art. 35, parágrafo único, da Lei n. 9.099/95).

A instrução será conduzida por juiz togado, ou por juiz leigo, sob a supervisão do togado.

A lei não prevê oportunidade para debates ou alegações finais. Mas, se o juiz entender oportuno, dará ensejo a que os façam.

16.7.8. Sentença

O juiz proferirá a sentença de mérito, na própria audiência de instrução e julgamento, ou no prazo de trinta dias (art. 226, III, do CPC). Há, no entanto, uma hipótese em que ele poderá proferir sentença de mérito antes da resposta do réu, logo depois de tentada a conciliação: quando presentes as hipóteses do art. 332, I a IV, e art. 332, § 1º, do CPC, que tratam da improcedência liminar do pedido e se aplicam, supletivamente, aos Juizados Especiais.

Não há necessidade de relatório. Basta que o juiz faça um breve resumo dos fatos relevantes ocorridos na audiência, referindo-se, no essencial, aos informes trazidos nos depoimentos. Mas é preciso que ela seja fundamentada, e que mencione os elementos que formaram sua convicção. Nos termos do Enunciado 46 do Fórum Permanente, ela poderá ser proferida oralmente e registrada por qualquer meio, eletrônico ou digital, constando da ata apenas o dispositivo. Parece-nos que também ao Juizado Especial deva-se aplicar o art. 489, § 1º, do CPC, que trata das hipóteses em que a sentença não se considerará fundamentada (nesse sentido o Enunciado 37 da I Jornada de Direito Processual Civil da Justiça Federal). Em sentido contrário, porém, a Súmula 47 da ENFAM, que dispõe: "O art. 489 do CPC/2015 não se aplica ao sistema de Juizados Especiais" e o Enunciado 162 do FONAJE: "Não se aplica ao Sistema dos Juizados Especiais a regra do art. 489 do CPC/2015 diante da expressa previsão contida no art. 38, *caput*, da Lei n. 9.099/95".

A sentença pode ser condenatória, constitutiva ou declaratória. Pode ainda ser mandamental, quando tiver por objeto obrigação de fazer ou não fazer, ou de entrega de coisa (art. 52, V, da Lei n. 9.099/95).

Não se obedece, no Juizado Especial, ao princípio da legalidade estrita. De acordo com o art. 6º da Lei n. 9.099/95: "O juiz adotará em cada caso a decisão que reputar mais justa e equânime, atendendo aos fins sociais da lei e às exigências do bem comum". Trata-se de um juízo de equidade. Mas isso não dispensa o juiz de justificar sua decisão, que deve indicar em que atende aos fins sociais ou às exigências do bem comum. Mas é inegável que o juiz tem maior liberdade de decisão, pois, como demonstram Marisa Ferreira dos Santos e Ricardo Chimenti, "No

Sistema dos Juizados Especiais, em que o juiz deve adotar em cada caso a decisão que reputar mais justa e equânime (art. 6º da Lei n. 9.099/95), há que se reconhecer que 'não implica julgamento *extra petita* (*sic*) indicar o julgador, ao acolher o pedido, fundamento legal diverso do mencionado na inicial' (STJ, AgI 008016-MG, 4ª Turma, *Juis – Jurisprudência Informatizada Saraiva*)"[66].

Há duas restrições que devem ser observadas pelo juiz na sentença. Ela deve ser sempre líquida, ainda que o pedido inicial tenha sido genérico (art. 38, parágrafo único). Não se admite liquidação no Juizado Especial. O valor da condenação deve ser sempre verificável de plano, ou mediante simples cálculos aritméticos.

O valor da condenação não pode ultrapassar aquilo que exceder a alçada do Juizado (art. 39). Fica ressalvada a homologação de acordo, no Juizado Estadual, que poderá ultrapassar tais limites. No Federal e no da Fazenda Pública, até o acordo deve respeitá-los.

16.7.9. Coisa julgada material

A sentença de mérito proferida no Juizado Especial, quando não mais sujeita a recurso, produz coisa julgada material, impedindo que a matéria seja rediscutida em qualquer outro processo. Essa consequência não é afastada pela simplicidade do procedimento, que não prejudica a segurança das decisões. Aplicam-se as regras gerais sobre coisa julgada do CPC.

Não cabe ação rescisória nas causas sujeitas ao procedimento da Lei do Juizado Especial Cível (art. 59 da Lei n. 9.099/95).

16.7.10. Recursos

a. Recurso contra sentença

Contra a sentença, excetuada a homologatória de conciliação ou laudo arbitral, caberá recurso para o próprio Juizado. Seja qual for o valor da causa, ele e a resposta do recorrido deverão ser subscritos por advogado. O recurso cabe, nos Juizados Estaduais, contra a sentença que ex-

66. Marisa Ferreira dos Santos e Ricardo Chimenti, *Juizados*, cit., p. 177.

tingue o processo com ou sem resolução de mérito. Nos Juizados Federais, ele só cabe contra sentenças de mérito, conforme o art. 5º da Lei n. 10.259/2001: "Exceto nos casos do art. 4º, somente será admitido recurso de sentença definitiva".

A competência para apreciação é do colégio recursal, composto por uma turma de três juízes togados, em exercício no primeiro grau de jurisdição, reunidos na sede do Juizado. Isso é o bastante para assegurar o duplo grau de jurisdição, já que o recurso é julgado por órgão distinto do que proferiu sentença.

O prazo para a interposição é de dez dias, a contar da data em que as partes tomaram ciência da decisão. O preparo não precisa ser apresentado no ato, mas em 48 horas, a contar da interposição, sendo desnecessária nova intimação (diante da existência de regra própria, não se aplica o disposto no art. 1.007 do CPC. Nesse sentido, o Enunciado 168 do FONAJE). O valor deve respeitar a Lei de Custas Estadual, sendo em São Paulo, a soma das custas iniciais (1% do valor da causa) mais o preparo propriamente (4% do valor da condenação ou da causa). O não recolhimento oportuno implica deserção. Apresentado o recurso, a parte contrária será intimada para as contrarrazões, no prazo de dez dias.

O recurso tem apenas efeito devolutivo, não suspensivo, o que permite se dê início à execução provisória. Excepcionalmente, porém, o juiz pode atribuir-lhe o suspensivo, se houver risco de prejuízo irreparável para a parte.

Se necessário, pode a parte requerer a transcrição da gravação da fita magnética dos atos realizados, correndo por sua conta as custas correspondentes.

As partes serão intimadas da data do julgamento, que será feito na forma do art. 46 da Lei n. 9.099/95: "O julgamento em segunda instância constará apenas da ata, com a indicação suficiente do processo, fundamentação sucinta e parte dispositiva. Se a sentença for confirmada pelos próprios fundamentos, a súmula do julgamento servirá de acórdão".

Não se admite a interposição de recurso adesivo no Juizado Especial.

b. Agravo de instrumento

Não cabe agravo contra as decisões interlocutórias proferidas no Juizado Especial, o que provocaria atrasos incompatíveis com a celeridade que dele se exige. As decisões não precluem, e podem ser reexaminadas pelo colégio recursal, quando do recurso contra sentença. Ficam ressalvadas as medidas de urgência, determinadas no processo. É possível que o juiz conceda tutelas provisórias, que, se cumpridas, poderão trazer prejuízos irreparáveis à parte. Ou que as negue, quando requeridas. Dada a urgência, há de se admitir, excepcionalmente, o agravo de instrumento, com a possibilidade de concessão de efeito suspensivo ou ativo pela turma recursal.

c. Embargos de declaração

O art. 48 da Lei n. 9.099/95 é expresso em autorizar a oposição de embargos de declaração apenas contra sentenças e acórdãos, não contra decisões interlocutórias. É preciso que a sentença tenha os vícios da obscuridade, contradição, omissão ou quando contiver erro material.

O prazo é de cinco dias a contar da intimação das partes. Tal como ocorre no CPC, a interposição dos embargos de declaração interrompe o prazo para a interposição de outros recursos. Na redação originária da Lei n. 9.099/95, ela apenas suspendia esse prazo, mas o art. 1.065 do CPC alterou a redação do art. 50 da referida Lei n. 9.099/95.

Quando a sentença ou acórdão contiverem apenas erros materiais, a correção poderá ser feita de ofício, independentemente de embargos de declaração.

d. Recursos especial e extraordinário

De acordo com o art. 105, III, da Constituição Federal, só cabe recurso especial contra as causas julgadas em única ou última instância, pelos Tribunais Regionais Federais ou pelos Tribunais dos Estados ou do Distrito Federal e Territórios. Como as causas no Juizado Especial jamais são apreciadas por Tribunal, porque o recurso é julgado pelo colégio recursal, não se admite o recurso especial.

O recurso extraordinário cabe, nos termos do art. 102, III, da CF/88, contra as causas decididas em única ou última instância, não havendo necessidade de que seja por tribunal. Por isso é admissível no Juizado Especial, como evidencia a Súmula 640 do STF: "É cabível recurso extraordinário contra decisão proferida por juiz de primeiro grau nas causas de alçada, ou por turma recursal de Juizado Especial Cível ou Criminal". Na Lei dos Juizados Federais faz-se expressa menção a essa possibilidade, no art. 15.

Capítulo III
PROCEDIMENTOS ESPECIAIS DE JURISDIÇÃO VOLUNTÁRIA

1. DAS DISPOSIÇÕES GERAIS

A lei processual houve por bem reunir, em capítulo próprio, os procedimentos especiais de jurisdição voluntária. No CPC de 1939 não havia essa sistematização, e eles vinham tratados em conjunto com os de jurisdição contenciosa. A nova lei, atendendo à melhor técnica, procurou separá-los. Apesar disso, persistem as discussões a respeito da verdadeira natureza dessa espécie de procedimento, se se trata mesmo de jurisdição, e quais as características que permitem distingui-la da contenciosa.

As distinções existem, e andou bem o legislador em tratá-las em capítulo próprio.

A mais controversa das questões é se a jurisdição voluntária é, efetivamente, jurisdição, ou apenas administração pública de interesses privados, cometida ao Poder Judiciário. Prevalece no Brasil a concepção administrativista, que considera que, na jurisdição voluntária, eventual conflito que possa existir não é submetido à apreciação do Judiciário, como ocorre na contenciosa.

Parece-nos, porém, que, apesar de suas peculiaridades, a jurisdição voluntária não pode deixar de ser considerada jurisdição. Primeiro, porque administração é tutela de interesse público, ao passo que jurisdição voluntária é tutela de interesse privado. Segundo, porque também na jurisdição voluntária há uma situação conflituosa, que precisa de solução. O conflito, em regra, não é de ordem tal que ponha em confronto os interesses de um e outro dos litigantes (embora eventualmente possa sê-lo), mas gera um estado de insatisfação, que precisa ser submetido à apreciação do Judiciário. É preciso admitir que, entre as várias hipóteses tratadas pela lei como de jurisdição voluntária, há aquelas em que existe um litígio mais visível e outras em que isso é muito menor. Por exemplo, nas ações de alienação judicial da coisa comum, pode haver manifesto dissenso entre os condôminos a respeito da extinção do condomínio, ou à forma pela qual ela será feita (se consenso existisse, nem sequer haveria necessidade de ajuizamento de ação). É manifesto que o interesse de um dos condôminos está em confronto com o do outro. Na separação consensual, o conflito já não é evidente, dado que ambos estão de acordo em que ela se aperfeiçoe. Há, porém, uma insatisfação comum com o estado atual, e a necessidade de recorrer ao Judiciário para obter essa alteração. Embora ambos queiram separar-se, esse desejo originou-se de uma situação conflituosa, que gerou o interesse em recorrer ao Judiciário para solucioná-la. A existência de uma situação conflituosa, e a necessidade de intervenção judicial para resolvê-la, é bastante para caracterizar a jurisdição, como ensina Cândido Dinamarco: "Em todos os casos nos quais o juiz é chamado a exercer a jurisdição voluntária existe sempre alguma situação conflituosa e um estado de insatisfação que afligem as pessoas e necessitam solução. Pode ser um conflito mais ou menos aparente ou intenso, mais explícito ou menos explícito na demanda apresentada ao juiz e que ele resolverá mais diretamente ou menos – mas é sempre a realidade social de um conflito que leva o juiz a exercer a jurisdição voluntária, tanto quanto a contenciosa"[1].

A jurisdição voluntária não serve para que o juiz diga quem tem razão, mas para que tome determinadas providências que são necessárias para a proteção de um ou ambos os sujeitos da relação processual.

Na jurisdição contenciosa, a parte busca obter uma determinação judicial que obrigue a parte contrária, ao passo que, na voluntária, uma situação que valha para ele mesmo. Na primeira, a sentença sempre favorece uma das partes em detrimento da outra, já que ela decide um conflito entre ambas. Na segunda, é possível que a sentença beneficie as duas partes. Em suma, na contenciosa, pede-se ao juiz que dê uma decisão solucionando um conflito de interesses, que lhe é posto, diretamente, para julgamento. Na voluntária, ainda que haja uma situação conflituosa, não é ela posta diretamente em juízo para apreciação judicial.

A lei brasileira parece não deixar dúvida sobre a natureza da jurisdição voluntária ao tratar dela no livro relativo aos processos de conhecimento, de procedimento especial.

---

1. Cândido Dinamarco, *Instituições*, cit., p. 316.

Não se trata de hipótese em que o juiz se limita a integrar negócio jurídico privado dos envolvidos, entre os quais inexiste qualquer divergência. Aqueles que querem separar-se vivem um conflito, e precisam do Judiciário para resolvê-lo, ainda que estejam de acordo quanto à separação. Os que querem interditar um parente também vivem um conflito, mormente quando o interditando deseja manter-se na administração de seus bens. Não há propriamente um confronto, porque o interesse do autor não se opõe ao do réu, buscando antes sua proteção. Mas há uma situação conflituosa, e não mera atividade fiscalizatória que, à falta de órgão melhor, foi cometida ao Judiciário.

2. CARACTERÍSTICAS DA JURISDIÇÃO VOLUNTÁRIA

Subjaz aos procedimentos de jurisdição voluntária uma situação conflituosa. Mas não é o conflito que é diretamente levado a juízo, nem os interesses em confronto. Ao proveito obtido por um dos envolvidos não corresponde prejuízo do outro. Às vezes, a sentença favorece conjuntamente a ambos.

Por isso, não é apropriado falar em "partes", dado que esse vocábulo traduz a ideia de litigantes em confronto, em que o direito de um se contrapõe ao do outro, não sendo possível acolher um sem desacolher o outro. A própria lei refere-se a "interessados". Essa palavra expressa melhor a postura daqueles que têm interesse em buscar o Judiciário para solucionar uma situação conflituosa, mas não contraposta.

Como regra geral, os procedimentos de jurisdição voluntária são muito mais sumários que os de jurisdição contenciosa. Dada sua natureza, o princípio da demanda é mitigado em determinadas situações. Em muitos casos o juiz pode dar início ao processo de ofício, como na abertura e cumprimento de testamentos e arrecadação de herança jacente.

Não se aplica aos procedimentos de jurisdição voluntária o critério da legalidade estrita, como foi expresso no art. 723 e seu parágrafo único: "O juiz decidirá o pedido no prazo de dez dias. O juiz não é obrigado a observar critério de legalidade estrita, podendo adotar em cada caso a solução que considerar mais conveniente ou oportuna".

Outra peculiaridade desses procedimentos é que a sentença não fica acobertada pela autoridade da coisa julgada material, podendo ser modificada se ocorrerem circunstâncias supervenientes. A coisa julgada reveste de imutabilidade os efeitos da sentença judicial, para impedir que os conflitos se eternizem. Como na jurisdição voluntária não existem direitos contrapostos, ela não é necessária. (A questão, porém, não é pacífica, havendo forte corrente doutrinária que tem sustentado que, diante da omissão da lei, deve prevalecer a regra geral de que, havendo sentença de mérito, haverá coisa julgada material, mesmo no âmbito da jurisdição voluntária.)

Isso não quer dizer que o juiz possa livremente alterar as sentenças. Para tanto, é preciso que ocorram circunstâncias supervenientes tais que justifiquem a medida. Com muita frequência esse tipo de processo versa sobre situações que são mutáveis, como na interdição. Ela é determinada pela incapacidade do interditando, que é variável, e pode modificar-se com o tempo. Isso não se harmoniza com a imutabilidade da sentença. Sua alteração não depende de puro arbítrio do juiz, mas de modificação fática ou circunstancial que a justifique, respeitados os efeitos até então produzidos.

No CPC de 1973, havia um dispositivo expresso a respeito da inexistência da coisa julgada material, nos procedimentos de jurisdição voluntária (art. 1.111), que não foi repetido no CPC atual. Isso poderia levar à conclusão de que, na nova lei, a coisa julgada material alcançaria até mesmo as sentenças proferidas em procedimentos de jurisdição voluntária. Mas não nos parece que seja assim. Dada a sua natureza, as sentenças proferidas continuam não fazendo coisa julgada material, podendo haver alteração, se novas circunstâncias fáticas sobrevierem.

3. REGRAS GERAIS DO PROCEDIMENTO

Nos arts. 719 a 725, o CPC traz regras gerais dos procedimentos de jurisdição voluntária. Em seguida, em vários capítulos, trata especificamente de diversos tipos de procedimentos, cada qual com suas peculiaridades.

Na ausência de disposição específica, aplicam-se as gerais, dos procedimentos de jurisdição voluntária. E, na falta destas, as regras gerais da jurisdição contenciosa, desde que não contrariem o sistema da jurisdição voluntária.

Tratar-se-á aqui, sucintamente, das regras gerais.

3.1. Legitimidade

Em regra, o procedimento tem início por provocação do interessado, do Ministério Público ou da Defensoria Pública. Manteve-se a regra da iniciativa da parte. No entanto, há procedimentos específicos que podem ser iniciados de ofício, como as alienações judiciais de bens depositados judicialmente, a execução dos testamentos e a arrecadação de herança jacente, bens de ausentes ou de coisas vagas.

3.2. Petição inicial e citação

A inicial deve observar os requisitos gerais do art. 319 do CPC, devendo o interessado formular com clareza o pedido, e os fundamentos de fato e de direito em que está baseado. É preciso ainda que seja indicado o valor da causa, que deve corresponder ao conteúdo econômico do pedido. O requerente deve instruir a petição inicial com os documentos necessários.

Se houver vícios sanáveis, o juiz concederá o prazo de quinze dias para que a inicial seja emendada. Se ela estiver em termos, determinará a citação de todos os interessados, que se fará pelos meios comuns, previstos no CPC.

As custas e despesas processuais são adiantadas pelo requerente e rateadas entre os interessados, nos termos do art. 88 do CPC.

3.3. Intervenção do Ministério Público

O Ministério Público não intervirá em todos os procedimentos de jurisdição voluntária, mas apenas naqueles em que estiverem presentes as hipóteses do art. 178 do CPC. Caso isso ocorra, ele será intimado a manifestar-se no prazo de quinze dias.

3.4. Resposta

O réu (interessado), citado, terá o prazo de quinze dias para apresentar resposta. A ele se aplica o disposto nos arts. 180, 183 e 229 do CPC. Não se pode falar, propriamente, em contestação, como na jurisdição contenciosa, pois não há interesses contrapostos. Àquele que foi citado cumpre, se o desejar, apresentar ao juiz sua manifestação, seu ponto de vista a respeito da providência postulada.

Ao manifestar-se, pode, antes de discutir o mérito, apresentar qualquer das preliminares mencionadas no art. 337, com a ressalva da convenção de arbitragem, que não cabe nos procedimentos de jurisdição voluntária. Do acolhimento das preliminares pode resultar a extinção do processo, sem resolução de mérito, nas mesmas hipóteses em que isso ocorreria na jurisdição contenciosa.

Além das matérias preliminares, pode o interessado, em sua resposta, discutir o mérito da demanda.

A falta de resposta implicará revelia. Mas os efeitos que dela provêm serão atenuados, diante da adoção do princípio de dispensa da legalidade estrita. Nesse sentido: "Aplicam-se aos procedimentos de jurisdição voluntária os efeitos da revelia. A faculdade do juiz investigar livremente os fatos não o autoriza a receber e processar resposta intempestiva".

Não cabe reconvenção, que pressupõe interesses contrapostos, coisa que não se harmoniza com os procedimentos de jurisdição voluntária.

3.5. Instrução e sentença

O procedimento é expedito. Apresentada a contestação, e ouvido o autor sobre eventuais preliminares, ou documentos novos, o juiz determinará as provas necessárias. Se for o caso, designará audiência de instrução e julgamento.

O prazo para a prolação de sentença é de dez dias, e não de trinta, como nos procedimentos de jurisdição contenciosa. A estrutura também é a mesma, devendo conter relatório, motivação e dispositivo. O juiz pode dar ao caso a solução que reputar mais conveniente, sem necessidade de obedecer ao princípio da legalidade estrita. Ainda que tenha havido o trânsito em julgado, a sentença poderá ser modificada, se ocorrerem circunstâncias supervenientes (coisa julgada *rebus sic stantibus*).

3.6. Recursos

Não há peculiaridades no que concerne à utilização dos recursos nos procedimentos de jurisdição voluntária. Contra as decisões interlocutórias nas hipóteses do art. 1.015 caberá o agravo, e contra a sentença a apelação. Para sanar omissões, obscuridades, contradições ou corrigir erro material, poderá qualquer interessado opor embargos de declaração. Quanto aos demais recursos, também não há peculiaridades.

3.7. Pedidos que obedecem a esse procedimento

O art. 725 do CPC enumera alguns dos pedidos que se processam pelo procedimento comum de jurisdição voluntária, tratado nos itens anteriores. O rol não é taxativo, mas exemplificativo. Há outros procedimentos comuns de jurisdição voluntária que não foram enumerados, como o suprimento judicial de outorga uxória (art. 74 do CPC) ou o do consentimento para casamento (art. 1.519 do CC). Cada hipótese será tratada nos itens seguintes.

3.7.1. Emancipação

A lei civil estabelece três hipóteses de emancipação: a voluntária, a judicial e a legal. A primeira é outorgada pelos pais, por escritura pública, ao filho que tenha pelo menos dezesseis anos. A segunda, que depende de processo judicial, é a que pode ser requerida por menores sob tutela, também com dezesseis anos; e a terceira, a que decorre de determinados fatos previstos em lei, hábeis para promover a emancipação, como o casamento, o exercício de emprego público efetivo, a colação de grau em curso de ensino superior e o estabelecimento civil ou comercial, com economia própria, para aquele que tenha dezesseis anos completos (CC, art. 5º, parágrafo único).

A emancipação de que trata o art. 725, I, do CPC é a judicial. O autor do pedido será o incapaz, que, para esse fim, não precisará ser assistido. O tutor será citado, e o juiz, se necessário, pode determinar a produção de provas para verificar se ele tem condições de gerir sua própria pessoa e seus bens. De todo conveniente que o juiz o interrogue, para aferir seu grau de discernimento. Na dúvida, pode ser determinada, até mesmo, a realização de prova pericial, por médico ou psicólogo que examine a capacidade do menor.

A ação de emancipação deve correr no foro do domicílio do requerente.

3.7.2. Sub-rogação

A lei processual trata, aqui, do fenômeno da sub-rogação do vínculo ou do ônus. É o que ocorre, por exemplo, com os bens gravados com cláusula de inalienabilidade. O art. 1.911, parágrafo único, do Código Civil permite que, apesar da cláusula, o bem seja vendido, mediante autorização judicial. Mas obriga a que, se, com o produto da venda, forem adquiridos outros bens, fiquem estes gravados com a cláusula. Imagine-se, por exemplo, que o testador deixe, para dois ou mais herdeiros, um bem, gravado com cláusula de inalienabilidade. Com o seu falecimento, tornar-se-ão condôminos do bem. Caso pretendam extinguir o domínio, e o bem seja indivisível, não restará alternativa senão a alienação judicial da coisa comum. No entanto, o bem está gravado com cláusula de inalienabilidade, o que obrigará os proprietários a postular autorização judicial para a alienação. Autorizada a venda, os bens que forem adquiridos com o dinheiro obtido ficarão gravados com as mesmas restrições.

A alienação judicial far-se-á na forma do art. 730 do CPC. Depois de realizada, desejando o alienante levantar o produto para com ele adquirir um outro bem, no qual ficará sub-rogada a cláusula, observar-se-á o procedimento comum de jurisdição voluntária.

3.7.3. Alienação, arrendamento ou oneração de bens de crianças ou adolescentes, de órfãos e de interditos

Os bens de crianças e adolescentes, de órfãos e de interditos não podem ser livremente alienados, diante das restrições contidas nos arts. 1.691, *caput*, 1.750 e 1.774 do CC. É indispensável que haja autorização judicial para a proteção dos interesses e do patrimônio dos incapazes. Ela será dada em procedimento de jurisdição voluntária, que terá a intervenção do Ministério Público, para que se possa fiscalizar se a alienação, arrendamento ou oneração não será feita em prejuízo do incapaz.

3.7.4. Alienação, locação e administração da coisa comum

Esse dispositivo pressupõe a existência de um bem em condomínio. Estabelece a lei material que, seja qual for o número de condôminos, qualquer deles tem, sozinho, legitimidade para postular sua extinção. A forma pela qual ela se operará depende da natureza da coisa: se divisível, far-se-á a divisão da coisa comum, tendo a lei processual tratado, em capítulo próprio, de seu procedimento (arts. 588 e s.), incluído entre os de jurisdição contenciosa. Mas, se indivisível, a única forma pela qual o condomínio poderá ser extinto é a alienação judicial da coisa comum. Por isso, é indispensável que fique demonstrada a indivisibilidade.

O condômino que a desejar formulará o requerimento ao juízo. Se o bem for móvel, o juízo competente será o do domicílio do réu; se imóvel, o da situação da coisa. Verificando o juiz que a inicial está em termos, determinará a citação dos réus, que são os demais condôminos, cabendo-lhes apresentar resposta no prazo de quinze dias, observado o disposto no art. 229 do CPC. Não adianta o réu impugnar o pedido, aduzindo que a maioria dos condôminos prefere manter a comunhão, porquanto a lei material autoriza um só condômino, isoladamente, a pedir a extinção. Mas pode alegar, por exemplo, que a coisa é divisível, e que a via eleita é inadequada.

O juiz determinará as provas necessárias, podendo até mesmo mandar realizar perícia, para apurar com mais precisão a efetiva natureza da coisa.

Ao final, se julgar procedente o pedido, determinará a alienação judicial da coisa comum em leilão, na forma do art. 730 do CPC.

3.7.5. Alienação judicial de quinhão em coisa comum

O Código Civil, no art. 1.322, estabelece que, se qualquer dos condôminos em coisa indivisível quiser alienar a coisa comum, terá de dar direito de preferência aos demais condôminos. Se não o fizer, o condômino preterido poderá valer-se da ação de preempção ou preferência e, depositando o valor pelo qual o quinhão foi vendido a estranho, pedir-lhe que lhe seja adjudicado. O CPC trata do procedimento judicial de que deve valer-se o condômino para dar aos demais o direito de preferência.

Parece-nos, no entanto, diante da redação da lei civil, que o condômino poderia dispensar o procedimento judicial, e proceder à notificação extrajudicial dos demais, concedendo-lhe prazo de três dias, se móvel o bem, ou sessenta dias, se imóvel, para o exercício da prelação (CC, art. 516). Se optar pela via judicial, deverá obedecer ao procedimento geral de jurisdição voluntária, citando os demais condôminos para, querendo, manifestar o direito de preferência.

3.7.6. Extinção de usufruto e de fideicomisso

É a lei civil que estabelece o modo pelo qual se extinguem o usufruto e o fideicomisso. O art. 1.410 enumera as formas de extinção do primeiro, e o art. 1.958, as do segundo.

Entre os casos de extinção tanto de um quanto de outro, há aqueles que independem de intervenção judicial, e que decorrem do fato em si, como a morte do usufrutuário ou termo de duração do usufruto, e, no fideicomisso, a morte do fideicomissário antes do fiduciário ou do testador. Nos demais casos, observar-se-á o procedimento geral de jurisdição voluntária.

3.7.7. A expedição de alvará judicial

O alvará não é uma ordem, mas uma autorização judicial, para a realização de determinados atos jurídicos. Há certos atos cuja realização está condicionada a que haja autorização judicial, que é dada por meio do alvará. Trata-se de mecanismo que assegura a fiscalização judicial sobre a prática de determinados atos. Por exemplo, os valores a que se refere a Lei n. 6.858/80 não devem ser inventariados. Mas para que os beneficiários possam levantá-los é necessário que haja alvará judicial, que se processará como procedimento de jurisdição voluntária.

3.7.8. A homologação de autocomposição extrajudicial, de qualquer natureza ou valor

O art. 57 da Lei n. 9.099/95 já previa a possibilidade de homologação de qualquer acordo extrajudicial, independentemente de natureza ou valor, em juízo. A finalidade é que ele passe a valer como título executivo judicial, nos termos do art. 515, III, do CPC.

4. DA NOTIFICAÇÃO E DA INTERPELAÇÃO

4.1. Introdução

As notificações e interpelações eram tratadas no CPC de 1973 como procedimentos cautelares específicos. Elas não têm natureza cautelar, mas de jurisdição voluntária. Não buscam afastar perigo de prejuízo irreparável, e seu deferimento não depende da prova de verossimilhança do direito alegado. O CPC atual corrigiu o equívoco, atribuindo-lhes a natureza de procedimentos de jurisdição voluntária (CPC, arts. 726 e s.).

Sua finalidade é, por via pública, permitir a quem tiver interesse em manifestar formalmente sua vontade a outrem sobre assunto juridicamente relevante dar ciência de seu propósito às pessoas participantes da mesma relação jurídica (CPC, art. 726). Também pode ter por finalidade interpelar o requerido, no caso do art. 726, para que faça ou deixe de fazer o que o requerente entenda ser de seu direito.

O juiz não exerce nenhuma função decisória. Sua atuação é simplesmente a de fazer realizar a comunicação de determinada intenção ou vontade, de maneira pública. Isso poderia ser feito extrajudicialmente, mas a parte prefere fazê-lo por intermédio do juízo, para dar um caráter mais oficial e público, afastando futuras impugnações, fundadas em desconhecimento da parte contrária.

Como tais medidas não têm natureza cautelar, não há necessidade de ação principal. Quase sempre a finalidade é constituir o devedor em mora, nos casos em que isso se faz necessário.

Em regra, nas obrigações com termo certo de vencimento não há necessidade de notificar o devedor para que ele seja constituído em mora (*mora ex re*); a necessidade de prévia notificação, em regra, fica restrita às obrigações sem data certa (*mora ex persona*). Porém, há situações em que, por força de lei, mesmo que haja prazo certo de vencimento, há necessidade de notificação do devedor. Um exemplo é o do contrato de compromisso de compra e venda, em que a notificação é sempre necessária.

Também é nos contratos de prazo indeterminado, por exemplo, nos de locação, regidos pela Lei n. 8.245/91, quando, vencido o prazo inicial, não houver ajuizamento da ação de despejo e o contrato prorrogar-se. Se o prazo inicial era de ao menos trinta meses, após a prorrogação o locador pode, a qualquer tempo, notificar o inquilino para desocupação, nos prazos estabelecidos em lei, sob pena de ajuizamento de ação de despejo. Também nos contratos de comodato por prazo indeterminado haverá necessidade de prévia notificação, para oportuno ajuizamento de ação de reintegração de posse.

Não há grande relevância na distinção entre os três tipos de atos a que aludem os arts. 726 e s.: protesto, notificação ou interpelação. Todos têm a mesma finalidade, a de fazer com que alguém tome ciência de determinada vontade ou intenção, ou faça ou deixe de fazer alguma coisa.

A distinção é formulada por Carlos Alberto Alvaro de Oliveira: "Na notificação, mais se pretende dar a conhecer do que exigir, embora instando a atividade do notificado, positiva ou negativa. Exigir é próprio da interpelação, em que se verifica a instância, solicitação. O devedor não interpela, pois não pode exigir o cumprimento da obrigação. No protesto já há reclamação, sentido introduzido na língua por volta do século XIII. Daí defini-lo Pereira e Sousa, em seu dicionário, como a 'declaração feita por alguém contra a fraude, opressão, malícia ou nulidade de algum procedimento, para que não prejudique a quem protestar. Às vezes, o protesto destina-se a ser ouvido por todos e então se recorre à 'fictio juris' da publicação de editais"[2].

Com tais atos, destinados a dar ciência ao terceiro, não se confunde a citação, nome reservado ao ato pelo qual se dá ciência ao réu, executado ou interessado, da existência de um processo, concedendo-lhe oportunidade de defesa.

A notificação pode ter por objetivo dar conhecimento geral ao público de determinada manifestação de vontade sobre assunto juridicamente relevante, caso em que ela será feita com a publicação de edital.

4.2. Procedimento

Não há necessidade dos requisitos comuns a todas as petições iniciais. Basta que, de forma sucinta, o autor deixe clara a finalidade da medida e a manifestação de vontade de que se quer dar ciência aos terceiros. Por exemplo: se o autor quer constituir o devedor em mora, basta indicar, na petição inicial, a obrigação e solicitar a notificação do devedor para pagar em determinado prazo, sob pena de incidir em mora.

A medida deve ser proposta, em regra, no local do domicílio daqueles que devem ser cientificados, ou no dos fatos que deram origem a ela.

---

2. Carlos Alberto Alvaro de Oliveira, *Comentários*, cit., p. 327.

É preciso fundamentar o pedido para que o juiz possa avaliar se há risco de dano indevido a terceiro e para que verifique em que consiste o interesse na cientificação. O protesto, a notificação ou a interpelação jamais conterá qualquer tipo de ordem judicial. Sua finalidade é comunicar, dar ciência.

É possível que resultem prejuízos para aquele que é cientificado. Por exemplo, a perda de um negócio jurídico lícito pelo eventual desinteresse dos que iam celebrá-lo, atemorizados pela notificação ou protesto. Cabe ao juiz tomar certa cautela ao deferir a medida, examinando a pretensão do autor, para evitar prejuízo indevido ao requerido.

O requerido será previamente ouvido antes do deferimento da notificação ou do respectivo edital se houver suspeita de que o requerente, por meio da notificação ou do edital, pretende alcançar fim ilícito; II – se tiver sido requerida a averbação da notificação em registro público.

5. DAS ALIENAÇÕES JUDICIAIS

5.1. Introdução

O CPC, no art. 730, traça as regras de procedimento da alienação judicial de bens, que será feita nas hipóteses previstas em lei. Entre elas incluem-se as seguintes:

a) quando houver bens depositados judicialmente que sejam de fácil deterioração, estiverem avariados ou exigirem grandes despesas para sua guarda;

b) quando o bem, indivisível, deixado em herança, não couber no quinhão de um só herdeiro, salvo a hipótese de haver concordância entre eles, para que haja adjudicação a um só;

c) quando houver condomínio em coisa indivisível, e for requerida sua extinção, não havendo acordo entre os condôminos para que ela seja adjudicada a um só. Não será necessário, porém, o ingresso em juízo se os condôminos estiverem de acordo quanto à venda, e às condições em que ela se realizará. Até a sentença que determina a extinção, observar-se-á o procedimento geral de jurisdição voluntária (CPC, art. 725, IV). Determinada a extinção, a alienação judicial observará a forma do art. 730;

d) dos bens móveis e imóveis de órfãos nos casos em que a lei o permite e mediante autorização judicial. Embora a lei mencione "órfãos", a regra vale para todos os menores que estejam sob tutela, ainda que os pais sejam vivos, embora tenham sido destituídos do poder familiar, como determina o art. 1.750 do Código Civil.

Na primeira hipótese – de alienação de bem depositado judicialmente – a determinação deve ser feita de ofício pelo juiz, ou a requerimento dos interessados ou do depositário e nos próprios autos do processo em que este foi nomeado. Não se trata, portanto, de um processo autônomo de alienação judicial, como nas demais hipóteses, mas de medida de cautela, tomada pelo juiz no exercício de suas funções, para evitar o perecimento do bem depositado, ou a realização de gastos excessivos e desnecessários.

Nas hipóteses de condomínio sobre bem indivisível, cumpre lembrar que os demais condôminos terão sempre direito de preferência sobre a coisa comum.

5.2. Procedimento

O procedimento a ser observado é, no que couber, aquele estabelecido nos arts. 879 a 903 do CPC. Determinada a alienação judicial do bem, o juiz determinará que eles sejam avaliados por um perito por ele nomeado, se eles já não o tiverem sido antes, ou, tendo sido, se tiver havido alteração em seu valor.

Em seguida, far-se-á a alienação por uma das formas estabelecidas no art. 879, seguindo-se o procedimento dos dispositivos seguintes.

O direito de preferência deve ser dado a todos os condôminos. Se mais de um demonstrar interesse pela coisa, será preferido aquele que tiver feito as benfeitorias mais valiosas; se nenhum deles as fez, ou as que foram feitas são do mesmo valor, prevalecerá o interesse do que tem o maior quinhão. Se também aí empatarem, o juiz procederá na forma do art. 1.322, parágrafo único, do Código Civil: "Se nenhum dos condôminos tem benfeitorias na coisa comum e participam todos do condomínio em partes iguais, realizar-se-á licitação entre estranhos e, antes de adjudicada a coisa àquele que ofereceu maior lanço, proceder-se-á à licitação entre os condôminos, a fim de que a coisa seja adjudicada a quem afinal oferecer melhor lanço, preferindo, em condições iguais, o condômino ao estranho".

6. DO DIVÓRCIO E DA SEPARAÇÃO CONSENSUAIS, DA EXTINÇÃO CONSENSUAL DA UNIÃO ESTÁVEL E DA ALTERAÇÃO DO REGIME DE BENS DO MATRIMÔNIO

6.1. Introdução

No dia 14 de julho de 2010, foi editada e entrou em vigor a Emenda Constitucional n. 66, que alterou a redação do art. 226, § 6º, da Constituição Federal. O texto anterior dizia que: "O casamento civil pode ser dissolvido pelo divórcio, após prévia separação judicial por mais de um ano nos casos expressos em lei, ou comprovada separação de fato por mais de dois anos". O dispositivo impunha condições para o divórcio: prévia separação judicial pelo tempo indicado, ou separação de fato por mais de dois anos.

Com a nova redação, o dispositivo passou a determinar que "o casamento civil pode ser dissolvido pelo divórcio". Diante disso, extinguiram-se as anteriores exigências: não há mais necessidade de prévia separação judicial, ou de separação de fato. O divórcio pode ser requerido a qualquer tempo, depois de celebrado o casamento.

Diante da modificação do texto constitucional, surgiu importante controvérsia a respeito da permanência da separação judicial em nosso ordenamento jurídico: a tese de que a separação judicial teria deixado de existir, por ter perdido a sua razão de ser, uma vez que o divórcio pode ser decretado sem qualquer condição ou prazo prévio, ganhou importantes defensores.

Não nos parece, no entanto, que seria essa a melhor solução. Não se discute que desapareceram as condições prévias do divórcio. Mas não havia razão para que se considerasse extinta a separação judicial, já que os cônjuges poderiam preferir separar-se, sem se divorciar. A separação judicial põe fim apenas à sociedade conjugal, mas não ao vínculo do casamento. Permite, portanto, o futuro restabelecimento da sociedade conjugal, caso os cônjuges mudem de ideia, e decidam tornar ao convívio. Já o divórcio, ao extinguir o vínculo, não permite uma futura reconciliação e o restabelecimento da união, a não ser por outro casamento.

Assim, parece-nos que os cônjuges poderiam preferir apenas a separação, por ainda não estarem completamente convencidos da impossibilidade de restabelecimento da sociedade conjugal.

O CPC não deixa dúvidas quanto à permanência da separação judicial, contenciosa ou consensual, regulando-lhes o procedimento nos arts. 693 e s. e 731 e s.

Mas, ainda que mantida a separação, não se pode mais cogitar de prazo mínimo para a sua realização, ainda que consensual. O art. 1.574 do Código Civil condicionava a separação amigável ou consensual ao cumprimento do prazo de um ano de casamento.

Ora, se não há mais requisito temporal para o divórcio, que põe fim ao vínculo conjugal, não pode mais haver para a separação consensual. Assim, parece-nos que a separação judicial continua em nosso ordenamento jurídico, mas sem nenhum requisito temporal.

A separação judicial é um dos meios pelos quais termina a sociedade conjugal. Os outros são a morte de um dos cônjuges, a nulidade ou anulação de casamento e o divórcio. A separação judicial põe fim à sociedade conjugal, mas não ao vínculo do casamento. Aquele que se separou não pode contrair outro matrimônio. Mas os demais extinguem a sociedade conjugal e o vínculo. A dissolução do casamento válido só ocorre em caso de morte de um dos cônjuges ou de divórcio, dado que a anulação ou nulidade pressupõe um casamento inválido.

A separação judicial faz cessar o complexo de direitos e obrigações inerentes à vida comum, que constitui a sociedade conjugal. Pode decorrer da vontade comum dos cônjuges, ou não. Os arts. 731 e s. tratam do procedimento da ação de separação consensual, isto é, aquela em que ambos os cônjuges, de comum acordo, desejam separar-se. Nela, não há discussão de culpa, dado que a nenhum dos cônjuges é atribuída a pecha de causador da separação. Tratam também do divórcio consensual, em que se porá fim ao vínculo do casamento, por vontade de ambos os cônjuges. O mesmo procedimento deve ser observado para a extinção consensual da união estável e para a alteração do regime do matrimônio, prevista no art. 1.639, § 2º, do Código Civil.

É preciso que ambos os cônjuges ou companheiros manifestem a sua vontade de separar-se, divorciar-se, extinguir a união estável ou alterar o regime de casamento, assinando petição conjunta, que contenha as disposições indicadas no art. 731 do CPC, podendo o juiz recusar a homologação do acordo se verificar que não preserva suficientemente os interesses dos filhos ou de um dos cônjuges.

A ação de separação judicial é personalíssima e intransferível. Em caso de morte de um dos cônjuges, o processo será extinto sem resolução de mérito, porque o resultado almejado, o encerramento da sociedade conjugal, do matrimônio ou da união estável, terá sido alcançado.

6.2. Procedimento

O art. 733 do CPC autoriza que o divórcio, a separação e a extinção de união estável consensuais sejam realizados por escritura pública, sem necessidade de homologação judicial.

É indispensável que o casal não tenha filhos menores ou incapazes, e que não haja nascituro, o que exigiria a fiscalização judicial e do Ministério Público. Na verdade, a Resolução n. 35 do CNJ, em seu art. 34, §§ 2º e 3º, autoriza o divórcio consensual por escritura mesmo que haja filhos menores, com as seguintes condições:

"§ 2º Havendo filhos comuns do casal menores ou incapazes, será permitida a lavratura da escritura pública de divórcio, desde que devidamente comprovada a prévia resolução judicial de todas as questões referentes à guarda, visitação e alimentos deles, o que deverá ficar consignado no corpo da escritura. (Redação dada pela Resolução n. 571, de 26-8-2024)

§ 3º Na dúvida quanto às questões de interesse do menor ou do incapaz, o tabelião submeterá a questão à apreciação do juiz prolator da decisão. (Redação dada pela Resolução n. 571, de 26-8-2024)".

Da escritura constará declaração das partes de que estão cientes das consequências do divórcio, firmes no propósito de pôr fim à sociedade conjugal ou ao vínculo matrimonial, respectivamente, sem hesitação, com recusa de reconciliação e concordância com a regulamentação da guarda, da convivência familiar e dos alimentos dos filhos menores e/ou incapazes realizada em juízo.

Mas essa é uma opção criada pelo legislador, ficando assegurado ao casal, se preferir, optar pela separação ou pelo divórcio consensual, ou ainda pela extinção de união estável, em juízo. Ainda que por escritura, exige-se que os cônjuges estejam representados por advogado. A seguir trataremos do procedimento da separação e do divórcio consensual, bem como da extinção da união estável, realizado em juízo.

O requerimento será formulado por ambos os cônjuges ou companheiros em conjunto. Não é possível que seja requerida por apenas um deles. Quando não houver acordo o procedimento será de jurisdição contenciosa (litigiosa).

A petição inicial da separação consensual deve vir instruída com a certidão de casamento e com o pacto antenupcial. A necessidade deste último decorre da determinação de que o juiz não homologue o acordo se verificar que ele não preserva suficientemente os interesses dos filhos ou de um dos cônjuges. É preciso, também, que a inicial venha acompanhada das certidões de nascimento dos filhos.

A ação será proposta no foro do domicílio do casal. A petição inicial deve ser assinada por ambos os cônjuges e respectivos advogados. Em regra, eles contratam um advogado só, mas nada impede que os contratem diferentes. A petição inicial será uma só, assinada por ambos, contendo os termos da separação, divórcio ou extinção da união estável.

Como a inicial tem de ser assinada pelos próprios cônjuges ou companheiros, se um deles não souber ou não puder fazê-lo, será lícito solicitar que a assinatura seja feita a rogo. Ela poderá ser lançada na presença do juiz. Se a petição já for trazida com as assinaturas, é preciso que lhes seja reconhecida a firma.

Não é preciso que, na petição inicial, os cônjuges indiquem a causa pela qual decidiram separar-se. Basta que informem não haver a possibilidade de reconstituição da sociedade conjugal.

O art. 731 do CPC indica outros requisitos da petição inicial. Deve conter a descrição dos bens do casal e a respectiva partilha; o acordo relativo à guarda dos filhos incapazes; o valor da contribuição para criar e educar os filhos e a pensão alimentícia que um cônjuge pagará ao outro se este não possuir bens suficientes que lhe assegurem o sustento.

O art. 731, parágrafo único, do CPC faculta aos cônjuges a possibilidade de relegar a partilha para outro momento, caso não haja consenso entre eles. Eventuais discordâncias quanto à partilha não impedem a homologação do acordo. Na vigência do Código Civil de 1916 era imprescindível que se fizesse a partilha para a decretação do divórcio. No

Código de 2002, art. 1.581, ficou estabelecido que nem mesmo para o divórcio ela é necessária.

Mesmo que os cônjuges a releguem para momento posterior, é indispensável que na petição inicial eles informem se têm bens, descrevendo-os em caso afirmativo. O direito de visita aos filhos também poderá ser regulado posteriormente.

É possível que a partilha seja desigual, dado que eles são maiores e capazes e têm a possibilidade de transigir, caso em que será necessário recolher o imposto de transmissão *inter vivos*, em decorrência da doação realizada.

Na separação ou divórcio consensual e na extinção da união estável, as partes celebram um acordo, um negócio jurídico civil, que estabelecerá as consequências do ato. Além de poderem decidir sobre a partilha, fixarão a guarda dos filhos, sendo conveniente que já estabeleçam direito de visita, para que isso não se torne, posteriormente, fonte de novas divergências. No acordo ficará estabelecida a pensão que será paga, pelo cônjuge que não ficar com a guarda, aos filhos.

É possível que se fixe pensão que um cônjuge deva dar ao outro, se dela necessitar. Se nada ficar estabelecido, presume-se que nenhum dos cônjuges dela necessita.

A petição inicial poderá esclarecer se a mulher voltará a usar o nome de solteira ou se manterá o sobrenome do marido, devendo presumir-se, no silêncio, que optou por conservá-lo. Nada impede que, depois de homologado o acordo, o interessado requeira, em juízo, que volte a usar o nome de solteiro, sem a necessidade de anuência do outro cônjuge. Salvo essa, as demais cláusulas do acordo não poderão ser alteradas unilateralmente.

Se a inicial estiver em termos, o juiz homologará o pedido, e decretará o divórcio, a separação ou a extinção da união estável, sem necessidade de designação de prévia audiência de tentativa de conciliação, como havia no regime do CPC de 1973. Se houver filhos menores ou incapazes, ele ouvirá o Ministério Público, antes de decidir. Se não os houver, não haverá intervenção ministerial.

Homologada a separação, a sentença será averbada no Registro Civil e, havendo imóveis, também no Cartório de Registro de Imóveis.

É possível que, a qualquer tempo, no curso da ação de separação litigiosa, as partes requeiram a conversão para consensual, obedecendo-se, a partir daí, ao procedimento de jurisdição voluntária.

6.3. Alteração do regime de bens do casamento

É permitida pelo art. 1.639, § 2º, do Código Civil, e deverá ser formulada por requerimento conjunto de ambos os cônjuges. É necessário que eles fundamentem o pedido de alteração, já que o Código Civil o exige, e que fiquem preservados os direitos de terceiros. Não será deferida a alteração se, por exemplo, prejudicar eventuais direitos de credores.

Apresentado o pedido, o juiz ouvirá o Ministério Público e mandará publicar edital que divulgue a pretendida alteração do regime, somente podendo decidir após trinta dias da publicação. As partes podem propor ao juiz um meio alternativo de divulgação do pedido, a fim de resguardar interesses de terceiros.

A sentença que deferir a alteração será, após o trânsito em julgado, averbada, por mandado, no Registro Civil e de Imóveis, e, se qualquer dos cônjuges for empresário, no Registro Público de Empresas Mercantis e Atividades Afins.

7. DOS TESTAMENTOS E CODICILOS

7.1. Introdução

Há dois tipos de sucessão: a legítima e a testamentária. A primeira decorre de lei, e a segunda, de disposição de última vontade. A legítima é subsidiária: havendo testamento, a vontade do testador prevalece. Se este dispuser de todos os seus bens, dever-se-á respeitar as disposições de última vontade. A única exceção é o respeito às legítimas, caso o *de cujus* tenha deixado herdeiros necessários (descendentes, ascendentes e cônjuge), quando ele só poderá dispor de metade de seu patrimônio. Se o *de cujus* não deixou testamento, serão aplicáveis as regras da sucessão legítima.

7.2. Sucessão testamentária

O testamento é um ato unilateral de última vontade, de natureza revogável, pelo qual alguém dispõe, no todo ou parte, de seu patrimônio para depois de sua morte.

O art. 1.857, § 1º, do Código Civil exclui a possibilidade de a legítima figurar no testamento. Não havendo herdeiros necessários, o testador pode dispor de todos os seus bens para depois da morte.

Todos aqueles que têm capacidade de fato podem testar. Não podem fazê-lo os incapazes, nem aqueles que, no momento de o fazer, não tiverem pleno discernimento. A capacidade é verificada quando o testamento é realizado. A incapacidade superveniente não o invalida.

A lei civil, ao tratar do testamento como ato solene, estabeleceu que ele pode realizar-se por forma ordinária ou especial.

Os ordinários são o público, o particular e o cerrado. E os especiais são o marítimo, o militar e o aeronáutico.

A lei ainda menciona o codicilo, no art. 1.881, que é uma espécie simplificada de declaração de última vontade, pela qual o testador dispõe sobre seu enterro, sobre esmolas de pouca monta a certas e determinadas pessoas ou, indeterminadamente, aos pobres de certo lugar, e pode legar móveis, roupas ou joias, de pequeno valor, de seu uso pessoal.

Não há, além dessas, outras espécies de testamento.

O público é o escrito por tabelião ou oficial público, em seu livro de notas. Por ele, será lavrado o respectivo instrumento, lido em voz alta pelo tabelião ou pelo testador, na presença de duas testemunhas e assinado pelo tabelião, pelo testador e pelas testemunhas. É a única forma de testamento que pode ser feita pelo cego.

O particular é o escrito inteiramente pelo testador, de próprio punho ou por processo mecânico. É preciso que seja lido e assinado por quem o escreveu, na presença de três testemunhas, que também o subscreverão. Ele precisa ser confirmado em juízo, por um procedimento de jurisdição voluntária, do qual se tratará adiante. O Código Civil facilitou o processo de confirmação, estabelecendo que, em caso de morte ou ausência de algumas das testemunhas, a confirmação por apenas uma será suficiente (CC, art. 1.878, parágrafo único), e, em circunstâncias excepcionais, declaradas na própria cédula, por nenhuma.

O cerrado é o escrito pelo testador, ou pessoa a seu rogo e por ele assinado, e que é entregue, na presença de duas testemunhas, ao tabelião.

Este certificará que aquele é o testamento apresentado e que o testador quer que ele seja aprovado. Será então lavrado auto de aprovação, assinado pelo tabelião, testador e testemunhas, no próprio testamento, após a última palavra escrita pelo testador. Em seguida, ele será fechado e o instrumento aprovado será cosido e entregue ao testador.

Com o falecimento, ele será entregue ao juiz, que o abrirá e fará registrar, determinando que seja cumprido, se não achar vício externo que o torne suspeito de falsidade ou eivado de nulidade.

Os testamentos especiais devem ser empregados apenas em situação de emergência. O marítimo é feito por quem está a bordo de navio nacional. É celebrado perante o comandante, na presença de duas testemunhas, na forma que corresponde ao testamento público ou cerrado, sendo o registro feito no diário de bordo. O mesmo procedimento é utilizado para o testamento aeronáutico, feito na presença do comandante.

O testamento ficará sob a guarda deste, que o entregará às autoridades administrativas do porto ou do aeroporto, na primeira ocasião.

Essas duas espécies de testamento caducam se, em noventa dias depois de sua elaboração, o testador não vem a falecer.

O testamento militar é aquele feito por militares ou pessoas que estejam a serviço das Forças Armadas, em local onde não haja tabelião ou substituto legal. Deverá ser feito na presença de duas testemunhas (três, se o testador não puder ou não souber assinar), e caducará em noventa dias.

O testamento militar pode ser nuncupativo, feito verbalmente por militares ou pessoas em campanha, que tenham sido feridas em combate, e que confiarão sua vontade a duas testemunhas (CC, art. 1.896). Esse testamento perde o efeito se o testador não morrer na guerra ou convalescer do ferimento.

7.3. Da abertura, do registro e do cumprimento

Os testamentos, em especial o cerrado e o particular, devem sujeitar-se a determinados procedimentos judiciais para que se reconheça sua validade, estabelecidos nos arts. 735 a 737 do CPC.

Quando o testamento for cerrado, o juiz, ao recebê-lo, verificará sua forma externa, examinando se há vício que o eive de nulidade ou faça presumir a existência de falsidade. O instrumento será aberto, determinando o juiz que o escrivão o leia na presença de quem o entregou. Em seguida será lavrado um auto de abertura, rubricado pelo juiz e assinado pelo apresentante, devendo conter todos os requisitos do art. 735, § 1º.

Em seguida os autos serão conclusos ao juiz, que determinará a ouvida do órgão do Ministério Público e mandará registrar, arquivar e cumprir o testamento.

Feito o registro, será intimado o testamenteiro nomeado a assinar o termo da testamentária. Se não tiver havido sua nomeação, ou se o nomeado estiver ausente, ou não aceitar o encargo, o juiz nomeará um testamenteiro dativo, observando-se a ordem do art. 1.984 do Código Civil. Aceito o encargo, o testamenteiro assinará o termo correspondente, e o escrivão extrairá cópia autêntica do testamento para ser juntada aos autos de inventário ou arrecadação de herança.

Quando o testamento for público, qualquer interessado poderá solicitar seu cumprimento, exibindo traslado ou certidão e requerendo ao juiz que determine seu cumprimento, na forma dos parágrafos do art. 735.

7.4. Confirmação de testamento particular

Ao contrário dos testamentos público e cerrado, o particular não tem a autenticidade atestada por um tabelião. Por isso, é necessário que seja confirmado em juízo, na forma do art. 737.

A publicação do testamento particular será feita a requerimento do herdeiro, do legatário ou do testamenteiro, ou ainda do terceiro detentor do testamento, se impossibilitado de entregá-lo a algum dos outros legitimados para requerê-la, depois do falecimento do testador. Eles requererão a publicação em juízo do testamento. A petição inicial deve vir instruída com a cédula do testamento particular.

Para o processo são intimados os herdeiros que não tiverem requerido a publicação e o Ministério Público.

Depois de ouvidas as testemunhas, os interessados terão prazo de cinco dias para manifestar-se.

Verificado o preenchimento dos requisitos legais e ouvido o Ministério Público, o juiz confirmará o testamento. O Código Civil exige que três testemunhas participem da elaboração do testamento (no Código Civil anterior o número era de cinco).

Para que ele seja confirmado, basta que, se as demais testemunhas estiverem ausentes ou mortas, uma delas o reconheça, se, a critério do juiz, houver prova suficiente de sua veracidade, ou até mesmo nenhuma, em circunstâncias excepcionais, declaradas na cédula, na forma do art. 1.879 do Código Civil.

As disposições referentes à confirmação do testamento particular aplicam-se também ao testamento marítimo, militar, aeronáutico, nuncupativo e aos codicilos.

7.5. Da execução do testamento

Incumbe ao testamenteiro cumprir as disposições testamentárias. Depois de abertos e registrados o testamento público e o cerrado, ou confirmados o testamento particular e o codicilo, ele requererá a abertura do inventário, desde que tenha consigo a posse dos bens da herança, nos termos do art. 1.978 do Código Civil. Caso não a tenha, ao testamenteiro incumbirá exigir dos herdeiros que cumpram o necessário para que sejam executadas as disposições testamentárias.

No cumprimento do testamento, observar-se-á o disposto nos parágrafos do art. 735.

Se o detentor não promoveu o registro do testamento, pode o testamenteiro requerer ao juiz que o ordene. Essa providência, no entanto, pode ser determinada pelo juiz até de ofício.

Deve o testamenteiro prestar contas de sua gestão, não sendo eficaz a disposição testamentária que o dispense de fazê-lo.

Além da obrigação de requerer a abertura do inventário, quando for o caso, de cumprir fielmente as disposições de última vontade e de prestar contas, compete ao testamenteiro defender a validade do testamento, sempre que necessário, defender a posse dos bens da herança e requerer ao juiz os meios que sejam necessários para o cumprimento das disposições testamentárias.

Em contrapartida, ele faz jus a uma remuneração, na forma estabelecida no art. 1.987 do Código Civil: “Salvo disposição testamentária em contrário, o testamenteiro, que não seja herdeiro ou legatário, terá direito a um prêmio, que, se o testador não o houver fixado, será de 1% a 5%, arbitrado pelo juiz, sobre a herança líquida, conforme a importância dela e maior ou menor dificuldade na execução do testamento".

8. DA HERANÇA JACENTE

8.1. Introdução

Os bens daquele que faleceu, deixando herdeiros conhecidos, formam uma massa indivisa a que se dá o nome de *espólio*. Os daquele que morreu sem deixar nenhum herdeiro conhecido, seja legítimo, seja testamentário, constituem a *herança jacente*.

A jacência não significa que o *de cujus* não tinha herdeiros. Pode ocorrer que eles apareçam e se apresentem. Mas, como ensinam Sebastião Amorim e Euclides de Oliveira, "constitui-se em fase provisória e temporária, de expectativa de surgimento de interessados na herança"[3].

Se as providências para localizar possíveis interessados não tiverem êxito, a herança tornar-se-á vacante, passando, depois de algum tempo, ao domínio do Município, do Distrito Federal ou da União, conforme estabelecido no art. 1.822 do Código Civil, que a atribui aos dois primeiros, se os bens arrecadados situarem-se nas respectivas circunscrições, e à União, se localizados em território federal.

Haverá também a vacância se todos os herdeiros chamados a suceder, sejam legítimos ou testamentários, renunciarem à sucessão.

O Código Civil dispõe, no art. 1.819: "Falecendo alguém sem deixar testamento nem herdeiro legítimo notoriamente conhecido, os bens da herança, depois de arrecadados, ficarão sob a guarda e administração de um curador, até a sua entrega ao sucessor devidamente habilitado ou à declaração de sua vacância".

8.2. Procedimento

Chegando ao conhecimento do juiz a existência da herança jacente, ele determinará a imediata arrecadação. Não há necessidade de requeri-

3. Sebastião Amorim e Euclides de Oliveira, *Inventários*, cit., p. 203.

mento escrito, podendo o juiz, de ofício, assim que tomar conhecimento do fato, determiná-la. Nada impede, no entanto, que haja requerimento de qualquer interessado ou do Ministério Público. A lei o permite como forma de proteger os bens da herança, como medida de cautela, já que não há nenhum interessado conhecido que zele pelos bens.

Por meio da arrecadação serão inventariados todos os bens deixados pelo *de cujus*, devendo ser descrito o estado e a situação em que se encontram. Em seguida, o juiz nomeará um curador, que ficará responsável pela guarda, administração e conservação dos bens.

A herança jacente, tal como o espólio, não tem personalidade jurídica. Mas a lei processual lhe atribui capacidade para ser parte. Por isso, ela será a autora das ações necessárias para proteger os bens que a compõe. Em juízo, o curador representará a herança jacente e zelará pela guarda e conservação dos bens, até que eles sejam entregues ao sucessor, se este aparecer, ou aos entes públicos aos quais eles serão destinados, caso não haja herdeiros. Incumbe ao curador apresentar mensalmente ao juiz um balancete da receita e das despesas, e prestar contas da sua gestão.

Nos arts. 740 e 741, o CPC estabelece a forma pela qual se procederá à arrecadação. O juiz ordenará que o Oficial de Justiça, acompanhado do escrivão ou do chefe de secretaria e do curador, arrole os bens e descreva-os em auto circunstanciado. Se o próprio juiz não puder comparecer à casa do falecido, requisitará à autoridade policial que proceda à arrecadação e ao arrolamento dos bens, acompanhada de duas testemunhas, que assistirão às diligências. Se o curador não tiver sido nomeado, o juiz nomeará um depositário, que ficará provisoriamente com os bens. Os situados em outras comarcas serão arrecadados por carta precatória. Se, no curso da arrecadação, aparecer cônjuge, companheiro, herdeiro ou testamenteiro notoriamente reconhecido reclamando os bens, que comprove sua qualidade, o juiz, não havendo oposição motivada do curador, de qualquer interessado, do Ministério Público ou da Fazenda, não continuará o procedimento, ficando sem efeito o que já havia sido levado a cabo.

Depois da arrecadação, o juiz determinará a expedição de editais, cuja finalidade é tornar pública a existência da herança jacente, para que eventuais interessados apareçam e comprovem a qualidade de herdeiros. A publicação será feita na forma do art. 741, *caput*, do CPC. Eventuais sucessores poderão habilitar-se, bem como testamenteiro, e, se comprovadas as suas qualidades, o procedimento de herança jacente converter-se-á em inventário. Também os credores poderão habilitar-se, tal como ocorre no procedimento de inventário, para exigir o que lhe é devido, incumbindo ao curador manifestar-se sobre tais requerimentos, em defesa dos interesses da herança. O Ministério Público intervirá sempre nos procedimentos de herança jacente.

Pode o juiz autorizar a venda de bens, em situações especiais, em regra relacionadas ao risco de possíveis deteriorações, na forma do art. 742 do CPC.

Passado um ano da publicação do primeiro edital, não tendo havido nenhuma habilitação, ou não tendo sido acolhidas as que foram apresentadas, a herança será declarada vacante.

8.3. Herança vacante

A herança torna-se vacante se, ultimadas as diligências, não tiver havido êxito na localização de nenhum herdeiro. Também o será se todos aqueles que forem chamados a suceder renunciarem a ela (CC, art. 1.823). Com a declaração de vacância, os bens não são imediatamente entregues à Municipalidade, ou ao ente público destinatário. Nesse período é possível que apareçam herdeiros que, comprovando sua qualidade, façam jus aos bens. Há, no entanto, duas observações fundamentais: a primeira é que, se o interessado que se apresentou for um colateral, com a declaração de vacância ele terá perdido seus direitos à sucessão, na forma do art. 1.822, parágrafo único, do Código Civil. A segunda é que, depois de transitada em julgado a sentença de declaração de vacância, os herdeiros e os credores só poderão reclamar seu direito por ação direta, não bastando a mera habilitação, como na fase de jacência.

Questão tormentosa, que sempre provocou grandes discussões, é a da natureza da sentença que atribui os bens ao Município, se declaratória ou constitutiva. O Código Civil de 1916, no art. 1.603, V, incluía entre os herdeiros o Município, o Distrito Federal e a União. Isso fez com que alguns atribuíssem ao Município o *droit de saisine*, ou seja, embora houvesse que esperar cinco anos pelo surgimento de algum herdeiro, ultrapassado o prazo, o juiz, por sentença declaratória, atribuiria os bens ao Município, como se fosse o dono desde a morte. A partir daí, o bem seria público, o que impediria, entre outras coisas, que eventual ocupante pudesse postular usucapião, completado nesse interregno. A sentença teria eficácia *ex tunc*. Mas, ainda na vigência da lei civil anterior, prevalecia o entendimento de que o Município não é herdeiro, mas apenas o destinatário dos bens deixados por aquele que morreu sem herdeiros, tendo sido incluído no art. 1.603 por equívoco. Com isso, a ele não se aplicaria o princípio da *saisine*, sendo necessário o transcurso dos cinco anos para que a propriedade lhe seja transferida. Daí sua natureza constitutiva, com eficácia *ex nunc*. Como o Município só se torna dono após a sentença, se alguém conseguir completar o prazo de usucapião antes, tornar-se-á proprietário da coisa. Nada impede, porém, que a herança jacente, por seu curador, e o próprio Município (art. 130 do CC) tomem as providências necessárias para interromper o prazo de usucapião, ou para desalojar o ocupante indevido, evitando que o prazo se consume.

O Código Civil atual exclui o Município do rol de herdeiros, confirmando que a ele não se aplica o princípio da *saisine*.

9. DOS BENS DOS AUSENTES

9.1. Introdução

O ausente é aquele que desapareceu de seu domicílio sem deixar notícia, nem representante ou procurador, a quem caiba administrar-lhes os bens (CC, art. 22). No Código Civil de 1916 era considerado absolutamente incapaz, embora isso fosse muito criticado, porque o desaparecido não será incapaz no lugar em que estiver, podendo exercer seus direitos e obrigações. A declaração de ausência é uma forma de proteger os interesses e o patrimônio daquele que desapareceu. Pelo Código anterior, a declaração de ausência era indispensável para que fosse declarada a morte presumida, abrindo-se a sucessão definitiva. Na legislação atual, existem casos excepcionais em que, mesmo sem declaração de ausência, será decretada a morte presumida, quando for extremamente provável a morte de quem estava em perigo de vida, ou se alguém, desaparecido em campanha ou feito prisioneiro, não for encontrado até dois anos após o término da guerra. Em ambos os casos, a declaração da morte presumida fica condicionada a que tenham sido esgotadas as buscas e averiguações.

9.2. Procedimento

O procedimento de declaração de ausência desdobra-se em três fases distintas: a de declaração propriamente dita, e nomeação de curador; a da sucessão provisória e a da sucessão definitiva. Pode ser requerida por qualquer interessado ou pelo Ministério Público. Cada uma das fases tem procedimentos próprios, que serão analisados nos capítulos seguintes.

9.2.1. Declaração de ausência e nomeação do curador

O requerimento será formulado por qualquer interessado ou pelo Ministério Público, por petição dirigida ao juízo competente, que será o do último domicílio do ausente. Se houver Vara de Família, será ela a competente. Se não, o pedido será dirigido a uma Vara Cível.

Antes de declarar a ausência, o juiz pode determinar as provas e diligências que entenda necessárias para convencer-se de que o ausente desapareceu.

Confirmada a notícia, o juiz declarará a ausência, por sentença que deve ser registrada no Cartório de Registro Civil, e ordenará a arrecadação dos bens, utilizando o mesmo procedimento previsto para a herança jacente (arts. 740 e 741). Em seguida, nomeará um curador, que se incumbirá da guarda, administração e conservação dos bens. Estas são medidas acautelatórias destinadas a proteger o patrimônio do ausente.

O art. 25 do CC estabelece a ordem de preferência dos que serão nomeados curadores. Primeiro, o cônjuge, salvo se já estiver separado judicialmente ou de fato por mais de dois anos, antes da declaração de ausência. Em sua falta, a curadoria será exercida pelos pais, e, depois, pelos descendentes, preferindo os mais próximos aos mais remotos. Na falta deles, a escolha competirá ao juiz. Embora a lei não o mencione expressamente, parece-nos que o companheiro deve ser nomeado curador, nas mesmas condições do cônjuge.

A curadoria do ausente restringe-se à administração dos bens por ele deixados, sem qualquer consequência de ordem pessoal. Somente mais tarde, quando aberta a sucessão definitiva, é que se considerará rompido o vínculo matrimonial (CC, art. 1.571, § 1º).

Esta primeira fase do procedimento dura um ano. Nela são publicados editais na forma do art. 745 do CPC, anunciando a arrecadação e conclamando o ausente a que retorne e reingresse na posse dos bens. O processo será extinto se, nesse interregno, o ausente voltar ou constituir procurador que o represente, ou se ficar comprovado seu falecimento. Do contrário, passar-se-á à segunda fase do procedimento, a sucessão provisória.

9.2.2. Sucessão provisória

Pode ser requerida após um ano da arrecadação dos bens do ausente (art. 26 do Código Civil). Se ele tiver deixado representante ou procurador, esse prazo será de três anos. A legitimidade é dos interessados mencionados no art. 27 do Código Civil: do cônjuge, desde que não separado judicialmente; dos herdeiros presumidos; dos que tiverem sobre os bens do ausente direito dependente de sua morte e dos credores de obrigações vencidas e não pagas. Embora a lei não o mencione, tal legitimidade deve ser estendida à companheira. Se ninguém o requerer, a legitimidade passará ao Ministério Público.

De acordo com o art. 28 do Código Civil, "a sentença que determinar a abertura da sucessão provisória só produzirá efeito 180 dias depois de publicada pela imprensa; mas, logo que passe em julgado, proceder-se-á à abertura do testamento, se houver, e ao inventário e partilha dos bens, como se o ausente fosse falecido". Tal prazo foi instituído para permitir ao ausente que, verificando as graves consequências que advieram de seu desaparecimento, possa retornar e retomar seus negócios.

Afora a abertura do inventário e partilha dos bens, que é feita de imediato, os demais efeitos da sentença de ausência só operam após os 180 dias. Mas, se em trinta dias, a contar do trânsito em julgado da sentença que determinar a abertura da sucessão provisória, não comparecer qualquer interessado, a herança será considerada jacente (CC, art. 28, § 2º). Essa regra, evidentemente, só terá aplicação se a declaração de ausência tiver sido requerida por terceiros interessados ou pelo Ministério Público, e não por algum herdeiro.

O que é mais característico dessa fase é que os bens são entregues aos herdeiros, mas em caráter provisório e condicional. É preciso que o herdeiro imitido na posse preste garantia de restituir os bens, mediante penhores ou hipotecas equivalentes aos quinhões respectivos. Os herdeiros necessários – ascendentes, descendentes ou cônjuge – podem imitir-

-se na posse dos bens, sem a necessidade de prestar garantias. Se o herdeiro não puder prestá-las e for excluído da posse provisória, poderá ao menos requerer lhe seja entregue a metade dos rendimentos do quinhão que lhe tocaria.

Por força dessa provisoriedade é que a lei veda aos herdeiros alienar os bens imóveis do ausente, salvo quando o ordene o juiz, para lhes evitar a ruína. De acordo com o art. 33 do Código Civil, "o descendente, ascendente ou cônjuge que for sucessor provisório do ausente, fará seus todos os frutos e rendimentos dos bens que a este couberem; os outros sucessores, porém, deverão capitalizar metade desses frutos e rendimentos, segundo o disposto no art. 29, de acordo com o representante do Ministério Público, e prestar anualmente as contas ao juiz competente". O parágrafo único desse artigo acrescenta: "Se o ausente aparecer, e ficar provado que a ausência foi voluntária e injustificada, perderá ele, em favor do sucessor, sua parte nos frutos e rendimentos".

Caso, no curso da sucessão provisória, fique demonstrado o falecimento do ausente, e a data em que ocorreu, considerar-se-á aberta a sucessão em favor dos herdeiros que o eram naquele tempo.

Mas, se o ausente aparecer, ou se lhe provar a existência, depois de estabelecida a posse provisória dos herdeiros, cessarão para logo as vantagens dos sucessores nela imitidos, ficando, todavia, obrigados a tomar as medidas assecuratórias precisas, até a entrega dos bens a seu dono (CC, art. 36).

Com o aparecimento do ausente cessa a sucessão provisória, sendo devolvidos os bens. Mas ela se converte em definitiva em três situações: a) se ficar provado que o ausente morreu; b) dez anos depois de passada em julgado a abertura da sucessão provisória; c) quando o ausente contava oitenta anos de idade quando de seu desaparecimento, e já hajam transcorrido cinco anos das últimas notícias suas.

9.2.3. Sucessão definitiva

Depois de dez anos do trânsito em julgado da sentença de abertura da sucessão provisória, os interessados poderão requerer que ela se torne definitiva, procedendo ao levantamento das cauções prestadas. Esse prazo reduz-se à metade se, à época do desaparecimento, o ausente já contava oitenta anos de idade.

Na sucessão definitiva, a lei deixa de preocupar-se com a possibilidade de retorno do ausente, cujo longo tempo desde o desaparecimento torna improvável o retorno, para atentar aos direitos dos sucessores.

Com sua abertura, a propriedade dos bens transfere-se para os sucessores. Não a propriedade plena, mas a resolúvel, porque a lei ainda fixa um prazo para que, retornando, possa o ausente reaver o que lhe pertence: "Regressando o ausente nos dez anos seguintes à abertura da sucessão definitiva, ou algum de seus descendentes ou ascendentes, aquele ou estes haverão só os bens existentes no estado em que se acharem, os sub-rogados em seu lugar, ou o preço que os herdeiros e demais interessados houverem recebido pelos bens alienados depois daquele tempo" (CC, art. 39). O sucessor pode alienar os bens que lhe foram transmitidos, pois é o proprietário. O ausente não logrará reavê-los, podendo postular apenas os sub-rogados em seu lugar, ou o preço da venda. Aqueles que ainda estiverem em poder do sucessor terão de ser restituídos ao ausente que retornar nesse prazo de dez anos, no estado em que estiverem.

Uma das novidades importantes trazidas pelo Código Civil de 2002 foi a inclusão da ausência como uma das causas de dissolução da sociedade conjugal. No Código anterior, a sucessão definitiva só tinha repercussão patrimonial, e não tornava viúvo o cônjuge do ausente. Se este quisesse dissolver a sociedade conjugal, deveria ajuizar ação de divórcio, com base na separação de fato, citando o ausente por edital. Com a nova lei, a ausência prolongada, que resulta em morte presumida, rompe o vínculo conjugal. Se o ausente retornar, e o cônjuge já tiver contraído outro matrimônio, prevalecerá o segundo, sendo de presumir que o longo período em que ele esteve afastado foi de tal ordem que permitiu ao cônjuge constituir novas afeições, e até nova família.

10. DAS COISAS VAGAS

10.1. Introdução

Coisa vaga é aquela que, perdida pelo legítimo dono, foi encontrada por terceiro. Não se confunde com a abandonada, porque esta não tem dono, passando a ser daquele que a encontrar (ocupação).

No Código Civil de 1916, denomina-se *invenção* o ato de encontrar coisa alheia que fora perdida. Ao mesmo ato o Código de 2002 dá o nome de *descoberta*.

De acordo com o art. 1.233, *caput*, do Código Civil, aquele que ache coisa alheia perdida deve restituí-la ao dono ou legítimo possuidor. A desobediência impõe, além da sanção civil pelos danos ocasionados, pena criminal por apropriação indébita.

10.2. Procedimento

O art. 746 do CPC trata do procedimento que se deve observar quando houver a descoberta.

Pode ocorrer que nem haja necessidade de ajuizamento de demanda se o descobridor lograr êxito em localizar o verdadeiro dono. Somente se este não for localizado é que se iniciará o processo judicial.

De acordo com o art. 1.233, parágrafo único, do Código Civil e o art. 746, §§ 1º e 2º, do CPC, não localizado o proprietário, o descobridor deve entregar a coisa à autoridade judiciária ou policial competente, que a arrecadará. Se entregue à autoridade policial, esta remeterá a coisa a juízo. O juiz receberá, então, um auto de depósito vindo da autoridade policial, ou determinará, ele próprio, o depósito, se a coisa é entregue em juízo. Lavrado o auto, o procedimento inicia-se, independentemente de requerimento. Em seguida, a coisa é entregue a um depositário, determinando o juiz a publicação de editais, na forma do art. 746, § 2º, para que o dono apareça e a reclame. A coisa precisa estar descrita, de forma minuciosa, no edital. Permite a lei que, em caso de coisa de pequeno valor, o edital seja publicado apenas no átrio do fórum.

Três serão as possíveis consequências: a) que o dono ou possuidor compareça no prazo do edital, e comprove seu direito, caso em que a coisa lhe será entregue por determinação judicial; b) que ninguém reclame a coisa, caso em que ela será avaliada e alienada em hasta pública. O produto servirá para o pagamento da recompensa do descobridor, sendo o saldo entregue à União, Estado ou Distrito Federal; c) que o dono compareça mas não a reclame, preferindo abandoná-la, caso em que o descobridor poderá requerer que ela lhe seja adjudicada, como compensação pelas despesas que fez, e recompensa.

11. DA INTERDIÇÃO

11.1. Introdução

O art. 1º do Código Civil estabelece que toda pessoa é capaz de direitos e deveres na ordem civil. Essa "capacidade de direito", que se atribui a todas as pessoas, sem exceção, outorga-lhes a possibilidade de tornarem-se titulares de direitos e deveres na ordem civil. Com ela não se confunde a "capacidade de fato", também denominada "de exercício", que consiste na aptidão para exercer, por si só, os atos da vida civil. Se todas as pessoas têm capacidade de direito, nem todas a têm de gozo ou exercício. Malgrado a lei atribua a todos a possibilidade de tornarem-se titulares de direitos e obrigações, nem sempre podem exercê-los por si sós, sendo necessário, às vezes, que sejam representados ou assistidos.

Aqueles que possuem plena capacidade de fato são os "capazes"; os que não a têm são os "incapazes". Consiste a incapacidade na restrição legal ao exercício dos atos da vida civil, imposta pela lei àqueles que necessitam de proteção. A incapacidade cessa quando a pessoa atinge a maioridade civil, alcançando os dezoito anos de idade. Desde então, torna-se plenamente capaz para os atos da vida civil. Pode ocorrer, porém, que, apesar da maioridade, a pessoa, por razões outras, não tenha ainda condições de gerir-se, como nas hipóteses do art. 4º do Código Civil, com a redação dada pela Lei n. 13.146/2015. Mesmo as pessoas com deficiência, conquanto consideradas capazes, pela Lei n. 13.146/2015, poderão ser submetidas à curatela, quando necessário (art. 84, § 1º, da Lei n. 13.146/2015).

Entre os incapazes, além dos menores, estão os ébrios habituais e viciados em tóxicos; aqueles que, por causa transitória ou permanente, não puderem exprimir sua vontade e os pródigos. Todos eles são considerados relativamente incapazes. A incapacidade absoluta fica restrita aos menores de 16 anos, já que as demais hipóteses do Código Civil foram revogadas pela Lei n. 13.146/2015.

Em caso de incapacidade não decorrente da menoridade, para que a pessoa seja declarada incapaz é preciso interditá-la. O índio não precisa ser interditado. Sua situação é regulada pela Lei n. 6.001, de 19 de dezembro de 1973, denominada "Estatuto do Índio", que estabelece que ele ficará sob tutela da União até se adaptar à civilização. Aquele que nasce em comunidade a ela não integrada estará sujeito à tutela da União, ainda que maior, independentemente de qualquer medida judicial. Como ensina Carlos Roberto Gonçalves, "A tutela dos índios constitui espécie de tutela estatal e origina-se no âmbito administrativo. O que vive nas comunidades não integradas à civilização já nasce sob tutela. É, portanto, independentemente de qualquer medida judicial, incapaz desde o nascimento, até que preencha os requisitos exigidos pelo art. 9º da Lei n. 6.001/73 (idade mínima de 21 anos, conhecimento de língua portuguesa, habilitação para o exercício de atividade útil à comunidade nacional, razoável compreensão dos usos e costumes da comunhão nacional) e seja liberado por ato judicial, diretamente, ou por ato da Funai homologado pelo órgão judicial[4].

O CPC, nos arts. 747 a 763, trata do procedimento de interdição, e de nomeação do curador, que passará a assistir o incapaz.

Como a finalidade é declarar a incapacidade, faltará interesse de agir para aquele que quiser promover a interdição de um menor, porque ele já é incapaz.

A Lei n. 13.146/2015 criou a possibilidade de colocar sob curatela, após regular processo de interdição, uma pessoa considerada capaz. Trata-se da hipótese prevista no art. 84, § 1º, da Lei n. 13.146/2015. Conquanto a pessoa deficiente seja considerada capaz, o dispositivo permite que ela seja posta sob curatela, em processo de interdição, quando necessário.

11.2. Procedimento

A interdição presta-se à declaração de incapacidade daquele que está em alguma das situações previstas no art. 4º do Código Civil, ou na hipótese do art. 84, § 1º, da Lei n. 13.146/2015. O juiz fixará o grau de incapacidade e os limites da curatela, conforme o que for apurado.

Deve ser requerida no foro do domicílio do interditando, em Vara de Família, se houver. Do contrário, será aforada perante Vara Cível. O requerimento poderá ser feito pelo cônjuge ou companheiro, pelos parentes ou

---

4. Carlos Roberto Gonçalves, *Direito civil brasileiro*, v. I, p. 100.

tutores, pelo representante da entidade em que se encontra abrigado o interditando ou pelo Ministério Público (art. 747 do CPC). A legitimidade do Ministério Público fica restrita aos casos de doença mental grave (art. 84, § 1º, da Lei n. 13.146/2015), ou se os demais legitimados não existirem ou não formularem o requerimento de interdição, ou forem incapazes. Na hipótese de doença mental grave, a legitimidade do Ministério Público é plena. Nos demais casos, é supletiva, dada a prioridade dos demais. O art. 1.768, IV, do Código Civil, com a redação dada pela Lei n. 13.146/2015, autoriza que a própria pessoa requeira a sua interdição, hipótese, porém, que dificilmente se verificará na prática.

No Código Civil de 1916, a legitimidade para requerer a interdição do pródigo estava limitada ao cônjuge, ascendentes ou descendentes. Admitia-se a do Ministério Público quando houvesse descendentes menores que pudessem ficar prejudicados. Essa limitação existia porque a interdição do pródigo se fazia não em seu benefício, mas em proveito dos herdeiros necessários e do cônjuge. Se não houvesse nem uns nem outros, não se justificava. No Código de 2002 ela se faz para a proteção do próprio pródigo. Daí por que a legitimidade para a requerer é a mesma que para as demais hipóteses.

A petição inicial deve preencher os requisitos do art. 319 do CPC. O interessado provará sua legitimidade, juntando comprovante do parentesco, casamento ou união estável, e indicará os fatos em que fundamenta o pedido, especificando aqueles que demonstram que o interditando não tem condições de exprimir, total ou parcialmente, sua vontade. Tais fatos devem ser de tal ordem que assinalem a impossibilidade de ele continuar gerindo os negócios e administrando seus bens. O autor deve ainda indicar na inicial o momento em que a incapacidade se revelou.

Além disso, a inicial deve vir acompanhada de laudo médico que comprove as alegações ou de informação sobre a impossibilidade de fazê-lo.

Caso haja urgência, o juiz poderá nomear curador provisório ao interditando para a prática de determinados atos.

Quando não for o Ministério Público que tenha formulado o requerimento, será intimado para participar como fiscal da ordem jurídica. Essa é a posição assumida pelo *parquet*, nos termos do art. 752, § 1º, do CPC.

11.2.1. Citação, entrevista do interditando e perícia

Se a petição inicial estiver em termos, o juiz designará data para entrevistar o interditando, determinando que ele seja citado e intimado a comparecer. Na audiência, o juiz o examinará, buscando extrair impressões a respeito de seu discernimento, capacidade e aptidão para gerir seus negócios. Ele lhe perguntará acerca de sua vida, negócios, bens e o que mais entender necessário, para extrair uma impressão a respeito das condições daquele que está sendo ouvido. Tanto as perguntas como as respostas são reduzidas a termo, pois com isso se poderá obter melhores impressões a respeito da situação do entrevistando. Essa audiência é realizada antes mesmo que ele tenha tido a oportunidade de impugnar o pedido. Para a entrevista, deve ser intimado o Ministério Público, mas não o requerente, que dela não poderá participar. A entrevista também pode ser acompanhada por especialista.

Se, por motivo de saúde, ou por qualquer outra razão, não for possível ao interditando deslocar-se, o juiz, o Ministério Público e o escrivão dirigir-se-ão ao local em que ele esteja, e lá o ouvirão. A entrevista só pode ser dispensada em circunstâncias verdadeiramente excepcionais, como já foi decido: "Interdição. Necessidade de interrogatório do interditando. Somente em casos especiais, de pessoas gravemente excepcionais, inexistente qualquer sinal de risco de fraude, poder-se-á, no interesse do interditando, dispensar o interrogatório judicial" (*JTJ*, *179*:166).

Após a audiência, o interditando poderá impugnar o pedido, no prazo de quinze dias, constituindo advogado para defendê-lo. Mas ele só o fará se ainda tiver algum discernimento, e puder, de qualquer forma, exprimir sua vontade. Caso ele não o constitua, ser-lhe-á dado curador especial, caso em que seu cônjuge, companheiro ou qualquer parente sucessível poderá ingressar como assistente. O curador especial poderá, não havendo outros elementos nos autos, impugnar a pretensão por negativa geral.

O Ministério Público sempre intervirá como fiscal da ordem jurídica.

Embora o pedido de interdição, em regra, tenha por fim proteger o incapaz, pode ser utilizado para finalidade diversa, qual seja, afastá-lo de seus negócios, atribuindo-lhes a gerência a outrem, em razão de interesses inconfessáveis. Por isso, andou bem o legislador em permitir-lhe que se manifeste, por meio de advogado. A falta de defesa não produz os efeitos da revelia, nem faz presumir verdadeiros os fatos narrados na inicial, relativos à incapacidade. É preciso certificar-se de que o interditando é mesmo incapaz.

Apresentada ou não a resposta, o juiz determinará a realização da prova pericial, nomeando especialista que examine o suposto incapaz e constate qual o problema e seu grau. A perícia pode ser realizada por equipe composta por expertos com formação multidisciplinar, quando necessário. Às partes e ao Ministério Público será dada a oportunidade de formular quesitos e indicar assistentes técnicos. O juiz fixará prazo para a entrega do laudo. A perícia indicará, de forma específica, e, se for o caso, os atos para os quais haverá necessidade de curatela.

Tal como ocorre com todos os tipos de prova, o juiz precisa ficar adstrito ao que ficou constatado pelo perito. Vigora, também aqui, o princípio do livre convencimento motivado, podendo o juiz formar sua convicção com base em outros elementos ou fatos provados nos autos (CPC, art. 479). Mas ele só pode afastar as conclusões da perícia com fundamento em elementos que permitam sustentar sua convicção. Não pode valer-se de meras suposições ou de impressões pessoais.

11.2.2. Audiência de instrução, sentença e recursos

Encerrada a prova pericial, o juiz designará audiência de instrução e julgamento, quando for necessário. Se houver requerimento de prova oral, deverá designar audiência, já tendo sido decidido pelo STJ que: "A interditanda tem direito a provar que pode gerir a sua vida e administrar os seus bens, com a oitiva de testemunhas, com o que, em tal caso, não pode o magistrado dispensar a realização da audiência do art. 1.183 do CPC" (STJ, *RT*, *788*:211).

A essa audiência se aplicam as regras comuns, estabelecidas para os procedimentos de jurisdição contenciosa. A única ressalva é que não será admitido, ao menos como regra, o requerimento para que o interditando preste depoimento pessoal, porquanto ele já terá sido entrevistado pelo juiz. Nada impede, porém, que o juiz o convoque, de ofício ou a requerimento do Ministério Público ou dos interessados, para que seja novamente ouvido, quando isso puder ser útil para auxiliar na convicção do juiz.

Encerrada a instrução, o juiz proferirá sentença. Em caso de procedência, declarará a interdição, e assinará, conforme o estado ou o desenvolvimento do interdito, os limites da curatela, que poderão circunscrever-se às restrições constantes do art. 1.782 do Código Civil. A sentença deverá ser inscrita no Oficial de Registro Civil, para que dela se dê conhecimento geral, e publicada na rede mundial de computadores, no sítio do tribunal a que estiver vinculado o juízo e na plataforma de editais do Conselho Nacional de Justiça, onde permanecerá por seis meses, e publicada pela imprensa local e pelo órgão oficial por três vezes, com intervalo de dez dias. Do edital constarão os nomes do interdito e do curador, a causa da interdição e os limites da curatela.

Há ainda alguma controvérsia sobre a natureza da sentença que decreta a interdição. É amplamente predominante o entendimento de que ela tem caráter declaratório, não sendo a sentença que cria a incapacidade, mas as situações previstas no art. 4º da Lei Civil. Sua eficácia é *ex tunc*, retroagindo à data em que surgiu a incapacidade, o que levaria a sustentar que os atos praticados pelo incapaz antes da interdição, mas depois do surgimento da incapacidade, seriam todos nulos. Não nos parece, porém, acertada essa conclusão, porque traria graves riscos ao comércio, permitindo a anulação de negócio celebrado por terceiros de boa-fé com aqueles cuja interdição só foi declarada *a posteriori*.

A melhor solução será a seguinte: a) se já houve a decretação da interdição, a incapacidade é presumida e dispensa provas. Em ação de nulidade ou anulação de negócio jurídico, nem haverá necessidade de demonstrar a incapacidade absoluta ou relativa; b) caso não tenha havido ainda a interdição, é preciso verificar se o terceiro que negociou com o incapaz estava de boa-fé, porque não tinha como conhecer ou detectar a incapacidade, ou se estava de má-fé. Somente no segundo caso é que o negócio será anulado. Se a incapacidade era notória, ou podia ser conhecida com alguma diligência, ou se era possível de qualquer forma conhecer o estado do incapaz, o negócio será anulado. Do contrário, não.

Na sentença, o juiz, além de estabelecer os limites da curatela, indicará aquele que exercerá tal encargo, observando-se o art. 755, § 1º, do

CPC, que determina que a nomeação recaia sobre quem melhor possa atender aos interesses do curatelado.

Entre as atribuições do curador, além de representar ou assistir o incapaz, está a de, quando possível, promover-lhe o tratamento em estabelecimento adequado, visando sua recuperação.

Cessada a causa que determinou a interdição, será requerido seu levantamento. O pedido pode ser feito pelo próprio interditando, pelo seu curador ou pelo Ministério Público. Embora lhe tenha sido retirada a capacidade, a lei lhe atribui ao menos aquela para requerer a própria desinterdição.

O procedimento é o estabelecido no art. 756 do CPC. O pedido será apensado aos autos da interdição, e o juiz nomeará novamente um perito ou equipe multidisciplinar, para examinar o interdito, verificando se efetivamente cessou a causa da incapacidade. Se necessário, será designada audiência de instrução e julgamento. Embora a lei não o mencione expressamente, nada obsta, e é até conveniente, que o juiz ouça o interdito, para formar uma impressão a respeito de seu grau de discernimento.

Acolhido o pedido, a interdição será levantada, total ou parcialmente, conforme o grau de capacidade do interdito, devendo ser feita a publicação da sentença na forma do art. 756, § 3º, do CPC, e seu registro no Oficial de Registro Civil.

12. DA NOMEAÇÃO E REMOÇÃO DE TUTOR OU CURADOR

12.1. Introdução

Não se confundem as figuras do *tutor* e do *curador*. A tutela é o encargo conferido por lei a pessoa capaz para cuidar e administrar os bens de pessoa menor, que não esteja sob poder familiar. De acordo com o art. 1.728 do Código Civil, os filhos menores são postos sob tutela com o falecimento dos pais, ou quando estes são julgados ausentes, ou quando decaírem do poder familiar.

O direito de nomear tutor compete aos próprios pais em conjunto, que o farão por testamento ou por qualquer outro documento autêntico. Não havendo nomeação pelos pais, a tutela recairá sobre os ascendentes, preferindo os de grau mais próximo ao mais remoto; e aos colaterais até o terceiro grau, também preferindo os mais próximos, e, em caso de igualdade, os mais velhos sobre os mais moços. Na falta de tutor testamentário e legítimo, o juiz dará ao menor tutor dativo, observando o disposto no art. 1.732 do Código Civil. A lei civil determina que o juiz dará ao incapaz o tutor que esteja mais apto a exercer o encargo, podendo modificar a ordem acima mencionada, se isso for conveniente aos interesses do incapaz.

Já a curatela é o encargo atribuído por lei a pessoa capaz, para cuidar dos bens de pessoa maior e administrá-los, quando esta não esteja em condições de o fazer por si mesma. As pessoas sujeitas à curatela são os incapazes, declarados tais por ato do juiz (CC, art. 1.767).

Compete à lei material regular a capacidade para exercer a tutela e a curatela, as hipóteses de escusa do encargo, a forma pela qual ele é exercido e os direitos e obrigações do tutor e do curador. A legitimidade para o exercício da curatela já foi tratada, no capítulo da interdição.

O CPC dedica um capítulo próprio ao procedimento pelo qual tutor e curador assumem suas funções. Ele pressupõe que já tenha havido a nomeação de um e outro, na conformidade da lei civil.

12.2. Procedimento da nomeação

Inicialmente, trata a lei do procedimento de investidura do tutor ou curador nomeado. Feita a nomeação, eles serão intimados para, no prazo de cinco dias, prestar compromisso. Esse prazo corre da nomeação, ou da intimação do despacho que mandar cumprir o testamento ou o instrumento público que o houver instituído.

O tutor ou o curador podem escusar-se do encargo, desde que verificadas as hipóteses em que isso é permitido (CC, arts. 1.736 e 1.737).

O prazo para a apresentação da escusa é de cinco dias, nos termos do art. 760, *caput*, do CPC. Esse prazo é contado antes de aceitar o encargo, da intimação para prestar compromisso; depois de entrar em exercício, do dia em que sobrevier o motivo da escusa. Não sendo requerida a escusa no prazo, considerar-se-á renunciado o direito a alegá-la.

O pedido de escusa será decidido de plano. Se o juiz não a admitir desde logo, o tutor ou curador nomeado exercerão o encargo até serem dispensados por sentença transitada em julgado (CPC, art. 760, § 2º).

12.3. Procedimento da remoção do tutor ou curador

A remoção far-se-á nas hipóteses previstas na lei civil (arts. 1.735 e 1.766). Qualquer pessoa que tenha interesse, ou o Ministério Público, formulará o requerimento ao juiz, em petição na qual deverão ser expostas, de forma especificada, as causas pelas quais ela deve ser deferida.

O tutor ou curador serão citados, e poderão apresentar contestação, no prazo de cinco dias, observando-se, a partir de então, o procedimento comum.

Em casos de extrema gravidade, o juiz pode conceder liminar, suspendendo de imediato o exercício das funções e nomeando um substituto interino.

O tutor e o curador estão obrigados a exercer seu encargo por dois anos, na forma do art. 1.765 do Código Civil, após os quais poderão requerer a exoneração. Não sendo requerida a exoneração do encargo nos dez dias seguintes à expiração do termo, o tutor ou o curador serão reconduzidos, salvo se o juiz os dispensar. Cessada a tutela ou a curatela, é indispensável que o tutor e o curador prestem contas de sua gestão.

13. DA ORGANIZAÇÃO E DA FISCALIZAÇÃO DAS FUNDAÇÕES

13.1. Introdução

As fundações consistem em um patrimônio, ao qual a lei atribui personalidade jurídica para a realização de determinados fins, de interesse público, em caráter permanente e estável. As pessoas jurídicas classificam-se, quanto à estrutura interna, em *corporações* e *fundações*. As primeiras são reuniões de pessoas que se agrupam para buscar a realização de determinados interesses. As fundações, a seu turno, não são constituídas por grupos de pessoas, mas de bens, destinados à consecução de certos fins.

São dois os elementos que compõem a fundação: o patrimônio e o fim, que é estabelecido pelo instituidor, mas não pode ser lucrativo. De acordo com o art. 62 do Código Civil, "a fundação somente poderá constituir-se para fins religiosos, morais, culturais ou de assistência".

13.2. Procedimento da constituição das fundações

A constituição da fundação desdobra-se em quatro etapas, que podem ser assim caracterizadas:

a) A instituição, que ocorre com o ato de dotação, no qual o instituidor reserva os bens que a ela serão destinados, e estabelece os fins almejados. Pode ocorrer por ato *inter vivos* (escritura pública) ou *mortis causa* (testamento). É preciso que os bens reservados sejam livres e desembargados, sob pena de inviabilizar-se a fundação. Pode o instituidor, se o desejar, estabelecer a forma pela qual eles serão administrados.

b) A elaboração do estatuto, que pode ser direta, feita pelo próprio instituidor, ou fiduciária, feita por pessoa de sua confiança.

De acordo com o art. 65 do Código Civil, "Aqueles a quem o instituidor cometer a aplicação do patrimônio, em tendo ciência do encargo, formularão logo, de acordo com as suas bases (art. 62), o estatuto da fundação projetada, submetendo-o, em seguida, à aprovação da autoridade competente, com recurso ao juiz. Parágrafo único. Se o estatuto não for elaborado no prazo assinado pelo instituidor ou, não havendo prazo, em 180 dias, a incumbência caberá ao Ministério Público".

O estatuto pode ser elaborado integralmente pelo próprio instituidor, ou por terceiro por ele indicado, no prazo estabelecido ou, na falta deste, em 180 dias. Se o instituidor não o fizer, nem indicar quem o faça, ou se o indicado se recusar, ou não apresentar os estatutos no prazo, a incumbência passará ao Ministério Público.

c) A aprovação: o estatuto elaborado pelo instituidor ou pelo terceiro será encaminhado ao Ministério Público para aprovação. O *parquet* examinará se o fim colimado pela fundação é lícito, se foram observadas as bases fixadas pelo instituidor e se os bens são suficientes para o fim a que ela se destina. Caso as fundações estejam destinadas a funcionar no Distrito Federal ou em território, a aprovação caberá ao Ministério Público Federal, e, se elas estenderem a atividade por mais de um Estado, caberá, em cada um deles, ao respectivo Ministério Público.

Quando o Ministério Público fizer exigências ou denegar a aprovação, ou quando o interessado discordar do estatuto elaborado pelo Ministério Público, o interessado poderá, em petição motivada, pedir ao juiz que decida. Ele, antes de o fazer, pode determinar as alterações necessárias para adaptar a fundação aos objetivos do instituidor. Da decisão do juiz, que deferir ou não o suprimento, cabe recurso de apelação à instância superior.

d) O registro: com a elaboração e a aprovação dos estatutos, resta promover o registro dos atos constitutivos e dos estatutos da fundação no

Registro Civil das Pessoas Jurídicas. Só a partir daí é que a fundação passa a ter existência legal. O registro deve conter as informações exigidas pelo art. 46 do Código Civil. O oficial do cartório recusar-se-á a efetuá-lo sempre que presentes as hipóteses do art. 115 da Lei dos Registros Públicos: "Não poderão ser registrados os atos constitutivos de pessoas jurídicas, quando o seu objeto ou circunstâncias relevantes indiquem o destino ou atividade ilícitos, ou contrários, nocivos ou perigosos ao bem público, à segurança do Estado e da coletividade, à ordem pública ou social, à moral e aos bons costumes".

13.3. Extinção das fundações

São três as causas para a extinção das fundações: a) o vencimento de seu prazo de existência, quando ela foi instituída para funcionar por determinado prazo; b) quando se tornar ilícito o seu objeto; c) quando for impossível a sua manutenção.

O requerimento de extinção será feito por qualquer interessado ou pelo órgão do Ministério Público. Determinada, deverá ser respeitado o disposto no art. 69 do Código Civil: "Tornando-se ilícita, impossível ou inútil a finalidade a que visa a fundação, ou vencido o prazo de sua existência, o órgão do Ministério Público, ou qualquer interessado, lhe promoverá a extinção, incorporando-se o seu patrimônio, salvo disposição em contrário no ato constitutivo, ou no estatuto, em outra fundação, designada pelo juiz, que se proponha fim igual ou semelhante".

Caso não haja nenhuma fundação com fim semelhante, entende-se que os bens serão declarados vagos e passarão ao domínio do Município ou do Distrito Federal, da circunscrição onde estiverem situados os bens ou da União, se estiverem situados em território federal.

14. DA RATIFICAÇÃO DOS PROTESTOS MARÍTIMOS E DOS PROCESSOS TESTEMUNHÁVEIS FORMADOS A BORDO

14.1. Introdução

As expressões "protestos marítimos" e "processos testemunháveis" servem para designar o mesmo mecanismo, que é aquele previsto no art. 505 do Código Comercial, destinado a comprovar sinistros, avarias ou quaisquer perdas ocorridas durante a navegação. Dispõe o citado artigo: "Todos os processos testemunháveis e protestos formados a bordo, tendentes a comprovar sinistros, avarias, ou quaisquer perdas, devem ser ratificados com juramento do capitão perante a autoridade competente do primeiro lugar onde chegar; a qual deverá interrogar o mesmo capitão, oficiais, gente da equipagem (artigo n. 545, n. 7) e passageiros sobre a veracidade dos fatos e suas circunstâncias, tendo presente o Diário da Navegação, se houver sido salvo".

O CPC estabelece nos arts. 766 a 770 um procedimento especial de jurisdição voluntária, destinado à ratificação dos protestos marítimos e processos testemunháveis. O CPC de 1973 não cuidava do assunto, mas o seu art. 1.218, VIII, mantinha em vigor as regras sobre os protestos formados a bordo, contidas nos arts. 725 a 729 do CPC de 1939.

14.2. Procedimento

No primeiro porto a que o navio chegar, o comandante deverá apresentar ao juiz de direito da comarca, nas primeiras vinte e quatro horas da chegada da embarcação, todos os protestos e os processos testemunháveis para ratificação, devendo a petição inicial conter o determinado no art. 767 do CPC, em especial a transcrição do que consta do Diário de Navegação. A inicial será distribuída com urgência e encaminhada ao juiz que ouvirá, sob compromisso a ser prestado no mesmo dia, o comandante e as testemunhas, qualificados na inicial, em número mínimo de duas e máximo de quatro, e que serão trazidas para o ato independentemente de intimação.

Aberta a audiência, o juiz mandará apregoar os consignatários das cargas indicadas na petição inicial e outros eventuais interessados, nomeando para os ausentes curador para o ato.

O juiz, depois de ouvido o comandante e as testemunhas, ratificará por sentença o protesto ou o processo testemunhável lavrado a bordo, caso se convença da veracidade do que consta do Diário da Navegação e, independentemente do trânsito em julgado, determinará a entrega dos autos ao autor ou ao seu advogado, mediante traslado.

BIBLIOGRAFIA

ALMEIDA BAPTISTA, Sonia Marcia Hase. *Dos embargos de declaração*. 2. ed. São Paulo: Revista dos Tribunais, 1991.

ALSINA, Hugo. *Tratado teórico práctico de derecho procesal civil y comercial*. Buenos Aires: Ediar, 1956.

ALVIM, Theresa. *Questões prévias e os limites objetivos da coisa julgada*. São Paulo: Revista dos Tribunais, 1977.

ALVIM WAMBIER, Teresa Arruda. *O novo regime do agravo*. 2. ed. São Paulo: Revista dos Tribunais, 1996.

_______. *Nulidades do processo e da sentença*. 4. ed. São Paulo: Revista dos Tribunais, 1998.

AMARAL SANTOS, Moacyr. *Primeiras linhas de direito processual civil*. 5. ed. São Paulo: Saraiva, 1977. v. 1.

_______. *Primeiras linhas de direito processual civil*. 3. ed. São Paulo: Saraiva, 1977. v. 2.

AMORIM, Sebastião; OLIVEIRA, Euclides de. *Inventários e partilhas*. 15. ed. São Paulo: LEUD, 2003.

ANDRIGHI, Fátima Nancy. A democratização da justiça. *RT*, *748*:69.

ARRUDA ALVIM, José Manuel de. *Manual de direito processual civil*. 5. ed. São Paulo: Revista dos Tribunais, 1996. v. 2.

_______. *Direito processual civil*; teoria geral do processo de conhecimento. São Paulo: Revista dos Tribunais, 1972. v. 1.

_______. *Direito processual civil*; teoria geral do processo de conhecimento. São Paulo: Revista dos Tribunais, 1972. v. 2.

ARRUDA ALVIM, José Manuel de et al. *Código do Consumidor comentado*. 2. ed. São Paulo: Revista dos Tribunais, 1995.

BARBI, Celso Agrícola. *Comentários ao Código de Processo Civil*. Rio de Janeiro: Forense, 1975. v. 1.

BARBOSA MOREIRA, José Carlos. *O novo processo civil brasileiro*. 7. ed. Rio de Janeiro: Forense, 1986.

_______. *Comentários ao Código de Processo Civil*. 4. ed. Rio de Janeiro: Forense, 1981. v. 5.

BARROS, Hamilton de Moraes e. *Comentários ao Código de Processo Civil*. Rio de Janeiro-São Paulo: Forense. v. 9.

BASTOS, Celso; MARTINS, Ives Gandra. *Comentários à Constituição do Brasil*. São Paulo: Saraiva. v. 7.

BEDAQUE, José Roberto dos Santos. *Poderes instrutórios do juiz*. São Paulo: Revista dos Tribunais, 1991.

BELLINETI, Luiz Fernando. *Sentença civil*. São Paulo: Revista dos Tribunais, 1994.

BOAVENTURA PACÍFICO, Luiz Eduardo. *O ônus da prova no direito processual civil*. São Paulo: Revista dos Tribunais, 2001.

BUENO, Cassio Scarpinella. Prequestionamento – reflexões sobre a Súmula 211 do STJ. In: *Aspectos polêmicos e atuais dos recursos*. São Paulo: Revista dos Tribunais, 2000.

BUZAID, Alfredo. *Do agravo de petição no sistema do Código de Processo Civil*. São Paulo: Revista dos Tribunais, 1945.

CALAMANDREI, Piero. *Istituzioni di diritto processuale civile*. Padova: CEDAM, 1943.

CAMERLINGO, André. Os percalços da arbitragem no Brasil. *Phoenix – Informativo do Curso Damásio de Jesus*, n. 20, jun. 2004.

CARNEIRO, Athos Gusmão. *Audiência de instrução e julgamento*. 4. ed. Rio de Janeiro: Forense, 1990.

CARNELUTTI, Francesco. *Sistema di diritto processuale civile*. Padova: CEDAM, 1936.

CARREIRA ALVIM, J. E. *Procedimento monitório*. 3. ed. Curitiba: Juruá, 2000.

CARVALHO NETTO, José Rodrigues de. *Da ação monitória*. São Paulo: Revista dos Tribunais, 2001.

CASTRO FILHO, José Olympio de. *Comentários ao Código de Processo Civil*. Rio de Janeiro-São Paulo: Forense, 1976. v. 10.

CHIOVENDA, Giuseppe. *Instituições de direito processual civil*. Trad. J. Guimarães Menegale. São Paulo: Saraiva, 1965.

CINTRA ALLA, Valentina Jungmann. *O recurso de agravo e a Lei 9.139, de 30.11.1995*. São Paulo: Revista dos Tribunais, 1998.

COELHO, Fábio Ulhoa. *Manual de direito comercial*. 4. ed. São Paulo: Saraiva, 1993.

COUTURE, Eduardo. *Fundamentos del derecho procesal civil*. Buenos Aires: Depalma, 1958.
CRUZ E TUCCI, José Rogério. *Lineamentos da nova reforma do CPC*. 2. ed. São Paulo: Revista dos Tribunais, 2002.
DIDIER JUNIOR, Fredie. et al. *Curso de direito civil*. 11. ed. Salvador: JusPodivm, 2016. v. 2.
_______. *Curso de direito processual civil*. 18. ed. Salvador: JusPodivm, 2016. v. 1.
_______. *Recurso de terceiro:* juízo de admissibilidade. São Paulo: Revista dos Tribunais, 2002.
DINAMARCO, Cândido Rangel. *Instituições de direito processual civil*. São Paulo: Malheiros, 2001. v. 1.
_______. *Instituições de direito processual civil*. São Paulo: Malheiros, 2001. v. 2.
_______. *Instituições de direito processual civil*. São Paulo: Malheiros, 2001. v. 3.
_______. *A reforma do Código de Processo Civil*. São Paulo: Malheiros, 1995.
_______. *A reforma da reforma*. 3. ed. São Paulo: Malheiros, 2002.
_______. *Fundamentos do processo civil moderno*. 3. ed. São Paulo: Malheiros. 2000. 2 v.
_______. *A instrumentalidade do processo*. 2. ed. São Paulo: Revista dos Tribunais, 1990.
FABRÍCIO, Adroaldo Furtado. *Comentários ao Código de Processo Civil*. 3. ed. Rio de Janeiro: Forense, 1988. v. 8. t. 3.
FERREIRA, William Santos. *Tutela antecipada no âmbito recursal*. São Paulo: Revista dos Tribunais, 2000.
FIGUEIRA JUNIOR, Joel Dias. *Liminares nas ações possessórias*. São Paulo: Revista dos Tribunais, 1995.
GIANESINI, Rita. *Ação de nunciação de obra nova*. São Paulo: Revista dos Tribunais, 1994.
GONÇALVES, Carlos Roberto. *Direito civil brasileiro*; parte geral. São Paulo: Saraiva, 2003. v. 1.
_______. *Responsabilidade civil*. 7. ed. São Paulo: Saraiva, 2002.
_______. *Principais inovações no Código Civil de 2002*. São Paulo: Saraiva, 2002.

GOZZO, Débora. *Comentários ao Código Civil brasileiro*; do direito das sucessões. Rio de Janeiro: Forense, 2004. v. 16.

GRECO FILHO, Vicente. *Direito processual civil brasileiro*. 15. ed. São Paulo: Saraiva, 2002. v. 1.

_______. *Direito processual civil brasileiro*. 15. ed. São Paulo: Saraiva, 2002. v. 2.

GRINOVER, Ada Pellegrini et al. *Teoria geral do processo*. 8. ed. São Paulo: Revista dos Tribunais, 1991.

GUASP, Jayme. *Derecho procesal civil*. Madrid: Ed. Instituto de Estudios Políticos, 1961.

JHERING, Rudolf von. *A teoria simplificada da posse*. José Bushatsky Editor, 1976.

JORGE, Flávio Cheim. *Apelação cível*; teoria geral e admissibilidade. São Paulo: Revista dos Tribunais.

KOMATSU, Roque. *Da invalidade no processo civil*. São Paulo: Revista dos Tribunais, 1991.

LIEBMAN, Enrico Tullio. *Eficácia e autoridade da sentença*. 3. ed. Rio de Janeiro: Forense, 1984.

LOPES DE OLIVEIRA, Gleydson Kleber. *Recurso especial*. São Paulo: Revista dos Tribunais, 2002.

MANCUSO, Rodolfo de Camargo. *Recurso extraordinário e recurso especial*. 8. ed. São Paulo: Revista dos Tribunais, 2003.

MARCATO, Antonio Carlos. *Procedimentos especiais*. São Paulo: Revista dos Tribunais, 1986.

_______. Da consignação em pagamento – o procedimento do Código de Processo Civil e da Lei n. 8.245, de 1991. *Revista do Advogado*, n. 63, jun. 2001.

_______. A sentença dos embargos ao mandado monitório e o efeito suspensivo da apelação. In: *Aspectos polêmicos e atuais dos recursos*. Coord. Eduardo Pellegrini de Arruda Alvim e outros. São Paulo: Revista dos Tribunais, 2000.

_______. *Ação de consignação em pagamento*. 2. ed. São Paulo: Revista dos Tribunais.

MARQUES, José Frederico. *Instituições de direito processual civil*. Rio de Janeiro: Forense. v. 2.

_______. *Manual de direito processual civil*. São Paulo: Saraiva, 1974. v. 2.

MONTEIRO, João Baptista. *Ação de reintegração de posse*. São Paulo: Revista dos Tribunais, 1987.
MORAES SALLES, José Carlos. *Recurso de agravo*. 2. ed. São Paulo: Revista dos Tribunais, 1998.
_______. *Usucapião de bens imóveis e móveis*. 4. ed. São Paulo: Revista dos Tribunais, 1997.
MOREIRA, Alberto Camiña et al. *Nova reforma processual civil*. 2. ed. São Paulo: Método, 2003.
MOREIRA ALVES, José Carlos. *A parte geral do projeto de Código Civil brasileiro*. São Paulo: Saraiva, 1986.
NEGRÃO, Theotonio. *Código de Processo Civil e legislação processual em vigor*. 34. ed. São Paulo: Saraiva, 2002.
NERY JUNIOR, Nelson. *Atualidades sobre o processo civil*. 2. ed. São Paulo: Revista dos Tribunais, 1996.
NERY JUNIOR, Nelson; NERY, Rosa Maria de Andrade. *Código de Processo Civil comentado*. 3. ed. São Paulo: Revista dos Tribunais, 1997.
_______. *Teoria geral dos recursos*. 4. ed. São Paulo: Revista dos Tribunais, 1997.
NEVES, Daniel Amorim Assumpção. *Novo CPC*. São Paulo: Método, 2015.
NIEMEYER, Sérgio; CONRADO, Paulo Cesar. *Temas controvertidos do processo civil*. Vários autores. Rio de Janeiro: Forense, 2001.
NOGUEIRA MAGRI, Berenice Soubhie. *Ação anulatória – art. 486 do CPC*. São Paulo: Revista dos Tribunais, 1999.
NOJIRI, Sérgio. *O dever de fundamentar as decisões judiciais*. São Paulo: Revista dos Tribunais, 1999.
PINTO, Nelson Luiz. *Manual dos recursos cíveis*. 3. ed. São Paulo: Malheiros, 2003.
_______. *Ação de usucapião*. 2. ed. São Paulo: Revista dos Tribunais, 1991.
REYNALDO FILHO, Demócrito Ramos. Aspectos do instituto da arbitragem. *RT*, 743:65.
RIOS GONÇALVES, Marcus Vinicius. *Processo de execução e cautelar*. 4. ed. São Paulo: Saraiva, 2003 (Col. Sinopses Jurídicas, v. 12).
_______. *Procedimentos especiais*. 3. ed. São Paulo: Saraiva, 2003 (Col. Sinopses Jurídicas, v. 13).
_______. *Vícios da posse*. 3. ed. São Paulo: Oliveira Mendes, 2003.
RIZZI, Sérgio. *Ação rescisória*. São Paulo: Revista dos Tribunais, 1979.

ROCHA, José Albuquerque. *O procedimento da uniformização de jurisprudência*. São Paulo: Revista dos Tribunais, 1977.

SANTOS, Ernane Fidélis dos. *Manual de direito processual civil*. São Paulo: Saraiva, 1985. v. 2.

SANTOS, Marisa Ferreira dos; CHIMENTI, Ricardo Cunha. *Juizados Especiais Cíveis e Criminais*. 2. ed. São Paulo: Saraiva, 2004.

SILVA, Ovídio Baptista da. *Procedimentos especiais*. 2. ed. Rio de Janeiro: Aide, 1993.

SOUZA LASPRO, Oreste Nestor de. *Duplo grau de jurisdição no direito processual civil*. São Paulo: Revista dos Tribunais, 1996.

TALAMINI, Eduardo. *Tutela monitória*. São Paulo: Revista dos Tribunais, 1998.

TEIXEIRA, Sálvio de Figueiredo. *Código de Processo Civil anotado*. 6. ed. São Paulo: Saraiva, 1996.

_______. A arbitragem no sistema jurídico brasileiro. *RT*, 735:45.

THEODORO JUNIOR, Humberto. *Curso de direito processual civil*. Rio de Janeiro: Forense, 1985.

_______. *Processo de conhecimento*. Rio de Janeiro: Forense, 1981.

TUCCI, Rogério Lauria. *Do julgamento conforme o estado do processo*. 2. ed. São Paulo: Saraiva, 1982.

VENOSA, Sílvio de Salvo. *Direitos reais*. São Paulo: Atlas, 1995.

_______. *Manual dos contratos e obrigações unilaterais de vontade*. São Paulo: Atlas, 1997.

WAMBIER, Teresa Arruda Alvim e outros. *Primeiros comentários ao novo Código de Processo Civil*. 1. ed., 3. tir. São Paulo: Revista dos Tribunais, 2015.

WATANABE, Kazuo. *Da cognição no processo civil*. 2. ed. São Paulo: Central de Publicações Jurídicas, 1999.

WATANABE, Kazuo et al. *Código Brasileiro de Defesa do Consumidor comentado pelos autores do anteprojeto*. 5. ed. Rio de Janeiro: Forense, 1997.

ZANZUCCHI, Marco Tullio. *Diritto processuale civile*. Milano: Giuffrè, 1955.